Rosalind Franklin

Brenda Maddox studierte in Harvard und an der London School of Economics und war Leiterin des Ressorts Innenpolitik beim *Economist.* Ihre Biografien von u. a. Elizabeth Taylor, Nora Joyce und D. H. Lawrence wurden in zehn Sprachen übersetzt und mehrfach ausgezeichnet. Die Ehefrau des *Nature*-Herausgebers Sir John Maddox war Vorsitzende der Association of British Science Writers und gehört der Jury für Buchpreise der Königlichen Akademie der Wissenschaften an.

Brenda Maddox

Rosalind Franklin

Die Entdeckung der DNA oder der Kampf einer Frau um wissenschaftliche Anerkennung

Aus dem Englischen von Conny Lösch

Campus Verlag
Frankfurt/New York

Die englische Originalausgabe *Rosalind Franklin. The Dark Lady of DNA* erschien 2002 bei HarperCollins Publishers.

Bibliografische Information der Deutschen Bibliothek

Die Deutsche Bibliothek verzeichnet diese Publikation in der Deutschen Nationalbibliografie. Detaillierte bibliografische Daten sind im Internet über http://dnb.ddb.de abrufbar.
ISBN 3-593-37192-8

Umschlaggestaltung: RGB, Hamburg
Umschlagmotiv: The Novartis Foundation, London
Satz: Fotosatz L. Huhn, Maintal-Bischofsheim
Druck und Bindung: Wiener Verlag, Himberg
Gedruckt auf säurefreiem und chlorfrei gebleichtem Papier.
Printed in Austria

Inhalt

Danksagung

Abgesehen von Rosalind Franklin leben die Hauptakteure im Drama um die Entdeckung der Struktur der DNA von 1953 noch heute. Ich hatte das Glück, mit Dr. Francis Crick, Dr. James Watson und Professor Maurice Wilkins ausführlich diskutieren zu dürfen. Alle drei haben mir großzügig ihre Zeit, ihre Erinnerungen und Ansichten zur Verfügung gestellt und mir gestattet, aus unveröffentlichten Briefen zu zitieren. Von Rosalinds engeren Mitarbeitern haben vor allem Professor Donald L. D. Caspar, Dr. Kenneth Charles Holmes, Professor Raymond Gosling, Sir Aaron Klug und Dr. Vittorio Luzzati großes Interesse gezeigt und mir ihre Unterstützung zuteil werden lassen.

Im Verlauf der Arbeit an diesem Buch war ich immer wieder überrascht (und erleichtert), mit welcher Bereitwilligkeit Naturwissenschaftler ihre Arbeit mit jemandem diskutieren, der nur über ein rudimentäres wissenschaftliches Vokabular verfügt. Ihre Geduld erklärt sich, glaube ich, einerseits durch die Offenheit der Naturwissenschaften an sich wie auch andererseits durch den Wunsch, Klarheit in eine verworrene Geschichte zu bringen: Dr. John Finch, Professor Bruce Fraser, Dr. Durward W. J. Cruickshank, Dr. William Ginoza, Professor Alan Mackay, Dr. Peter Pauling, Dr. Margaret Nance Pierce und Professor Hugh R. Wilson haben mir Material aus ihren persönlichen Archiven geschickt, ebenso wie Jane Callender, die Historikerin, die die Recherchen für den BBC Film *Life Story* von 1987 leitete, Dr. June Goodfield und Horace Freeland Judson. Dass so viele ihre Hilfe angeboten haben, ist besonders der Freundlichkeit des Herausgebers der Zeitschrift *Nature*, Dr. Philip Campbell, zu verdanken, der meinen Brief mit dem Hinweis auf die geplante Biografie veröffentlichte. Das Ausmaß der Reaktionen zeigt, welche Reichweite und welchen Einfluss diese Fachzeitschrift weltweit besitzt.

Ein großes Privileg, das mir zuteil geworden ist, war der Zugang zu Rosalinds persönlichen Briefen, die sie von ihrer Kindheit an bis in die letzten Wochen ihres Lebens schrieb. Ich bin Jenifer Franklin Glynn und auch Colin und Roland Franklin zutiefst dankbar für die Erlaubnis, frei aus ihnen zitieren zu dürfen, ohne dass sie verlangten, das Buch zu autorisieren. Durch diese Zitate spricht Rosalind endlich mit eigener Stimme, und ihre wahre Person wird hinter dem Mythos und der Karikatur, die andere von ihr zeichneten, sichtbar.

Auch bin ich jenen zu Dank verpflichtet, die das Manuskript in Rohfassung gelesen haben: Professor Paul Doty, Dr. Walter Gratzer, Dr. K. C. Holmes, Professor Ian Glynn, Sir John Maddox und Bernard McGinley. Wie auch schon in vorangegangenen Biografien danke ich Jane Mulvagh, die die Fotografien mit dem Expertenblick einer Modehistorikerin betrachtete. Verbleibende Fehler sind zweifellos meine eigenen. Dr. Gunther Stents meisterhafte kritische Ausgabe von *The Double Helix* war von unschätzbarem Wert, auch weil sie die drei DNA-Aufsätze, die am 25. April 1953 in der Zeitschrift *Nature* erschienen sind, die Originalkritiken zu Watsons Buch und die auf die entstandene Kontroverse folgenden Artikel enthält.

Diese Biografie hätte ohne die Bestände vieler Bibliotheken und Archive nicht geschrieben werden können. Die wichtigste Sammlung von Papieren von Rosalind Franklin außerhalb des Familienbesitzes befindet sich im Anne Sayre Archiv, unter der Aufsicht des Archivars Jeff Karr, von der American Society for Microbiology Archives an der Universität von Maryland, Baltimore County; in den *Franklin Papers* der Churchill College Bibliothek, Cambridge, die auch die *J. T. Randall Papers* enthält und in Jeremy Norman's Archive of Molecularbiology in Novato, California, zu dessen Beständen außerdem die wissenschaftlichen Arbeiten von Aaron Klug, Max Perutz und einige weitere von Rosalind zählen.

Ich möchte außerdem der Bank von England (David Parr), der Bexhill Library (Brian Scott), dem Bexhill Museum (Julian Porter), der Bodleian Library, Oxford (*Charles Coulson Papers*), der Central Library, Royal Borough of Kensington and Chelsea, der Cold Spring Harbor Press (Dr. John Inglis), dem East Sussex Record Office, den Gordon Research Conferences (Barbara Henshel), IACR-Rothamsted, dem King's College London (Patricia Methuen), dem Medical Research Council (Tom Hudson), der National Portrait Gallery, dem Newnham College, Cambridge

(Anne Thomson), der Norland Place School (David Alexander), der Novartis (ehemals CIBA) Stiftung, der Universität von Oregon (Ava Helen and Linus Pauling Papers, Archivar Chris Petersen), dem Public Record Office of the United Kingdom, der Gesellschaft für die Förderung und Verbreitung naturwissenschaftlicher Kenntnisse (Frank James), der Königlichen Akademie der Naturwissenschaften, dem Science Museum Agricultural, der St. Paul's Mädchenschule (Howard Bailes, Archivar), dem University College Hospital und dem Working Men's College for Women and Men (Satnam Gill) danken.

Dr. und Mrs. Carl Djerassi, Professor Paul und der verstorbenen Helga Doty, Professor und Mrs. Hubert Dreyfus, Mrs. Myrtle Franklin Ellenbogen, Mr. und Mrs. Colin und Charlotte Franklin, Mr. und Mrs. Roland Franklin, Professor und Mrs. Ian Glynn, Dr. und Mrs. Raymond Gosling, Mrs. Pauline Cowan Harrison, Professor Sir Aaron Klug und Lady Klug, Dr. Mair Livingstone, Dr. Jacques Maire, Dr. Joan Mason, Mr. und Mrs. Jeremy Norman, Maureen Howard und Mark Probst, Anne Satterthwaite, Dr. David Sayre, Dr. Gunther S. Stent, Professor und Mrs. Robert Tracy schulde ich für ihre Gastfreundschaft, Ermutigung und in vielen Fällen auch die Leihgabe von Büchern und Papieren großen Dank.

Für Interviews, Gespräche, E-Mails und hilfreiche Kommentare möchte ich mich bedanken bei: Dr. Simon Altmann, Edgar Astaire, Dr. Alec Bangham, John Barton, Marianne Weill Baruch, Dr. Stanley Bayley, Anthony Bourne, Dr. John Bradley, Dr. Sydney Brenner, Baroness Brigstocke, Drs. Geoffrey und Angela Brown, Sir John Cadogan, C. S. Carlson, Ruth Carr, Dr. Erwin Chargaff, Dr. Carolyn Cohen, Freda Ticehurst Collier, Dr. Francis und Mrs. Odile Crick, Professor D. W. J. Cruickshank, Dr. Philip D'Arcy Hart, Professor Edward Deeley, Dr. Jack Dunitz, Xavier Duval, Dr. Lynne Elkin, Dr. Gary Felsenfeld, Georgina Fery, Dr. John Finch, Dr. Jeni Fordham, Norman Franklin, Dr. Mary Fraser, Rachel Glaeser, Dr. William Ginoza, Vincent Gray, Professor Dr. Drago Grdeniè, Istuan Hargittai, Dr. Peter Harris, Dr. Pauline Cowan Harrison, Dr. Louise Heller, Dr. Philip Hemily, Dr. Peter Hirsch, Professor Eric Hobsbawm, Carol Howard, Barbara Izdebska, Dan Jacobson, Rosalind Franklin Jekowsky, Francois Xavier Keraly, Jean Kerlogue, Professor G. D. S. King, Dr. W.G. P. Lamb, Stan Lenton, Dick Leonard, Sylvia Castle Levinson, Margaret Levy, Barbara Little, Dr. Mair Livingstone, Warner E. Love, Jacques Maire, Marie Marcus, Dr. Joan Mason, John Mason, Dr. Matthew Meselson, Sir John Meurig Thomas, Mr. und Mrs. Jeremy Norman, Drs. A. C. T. und Margaret North, Dr. Agnes Oberlin, Dr. Peter Pauling, Martyn Pease, dem verstorbenen Dr. Max Perutz, Dr. Margaret Nance Pierce, W. S. Pierpont, Anne Crawford Piper, Yves Pomeau, Dr. und Mrs. Alexander Rich, Noel Richley, Ursula Franklin Richley, Lord Samuel, Al Seckel, Dr. Albert Siegel, Dr. Bob Simmons, Dr. Bea A. Singer, Dr. Alex Stokes, Valerie Sutton-Mattock, Dr. Denise Tchoubar, Dr. Irwin Tessman, Dr. Wolfie Traub, Peter Trent, David Turnball, Mrs. James Watt, Dr. Robley Williams, Dr. Bryon Wilson, Professor Herbert Wilson, Dr. Jan Witkowski, Evi Wolgemuth und Dr. Lewis Wolpert.

Mein Dank geht auch an Michael Fishwick bei Harper Collins UK und Terry Karten, Harper Collins US, die dieses Projekt von Anfang an mit großer Begeisterung unterstützt haben; an Kate Johnson, der gewissenhaftesten Lektorin überhaupt, und an Helen Ellis und Jane Beirn für ihre Öffentlichkeitsarbeit. Seit vielen Jahren habe ich das Glück, Caradoc King bei A. P. Watt in London und Ellen Levine von der Ellen Levine Agency in New York als Agentinnen und Freundinnen zu haben.

Einmal mehr haben mich John, Bronwen und Bruno Maddox durch geduldiges Zuhören und scharfsichtige Kommentare während der Arbeit an einem Buch unterstützt.

Prolog

»Es ist unserer Aufmerksamkeit nicht entgangen, dass die spezifische Paarbildung, die wir postuliert haben, unmittelbar einen möglichen Kopiermechanismus für das genetische Material nahe legt.«[1]

Mit dieser berühmten Untertreibung, die am 25. April 1953 in der Fachzeitschrift *Nature* erschien, verkündeten Francis Crick und James Watson feierlich die Bedeutung ihrer Entdeckung der Doppelhelix, der sich selbst kopierenden Spiralen der DNA-Moleküle, die die genetische Botschaft von der alten Zelle zur neuen transportieren. Eine frühere Aussage, festgehalten in einem privaten Brief vom 7. März 1953, ist auf ganz andere Weise zu Berühmtheit gelangt: »Unsere ›dark lady‹ verlässt uns nächste Woche.«[2] Francis Crick vom Cavendish Laboratorium in Cambridge benötigte keine weitere Erläuterung, um zu wissen, wer mit der »dark lady« gemeint war. Beinahe zwei Jahre lang hatte sich sein Freund Maurice Wilkins vom Fachbereich für Biophysik am Londoner King's College über seine die Arbeit behindernde Kollegin Rosalind Franklin beklagt. Nun, da sie das King's College verließ und ans Birkbeck College wechselte, das ebenfalls zur Universität von London gehörte, war Wilkins zuversichtlich, dass er, Crick und Jim Watson (ein junger Amerikaner, der mit Crick zusammenarbeitete) gemeinsam die Struktur der DNA aufklären würden. Aber es war zu spät. Als Wilkins' Brief Cambridge erreichte, betrachteten Crick und Watson, deren Namen auf immer verbunden sein würden, ihr gerade fertig gestelltes Modell, dessen Einfachheit davon kündete, dass sie das Geheimnis des Lebens entdeckt hatten.

Aber hätten es die beiden ohne die »dark lady« schaffen können: ohne Rosalind Franklin, die 32-jährige Physikochemikerin, deren Weggang vom King's College Wilkins so inbrünstig herbeigesehnt hatte? Ihre Forschungsergebnisse, die Watson und Crick auf Umwegen und ohne ihre Zustimmung erhalten hatten, spielten eine entscheidende Rolle bei der Entdeckung. Watsons Blick auf eine von Rosalinds Röntgenaufnahmen der DNA brachte ihm und Crick den entscheidenden Denkanstoß. Rosalinds Notizbücher belegen deutlich, dass sie selbst wenig später zu derselben Erkenntnis gelangt wäre.

Doch der Triumph gehörte Watson und Crick, nicht der jungen Wissenschaftlerin. Rosalind Franklin blieb außerhalb ihres unmittelbaren Kreises praktisch unbekannt, bis 1968 Watsons Werk *Die Doppelhelix* erschien, sein brillanter, taktloser und aufregender Bericht über die Entdeckung der DNA. Darin ist Rosalind als schreckliche »Rosy« beschrieben, als übellauniger Blaustrumpf, der Daten hortet, aber und ohne Brille und mit einer interessanten Frisur als hübsch hätte durchgehen können. Der berühmte Physikprofessor Bernal, der Rosalind ans Birkbeck College holte und sie fünf glückliche und produktive Jahre lang dort betreute, hatte einen anderen Eindruck von ihr: »Als Wissenschaftlerin zeichnete sich Miss Franklin durch extreme Klarheit und Perfektion in allem aus, was sie unternahm. Ihre Aufnahmen gehören zu den schönsten Röntgenaufnahmen, die jemals von irgendeiner Substanz gemacht wurden.«

Doch Bernals Worte waren von Schwermut begleitet. Rosalind Franklin starb 1958 im Alter von 37 Jahren an Unterleibskrebs – vier Jahre bevor Watson, Crick und Wilkins den Nobelpreis für ihre DNA-Entdeckung erhielten und zehn Jahre bevor sie in einem Buch karikiert wurde, auf das sie als Einzige der Hauptakteure nicht mehr antworten konnte. Seit Watsons Buch ist Rosalind Franklin zu einer feministischen Ikone geworden, zur Sylvia Plath der Molekularbiologie, einer Frau, deren Talente männlicher Ruhmsucht zum Opfer fielen. Diese Mythologisierung, die als Wiedergutmachung gemeint war, hat ihr jedoch keinen guten Dienst erwiesen. Ihr komplexes, erfolgreiches und aktives Leben bestand nicht nur aus 27 glücklosen Monaten am King's College London. Rosalind erlangte auf drei verschiedenen Gebieten der naturwissenschaftlichen Forschung internationalen Ruf, während sie gleichzeitig ihre Reiseleidenschaft, Freundschaften, eine Vorliebe für Kleidung und gutes Essen sowie ein starkes politisches Bewusstsein pflegte. Niemals vernachlässigte sie ihre Pflichten der vornehmen anglo-jüdischen Familie gegenüber, der sie als loyales, wenn auch streitbares Mitglied angehörte.

Rosalind Franklin wollte bereits als Zwölfjährige Wissenschaftlerin werden und wusste genau, woher sie kam, gegen welche Beschränkungen sie anzukämpfen hatte und wohin sie wollte. Seit ihrer Kindheit versuchte sie ihre Privilegien mit ihren Zielen in Einklang zu bringen. Sie fand das Leben nicht einfach – weder als Frau, als Jüdin noch als Wissenschaftlerin. Viele, die ihr nahe standen, fanden auch sie nicht einfach. Die Größe ihres Erfolgs zeigt sich in ihren Freundschaften, in der Hingabe ihrer Kollegen, in der Lebendigkeit ihrer Briefe und in einer Hinterlassenschaft an Entdeckungen, die einer doppelt so langen wissenschaftlichen Karriere zur Ehre gereichen würden.

»Ruhig, wachsam und dunkel« waren ihre Augen. Rosalind in Gedanken versunken.

KAPITEL EINS

In König Davids Stadt

Die Familie, in die Rosalind Elsie Franklin am 25. Juli 1920 geboren wurde, genoss hohes Ansehen in der jüdischen Gesellschaft Englands. Sie stand zwar nicht ganz an der Spitze – dort bewegten sich die ältesten jüdischen Familien, die sephardischen Juden spanischer und portugiesischer Abstammung, die zur Zeit Cromwells eingewandert waren – und sie gehörte auch nicht, wie die Rothschilds und Goldsmids, zu den wohlhabendsten Familien der aschkenasischen Juden aus Nordeuropa, die im 18. Jahrhundert auf der Suche nach Geschäftsmöglichkeiten nach England kamen. Aber die Franklins waren fester Bestandteil eines elitären Netzwerks, der »Vetternschaft«[1], das auf Eheschließungen innerhalb der Familie beruhte.

Die ersten Vertreter des englischen Familienzweigs trafen 1763 als Fraenkel aus Breslau, Schlesien, ein und änderten ihren Namen in das englisch klingende Franklin, denn die Engländer taten sich mit ausländischen Namen schwer. Außerdem war Jüdischsein zu einer Zeit, als es nur 8 000 Juden in England gab, nicht von Vorteil. Benjamin Wolf Franklin lebte in der Londoner Innenstadt, am Cock Court in der Jewry Street. Der Rabbi und Lehrer heiratete Sarah, die Tochter von Lazarus Joseph, ursprünglich Lazarus Israel, der um 1760 aus Hamburg nach England emigriert war. Benjamin und Sarah bekamen sechs Kinder, bevor sie 1785 während einer Epidemie starben. Ihre Grabsteine stehen noch immer auf dem Globe Road Friedhof in Mile End, East London.

Die beiden überlebenden Söhne der Franklins, Abraham und Lewis, gingen nach Portsmouth, absolvierten eine Uhrmacher- und eine Kleinhandelslehre und wurden erfolgreiche Geschäftsleute. 1815 oder 1816 zogen die Brüder nach Liverpool und Manchester, wo sie in Firmen eintraten, die sich mit Geldwechsel, Bankwesen und dem westindischen Handel beschäftigten. Zu dieser Zeit wurden die Samuels aus Liverpool (eine weiterer Zweig schlesischer Exilanten) Teil des Franklin-Netzwerks. Über Generationen hinweg wurden aus den Abrahams Alfreds und Arthurs, und der angestammte Familienname Israel verwandelte sich in Ellis. 1852 trat Ellis A. Franklin, der Enkel des ersten Einwanderers, der Gold- und Silber-Maklerfirma von Samuel Montagu & Co. bei und lernte dort Louis Samuel aus Liverpool kennen. Die Verbindung wurde gefestigt, als Ellis Samuel Montagus Schwester heiratete.

Rosalinds Urgroßeltern: Ellis Abraham Franklin und Adelaide Samuel Franklin.

Ab 1868 bildete A. Keyser & Co., eine private Handelsbank, die auf Samuel Montagu & Co. zurückging, das finanzielle Fundament der Familie Franklin. Die Keyser's Bank wurde während des folgenden Jahrhunderts zum sicheren Arbeitsplatz der Franklin-Söhne. Seit 1908 war sie unabhängig und spezialisierte sich auf die Platzierung amerikanischer Eisenbahnwertpapiere in der City. Unter den so genannten »jüdischen Banken« in der Stadt war Keyser's die Einzige, die alle jüdischen Feiertage einhielt.

Seit 1902 gab es auch Verleger unter den Franklins. Die Keyser's Bank hatte 1902 von den Konkursverwaltern das Verlagshaus von George Routledge gekauft und 1911 den kränkelnden Verlag Kegan Paul übernommen. Die Übernahme schuf eine berufliche Ausweichmöglichkeit für die männlichen Franklins, die dem Bankwesen eher abgeneigt waren.

1862 verlegte Ellis Franklin seinen Wohnsitz aus der Innenstadt, wo die jüdische Bevölkerung dicht gedrängt lebte, nach West London in die wohlhabende jüdische Enklave von Bayswater. Dort gehörte er zu den Gründern der New West End Synagoge am St. Petersburgh Place. Seine sieben Kinder, die alle glaubenskonform heirateten, machten die Familie für ihren herausragenden philanthropischen Eifer bekannt – sie waren vorbildliche Vertreter der jüdischen Tradition, die Privilegien des Wohlstands durch den Dienst an anderen, weniger Glücklichen abzugelten. In mehreren aufeinander folgenden Generationen gab es kaum eine jüdische Organisation, ein Krankenhaus oder Altenheim ohne einen Franklin im Vorstand, und auch viele weltliche Wohltätigkeitsorganisationen profitierten vom Engagement der Familie.

Rosalinds Vorfahren mütterlicherseits waren Intellektuelle und Akademiker. Die Waleys lebten schon länger als die Franklins in England, sie waren 1740 unter dem Namen Levis in Portsmouth angekommen. Rosalinds Urgroßvater mütterlicherseits, Jacob Waley, der einen ausgezeichneten Abschluss an der Universität von London in Mathematik und klassischer Philologie vorzuweisen hatte, wurde dort später Professor für Mathematik und war gleichzeitig bei Gericht tätig. Auch er engagierte sich als Mitbegründer der United Synagogue (ein Verbund nominell orthodoxer Synagogen, die die deutschen oder polnischen Rituale befolgten) und als erster Präsident der Anglo-Jüdischen Vereinigung. Als herausragender Vertreter der praktizierten »Vetternschaft« heiratete er Matilda Salomons, eine Nichte sowohl von Sir Moses Montefiore wie auch von Sir David Salomons, dem ersten jüdischen Oberbürgermeister Londons.

Die englischen Juden waren ein gesegneter Menschenschlag: abgesichert, begabt, einflussreich, sozial verantwortungsbewusst, weltoffen. Seine Mitglieder zogen sich zum Dinner um, waren bei Hofe eingeführt und ließen ihre Porträts von Singer Sargent malen. Viele behielten Weihnachten und das Passahfest bei, aßen koscher und spielten Cricket. Der Preis für das Gefühl der Dazugehörigkeit war die Heirat untereinander. Der Weg zur Hochzeit war gesäumt von Bällen, Picknicks, Theatergesellschaften und Landwochenenden. Rosalinds Eltern, Ellis Franklin und Muriel Waley, trafen sich bei einer Verlobungsfeier der Familie und begannen die Zeit des Werbens, indem sie zu einem langen Spaziergang durch den Hyde Park ausrissen. Wem gegenüber war die Loyalität stärker – gegenüber dem Land oder dem Glauben? Diese Frage stellte sich nicht. Wie Rosalinds Vater sagte, als er nach dem Zweiten Weltkrieg die New West End Synagoge wieder aufbaute: »Der Judaismus ist eine Religion und keine Rasse ... die englischen Juden sind ebenso englisch wie die anderen Engländer.«[2]

Die Entdeckung des Geheimnisses der Gene umfasst eine Genealogie, die so weit zurückreicht wie die Geschichte des Planeten selbst. Vorfahren des Franklin-Clans behaupteten, direkt von König David abzu-

Die Großeltern Rosalinds: Arthur Ellis Franklin und Caroline Jacob Franklin.

stammen, dem König Israels (reg. 1 000 v. Chr.–962 v. Chr.) und Gründer Jerusalems. Der Stammbaum wurde von Rosalinds Großvater, Arthur E. Franklin, in einem dicken blauen Buch aufgezeichnet, das die Familienfirma Routledge in einer wunderschönen Ausgabe herausbrachte.

Name für Name, Datum für Datum führte er die Linie der Franklins zurück durch die böhmisch-jüdische Gesellschaft des Heiligen Römischen Reichs bis zum großen Rabbi Löw von Prag, 1609 in Prag gestorben, der Gelehrter, Autor (angeblich der Schöpfer des Golem, einem übernatürlichen Ungeheuer), Wissenschaftler und Freund des Astronomen Tycho Brahe war. Von da aus folgte er der Spur zu einem anderen Vorfahren, dem kaiserlichen Rabbi von Prag, der 1439 starb. Arthur Franklin gestand ein, dass für die Zeit zwischen 1038 und 1439 die Aufzeichnungen fehlten. Wahrscheinlich wurden sie 1689 bei einem Feuer in Prag zerstört. Er hatte jedoch durch Recherchen die fehlenden Verbindungsstücke zu den Exilherrschern Babylons hergestellt, den Herrschern der 587 v. Chr. nach dem Fall des ersten Tempels in Jerusalem vertriebenen Juden. Franklin betrachtete sich und seine Familie also als Nachfahren der Exilherrscher, denn dieses Amt hatte stets ein Nachfahre des Hauses David inne. Daher führte er zuversichtlich in der zweiten Auflage von *The Franklin Family and Collaterals* (1935) Jehoiachin, den ersten Exilherrscher Babylons auf Seite 67 und auf Seite 85 Rosalind Elsie Franklin, das zweite Kind und die erste Tochter von Ellis und Muriel (Waley) Franklin an.

Die intellektuelle Komponente dieser genetischen Erbschaft lag auf der Hand: Die Franklins entstammten einer Linie von Gelehrten und Herrschern. Ebenso wichtig aber war Arthur Franklin, dass die 3 500 Einträge in seiner Familiengeschichte »einen großen Anteil der englischen Juden (bildeten), deren Familien sich hier (England) lange vor den Napoleonischen Kriegen niedergelassen hatten«. Sein ganzer Stolz war, dass drei von vier Enkeln von Geburt an Engländer waren. Die Franklins waren daher archetypische, – und um einen Begriff zu benutzen, den sie selbst nicht verwandt hätten – assimilierte Juden.

Als Rosalind 1920 geboren wurde, genossen die Familie Franklin und ihre Verwandten im öffentlichen britischen Leben hohes Ansehen. Drei Wochen vor ihrer Geburt wurde Rosalinds Großonkel, den sie »Onkel Herbert« nennen sollte, in Jerusalem zum ersten Hochkommissar Palästinas ernannt. Herbert Samuel war so hoch angesehen, dass ihm das Mandatsgebiet von seinem Militärkommandanten mit einer fröhlichen Empfangsbestätigung übertragen wurde: »Übergeben an Sir Herbert Samuel, ein Palästina, vollständig.«[3]

Für Herbert Samuel aus Liverpool, der 1897 seine Cousine Beatrice Franklin geheiratet hatte, war das Palästina-Amt ein weiterer Schritt in seiner bemerkenswerten politischen Karriere. Als er 1909 unter der liberalen Regierung von H. H. Asquith zum Kanzler des Herzogtums Lancaster ernannt wurde, war er der erste jüdische Amtsinhaber im britischen Kabinett. (Benjamin Disreali, der viktorianische Premierminister, war zwar jüdischer Herkunft, aber ein getaufter Anglikaner.) Samuel stieg zum Postminister auf, im Januar 1916 wurde er Innenminister. Samuel besaß keine Sympathien für die nationalen Ambitionen der kolonialisierten Völker, sobald diese mit den britischen Interessen oder der Loyalität gegenüber der Krone kollidierten. Als David Lloyd George im Dezember 1916 seine Kriegskoalitionsregierung bildete, trat er zurück.

Bevor er sein Amt verließ, schrieb Samuel ein Memorandum, das schließlich in der Balfour-Erklärung von 1917 mündete. In »The Future of Palestine« umriss er einen Plan, demzufolge Großbritannien nach dem Krieg und dem zu erwartenden Zusammenbruch des ottomanischen Reichs ein Protektorat über Palästina übernehmen und die Einwanderung von Juden fördern sollte, bis diese eine Mehrheit hätten und die Selbstverwaltung Palästinas gewährleisten könnten (Juden stellten damals nur ein Sechstel der Bevölkerung).[4] Samuel begründete dies damit, dass die Verbindung zwischen Palästina und den Juden so alt sei wie die Geschichte selbst. Juden überall auf der Welt wären dafür dankbar (Großbritannien hoffe, die Vereinigten Staaten zum Kriegseintritt bewe-

Rosalinds Großonkel (Mitte), Sir Herbert Samuel, wurde drei Wochen vor ihrer Geburt zum ersten Hochkommissar Palästinas ernannt.

gen zu können), und außerdem sei (hier verwies er auf die damals sehr beliebte eugenische Theorie), »das jüdische Gehirn ein nicht zu verachtendes physiologisches Produkt«.[5]

Die englischen Juden gingen gegen die vorherrschenden jüdischen Klischees nur bedingt erfolgreich an. Disreali konnte trotz Taufe, einer Christin als Ehefrau und den Bemühungen eines Vaters, der das ausländisch wirkende Apostroph aus dem Familiennamen d'Israeli entfernt hatte, den Schatten niemals abwerfen. »Irgendwie«, bemerkte ein parlamentarischer Beobachter 1871, »waren die Engländer bislang nicht in der Lage, jemandem Vertrauen zu schenken, der die untrüglichen Spuren einer jüdischen Herkunft trägt ... wäre er britischer Abstammung gewesen wie sein lebenslanger Rivale Mr. Gladstone, hätte man ihm alles verziehen.«[6]

Disraelis Klugheit und der Zauber, den er auf Königin Victoria ausübte, wurden seinem Judentum zugeschrieben. Dasselbe galt für Herbert Samuels Findigkeit beim Entwurf der Balfour-Erklärung. Asquith beschrieb seiner Freundin Venetia Stanley Samuels Plan als »merkwürdige Illustration zu Dizzys Lieblingsmaxime, dass ›sich alles um Rasse dreht‹«.[7] »Der Jude« war Bestandteil der Kultur dieses Landes, das 1290 die Juden vertrieben hatte, nachdem diese fortwährend als Brunnenvergifter, Lügner, Wucherer und Säuglingsfresser verleumdet worden waren. Cromwell erlaubte den Juden nach dem Bürgerkrieg 1656 die Rückkehr. Mit dem Aufkommen des Kapitalismus und der Ausbreitung des Handels waren die Wohlhabenden unter ihnen willkommen – bis zu einem bestimmten Grad. Als das »Judengesetz« von 1753 eingeführt wurde, das Juden die Einbürgerung erleichtern sollte, kam es zu anti-jüdischen Aufständen und das Gesetz wurde aufgehoben. Die Juden überlebten, indem sie englischer wurden als die Engländer und nichts taten, was an die Eigenschaften des »schlechten Juden« Shylock aus Shakespeares *Kaufmann von Venedig* erinnerte – laute Stimme, überschwängliche Gestik, auffällig farbige Kleidung oder ein aufwändiger Lebensstil. Das Stück wurde übrigens zu einer Zeit geschrieben, als es bereits 300 Jahre lang keine Juden mehr in England gab.

Ihre Zahl war noch immer gering, als zu Beginn des 20. Jahrhunderts die mühsam erkämpfte Akzeptanz der englischen Juden bei der Gastgebergesellschaft durch eine neue Einwanderungswelle bedroht wurde. Rasch wurden wohltätige Einrichtungen geschaffen, um zu verhindern, dass jene, die man nicht als »Juden wie wir«[8] betrachtete, öffentlich Sozialhilfe beantragten oder auf andere Weise den schwelenden Antisemitismus der Briten anstachelten. Die Assimilation, wie sehr sie auch von Herzen kam, schien niemals abgeschlossen zu sein. Die jüdische Sprache, die der Komponist Richard Wagner, ein leidenschaftlicher Antisemit, aufgrund ihrer geschwungenen orientalischen Schriftzeichen als den »verborgenen Diskurs der Juden«[9] bezeichnete, hatte den Beigeschmack von etwas Östlichem, Fremden und nicht Vertrauenswürdigem. Das Beharren der Juden darauf, innerhalb der eigenen Sippschaft zu heiraten, widersprach ihrem Anspruch, die vorherrschende Kultur angenommen zu haben. Das Heiraten untereinander konnte auch als Inzucht verstanden werden, mit den noch düsteren Konnotationen des Wahnsinns. Es war kaum möglich, im 20. Jahrhundert eine englische Schulausbildung zu durchlaufen, ohne Shakespeares Shylock mit seinem »jüdischen Herzen« kennen zu lernen oder ohne Ivanhoe zu begegnen, der die schöne blonde Sächsin Rowena der rabenschwarz gelockten Jüdin Rebecca vorzieht.

Wenn gutes Benehmen auch die beste Verteidigung war, so hielten es misstrauische Beobachter für Betrug. Erfolg und Wohlstand waren ein zweischneidiger Segen. Zu viel brachte Vorwürfe des Geizes, des Materialismus und der Profitmacherei ein. Die unermüdliche Philanthropie des wohlhabenden englischen Judentums konnte so interpretiert werden, dass sie sich nur um ihre eigenen Leute kümmerten oder zumindest defensiv ihre Position zu schützen versuchten. Der ungezwungene Internationalismus der Juden wurde als Verschwörung betrachtet, als ein Verlangen nach Profit, das den Ersten Weltkrieg entfacht haben könnte. Eine Figur in dem Roman *Die neununddreißig Stufen* (1915) von John Buchan, dem Chef des Geheimdienstes in der Kriegsregierung von Lloyd George, behauptet: »Der Jude ist überall ..., der einen Blick hat wie eine Klapperschlange. Jawohl, er ist der Mann, der im Augenblick die Welt regiert.«[10]

Beispiele für den subtilen Antisemitismus, der zwischen den Kriegen in englischen Briefen gedieh, sind leicht zu finden. Rebecca West beschrieb in einem Brief an eine Freundin einen jungen Filmmitarbeiter als »sehr charmanten, sehr attraktiven jungen Juden von ungefähr 28 Jahren – kein Itzig, er gehört einer sehr alteingessenen, angesehenen jüdischen Familie an«.[11] Der Autor und Diplomat Harold Nicolson sprach sich dagegen aus, dass Juden im Außenministerium zugelassen werden: »Juden interessieren sich sehr viel mehr für das internationale Geschehen als Engländer, und wenn wir ihnen dieses Amt öffnen, könnte es von schlauen Juden überschwemmt werden.«[12]

In diesem kalten und fahlen Licht betrachtet, konnte ein englischer Familienname wie Franklin wie eine List wirken. 1922 wies der katholische Autor, Humorist und Antisemit Hilaire Belloc (nicht, wie allgemein angenommen, der Autor der Zeilen »How odd /of God / to choose/ the Jews«[13]) darauf hin, dass eine der Ursachen des Antisemitismus die jüdische Angewohnheit sei, »falsche Namen anzunehmen und im Falle Einzelner eine nicht-jüdische Herkunft vorzutäuschen«.[14] Auch T. S. Eliot war auf der Hut. Der englisch-jüdische Anwalt und Autor Anthony Julius schreibt in seiner Studie von 1995 über Eliots Antisemitismus, »den Juden hinter dem anglisierten Namen aufzustöbern war für die gegen Juden empfindlichen Menschen ein Gesellschaftsspiel; Eliot schrieb daher an (Ezra) Pound, ›Burnham ist ein Judenkaufmann namens Lawson (also Levisohn?)‹«.[15]

Julius vertritt die Ansicht, dass der britische Antisemitismus bis ins 21. Jahrhundert überlebt hat: »Juden sind trotz allem erfolgreich. Es gibt einen gewissen Widerstand gegen sie, der selten zum Ausdruck kommt und niemals per Gesetz erlassen wird. Antisemitismus in England erzeugt jüdische Paranoia. Man sieht ihn nicht kommen; und wenn er wieder verschwunden ist, ist man nie ganz sicher, was es war. Um zu verstehen, was in England passiert, benötigt man ein sehr feines Gespür für das Antisemitische.«[16]

Rosalind Franklins gesellschaftliche Stellung als englische Dame und Jüdin prägte daher entscheidend ihr Leben. Erzogen und ausgebildet in England, zog sie 1947 nach Paris, wo sie eine Stelle in einem kristallographischen Labor der französischen Regierung antrat. Sie arbeitete und lebte dort glücklich bis 1950. Dann nahm sie im Alter von 30 Jahren eine Stellung in dem neuen Fachbereich Biophysik am King's College in London an. Sie kehrte nur widerstrebend in ihre Heimat zurück und verletzte die Gefühle ihrer patriotischen Eltern zutiefst, als sie schrieb: »Ich mag Europa und die Europäer sehr viel lieber als England und die Engländer.«[17] Als ihre Eltern protestierten, entschuldigte sie sich, behielt ihre Position aber bei.

Ihr stolzes, aber schweres Erbe führte dazu, dass sie sich in ihrem Heimatland unwohl fühlte.

KAPITEL ZWEI

»Erschreckend schlau«

Obwohl oder vielleicht gerade weil er das jüngste von sechs Kindern war, war Rosalinds Vater, Ellis Franklin, der geborene Patriarch. Er war groß, intelligent, amüsant, erfolgreich, herrisch, wusste, was für die Menschen in seiner Umgebung das Beste war, und sagte es ihnen auch. Begegnete man ihm mit Widerstand, konnte er sehr wütend werden. Die entscheidende Erfahrung in seinem Leben war der Dienst in Frankreich im Ersten Weltkrieg als Unteroffizier beim King's Own Yorkshire Light Infantry Regiment. Bevor der Krieg ausbrach, hatte er Naturwissenschaften am New College in Oxford studieren wollen. Nach seiner Entlassung aus der Armee 1918 akzeptierte er jedoch den Beschluss der Familie, dass er den Gedanken an Oxford aufgeben und stattdessen in die Keyser's Bank eintreten müsse, wo sein Vater Seniorpartner war. Ellis arbeitete ebenso hart an seiner Freizeitgestaltung wie an seinen Geschäften und den gesellschaftlichen Pflichten. Er hatte 1917 geheiratet und nahm seine junge Frau nun mit zu anstrengenden Rucksack- und Wanderurlauben in Frankreich und in England. Selbst in London wanderten sie. Ellis machte mit der kleinen und zierlichen Muriel, die Mühe hatte Schritt zu halten, Marathonausflüge von Notting Hill nach Richmond und Wimbledon.

Die Kinder kamen in rascher Abfolge; das erste, Sohn David, wurde 1919 geboren. Die Familie wohnte zu dem Zeitpunkt in einem großen vierstöckigen Haus am Pembridge Place 5, einer Seitenstraße von Westbourne Grove in London W2 am westlichen Rand von Bayswater, das heute ebenso angesagt ist wie Notting Hill. In den Augen der wohlhabenderen und vornehmeren jüdischen Familien, die in den großen siebenstöckigen Stuckvillen in South Kensington wohnten, mag es die falsche Seite des Parks gewesen sein. Ansonsten aber beherbergten die mit Laubbäumen bepflanzten Plätze und stuckverzierten Häuserreihen nördlich von Kensington Gardens und dem Hyde Park eine angenehme und wohlhabende Gemeinde, wo, wie es der entfernte Cousin L. H. L. Cohen ausdrückte, »wir wie jüdische Forsytes lebten«.[1] Die Kindermädchen aus der Nachbarschaft schoben ihre Kinderwagen nach Kensington Gardens, sahen ihren Schützlingen zu, wie sie um die Statue von Peter Pan und den Round Pond herumtollten, und begleiteten sie zu den Festen der anderen Kinder. Das Zentrum der Gemeinde war die New West End Synagoge am St. Petersburgh Place – oder für einige auch die West London (Reform) Synagoge in der Nähe von Marble Arch; strenggläubigen Juden war es wichtig, am Sabbat zur Synagoge laufen zu können (oder zumindest nicht dabei gesehen zu werden, wie sie fuhren oder gefahren wurden). Auch hatten die Familien ihre Kinder gerne in der Nähe wohnen, sodass sie freitagabends, wenn die Sabbatkerzen angezündet wurden sowie am Passahfest gemeinsam dinieren konnten. Ellis und Muriel Franklin lebten nicht weit von ihren Eltern entfernt. Ellis' Vater wohnte in Porchester Terrace, Muriels Eltern am Norfolk Square. Das Londoner Haus ihres Trauzeugen Sir Herbert Samuel lag ebenfalls in Porchester Terrace.

Für den Familienurlaub wählte Ellis die Scilly-Inseln, Cornwall oder Südwales, wo er in hoch gekrempelten Hosen mit seiner Kinderschar im Meer herumplanschte und ihnen Anweisungen gab, wohin sie schauen und was sie erkunden sollten. 1926, als Rosalind sechs Jahre alt war, stieß Mamie Bentwich, Ellis' Lieblingsschwester, an der Küste Cornwalls zu ihnen. Mamie, die kinderlos war, beschrieb ihrem Mann die Szenerie:

»Wir genießen das Leben hier sehr ... wandern, baden in der Brandung und faulenzen im Heidekraut oder im Sand – & essen schrecklich viel.

Am Freitag machten Ellis & ich uns zu einer langen Wanderung auf – aber es regnete so heftig, dass wir den ganzen Tag drinnen verbrachten, abgesehen von einem Spaziergang nach dem Tee an ein ›Theater‹ aus dem 7. Jahrhundert auf den Klippen hier in der Nähe ...

Heute, baden & graben & spielen mit den Kindern, da die Kindermädchen Ausgang hatten. Sie machen mir großen Spaß ... besonders Colin ... David ist ein entzückender kleiner Junge. Rosalind ist erschreckend schlau – aus reinem Vergnügen verbringt sie ihre ganze Zeit mit Arithmetik & ihre Rechnungen stimmen immer.«[2]

»Erschreckend schlau« – der liebevoll gemeinte Satz besitzt heute einen Unterton, der damals unbemerkt blieb. »Erschreckend« ist hier kein Sy-

Ellis Franklin gemeinsam mit seinen Kindern während eines Strandurlaubs (etwa 1926). Die 6-jährige Rosalind (rechts) vertrieb sich die Zeit mit arithmetischen Rechnungen.

nonym für »erstaunlich«. 1926 genossen britische Frauen erst seit acht Jahren das Wahlrecht, und dann auch nur, wenn sie 30 Jahre oder älter waren. Mamie, geboren 1892, wusste nur zu gut, dass überragende Intelligenz eine Frau in Verlegenheit bringen konnte. Sie selbst hatte ein Diplom des Bedford College der Universität von London, war jedoch in dem Einvernehmen aufgewachsen, dass weder sie noch ihre ältere Schwester Alice eine berufliche Laufbahn einschlagen würden. Ihr Vorbild war ihre Mutter, Caroline Jacob Franklin, ebenfalls Inhaberin eines Bedford-Diploms, die ihre intellektuelle Begabung als Vorsitzende des Erziehungsausschuss von Buckinghamshire, als Mitglied der Anglo-Jüdischen Vereinigung und als Förderin der Evelina de Rothschild-Schule in Jerusalem einsetzte. Erschrecken angesichts Rosalinds Fähigkeiten war daher angebracht. Es war fast peinlich, dass von den vier Franklin-Kindern, von denen drei Jungen waren, das Mädchen das gescheiteste und entschlossenste sein sollte. Ellis selbst ließ in seiner Bank keine Frauen zu. Jahrelang gab es in der Keyser's Bank nur männliche Sekretäre und Telefonisten.

Dass Rosalind mit sechs bereits so geschickt in Arithmetik war, hatte sie vor allem einer guten, privaten West-Londoner Tagesschule zu verdanken. Wie ihr älterer Bruder David war sie Schülerin am Norland Place in der Holland Park Avenue. Oft brachte Ellis sie morgens vom Pembridge Place zu Fuß zu der Schule, die heute noch in einer Reihe kleiner vierstöckiger Häuser steht. Norland Place war für die Zeit ungewöhnlich, da Jungen und Mädchen bis zum Alter von elf Jahren gemeinsam unterrichtet wurden; danach war es eine reine Mädchenschule. Für fünfeinhalb Guineas pro Semester wurden dort gute Grundlagen in Geschichte, Literatur und Arithmetik vermittelt. In Norland wurden auch beim Sport die Geschlechter nicht getrennt; sowohl Jungen wie Mädchen wurden dazu angehalten, Cricket und Hockey zu spielen – Rosalind hatte großen Spaß am Sport.

Rosalind hatte eine liebevolle Mutter. In gewissem Sinne hatte sie sogar zwei. Muriel Franklin war eine sanfte, gebildete, intelligente Frau, die die Rolle der unterwürfigen jüdischen Ehefrau spielte (wie einige Familienmitglieder fanden, übertrieb sie es damit). Sie führte eine Tradition fort, in der die Erfüllung der Frau in Ehe und Mutterschaft lag, so wie es in den Mischle Sprüchen 31:28 beschrieben wird: »Stehn ihre Söhne auf, so preist man sie / ihr Gatte, rühmt man sie.«[3] Muriel beherrschte ihre Rolle vorbildlich. Hochintelligent und begabt, in späteren Jahren eine gebildete Autorin, blieb ihr aufgrund der Missbilligung ihrer Mutter eine Ausbildung an der Universität versagt. Als verheiratete Frau widmete sie sich unter der Anleitung ihres Mannes voll und ganz der Wohltätigkeitsarbeit. Sie brachte ihren Kindern gute Manieren bei und lehrte sie, dass die Loyalität gegenüber der Familie von überragender Bedeutung sei. Sie bestand auf Respekt gegenüber den Großeltern. So musste für jedes Geschenk gleich nach Erhalt ein Dankesbrief geschrieben werden; man erkundigte sich dabei nach der Gesundheit der Großeltern und berichtete über Fortschritte in der Schule. Einer von Rosalinds ersten Briefen lautete: »Liebe Großmutter – ich habe zwei Sternchen in der Schule bekommen.«[4] Da sie eine große Nachkommenschaft aufzuziehen hatte und ihren Mann außerdem bei der Arbeit für seine unzähligen Wohltätigkeitsorganisationen unterstützte, delegierte Muriel ihre alltägliche Autorität über die Kinder an eine treu ergebene Kinderfrau, die mit dem ersten Baby kam und bis zum letzten und lange darüber hinaus blieb. Für Rosalind war Ada Griffiths in einem Leben, das in vielerlei Hinsicht Kampf bedeutete, eine Quelle der Wärme und eine Zuflucht. Nannie, wie die Kinder sie nannten, war eine robuste Frau aus Shropshire und hatte, wie ihre beiden Schwestern, akzeptiert, dass die Betreuung der Kinder anderer Leute die einzig mögliche Berufstätigkeit war, die ihnen offen stand. Muriel und Nannie kamen in ihrer für beide gleichermaßen vorteilhaften Beziehung gut miteinander aus. In Nannies Augen waren, wie eine Cousine der Franklins trocken bemerkte, »alle fünf Ellis-Kinder wie Schwäne«.[5]

Nannie hatte bei ihrem großzügigen Arbeitgeber ihre Lebensaufgabe gefunden. Mit ihrem liebreizenden Lächeln und ihrer praktischen Begabung, mit offenen Wunden, Prellungen, zerzausten Haaren und Zankereien unter den Geschwistern klar zu kommen, wurde sie zum Mittelpunkt im Leben der Franklin-Kinder. Wie eines von ihnen später sagte: »Mutter war für besondere Aufgaben zuständig.«[6] Nannie brachte Rosalind das Stricken bei und lehrte sie einen ausdauernden Perfektionismus bei ihren Handarbeiten, das heißt, so lange daran zu arbeiten, bis diese ihren Vorstellungen entsprachen. Doch auch Nannie bevorzugte bisweilen die Jungen. Einmal beschwerte sich Rosalind, dass Colin sie mit einem Cricketschläger geschlagen hatte und flehte Nannie an: »Tu was!« Nannies fröhliche Antwort war: »Naja mein Schatz, du hättest ihn nicht ärgern sollen.«[7]

Dass Rosalinds Mutter folgenden Charakterzug in einer liebevollen posthumen Würdigung ihrer Tochter erwähnt, lässt vermuten, dass er relativ ausgeprägt war: »Ich erinnere mich an ein blasiertes und freches Stimmchen im abgedunkelten Schlafzimmer der Kinder, wo Rosalind mit ihrem noch kleinen, aber durchsetzungsfähigen älteren Bruder – der seine Kinderfrau vergötterte – eigentlich hätte schlafen sollen. ›Nannie ist ein Mülleimer, Nannie ist ein gekochtes Ei. Ich schneide Billy (der Kanarienvogel der Kinder) in Stücke und mach ein Sandwich draus. Das würde dir nicht gefallen, stimmt's David?‹« Sie war noch keine zwei Jahre alt.[8] Ihr ganzes Leben lang, erinnert sich Muriel, »hatte Rosalind Spaß an Hänseleien – aber mit einer solch übersprudelnden, schelmischen Freude, dass die Hänseleien gegenüber Menschen mit Sinn für Humor ihren Stachel verloren. Nur gelegentlich, wenn sie aus irgendeinem Grund Kummer hatte oder aufsässig gestimmt war, wirkten ihre Hänseleien provozierend – eine aufreizende Ungezogenheit, die sehr wütend machen konnte.«[9]

Die Franklins waren wohlhabend, aber sparsam. Der Braten beim samstäglichen Mittagessen wurde dünn geschnitten und die Reste später erneut aufgetragen. Ellis verlangte von seiner Frau ausführlichst Rechenschaft über alle Haushaltsausgaben, als wäre das Zuhause eine Abteilung der Bank. Den Kindern wurde beigebracht, auch kleinste Summen zu würdigen und bei allem, was sie kauften, gewissenhaft auf die Preise zu achten. Großvater Franklin lebte im großen Stil: Sein Stadthaus und sein Landhaus Chartridge Lodge in Buckinghamshire wurden von dem Architekten modernisiert, der auch die Fassade des Buckingham Palastes gestaltet hatte. Ellis Franklin wollte jedoch weder ein zweites Haus noch einen Chauffeur. Er fuhr mit der U-Bahn von Notting Hill Gate bis zur Bank. Der einzige Luxus waren Auslandsreisen.

Der Mittelpunkt im Leben der Franklin-Kinder: Kinderfrau Ada Griffiths, genannt »Nannie« bot Rosalind Geborgenheit.

Diese Angewohnheit hatte er von seinen Eltern übernommen. Die Familie Arthur Franklin war weit gereist, durch den Mittleren Osten, Skandinavien, Serbien, Frankreich und Italien, ohne jedoch dabei ihre orthodoxen Gebräuche zu vernachlässigen. Sie aßen lieber kein Fleisch, als zu riskieren, eine verbotene Speise zu sich zu nehmen.

Nach dem Besuch des Clifton College in Bristol verbrachte Ellis ein Jahr allein in Breslau (das heutige Wroclaw), wohin es noch immer familiäre Verbindungen gab. Dort studierte er Naturwissenschaften und lernte in Vorbereitung auf die wissenschaftliche Laufbahn, die er nicht einschlagen sollte, fließend Deutsch. Als er krank aus Breslau zurückkehrte, schickte man ihn in Begleitung seiner älteren Schwester Alice auf eine Seereise um die Welt. Das Reisen selbst brachte auch Verpflichtungen mit sich: lange, ausführliche Berichte über gewonnene Erfahrungen. Ellis' Briefe aus Australien und Neuseeland wurden im Familienarchiv aufbewahrt und wahrscheinlich laut vorgelesen. Er selbst kehrte im Juli 1914 zurück, kurz bevor der Krieg ausbrach. Ellis meldete sich sofort freiwillig.

Rosalind kam früh in den Genuss der Auslandsreisen. Ihr Großvater

Franklin litt 1925 an Tuberkulose und verbrachte die Winter mit seiner Frau in Menton an der französisch-italienischen Grenze. Im zweiten Winter nahmen Ellis und Muriel ihre beiden ältesten Kinder mit zu einem Besuch. Seit seiner Kindheit hatte Ellis Rätsel und Kreuzworträtsel geliebt und als Vater immer daran gearbeitet, den Geist seiner Nachkommen zu schärfen. Er verwandelte jede einzelne Station der Reise – mit einem P&O Liniendampfer über Gibraltar nach Marseille, dann weiter mit dem Zug – in ein Lernspiel. Auf dem Schiff hielt er die Kinder jeden Morgen zum Seilhüpfen an und achtete darauf, selbst genauso lange und heftig zu springen wie sie. Über die Zugfahrt berichtete Rosalind in einem Dankesbrief (kindliche Druckbuchstaben auf von Hand gezogenen Linien) aus dem Hotel Splendide in Marseille an ihre Großmutter:

»Liebe Großmutter,

vielen Dank für die Einladung. Im Zug haben wir ein Spiel gespielt. Daddy hat eine Menge Sachen – Füller, Bleistift, Ring, Beutel, Münze, Füller, Messer, Notizbuch, Zigarettenschachtel und Papier – auf eine Ablage gelegt, sie wieder heruntergenommen, und wir mussten gucken; und als er sie wieder hingelegt hat, konnten wir schauen, wer sich an die meisten Sachen erinnert hat.

In Liebe, deine Rosalind.«[10]

In einem späteren Brief erzählte Rosalind: »Es gibt einen Basar am College, für den wir angefangen haben, Sachen zu basteln, sogar Roland.«[11] (Roland, der Jüngste, war damals vier Jahre.) »Das College« wurde wie »die Bank« zu einem Eckpfeiler im Leben der Franklin-Kinder. Das Working Men's College, ein viktorianisches Backsteingebäude, das sich entlang der Crowndale Road zwischen dem Regent's Park und dem Bahnhof King's Cross erstreckte, war Ellis Franklins liebste Wohlfahrtseinrichtung. Hier hinein lenkte er seine ungenutzten wissenschaftlichen Begabungen und gab an zwei oder drei Abenden in der Woche unbezahlten Unterricht. Er lehrte Elektrizität, Magnetismus und die Geschichte des Ersten Weltkriegs und wurde nacheinander Leiter der Naturwissenschaftsgruppe, Schatzmeister und stellvertretender Direktor. Da es eines seiner Ziele war, die Kluft zwischen Gebildeten und Ungebildeten zu überwinden, blieb Ellis nach den Unterrichtsstunden länger, um sich zu unterhalten und Schach zu spielen. An diesen Abenden kam er selten vor 23.30 Uhr nach Hause.

Das College wurde 1854 von Frederick Denison Maurice, einem

christlichen Sozialisten gegründet, um »Männer der Arbeiterklasse und der Universität zusammenzubringen zum Zweck des gemeinsamen Lehrens und Lernens.«[12] John Ruskin war einer der ersten Lehrer. Nach 1917 umfasste dieses Ideal auch die niemals laut geäußerte Hoffnung, die bolschewistische Revolution abzuwenden, indem man sich der Arbeiterklasse annahm und ihr zu Bildung verhalf, bevor sie auf feindselige Ideen kam.

Direktor zu Ellis Franklins Zeit war Generalmajor Sir Frederick Maurice, ein Enkel des Gründers. Ellis trug durch seinen finanziellen Sachverstand dazu bei, die Stiftungsgelder des College auf ein Maß anzuheben, das weit über die Träume der Gründer hinausging. Mithilfe von Freunden aus der City hatte er einen Sportplatz für das College in Edgware am nördlichen Stadtrand Londons gekauft und aufgebaut. Für die Kinder war der alljährliche Sporttag des College ein Ereignis, das gleich nach Weihnachten und den jüdisch-religiösen Feiertagen kam, und man erwartete von ihnen, dass sie ihr Bestes gaben – nicht zuletzt bei der Zubereitung von Sandwiches. Ellis jedoch stimmte mit dem leitenden Lehrkörper überein, dass Frauen nicht ins Collegeleben passten. Dementsprechend waren auch keine Frauen – auch nicht Muriel Franklin, die sich freiwillig bereit erklärt hatte, die Bücher abzustauben – in der College-Bibliothek zugelassen. Für die hübsche dreijährige Tochter des stellvertretenden Direktors jedoch gab es eine Aufgabe. 1923 war Rosalind ausgewählt worden, um der Herzogin von York bei der Eröffnung des alljährlichen Basars einen Strauß Nelken zu überreichen. Die Herzogin (später Königin Elizabeth und noch später die Königin Mutter) hatte das College sowie seine 80 ehrenamtlichen Lehrer und 1 000 neuen Studenten gelobt, die vereint seien in dem Bemühen, »dem arbeitenden Mann Londons eine Chance zu geben, ins wahre Collegeleben einzutreten, und alle Klassen im Streben nach Bildung zusammenzubringen«.[13] Rosalind trug ein wunderschönes, mit Spitze besetztes Kleid, und ihr glänzendes schwarzes Haar war gut gebürstet.

Rosalind verbrachte ihre Kindheit in einer behüteten Welt. Kinderzimmer, Schule, Park, Haustiere, Theateraufführungen, Geburtstagsfeste, Urlaube, Sport und Landwochenenden beim Großvater bestimmten ihren Alltag. 1929 veränderte sich alles: Ein weiteres Baby war unterwegs.

Die frische Luft der Kanalküste war der Grund, weshalb die Familie die 9-jährige Rosalind ins Internat schickte. Aber ihr Abschied vom Familien-

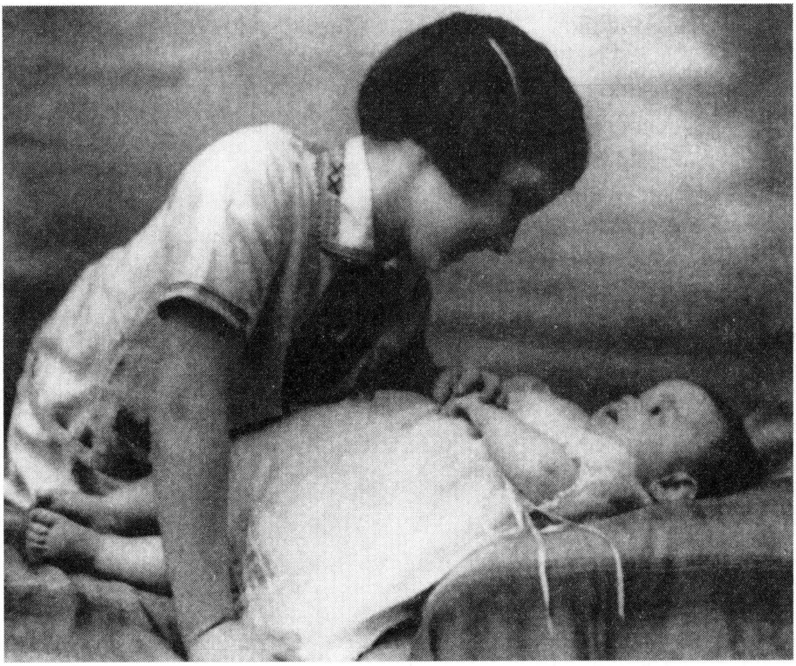

In seltener Gesellschaft: Rosalind mit ihrer jüngeren Schwester Jenifer. Seit Jenifers Geburt wuchs Rosalind im Internat auf.

nest und von Nannies Fürsorge fiel mit der Ankunft des neuen Babys zusammen. Am 5. November 1929 wurde das fünfte Kind und die zweite Tochter der Franklins, Jenifer, geboren. Die Schule, die Ellis und Muriel Franklin für ihre nun älteste Tochter aussuchten, lag in Bexhill an der Küste von Sussex. Die Umgebung war in dem nicht unberechtigten Glauben, die Küste sei eine gesündere Umgebung als der Rauch und die Kohlefeuer Londons, mit Hotels, Internaten und Golfplätzen zugebaut worden. David, der älteste Junge, war auf einer Schule in der Nähe, und die Eltern redeten sich ein, dass Rosalind, die mehrere Kinderkrankheiten durchgemacht hatte und daher schwächlich schien, die Veränderung brauche.

Bei einem Besuch zeigte sich ihre Mutter sehr zufrieden, dass die Schule Rosalinds Schwäche kuriert hatte: Sie war braun, gesund und machte sich nur wegen ihrer vermeintlich dicken Beine Sorgen. Muriel berichtete ihrem Schwiegervater: »Sie ist ganz offensichtlich sehr glücklich und führt ein gesundes und vernünftiges Leben. Auch ihre Arbeit scheint insgesamt sehr vernünftig und sehr interessant zu sein. In der Freizeit nähen sie, und sie macht voller Stolz einen Kittel für Jenifer – & zwar sehr schön.« Muriel war sehr zufrieden, die Mädchen in der Schule »spielen & im Garten liegen zu sehen – es sah sehr friedlich & glücklich aus.«[14]

Ergreifende Briefe zeigen, dass Rosalind gerne ihre Schwester aufwachsen gesehen hätte und sie sich nach Hause sehnte, aber sie akzeptierte ihr Exil mit der lebhaften Aufgewecktheit, die sie in ihrem bisherigen Leben mit drei Brüdern entwickelt hatte. Auf sich selbst gestellt, setzte sie ihre Intelligenz und Selbstbeherrschung ein, um ihre Emotionen zu unterdrücken, und brachte ihre Gefühle in ihre Arbeit und Handarbeit ein, wobei sie außergewöhnliche Fähigkeiten an den Tag legte, Geist und handwerkliche Geschicklichkeit in Einklang zu bringen.

Lindores höhere Mädchenschule, gegründet 1912, war kein düsteres Gebäude. Das viktorianische Fachwerkhaus, umgeben von einer weitläufigen, hügeligen Rasenfläche, gehörte ursprünglich einem Diplomaten und besaß eine großzügige Wohnatmosphäre. Das Vergnügungsangebot war jedoch spartanisch: ein strammer Spaziergang von knapp zwei Kilometern zum Fahnenmast bei den Kolonnaden an der Küste und abendliche Lichtbildervorträge wie »Reisen durch Kanada« und »Das Britische Empire«. Eines Abends gab es »einen Lichtbildervortrag, hauptsächlich über Palästina, und da war ein großes Bild von Onkel Herbert; ich habe ihn erkannt, bevor man uns sagte, wer es war ...«[15] Da es in der Schule keine Kapelle gab, besuchten die Schülerinnen die St. Peter's Church im Ort. Während »sie«, wie Rosalind die christlichen Mädchen in ihren Briefen nannte, in der Kirche waren, musste sie sich den hebräischen Arbeitsaufgaben widmen, die ihr per Post geschickt wurden. Wenn sie diese nicht vollständig erledigte, verlangten ihre Eltern zu wissen, weshalb. Ihre Antworten füllten, ihre Pflichtbriefe nach Hause: »Da sie wieder einmal nicht in die Kirche gegangen sind, hatte ich keine Zeit meine Aufgaben zu machen. Ich schicke sie zurück. Ich habe einige Fragen ausgelassen, weil ich vergessen habe, ein Gebetbuch mitzunehmen, könntet ihr bitte eins schicken?«[16]

Aber Rosalind mochte die Schule. Das Lerntempo war schneller als in Norland Place und eröffnete ihr neue Gebiete in der Geometrie, Geografie und elisabethanischen Poesie. Sie begeisterte sich für Sport, Handarbeit, ausländische Orte – und vor allem für die Naturwissenschaften:

»Liebe Mami und lieber Papi,

wir haben gestern abend einen sehr interessanten Vortrag gehört, er handelte von den verschiedenen Arten, wie ein Fluss beginnt. Es gab die ganze Zeit Bilder, fast wie im Kino … Zuerst zeigte er uns ein paar wunderbare Bilder von Wolken, hauptsächlich aus der Luft aufgenommen, und er erklärte uns, welches Wetter die unterschiedlichen Wolkenarten anzeigen. Dann zeigte er uns einige norwegische Berggipfel, auf denen Schnee lag, und Gletscher und gefrorene Seen, viele von den Bildern hat er selbst aufgenommen, dann zeigte er uns einige sehr hohe Felsen in Belgien, über 300 Meter hoch und ganz gerade mit schmalen Tälern dazwischen, ungefähr drei Meter breit, die ein Strom eingegraben hat … der hunderte von Jahren dort entlanglief, und Bilder von den Victoria- und Niagara-Fällen …«[17]

Ein Höhepunkt der Woche war die Notenvergabe montagmorgens. Rosalind wollte Klassenbeste sein und erreichte ihr Ziel auch allmählich. Oft aber war sie nicht höher, als an dritter Stelle platziert – manchmal unfairerweise.

»Jemand muss einen Fehler gemacht haben beim Addieren und Ausrechnen der Prozente bei den Noten in der letzten Woche, denn Mrs. Blundle hat 78 Prozent ausgerechnet statt 88. Ich hatte fünf Zehner, fünf Achter, eine ganze Menge Neuner und eine Sieben – ich weiß, dass die eine Sieben die einzige Note ist, die ich unter Acht hatte, und Mrs. Blundle hat mir Recht gegeben. Ich war in Wirklichkeit die Beste, aber sie haben mich als Vierte aufgeschrieben, was ich unmöglich gewesen sein kann, weil zwei von den Mädchen, die besser waren, die ganze Woche über keine besseren Noten hatten als ich.«[18]

Aber aufgrund des altbekannten Schreckens, den Internate oder Gefängnisse verbreiten, konnte sie, falls ihre Briefe gelesen würden, nicht riskieren, sich über das Regime zu beschweren. »Bitte sagt nichts zu den Lehrerinnen wegen der falschen Noten, denn ich hätte meine Noten selbst eigentlich gar nicht aufschreiben dürfen …«[19]

In jedem Semester zählte sie die Tage bis zum Ende und überwand ihr Heimweh, indem sie Geschenke anfertigte, wie eine Mütze für das Baby und einen Schal für Nannie. Am Ende des Sommersemesters 1931 erreichte Rosalind beinahe jede Woche den Spitzenplatz. Ihre Handschrift war reifer geworden, sie hatte sehr viel gelesen und zeigte beim Hockey, Schwimmen und Zeichnen große Begabung. Als sie nach Hause zurückkehrte, hatte sie viel gelernt und war selbständig geworden. Sie wies aber die Überzeugung ihrer Eltern, sie sei »zart«[20] gewesen, als Unsinn zurück und nahm es ihnen auch später noch übel, dass sie sie weggeschickt hatten.

KAPITEL DREI

Einst eine Paulina

»In St. Paul's ... wird jedes Mädchen auf einen beruflichen Werdegang vorbereitet. Die High Mistress ist der Ansicht, dass eine Frau nur dann ein Existenzrecht hat, wenn sie ein nützliches Leben führt.«[1]

Miss Ethel Strudwick, die zweite High Mistress der 1904 gegründeten St. Paul's Mädchenschule, hatte diese Philosophie von ihren Vorgängerinnen übernommen und wusste sehr wohl, dass damit die Mutterschaft als nützliche Beschäftigung nicht ausgeschlossen war. Dennoch erwartete sie von den gescheiten Mädchen in ihrer Obhut, dass sie sich Ziele jenseits einer Ehe setzten. Unter ihrer Ägide brachte die Schulzeitung *The Paulina* eine Serie über berufstätige Frauen, und man diskutierte über die provozierende Ansicht, »dass die Zugangsberechtigung von Frauen zu öffentlichen Angelegenheiten und der Industrie zu missbilligen ist«. Miss Strudwick selbst zog die Schlussfolgerung: Frauen sollten nicht »in den Haushalt verbannt werden«.[2]

Im Januar 1932 kam Rosalind mit elf Jahren in die vierte Klasse von St. Paul's, einer Tagesschule in West London, die für ihre akademische Strenge bekannt war. Diese Schule in Brook Green, West Kensington, lag nur eine kurze Busfahrt entfernt von »5PP«, wie die Familie das Haus der Franklins am Pembridge Place 5 in Bayswater nannte. Rosalinds Tante Mamie war eine der ersten Schülerinnen der Mädchenschule gewesen, die als eine Art verspätetes Gegenstück zur 1506 gegründeten St. Paul's Jungenschule eröffnet wurde. Beide Schulen wurden von der Mercers' Company, einer Gilde der Stadt London, geführt, gehörten keiner Kirche an und waren dementsprechend bei den jüdischen Familien Londons mit akademisch begabten Kindern beliebt.

St. Paul's war für ehrgeizige Mädchen bestens geeignet. Rosalind war die geborene Paulina. Sie stürmte mit wippendem Ranzen aus der Schule nach Hause, bekleidet mit einem runden blauen Filzhut mit hoch geklappter Krempe und blauer Schuluniform. Sie widmete sich leidenschaftlich den Mannschaftssportarten, auf die die Schule Wert legte – Hockey, Cricket und Tennis –, und trat später dem Debattierclub bei. Am Tag der Verleihung der Schulpreise – und Rosalind gewann jedes Jahr einen Preis – trug sie ein weißes Kleid mit weißen Handschuhen. In der Tradition öffentlicher Schulen in England hielten ihre in St. Paul's geschlossenen Freundschaften ein ganzes Leben lang.

Obwohl die Mädchen- und die Jungenschule nur wenige hundert Meter voneinander entfernt lagen, wurden sie nicht nur durch die verkehrsreiche Hammersmith Road getrennt. Es gab weder gemeinsamen Unterricht noch gemeinsame Aktivitäten und so gut wie keine freundschaftlichen Verbindungen. Selbst an der gemeinsamen Bushaltestelle miteinander zu plaudern war unüblich. Paulinas nahmen ihre Arbeit ernst. Der Lohn für den Fleiß war offenkundig. Zu Rosalinds Zeit bekleideten Paulinas herausragende Stellungen im öffentlichen Leben, im Verlagswesen, in der Medizin, der Justiz und im öffentlichen Dienst.

Einige von Rosalinds Schulfreundinnen waren Cousinen von ihr: Livia Gollancz (später beim Verlag), Catherine Joseph und Ursula Franklin. Die anderen waren Mädchen unterschiedlicher Herkunft und aus den verschiedensten Teilen Londons. Rosalinds Zuhause hinterließ oft tiefen Eindruck bei ihnen. Jean Kerslake (später Kerlogue), die im vorstädtischen Ealing wohnte, hielt es für »Augenverdreherei«: die schweren Möbel, die Dienstmädchen, die einem die Tür öffneten und die Teller abräumten, die Anwesenheit einer Nannie und einer ihr untergeordneten Kinderfrau. Jean lernte die Regeln des Haushalts: Nannie war *keine* Dienstbotin, sie besaß große Autorität den Kindern gegenüber und wohnte ganz oben im Haus. Jean wurde gelegentlich eingeladen, die Franklins zu einer Operette in eine Loge der Albert Hall zu begleiten und bei ihnen zu übernachten oder samstags zum Mittagessen zu bleiben, wenn es wie stets Roastbeef gab und sich viele Leute bei Tisch einfanden. Sie fand Rosalind freimütig, amüsant, eigensinnig und abenteuerlustig, aber sie fürchtete sich vor Ellis Franklin.

Eine weitere duldsame Freundin war Anne Crawford (später Piper) aus Putney. Beide Mädchen waren unter den Ersten in Mathematik, Französisch, Latein und den Naturwissenschaften – beide hatten ein Stipendium und trugen das Abzeichen der Schule auf ihrer Tunika. Das Stipendium deckte auch die Studiengebühren ab, wofür die zwar standesgemäße, aber nicht wohlhabende Familie von Anne dankbar war. Rosalinds Eltern nahmen das Geld nicht an. Anne lernte die Franklins als eine »sehr sozial gesinnte Familie« mit großem Wohlstand kennen. Dennoch war sie, als sie eingeladen wurde, einen Teil der Sommerferien in St. David in Wales zu verbringen, erstaunt, dass die Franklins ein sehr großes Haus gemietet und zusätzlich zu den Hilfskräften aus dem Ort auch noch drei ihrer Dienstmädchen mitgebracht hatten.

Ellis Franklin wollte kein Landhaus, weil er glaubte, es sei falsch, zwei Häuser zu besitzen, wo doch viele Menschen nicht einmal eins hatten. Das Anwesen seiner Eltern in Chartridge jedoch erfüllte den Zweck. Es gab zwei Tennisplätze, einen Croquet-Rasen, einen Kinderspielplatz (mit Schaukel und Barren), einen Kräutergarten, zahlreiche Schlafzimmer, eine Garage mit fünf Wagen und einer darüber gelegenen Chauffeurswohnung; außerdem eine Farm, auf der Milch von Jersey-Kühen für den Haushalt produziert wurde, sowie Hühner und Truthähne und einen dort ansässigen Schächter, der vorschriftsmäßig koschere Schlachtungen durchführte.

Rosalind genoss die Wochenenden dort mit ihrer Cousine Ursula Franklin, der Tochter von Ellis Franklins älterem Bruder Cecil. Ursula mochte Rosalind wegen ihres Sinns für Humor und ihres sprühenden Geistes von allen ihren »Ellis«-Cousins am liebsten, und sie erinnert sich an die Förmlichkeit in Chartridge: »Man sagte immer ›Miss Rosalind‹ und ›Miss Ursula‹, und man durfte nicht die Tür öffnen, selbst wenn man am nächsten dran saß. Ein Dienstmädchen musste von hinten aus dem Haus kommen und sie öffnen.«[3] Arthur Franklin, der streng orthodox war, bestand darauf, dass die Männer am Sabbat bei Tisch Hüte trugen. Er trug seine Jarmulke, sein Gebetskäppchen, aber seine Enkel waren lakonischer: Colin setzte einen Filzhut auf und Roland seine Schulkappe.

Rosalind und Jean Kerslake wurden im Frühjahrssemester ihres ersten Jahres beste Freundinnen, nachdem beide aus den Osterferien zurückgekehrt und sich mit ihren bisherigen Busenfreundinnen zerstritten hatten. Ihre gemeinsame Feindschaft gegenüber Jeans ehemaliger Freundin erregte die Aufmerksamkeit der Schule. Beide Elternpaare bekamen Beschwerden darüber zu hören, dass ihre Töchter Margaret Douglas schikanierten. »Rosalind und ich waren gewissermaßen berüchtigt,« erinnert sich Jean, »was unser Bündnis noch stärkte.« Jean und Rosalind engagierten sich in gemeinsamen Projekten und schrieben beispielsweise ein kleines Buch über Japan, für das Rosalind die Karten zeichnete. Sie wurden Truppenführerinnen bei den Pfadfinderinnen und gewannen Abzeichen, unter anderem auch in der Nachrichtenübermittlung (Morsenachrichten und Winksprüche).

Rosalinds Eltern erkannten allmählich, dass ihre älteste Tochter sowohl außerhalb wie auch innerhalb des Familienkreises schwierig sein konnte. Sie hatten größtes Verständnis für die Bemühungen ihrer Lehrer, das zu durchbrechen, was Rosalinds Mutter »ihre Zurückhaltung und offensichtlich mangelnde Zugewandtheit« nannte. Sie umschrieb es als Rosalinds »Alleingang«-Phase. Es gab, wie Ellis und Muriel sehr wohl wussten, starke Rebellen in der Familie Franklin. Der berüchtigste unter ihnen war Ellis' Bruder Hugh, ein Befürworter des Frauenwahlrechts, der 1910 den damaligen Innenminister Winston Churchill im Zug ansprach und ihn wegen dessen ablehnender Haltung gegenüber dem Frauenwahlrecht mit einer Hundepeitsche zu schlagen versuchte. (Churchill wurde bei dem Angriff nicht verletzt und ging in den Speisewagen weiter.) Aufgrund dieses Zwischenfalls machte Hugh Schlagzeilen in der *Times* als »Mr. Churchills Angreifer« und saß mehrere Monate im Gefängnis. Ellis' ältere Schwester Alice begann ihr Leben zunächst sehr konventionell. Sie war Debütantin und wurde 1909 bei Hofe eingeführt, wandelte sich aber kurze Zeit später zur Sozialistin mit kurz geschnittenem Haar. Sie kleidete sich in Nadelstreifen und teilte ihren Haushalt mit einer anderen Frau – ein Arrangement, das die Familie nicht kommentierte. (Alice konzentrierte ihre intellektuellen Energien auf die Fawcett Society und die Townswomen's Guild.) Tante Mamie war während des Ersten Weltkriegs – bevor sie Norman Bentwich heiratete, nach Jerusalem zog und das diplomatische Corps damit schockierte, dass sie zu jeder Tages- und Nachtzeit selbst Auto fuhr – wegen »bolschewistischer Tendenzen« aus dem Woolwich Arsenal entlassen worden. Sie hatte eine Gewerkschaft für Arbeiterinnen organisiert.

Sollte Rosalind eine jüngere Ausgabe dieser Radikalen werden? Die Lehrer konnten ihre offenkundig feindselige Gleichgültigkeit nicht durchbrechen. Als strategisches Manöver kauften ihr Ellis und Muriel, die entweder mit viel Fantasie vorgingen oder einen Rat befolgten, ein Perserkätzchen. »Wilhelmina« oder »Willy« wirkte wohl ein wenig besänftigend auf Rosalind. Es wartete, bis sie aus der Schule nach Hause kam, und saß auf der Armlehne ihres Stuhls, während sie ihre Hausaufgaben machte. Die Eltern wurden wahrscheinlich lediglich Zeugen ihrer beginnenden Pubertät.

Probleme mit Lehrern, Besorgnis wegen der Noten, Freude an den Naturwissenschaften, am Sport und am Nähen: Rosalinds Verhaltensmuster aus der Zeit im Internat trat auch in der St. Paul's Mädchenschule wieder zutage. Rosalind bat ihre abwesenden Eltern schriftlich um Erlaubnis, an den Prüfungen für ein Oberstufenstipendium teilnehmen zu dürfen. Es bestünde keinesfalls die Gefahr, dass sie es bekommen könnte, versicherte sie ihnen. Ihr Pessismus war ungerechtfertigt. Sie hatte schon das Unterstufenstipendium erhalten und bekam nun auch das für die Oberstufe. Sie behielt es während ihrer gesamten Zeit in St. Paul's. Rosalind gewann außerdem 1936 den Preis für Latein. Englisch verabscheute sie, weil sie sich durch *School for Scandal* und *The Rivals* quälen musste, und sie beteiligte sich so wenig wie möglich am Musikunterricht, auf den ihre Schule sehr stolz war. Der Komponist Ralph Vaughan Williams hatte während Rosalinds Schulzeit als Nachfolger des verstorbenen Gustav Hols die Leitung der Musikabteilung übernommen. Rosalind gab niemals vor, ein Ohr oder eine Begabung für Musik zu haben, obwohl sie das Theater und die Malerei liebte.

Sie nahm auch nicht an den Schulgebeten in St. Paul's teil. Was mit jüdischen Schülern während der Morgenandacht geschehen sollte, war ein ungelöstes Problem an englischen Schulen. Auch die von der anglikanischen Kirche unabhängigen Schulen richteten ihren Schulalltag nach dem Kirchenkalender aus und hielten sich an die gesetzliche Pflicht, einen täglichen Gottesdienst abzuhalten. In den dreißiger Jahren des 19. Jahrhunderts, als Rosalinds Urgroßvater und sein Bruder als erste bekennende Juden die Manchester Lateinschule besuchten, war ein beträchtliches Maß an Einfallsreichtum notwendig, damit sie bei den Schulgebeten anwesend sein konnten, aber nicht teilnehmen mussten. Am ersten Tag setzte man die Franklins in die erste Reihe und erlaubte ihnen, während die anderen knieten, stehen zu bleiben. Dies lenkte die anderen aber wohl zu sehr ab. Am nächsten Tag standen die Franklins in der letzten Reihe, doch selbst dort wurde ihre Anwesenheit als störend empfunden. Schließlich einigte man sich darauf, dass sie erst nach dem Gottesdienst zur Schule kommen sollten. Ein Jahrhundert später hatte man sich in Rosalinds Schule an solche Probleme gewöhnt. Während der Rest der Schüler die Köpfe senkte, gingen die jüdischen Mädchen in einen anderen Raum – eine Praxis, die man lachend »jüdisches Beten« nannte und die ihnen Gelegenheit gab, ihre Hausaufgaben nachzuholen. Für den übrigen Teil der Schulandacht und die Bekanntmachungen stießen sie wieder zu den anderen.

Wie viele Jüdinnen es an der Schule gab, ist nicht bekannt, da die Religionszugehörigkeit der Schülerinnen nicht verzeichnet wurde. Die Mercers' Company richtete sich nach der Gewissensklausel des Endowed Schools Act, 1869 von Gladstone erlassen, nach der allen Schülern gleiche Bildungsmöglichkeiten unabhängig von ihrem Glauben oder Nicht-Glauben zustehen sollten. 1946, acht Jahre nach Rosalinds Schulabgang, schlug Miss Strudwick eine Quote vor, um »ein zu großes Übergewicht an Jüdinnen« zu vermeiden. Die Mercers lehnten den Vorschlag kategorisch ab.

Rosalind hatte auch mit einem anderen Problem, das ihre Vorfahren geplagt hatte, nichts zu schaffen. Ihr Vater war wegen seines Glaubens seine eigene Schulzeit am Clifton College über sehr verbittert gewesen. Er hatte dort im »jüdischen Haus« gewohnt und aufgrund seines religiösen Gehorsams an Samstagen, wenn alle Spiele stattfanden, keinen Sport treiben dürfen, obwohl er ein leidenschaftlicher Cricketspieler war. Dieselben Einschränkungen hatten seine Schwester Mamie in der St. Paul's Mädchenschule bedrückt, wo man es damals noch für selbstverständlich hielt, dass jüdische Mädchen an den Mannschaftsportarten nicht teilnahmen: »Das Einzige, was ich in meinem Leben als echten Nachteil aufgrund meines Judentums empfand«[4], sagte Mamie.

Ellis verachtete die allzu wörtlich ausgelegte Orthodoxie, die dazu führte, dass sein gebrechlicher Vater 1933 zu Davids Bar Mitzvah im Badestuhl geschoben wurde und seine ältliche Mutter zu Fuß gehen musste, damit am Sonntag nicht Auto gefahren wurde. Seine gemäßigte Einstellung war ein Glück für Rosalind, die es in die Tennis-, Cricket- und Hockeymannschaften ihrer Schule schaffte. Fotografien der Hockeymannschaften in Abfolge zeigen, wie Rosalind, gekleidet in dunkle Faltenröcke, dicke Strümpfe, weiße Hemden, Halstücher und mit von einem dunklen Samtband gebändigtem dunklen Haar zu einem hübschen, wenn auch sehr behüteten Mädchen heranwuchs.

»Rosalind wusste bereits ihr ganzes Leben lang, was sie wollte«, meinte ihre Mutter, »und im Alter von 16 Jahren entschied sie sich für die Naturwissenschaften als ihr Fachgebiet.« Nach den ersten vier Jahren und

Stolz und ehrgeizig – eine geborene »Paulina«: Rosalind (rechts stehend) als Hockeyspielerin der traditionsreichen St. Paul's-Mädchenschule.

nach Erhalt des Allgemeinen Schulzeugnisses kam Rosalind in die sechste Klasse und hatte genug Spielraum, um auf das höhere Schulzeugnis hin zu arbeiten. Dabei konzentrierte sie sich auf das, wofür sie sich wirklich interessierte: Chemie, Physik und Mathematik, reine und angewandte. Sie mied die Biologie und die Botanikkurse, die die Mädchen besuchten, die auf die Medizinschule gehen wollten. Dass sie so klare Absichten hatte, lässt vermuten, dass Rosalind damals schon, wenn nicht schon früher, wusste, was Albert Einstein erst allmählich über sich selbst lernen musste: Dass ein Wissenschaftler die Wissenschaft zum »Mittelpunkt seines Gefühlslebens macht, um so den Frieden und die Sicherheit zu finden, die er im beengten Strudel seiner persönlichen Erfahrungen nicht finden kann«.[5]

Einstein lieferte diese Selbstanalyse 1918 bei den Feierlichkeiten in Berlin anlässlich der Vergabe des Nobelpreises an Max Planck. Er beschrieb weiterhin das Forschen des Wissenschaftlers als »dem des Religionsanhängers oder Liebenden verwandt, das alltägliche Bemühen entspringt keiner bewussten Absicht oder einem Programm, sondern kommt direkt von Herzen«.[6] Rosalinds Wissenschaft kam stets direkt von Herzen. Die St. Paul's Mädchenschule war stolz auf seine modernen naturwissenschaftlichen Einrichtungen, wo Rosalind nun sehr viel Zeit verbrachte. Aber war sie gut vorbereitet? Als der Immatrikulations- und Schulaufsichtsrat der Londoner Universität der Schule 1935 einen Kontrollbesuch abstattete, bewunderte er den »hervorragenden neuen Gebäudeblock, der für die Naturwissenschaften eingerichtet worden war«. Ebenso lobten die Besucher die drei »hoch qualifizierten Lehrerinnen« für Physik, Chemie und Biologie und beschrieben den Mathematikunterricht als »gründlich, vernünftig und nachhaltig«. Nichtsdestotrotz bedauerte das Kommitee, dass man den älteren Mädchen in ihrer Freizeit keinen ausgedehnteren Zugang zu den Laboratorien gestattete, sodass sie verstärkt experimentell arbeiten könnten. Die Schule verteidigte sich damit, dass der zu bewältigende Lehrplan den Mädchen kaum Freizeit lasse.

Der Bericht der Prüfer in Verbindung mit den Beobachtungen anderer, einschließlich derer Rosalinds, lässt vermuten, dass den Mädchen die Naturwissenschaften auf andere Art gelehrt wurden als den Jungen: als eine intellektuelle Anstrengung, die eher Sauberkeit, Gründlichkeit und Ausdauer als Aufregung und Wagemut verlangt. Selbst auf den höheren Stufen der Wissenschaft wurde größter Wert auf Ordnung und die deutliche Beschriftung von Notizen, Diagrammen und Akten gelegt. Anne Crawford hatte den Eindruck, dass Rosalind sehr viel allein arbeitete, um schneller voranzukommen.

Über die Entstehung des Lebens jedoch lernte Rosalind nichts, weder in den Naturwissenschaften noch in den anderen Unterrichtsstunden. Den Mädchen, die Biologie nicht belegt hatten, bot die Schule als Alternative acht Vorträge mit Anschauungsmaterial über allgemeine Physiologie und über die Entwicklung von der Amöbe an. Doch kurz vor den Säugetieren war der Stoff zu Ende. Rosalind hatte weder diesen Kurs belegt noch erhielt sie zu Hause grundlegende Informationen. Die Franklins redeten nicht über solche Dinge. Im breiteren Familienkreis wurde gescherzt, dass Ellis Franklin zwei der drei Tage seiner Wochenendhochzeitsreise 1917 damit verbracht hatte, seiner Braut »die Bedeutung der Ehe« zu erklären.

Das seltene Ereignis einer Tanzveranstaltung mit der St. Paul's Jungenschule wurde zu einem unangenehmen Erlebnis in Rosalinds früher

Jugend. Rosalind ging zusammen mit Jean Kerslake hin und ein Junge wurde herbeizitiert, der mit ihnen das Taxi teilte. Es war eine unangenehme Fahrt, die das Trio schweigend hinter sich brachte. Zu ihrer Bestürzung trugen alle anderen Mädchen bodenlange Abendkleider. Rosalind und Jean wirkten in ihren kurzen Taftkleidern wie Kinder und wurden den ganzen Abend nicht einmal zum Tanz aufgefordert. Rosalind war darüber so verstimmt, dass sie ihrer Mutter erzählte, dass ihre Cousine Ursula Lippenstift getragen hatte. Die schockierte Muriel wies ihre Schwägerin zurecht, die entgegnete, sie sei erfreut, dass Ursula Make-up ausprobiere.

Rosalind besaß, wie Ursula fand, selbst für diese prüden Zeiten eine »unglaubliche Unschuld«[7], die sie allerdings mit scharfer Zunge verteidigte. Als ihre Schulfreundinnen anfingen sich in ihre Eislauflehrer oder in Filmstars zu vergucken, redeten sie niemals mit ihr darüber. Diese Gehemmtheit hatte Rosalind mit ihrer Mutter gemeinsam. Muriel war eine hochintelligente, hübsche Frau, ihrem herzlichen, aber dominanten Ehemann vollkommen ergeben. Mutter und Tochter verstanden sich gut, wenn sie wie bei ihren Wanderwochenenden allein waren und zusammen die Gegend um Chichester erkundeten.

Im Dezember 1936 gab es Anschauungsunterricht, was das Durcheinander in Herzensangelegenheiten betraf: König Edward VIII. verzichtete auf den Thron, um die Frau zu heirateten, die er liebte. Ellis Franklin, ein glühender Monarchist, hatte wenige Monate zuvor seine Familie zur Bestattungsprozession von George V. geführt. Jetzt übte er vernichtende Kritik an dem Playboy-König und dieser Mrs. Simpson. Seine Frau kam in den Genuss seiner Tiraden: »Ein Mitglied der königlichen Familie zerbricht durch seine Schwäche und sein mangelndes Moralempfinden nicht nur die Ehe einer dubiosen und anstößigen Frau, sondern ist auch noch bereit, sie als seine Gemahlin auf den Thron von England zu setzen!«[8] Ellis war wie jeder andere britische Staatsbürger erleichtert, als der ungekrönte König zu Gunsten seines Bruders, einem Familienmenschen von untadeliger Moral, abdankte.

Die gesamte Familie Franklin machte am 12. Mai 1937 einen Ausflug zu den Krönungsfeierlichkeiten. Rosalinds Großvater hatte gute Plätze entlang der Prozessionsroute besorgt. In ihrem Dankesbrief, den sie im Namen ihrer Brüder und ihrer Schwester schrieb und der ihr großes Talent im Umgang mit Worten offenbart, zeichnet Rosalind ein lebhaftes

Bild dieses historischen Ereignisses und eines der glücklichsten Tage ihres Lebens:

»Lieber Großvater,

wir sind gerade nach einem wirklich wunderbaren Tag zu Hause angekommen. Wir haben den Club um 5.30 Uhr am Morgen erreicht, die Züge waren voll, aber wir haben es ganz gut geschafft. Wir gingen direkt zu unseren Plätzen und waren überrascht, dass wir eine so wunderbare Aussicht hatten. Wir saßen in der ersten Reihe und hatten von unseren Plätzen aus freie Sicht auf die gesamte Länge der St. James' Street, vom St. James' Palace bis Piccadilly. Die Fenster waren ganz herausgenommen und die Stände etwas auf die Straße hinaus gebaut, sodass wir auf der linken Seite der Route, so nah wie überhaupt nur möglich an der Prozession waren und die ganze Sache perfekt sehen konnten, auch das Innere der Kutschen.

Wir hatten ein ausgezeichnetes Frühstücksbüffet um 7.30 Uhr und ein sechsgängiges Mittagesssen mit Champagner um 13.00 Uhr! Wir hörten die Radioübertragung aus der Abbey am Morgen und konnten alles sehr gut verstehen.

Um 6.30 Uhr waren die Straßen proppenvoll. Es war eine sehr fröhliche Menge, die sich die Zeit vorwiegend mit gemeinschaftlichem Singen vertrieb.

Um die Mittagszeit herum kamen Armeelaster mit Rationen für die Männer. Jeder einzelne Mann bekam sein Mittagessen in einer Papiertüte überreicht. Es war sehr amüsant, ihnen allen beim Essen zuzusehen und die Aufregung derer zu beobachten, die als Letzte etwas bekamen.

Es war den ganzen Tag über schönes Wetter bis zum Ende der Prozession. Zum Glück kam der Regen erst danach und nicht früher und hat die Massen nicht durchnässt. Nach der Prozession bekamen wir etwas geboten, womit ich wirklich nicht gerechnete hatte – wir sahen die gesamte Prozession an Hyde Park Corner vorbei im Fernsehen.

Da die Prozession früher begonnen hatte als erwartet, hatten wir, während wir noch beim Mittagessen saßen, die Abordnungen der Dominions und Kolonien verpasst. Später waren wir sehr froh darum, denn weil wir sie unbedingt anschauen wollten, zogen wir los, um sie zu suchen,und bekamen so noch viel mehr zu sehen. Sobald wir uns das Ende der Prozession im Fernsehen angeschaut hatten und sich die Menge in der St. James Street schon fast aufgelöst hatte, machten wir uns zur Mall auf. Wir durften nicht direkt durchgehen, also rannten wir die Pall Mall entlang über den Trafalgar Square und durch den Matsch im St. James Park. Wir kamen gerade rechtzeitig, um über die Köpfe der Menge hinweg einen Blick auf die eintreffende königliche Kutsche und einige der Gardekorps zu werfen.

Wir gingen dann hinter dem Kasernenhof herum, weil man uns gesagt hatte, dass wir vielleicht die Abordnungen der Kolonien und Dominions dort finden würden. Aber wir sahen nicht mehr als Massen von Wachen und Polizisten und gaben die Suche auf. Gerade als wir zurück zum Buckingham Palast kamen, sahen wir sie alle auf uns zu kommen. Sie marschierten direkt an uns vorbei. Inzwischen hatte sich eine riesige jubelnde Menge vor dem Palast versammelt, also beschlossen wir, auch dorthin zu gehen. Wir schafften es, uns eine sehr gute Position in der Mitte auf den Stufen des Victoria Memorial zu ergattern und fielen in den Jubel und die Rufe »We want the King« und »For He's a Jolly Good Fellow« ein. Endlich öffnete sich die Tür auf dem Balkon. Die Menge brandete nach vorne, winkte mit Taschentüchern, Handschuhen und Hüten, und ein unglaublicher Jubel brach aus. Es war ein wunderbarer Moment, als der König, die Königin, zwei Prinzessinnen, Queen Mary sowie die Dukes und Duchesses von Gloucester und Kent alle herauskamen. Die Menge stand dicht gedrängt über die ganze Mall und so weit nach hinten, wie man sehen konnte. Sie blieben eine ganze Weile draußen, trugen Kronen etc. Als sie sich wieder zurückzogen, sang die Menge »God Save the King« und zerstreute sich.

Wir gingen durch die Menschenmassen hindurch zu Fuß nach Hause, denn an den Bahnhöfen standen unglaublich lange Schlangen.

Wenn es nicht viel mehr regnet, dann sehen wir uns heute Abend noch die Flutlichter und die Menge an.

Ich kann mich wirklich an keinen Tag erinnern, der mir mehr Freude gemacht hat. Vielen Dank, dass du uns diesen wunderbaren Tag ermöglicht hast.

In Liebe, Rosalind.«[9]

Dass sie sich am Ende eines solch anstrengenden Tages, der bereits im Morgengrauen begonnen hatte, noch so viel Mühe beim Schreiben gab, ist Beleg ihrer Ausdauer und ihres Sinns für familiäre Verpflichtungen. Onkel Herbert Samuel hatte einen noch besseren Platz bei den Krönungsfeierlichkeiten erwischt. Er und seine Frau (Ellis Franklins Tante Beatrice) saßen in feierliche Roben gekleidet in der Westminster Abbey. Samuel war in der Coronation Honours List zum Viscount ernannt worden. Er verwarf seine erste Idee eines Titels – Lord Paddington – und entschied sich stattdessen für »Samuel of Mount Carmel and of Toxteth in the City of Liverpool« und für das Motto »Weiche nicht ab vom Weg«, aus Schemuel 1, 6:12. Es war ein Motto, das auch auf Rosalind gepasst hätte.

In diesem Sommer fuhren Ellis und Muriel mit ihren vier ältesten Kindern in die Berge im westlichen Norwegen. Mit einem Seil aneinander gebunden folgten alle sechs einem Bergführer über den Jostedalgletscher. Einmal mehr fungierte Rosalind als die Berichterstatterin der Familie: Sie schickte an ihren Großvater exakte Beschreibungen von der Kathedrale von Bergen aus dem 12. Jahrhundert, von den Holzhäusern und von Ellis in seinen Knickerbockern, der damit auf der Straße belächelt wurde. Mit glühenden, aber präzisen Worten schilderte sie die Herrlichkeit der Sonnenuntergänge in den tief purpurfarbenen Bergen.

Ihre Liebe zum Laufen hatte sie von den Eltern geerbt, ebenso die Freude an anstrengenden Wanderungen und Felsgipfeln sowie das Wissen um die Bedeutung sorgfältiger Planung. Die Franklins waren als Familie ausgesprochen zurückhaltend, Rosalind mag ihre Mutter gelegentlich geküsst haben, niemals aber ihren Vater oder ihre Brüder. Dennoch verbrachten sie ungewöhnlich viel Freizeit zusammen, worüber sich die Kinder niemals beschwerten, auch nicht, als sie älter wurden. Colin erinnert sich: »Wir haben sehr viel Spaß und Unsinn in den Familienurlauben, bei Ausflügen und Landwanderungen gemacht; mein Vater war witzig, mit einem sehr feinen Sinn für das Lächerliche, obwohl man das wirklich nicht auf irgendeinen Aspekt seines eigenen Lebens beziehen konnte.«[10]

Rosalinds letzte Schuljahre wurden durch die Machtergreifung Hitlers und deren Auswirkungen auf London überschattet. Im Oktober 1936 fühlte sich Oswald Mosley berufen, die British Union of Fascists auf einen Demonstrationsmarsch durch die jüdischen Viertel im Londoner East End zu führen. Die daraus resultierende »Schlacht in der Cable Street« zwang Mosley, den Demonstrationszug aufzulösen, da die Polizei ihm keinen Weg mehr durch die Menge bahnen konnte. Nach dem Anschluss Österreichs an Deutschland im März 1938 schwoll der bislang geringe Zustrom an jüdischen Flüchtlingen zu einer wahren Flut an. Der *Jewish Chronicle* und die Anzeigenteile der *Times* waren voller flehender Botschaften verzweifelter Juden, die Arbeit als Hausangestellte, Privatsekretäre oder Schneider suchten, damit sie Visa für die Einreise nach Großbritannien bekämen. Nachdem ihm die Gestapo einen Besuch abgestattet hatte, traf Sigmund Freud im Juni 1938 mit einem Großteil seiner Familie in London ein. Freud hatte als herausragende Persönlichkeit von internationalem Ruf keine Schwierigkeiten, eine Einreiseerlaubnis für Großbritannien zu erhalten. Gewöhnlichen europäischen Juden der Mittelklasse jedoch wurde in Zeiten der britischen Massenarbeitslosigkeit die Einreiseerlaubnis nicht bereitwillig ausgestellt.

Rosalind wurde nun Zeugin der vollkommenen Übereinstimmung ihrer Eltern in ihren Zielen, als sich diese der Flüchtlingsarbeit widmeten. Ellis reduzierte seine Arbeitszeiten in der Keyser's Bank und im Working

Men's College, um im Innenministerium bei der Zuteilung der Visa zu helfen. Die Bewerber wurden aufgeteilt in jene, die Verwandte oder Freunde in Großbritannien hatten, die helfen konnten, und in jene, die vollkommen ohne Unterstützung eintrafen. Ellis leitete die »Bürgschaftsabteilung« des deutsch-jüdischen Flüchtlingskomitees, das ein Büro am Woburn Square unterhielt. Ellis und seine Schwester Mamie gründeten außerdem eine Organisation, die sich um die Unterbringung verwaister oder obdachloser deutsch-jüdischer Kinder kümmerte. Schulfreundinnen von Rosalind, die zuvor freiwillig Sandwiches für den Sporttag des Working Men's College geschmiert hatten, wurden nun zur Flüchtlingsarbeit herangezogen. Die Leiterin der St. Paul's Mädchenschule gab jeden Tag einigen Mädchen frei, damit sie im Woburn House bei der Registrierung helfen konnten.

Die Franklins engagierten sich aber nicht nur in Verwaltungsfragen. Als 10 000 österreichische Kinder in London eintrafen, viele davon auf dem Kindertransport und ohne Begleitung, nahmen sie zwei davon in die Familie auf. Evi Eisenstädter, ein junges Mädchen, dessen Vater in Buchenwald war, kam im Sommer 1938 an und teilte sich mit Jenifer das Zimmer im obersten Stockwerk. »Vater Franklin«, wie sie ihn bald nannte, sprach Deutsch mit ihr. Die 9-jährige Evi hatte halb Europa durchquert, um nach London zu kommen. Sie traf an einem Freitagabend ein und wurde mit der Nachricht begrüßt, dass man sie über das Wochenende mit aufs Land nehmen werde. Der Zug hatte Verspätung, und als Wilson, der Chauffeur, sie beim Anwesen der Franklins in Chartridge ablieferte, sah sie als Erstes zwei Männer in Abendgarderobe, die die große Treppe herunterkamen. Sie waren so elegant, erinnert sie sich (und muss deshalb kichern), dass »ich dachte, es wäre der König.«[11] Aber es waren nur Großvater Franklin und Viscount Samuel auf dem Weg zum Abendessen.

Rosalind hatte von der Schule genug. Fünf Monate vor ihrem 18. Geburtstag fuhr sie nach Cambridge, um an den Zulassungsprüfungen in Physik und Chemie teilzunehmen. Wie gewöhnlich fürchtete sie, sie habe die Aufgaben durcheinander gebracht. Sie verbrachte einige Tage in äußerster Anspannung und sah mit anderen nervösen Mädchen – »beinahe alle aus dem Norden«[12] – zitternd auf den Anschlagstafeln nach, ob sie zum Gespräch geladen war. Rosalinds mündliche Prüfung in Physik war gut, sie hatte aber wenig Freude an der düsteren, stockenden Unterhaltung mit dem Direktor von Newnham. Dieser erklärte ihr, dass, wenn sie im Oktober anfinge und kein weiteres Jahr in der Schule bliebe, sie die jüngste unter den neuen Mädchen sei. Am Ende boten ihr jedoch beide Frauencolleges, Girton und Newnham, einen Platz an. Nachdem Rosalind jeden, den sie kannte, angerufen hatte, um Ansichten über die beiden Colleges einzuholen, entschied sie sich für Newnham. Sie wollte dort im Herbst anfangen, obwohl ihr das College empfahl, noch ein Jahr zu warten, da sie nach einem weiteren Jahr der Vorbereitung »gute Chancen auf eine Auszeichnung«[13] hätte. Aber sie wollte nicht warten und sagte ihrem Großvater, »ich freue mich sehr darauf«.[14]

In der St. Paul's Mädchenschule war man entsetzt. Eine Auszeichnung aus Oxford oder Cambridge brachte der Schule der Studentin Ehre ein, da die Gewinner unter der Rubrik »Universitätsnachrichten« in der *Times* bekannt gegeben wurden. Jean Kerslake blieb ein weiteres Jahr auf der Schule und gewann ein Stipendium in Newnham, weil ihr Rosalind, wie ihr Vater meinte, beigebracht hatte, wie man arbeitet.

Nachdem der Druck der Schule von ihr genommen war, beschäftigte sie sich zunehmend mit Dingen, die nicht auf dem Lehrplan standen. Unter der Schirmherrschaft ihrer Tante Mamie, die dem Londoner Grafschaftsrat angehörte, nahm sie an einer Versammlung des Bezirksrats Hammersmith teil. Sie besuchte außerdem eine Luftschutzübung in Kensington, die Blumenschau in Chelsea und eine Schuldebatte zum Thema »Die Rückkehr zur Geheimdiplomatie könnte einen Beitrag zum Weltfrieden leisten«. Jetzt, da sie sich selbst für erwachsen hielt, war sie verunsichert, weil sie jünger aussah, als sie war. Als der Fahrkartenschaffner sie eines Tages im Bus fragte, ob sie »ganz oder halb«[15] wolle – halbe Fahrpreise galten für Jugendliche unter 14 Jahren –, ließ sie sich eine Dauerwelle machen.

Am 1. Juni fuhr Rosalind nach Frankreich, und jetzt, mit guten Kenntnissen der französischen Schriftsprache, liebte sie es. Sie machte Scherze, dass man sie in ein Mädchenpensionat geschickt habe, widmete sich aber voll und ganz der Verbesserung ihres Konversationsfranzösisch, obwohl sie es nicht leiden konnte, wenn ihre englischen Freundinnen mit »französischen Manierismen«[16] sprachen. Sie lernte sich in Paris zurechtzufinden, genoss das Mittagessen in einer Patisserie, nähte unter der Anleitung einer Pariserin »Massen«[17] an Kleidern, badete in der Marne und kaufte Stoffe, um zu Hause Kleider daraus zu machen. Höflich bat sie ihre Eltern um »etwas eigenes Geld«[18] für französische Bücher und für Trinkgelder an die Dienstmädchen.

Während ihrer Abwesenheit erhielt ihre Mutter einen Brief von der Leiterin der St. Paul's Mädchenschule:

»Sehr geehrte Mrs. Franklin,

Sie werden sich sicher freuen zu hören, dass Rosalind ein Schulabschlussstipendium von 30 Pfund im Jahr für die Dauer von drei Jahren gewonnen hat. Gratulieren Sie ihr bitte in meinem Namen, und bestellen Sie ihr meine besten Wünsche.

Hochachtungsvoll, Ethel Strudwick.«[19]

Die Entscheidung hatte nicht die Schule, sondern eine externe Prüfungskommission getroffen, die die Protokolle der Abschlussklassen ausgewertet hatten. Sie empfahlen Rosalind als eine von vier, die eine Auszeichnung für herausragende Leistungen verdienten: »Rosalind Franklin ist eine viel versprechende Schülerin und ihre Arbeit, besonders in Physik, zeigt ein fundiertes Wissen und eine ernsthafte Aufgeschlossenheit gegenüber den Fragen des Themas.«[20] Die jährlichen 30 Pfund waren ein beachtlicher Beitrag zu den Universitätsgebühren. Einmal mehr wollte ihr Vater nichts davon wissen, dass Rosalind das Geld für sich selbst annahm, sondern legte es für einen Flüchtlingsstudenten zurück. Eine der Besten unter den Besten zu sein – die Ehre war Auszeichnung genug. Die Familie war umso erfreuter, als Großvater Franklin über private Kontakte von seinem einflussreichen Freund General Maurice, dem früheren Direktor des Working Men's College und jetzigen Schulbeirat der St. Paul's Mädchenschule erfuhr, dass Rosalind das Stipendium erhalten hatte, weil sie in der Chemie-Prüfung in Cambridge als Beste abgeschnitten hatte.

Am 30. September flog Arthur Neville Chamberlain mit einem Dokument in der Hand von München nach Croydon. Der neue König und die Königin waren so glücklich über das Versprechen, »den Frieden in unserer Zeit« gesichert zu haben, dass sie Chamberlain auf den Balkon des Buckingham Palace einluden, wo sie gemeinsam seinen Triumph feierten. (Da das Land in seiner Ansicht über Chamberlains Vorgehen gespalten war, war diese Billigung einer kontroversen politischen Handlung durch den Monarchen dem Historiker Andrew Roberts zufolge der »verfassungswidrigste Akt des Jahrhunderts«.[21]) Damals stellte sich das Münchner Abkommen anders dar. Viscount Samuel, kein Verehrer von

Chamberlain, war voll und ganz damit einverstanden. Durch den Handel mit Hitler gewann, wie Samuel glaubte (und wie er noch lange, nachdem »München« schon zum Kürzel für Ausverkauf geworden war, auch weiter behauptete), das ungeschützte britische Volk Zeit, um Abwehrmöglichkeiten gegen Luftangriffe vorzubereiten.

Und die Briten bereiteten sich vor. Als Rosalind London verließ und nach Cambridge ging, wurden in den königlichen Parks Schützengräben ausgehoben, öffentliche Bombenschutzräume organisiert und Stahlteile an die Haushaltsvorstände ausgegeben, damit sie ihre eigenen Anderson-Bunker zusammenmontieren konnten (benannt nach Sir John Anderson, dem Minister für Luftschutzmaßnahmen). Nach einer Reise von über 80 Kilometern kam Rosalind in einem verträumten Universitätsstädtchen an, wo man den drohenden Sturm kaum wahrnahm. Rosalinds Hauptsorge galt der Arbeit, die vor ihr lag. Das Stipendium war erfreulich, dennoch fragte sie ihre Eltern: »Heißt das, ich habe im Februar wirklich die beste Chemie-Prüfung abgelegt?«[22]

KAPITEL VIER

Wir werden uns niemals ergeben

(Oktober 1938 – Juli 1941)

In einigen Biografien über Rosalind Franklin ist das Gerücht zu lesen, ihr Vater sei dagegen gewesen, dass sie nach Cambridge ging. Das ist nicht wahr. Er hätte seine Töchter nicht auf die St. Paul's Mädchenschule geschickt, wenn sie nur feine Manieren hätten erlernen sollen. Natürlich wäre es Ellis Franklin lieb gewesen, seine älteste Tochter wäre in die Fußstapfen seiner Ehefrau oder seiner Mutter Caroline Jacob getreten, die ein Diplom des Bedford College besaß und dem Buckinghamshire Bildungskomitee diente. Aber er war sich schon seit langem darüber im Klaren, dass Rosalind ihnen nicht ähnelte, nicht einmal seinen resoluten Schwestern, die sich im öffentlichen Leben Anerkennung verschafften, aber kurz vor einer Berufsausbildung Halt machten. Da Rosalind nun in die Universität eintrat, wünschte sich Ellis, dass sie so erfolgreich sei wie alle seine Kinder. Er erwartete, über ihre Fortschritte auf dem Laufenden gehalten zu werden – wöchentlich war das Mindeste. Er schrieb auch zurück und trug seinen Teil zum Dialog bei.

Der Klang der väterlichen Stimme kommt voller Ironie in einem Brief an seinen zweitgeborenen Sohn Colin durch, der, als Rosalind nach Cambridge ging, noch die öffentliche Schule in Oundle besuchte:

»... das ist das erste Mal, dass du mir deinen Stand in der Klasse mitteilst, ohne gefragt worden zu sein. Es ist natürlich reiner Zufall, dass du bei dieser Gelegenheit der Klassenbeste bist. Ich gratuliere dir zu dem neuen Maßstab, den du dir selbst gesetzt hast und nehme an, du wirst in Zukunft jede Woche der Erste sein.« [1]

In Cambridge waren seit 1869 Frauen zugelassen, Juden seit 1871; aber anders als in Oxford, wo man Frauen seit 1921 einen akademischen Titel gewährte, wurden Frauen hier nicht als »Universitätsangehörige« akzeptiert. Auch betrachtete man Frauen nicht als vollwertige Studenten, sondern lediglich als »Schülerinnen der Colleges von Girton und Newn-

Ellis A. Franklin, Rosalinds Vater und Sparringpartner.

ham«. Sie hatten nur nominell Anspruch auf einen Titel. Der »Titten-Titel« war ein gelungener Scherz. Studentinnen war der Zugang zu den Vorlesungen der Männer gestattet, aber man erwartete von ihnen zumindest bis in die frühen dreißiger Jahre, dass sie in den vorderen Reihen beieinander saßen. Wenn sie zu spät kamen, konnte es ihnen leicht passieren, dass sie mit Papier beworfen oder mit allgemeinem Fußstampfen begrüßt wurden. Sie störten sich nicht an diesen Beschränkungen. Im Gegenteil, die Studentinnen von Newnham und Girton schätzten sich glücklich, zu den auserwählten 500 (die festgelegte Frauenquote, damit ihre Anzahl nicht 10 Prozent der männlichen Studentenschaft überschritt) zu gehören. Sie kicherten, wenn sie kollektiv als »Gentlemen« angesprochen wurden. Außerdem waren sie froh, dass sie keine akademischen Roben tragen mussten, die sich in ihren Fahrradspeichen hätten verfangen können, und von den üblichen Aufsichtspflichten befreit blieben. Zudem studierten sie, um Ehrentitel zu erhalten.

Das 1871 gegründete Newnham war ohne Weiteres zu Fuß vom Fluss Cam, dem Stadtzentrum und dem King's College zu erreichen. Die Studentinnen waren von männlicher Gesellschaft isoliert. Männer waren ihre Fachbeauftragten und oft auch Partner in der Forschung. Viele Universitätsversammlungen und alle Vorträge standen Frauen offen, und die Ehe war kein Hindernis für das Lehramt. Die stellvertretende Direktorin von Newnham, Mrs. Eleanor Sidgwick, die den Posten von 1892 bis 1910 innehatte, wohnte mit ihrem Mann Henry, dem Philosophen und Gründer der Institution, im College. Dennoch stellten Frauen in einer mittelalterlichen Einrichtung, der die monastische Tradition noch immer anhaftete, eine Ausnahme von der Regel dar. Selbst diejenigen, die ein hohes Amt bekleideten, hatten in Universitätsangelegenheiten nichts zu melden. Die Lehrerinnen und die Direktorin von Newnham durften nicht an wichtigen Universitätszeremonien teilnehmen. Vielmehr erwartete man von ihnen, dass sie bei traditionellen Feierlichkeiten, wenn die Männer ihre scharlachroten Akademikerroben und die schwarzen, samtenen Doktorhüte trugen, mit Hut und Handschuhen bei den Ehefrauen des Lehrkörpers saßen.

Nur wenige Erstsemesterstudenten an der Universität hielten mit ähnlichem Eifer Kontakt nach Hause wie Rosalind. Das »Liebe Mami und lieber Papi« ihrer Schulmädchenjahre war schon lange durch »Liebe Mutter und lieber Vater« ersetzt worden, aber Rosalind erzählte ihnen gewohnheitsgemäß alle Einzelheiten über ihr neues Dasein, über ihre Studien und die Clubs. Sie prahlte auch mit ihrer Sparsamkeit: Sie kaufte einen gebrauchten Stuhl, ein gebrauchtes Fahrrad und auch gebrauchte Lehrbücher und entschied sich für eine lebenslange statt einer jährlichen Mitgliedschaft bei der Chemical Society, weil sie dadurch 6 Schillinge in drei Jahren sparen konnte – oder 7 Schillinge, falls sie vielleicht doch vier Jahre bleiben sollte. (Dies war die erste Andeutung gegenüber ihren Eltern, dass sie vielleicht nach dem ersten akademischen Grad weiter studieren wollte). Sie wurde außerdem:

»... in die Jüdische Gesellschaft hineingezogen, die sehr teuer ist (30 Schillinge, die meisten anderen kosten nur 3) und eigentlich sinnlos für mich, da ich weder die Freitagabende noch den Samstagmorgen frei habe; aber ich werde eintreten müssen, da Großvater dem verantwortlichen Professor geschrieben und man mich dort am Sonntag zum Mittagessen eingeladen hat. Gestern bin ich zu einem geselligen Abend der Gesellschaft in einem Café gegangen - das ist ein fürchterlicher Haufen«.[2]

Newnham war in vielerlei Hinsicht wie ein Internat. Rosalind beklagte sich, dass sie an einer Erstsemesteraufführung teilnehmen musste, bei der ihre Rolle darin bestand, einmal über die Bühne zu marschieren; und das an einem Abend, an dem sie zur Cambridge Union hatte gehen wollen, um sich die Vorträge des Genetikers John B. S. Haldane und des Chemikers Alfred Noyes anzuhören. Als sie sah, dass die anderen Mädchen ihre Gasmasken mitgebracht hatten, bat sie darum, ihre geschickt zu bekommen, äußerte sich aber spöttisch darüber, dass man im College »ein lächerliches Theater um den Schutz vor Luftangriffen«[3] veranstalte.

Rosalind fügte sich albernen Regeln niemals schweigend. Einen ihrer ersten Siege errang sie, als sie die Erlaubnis der Direktorin erhielt, dem College über Nacht fern zu bleiben, weil sie das Dinner der Gründer des

Working Men's College in London besuchen wollte. Die Direktorin »kannte das Working Men's College sogar und sagte, sie betrachte es in meinem Fall als eine Art ›Familienfeier‹ – offensichtlich der einzig akzeptable Anlass um eine Nacht fortbleiben zu dürfen. Sie hatte anderen das Fernbleiben über Nacht bereits untersagt.«[4]

In Cambridge wie in London war Rosalind umgeben von Verwandten oder solchen, die behaupteten, Verwandte zu sein. Als sie die Verlobungsparty eines Flüchtlingspaares besuchte, stand sie kaum in der Tür, als auch schon die Gastgeberin, eine Frau aus Breslau, sie aufforderte, »erzählen Sie mir alles über Ihre Herkunft. Ich möchte wissen, ob Sie mit einem Ellis Franklin verwandt sind«.[5] Bei einer Tee-Gesellschaft tauchte ein gewisser Roger Hartog auf und behauptete, ein Cousin dritten Grades zu sein. Und »wer und was ist Dr. Redcliff Salomone? Ich kenne ihn vom Sehen, aber das ist alles. Ich wurde durch eine dritte Person gebeten, irgendwann einmal mit ihm zum Lunch zu gehen«.[6]

Rosalind widmete sich voll und ganz ihren Kursen: Chemie, Physik, Mathematik und, da sie einige gute Instrumente gekauft hatte, auch der Mineralogie. Sie trug sich für Zusatzkurse in Chemie und für einen Kurs »wissenschaftliches Deutsch« ein. Sie hatte ihren Platz gefunden.

Cambridge war seit 1669, als Isaac Newton mit 27 Jahren Lukasischer Professor für Mathematik wurde, auf diesem Fachgebiet führend. 1851 wurden die Naturwissenschaften Teil des Tripos-Examens (benannt nach dem dreibeinigen Hocker, auf dem die Studenten des 18. Jahrhunderts während der Prüfungen saßen). 1871 wurde das Cavendish Laboratorium gegründet und James Clerk Maxwell, der die Theorien der Elektrizität und des Magnetismus zusammenführte, zum ersten Professor für Experimentalphysik ernannt. 1897 entdeckte Josef John Thomson im Cavendish Laboratorium das Elektron und ebnete den Weg für die Entwicklung der modernen Physik.

Als sich Rosalind in die Arbeit stürzte, glaubte sie wie alle Erstsemester, die anderen seien besser vorbereitet als sie. Überwältigt von der Fülle des Stoffs versuchte sie verzweifelt mit der Lektüre Schritt zu halten und kam zu dem Schluss, sie sei in der St. Paul's Mädchenschule schlecht unterrichtet worden, besonders in den Labortechniken. Sie war froh, nicht ein weiteres Jahr an der Schule verschwendet zu haben.

Gleichzeitig begrüßte Rosalind die anregende Atmosphäre der universitären Umgebung. Sie trat den Archimedeans bei, einer Mathematikgesellschaft, und besuchte eine »überaus aufregende«[7] Vorlesung über die Theorie der Fluoreszenz und eine weitere über Pinguine und Wale. Sie lauschte den überragenden großen Namen der Wissenschaft in Cambridge, darunter Thomson und Haldane, deren Mathematik sie aber nicht folgen konnte, und besuchte eine Versammlung der Association of Scientific Workers, »der Prof. Bragg vorsaß«.[8]

Bei diesem Anlass bekam sie den »Vater der Röntgenkristallographie« zu Gesicht. 1915 hatte der nur 25-jährige William Lawrence Bragg gemeinsam mit seinem Vater William Henry Bragg den Nobelpreis für die Demonstration der Verwendung von Röntgenstrahlen zur Entdeckung der Kristallstruktur erhalten. Die Braggsche Reflexionsbedingung (benannt nach Bragg junior, nicht senior) baut auf der Tatsache auf, dass ein Kristall von Natur aus in seinem Inneren über eine geordnete Atomstruktur verfügt. Lenkt man Röntgenstrahlen durch den Kristall hindurch, werden die Strahlen an den Atomen gebeugt – das heißt, sie werden in bestimmte Richtungen zerstreut – und hinterlassen auf einer fotografischen Platte Flecken. Braggs Gleichung setzt die Positionen der Zwischenräume zwischen den Atomen zueinander und damit auch zur Molekülstruktur des Kristalls in Beziehung.

Rosalind war begierig auf solcherart Wissen und Techniken (die die Grundlage ihrer gesamten beruflichen Arbeit bilden sollten), doch wusste sie, dass sie sich erst am Anfang befand. In ihr neues Notizbuch, das sie mit »Mineralogie« überschrieb, notierte sie oben auf der ersten Seite: »Was ist ein Kristall?«[9]

Hätte sie sich gefragt »Was ist ein Kristallograph« hätte sie von einem Gespräch mit Braggs Sohn Stephen profitieren können. Er erzählte über seinen berühmten Vater: »Im Großen und Ganzen interessieren sich die Menschen, die in die Wissenschaft gehen, nicht besonders für psychologische Probleme ... ihm gefiel die Exaktheit der Wissenschaft und die Perfektion ihrer Wahrheiten – Menschen konnten dagegen vergleichsweise sehr chaotisch sein.«[10]

Kampfmetaphern füllten Rosalinds Briefe ebenso wie die Tageszeitungen. Im Januar 1939 konnte sie von einem Sieg berichten.

»Die Beschwerde über meine Chemievorlesungen hat sich gelohnt – ich besuche jetzt sehr viel bessere ... gehe auch in sehr viel bessere Physik- und Chemielabore. Ich stecke mitten in einem Kampf wegen der Mathematikvorlesungen, aber ich fürchte sehr, ich befinde

mich auf der Verliererseite. Die, die ich besuchen möchte (ich war bei zweien davon) beschäftigen sich mit Analysis. Ich habe von mehreren Leuten, die den Kurs absolviert haben, gehört, dass die Vorlesungen sehr interessant sein sollen und man auch nützliche Abkürzungsmethoden für physikalische Berechnungen lernt. Die Lehrbeauftragte ist sehr gut, wenn auch eine Frau.«[11]

Der Lehrbeauftragten, die als »gut, wenn auch eine Frau« bezeichnet wurde, erging es besser als dem Dozenten für Solarprotuberanz, über den Rosalind befand, er sei »eigentlich kein echter Wissenschaftler. Er geriet ins Schwadronieren, als er über Phänomene sprach, die er nicht erklären konnte – aber das mag daran liegen, dass er Amerikaner war«.

»Gut, wenn auch eine Frau« war kein geringes Lob an einer Universität, an der es über 700 Jahre keine Professorin gab. Rosalind war anwesend, als die Erste, die Archäologin Dorothy Garrod, nach Newnham berufen wurde, und sie musste über die Verlegenheit lachen, in die die Männer-Colleges damit gerieten. In Cambridge war es Brauch, die neu berufenen Professoren zu einem »Festmahl« in jedes College einzuladen, Frauen waren dabei jedoch nicht zugelassen. Was sollte also mit Professor Garrod geschehen? Wie Rosalind nach Hause berichtete, brach das King's College in diesem Fall mit der Tradition und lud Garrod ein. Die anderen Colleges hielten sich zurück, Newnham veranstaltete ein eigenes Festmahl.

Zur Entspannung widmete sich Rosalind schweißtreibendem Sport, sie wechselte in ihrem zweiten Semester von Hockey zu Squash. Sie ruderte auf dem Cam, spielte zahllose Partien Tennis, machte 50 Kilometer lange Fahrradtouren über die Gog Magog Hügel und fuhr, als das Semester zu Ende war, mit dem Fahrrad nach London zurück. »Warum«, verlangte sie von ihren erstaunten Eltern zu wissen, »seid ihr so überrascht, dass ich nach Hause radle? Ich brauche mein Fahrrad in London, und das scheint mir der einfachste Weg, es dorthin zu schaffen ... es ist nicht sehr weit.«[12]

Da Rosalind viele Stunden mit der Arbeit im Labor zubrachte, fand sie nur wenige enge Freundinnen an der Universität. Die Mädchen, die in den angrenzenden Zimmern wohnten, hielten sie für still und zurückhaltend. Sie pflegte nur die Kontakte zu ihren alten Freundinnen aus der St. Paul's Mädchenschule und hielt sich abseits vom geselligen College-Leben. Eine, die diese Schranke der Zurückhaltung durchbrach, war Gertrude (»Gertie«) Clark aus Bristol. Sie war aus demselben Jahrgang in Newnham und hatte bei den gleichen Lehrbeauftragten Physik und Mathematik belegt. Als sich ihre Freundschaft entwickelte, sagte eine andere Studentin in Newnham zu Gertie: »Ich weiß nicht, was du an Ros findest – du weißt doch, dass sie Jüdin ist, oder nicht?«[13] Gertie war erschüttert, weil sie keinerlei persönliche Erfahrung mit Antisemitismus hatte. Als die überfluteten Moore ausgezeichnete Eislaufflächen boten und sich Gertie keine eigenen Schlittschuhe leisten konnte, lieh ihr Rosalind ihre eigenen. Sie selbst lief am Nachmittag, sodass Gertie die Schuhe am Abend benutzen konnte. Die beiden beschwerten sich gemeinsam über unergiebige Physiktutorien und einen Lehrbeauftragten in Mathematik, der in so kleinen Druckbuchstaben an die Tafel schrieb, dass es niemand lesen konnte.

Für Rosalind waren im Jahr 1938 die größten Feinde der Faschismus und sein Verbündeter, der Pazifismus. Einige der Mädchen in ihrem College standen jeglicher Form von Kriegsvorbereitung derart ablehnend gegenüber, dass sie sich weigerten, Gasmasken bei sich zu tragen oder an Luftschutzübungen teilzunehmen. Ein Vortrag von Lawrence Housman über »Die Kosten des Friedens« versetzte Rosalind in Rage. »Ich wäre nicht hingegangen, wenn ich gewusst hätte, dass er Pazifist ist – es war schrecklich«, schrieb sie nach Hause. [14] »Die meisten jedoch glaubten alles, was er sagte, und gingen bekehrt nach Hause. Ich war heute damit beschäftigt, sie wieder zurückzubekehren, und hatte in einigen Fällen Erfolg.« Rosalind tendierte zur politischen, aber nie zur extremen Linken und steuerte einen Kurs zwischen den Pazifisten, die behaupteten ein Krieg gegen Deutschland sei unnötig, und den Kommunisten. Sie entschied sich gegen den Beitritt zur Sozialistischen Gesellschaft wegen eines »schrecklichen jungen Mannes«, der über »Sozialisten und Kommunisten redete, als sei es das Gleiche«.

Ihren Vater ließ Rosalinds Gesinnung erschaudern. Ellis war ein freier Kaufmann und der Konservativste in seiner Familie. Rosalind machte es Spaß, ihn zu reizen, da sie wusste, dass sie sich bei dem Thema, das beiden am Herzen lag – die Notlage der europäischen Juden und die Notwendigkeit, Hitler Widerstand zu leisten –, vollkommen einig waren. In den Wochen nach der Kristallnacht (9. November 1938), in der jüdische Geschäfte geplündert, viele Juden getötet und tausende in Konzentrationslager verschleppt wurden, fühlte sich Rosalind angesichts der Gleichgültigkeit in Cambridge zutiefst getroffen. »Abgesehen von eurem Brief und der *Times*«, schrieb sie nach Hause, »habe ich noch immer nicht den Eindruck, dass jemand gegen die Behandlung der Juden in Deutschland Einspruch erhebt. Die Leute reden hier nicht über Politik ...«[15]

Rosalind war auch entsetzt über die zögerliche Haltung des britischen Innenministeriums, Flüchtlinge ohne Bürgschaft oder sonstige Unterstützung zuzulassen, was bedeutete, dass im Vergleich zu den Vereinigten Staaten nur sehr wenige eine Einreiseerlaubnis erhielten. Der Delegiertenausschuss Britischer Juden forderte die Regierung auf, mehr Möglichkeiten für die Umsiedlung von Juden in andere Länder des Empire und nach Palästina zu schaffen. Zugleich fürchtete man erneutes Aufflammen des britischen Antisemitismus, der, wie man vermutete, auch im Außenministerium schwelte, und erteilte den eintreffenden Flüchtlingen Anweisungen, sich nicht verdächtig zu machen, nicht laut zu sprechen oder sich politisch zu betätigen.

Vorsicht war geboten. Der junge amerikanische Historiker Arthur Schlesinger, damals Student in Cambridge, stand auf dem Piccadilly Circus und beobachtete, wie Faschisten über den Platz drängten, »Mosley! Mosley!« und »Nieder mit den Juden!« schrien und wie eine Gruppe junger Männer auf offener Straße Menschen »jüdischen Aussehens« zusammenschlugen.[16]

Im November gab Neville Chamberlain eine Erklärung heraus, die besagte, dass die Anzahl der Flüchtlinge, die Großbritannien zulassen könne, leider durch die Kapazitäten der freiwilligen Organisationen, die diese aufnahmen, begrenzt sei. Was ihre Umsiedelung in die »Kolonien und Protektorate und Mandatsgebiete« anging, wünsche die Regierung seiner Majestät nicht die Interessen der dort einheimischen Bevölkerungen zu beschneiden, indem sie eine unbegrenzte Zuwanderung gestatte. Die Regierung könne auch nicht die Tatsache außer Acht lassen, dass viele dieser Gebiete »klimatisch oder ökonomisch für eine Besiedlung durch Europäer ungeeignet«[17] seien. Die Erklärung begrenzte die jüdische Einwanderung nach Palästina effektiv auf 75 000 Personen für die nächsten fünf Jahre und untersagte den Verkauf von Land an Juden. Es war ein harter Schlag gegen zionistische Bestrebungen.

Rosalind fühlte sich isoliert. »Ich kann nicht verstehen, weshalb es nicht mehr Kritik an der Unzulänglichkeit der ›Erklärung‹ des Premierministers gab«[18], schrieb sie nach Hause. »Weshalb verhält sich Frankreich so gleichgültig?« Sie schloss sich einer Gruppe in Cambridge an, die versuchte Geld für die Flüchtlingshilfe zu sammeln. Aber Cambridge war der letzte Ort, an dem man auf Kampfgeist hätte stoßen können. Aus der Weihnachtsvorstellung der Amateurtheatergruppe wurde 1938 ein Witz über »den kleinen Bart eines gewissen Mannes« herausgestrichen (auf Beharren des Lordkanzlers) aus Angst, Herr Hitler könne daran Anstoß nehmen.

Als Großvater Arthur Ellis Franklin im Dezember 1938 in Chartridge starb, wurden die Franklins an ihre Glaubenspflichten erinnert. Er hinterließ das Anwesen seinem zweiten Sohn Cecil, der es an eine Londoner Firma verkaufte, die während des Kriegs nach einem Zufluchtsort auf dem Land suchte. Nur das Wohngebäude des Gärtners mit fünf Zimmern und der Zweizimmerwohnung über der Garage blieb der Familie zu ihrer eigenen Verwendung. Rosalind erbte, wie die anderen Enkelkinder, sofort 100 Pfund.

Großvater Franklin war zweimal daran gescheitert, seine Kinder von der Notwendigkeit einer glaubenskonformen Eheschließung zu überzeugen, wie es seinem eigenen Vater bei allen sieben Kindern gelungen war. Arthurs ältester Sohn, in der Familie als Jack bekannt, hatte seine Frau Agnes Foley auf dem Standesamt geheiratet. Sein rebellischer zweiter Sohn Hugh (der mit der Hundepeitsche und Churchill) hatte zweimal eine nicht-jüdische Frau namens Elsie geheiratet. Die erste Elsie (von der Rosalind ihren zweiten Vornamen bekam) trat zum Judentum über, bevor sie 1919 an der Spanischen Grippe starb. Die zweite Elsie konvertierte nicht. Arthur fand Hugh mit einem Hungerlohn ab und sah ihn nie wieder. Als er sein Testament machte, versuchte Arthur Franklin sicherzugehen, dass keines seiner acht Enkelkinder denselben Fehler machen würde. In einer langen, umständlich formulierten Rechtsklausel erklärte er:

»... wohingegen meine Vorfahren ihrem jüdischen Glauben unerschüttlich treu blieben, und ich habe mein Äußerstes getan, um ihnen in ihren Fußstapfen zu folgen ... verlange ich dringend, dass meine genannten Kinder diese Prinzipien aufrecht erhalten und sie auch ihren Kindern einprägen, und besonders vertraue ich darauf, dass keiner meiner Nachkommen eine Person nicht-jüdischen Glaubens heiratet, sich vom Judentum oder dem jüdischen Glauben abwendet.«[19]

Jeder Nachkomme, der einen Nicht-Juden heiratet, sollte behandelt werden, als sei er unverheiratet zu Arthur Franklins Lebzeiten gestorben – er bliebe also ohne Anrecht auf ein Einkommen aus dem Kapital oder

Grundbesitz. Darüber hinaus sollte nichts von Arthurs Vermögen an »unehelich geborene Personen« oder »Fremde, die nicht mit mir blutsverwandt sind, wenn auch von einem Mitglied meiner Familie adopiert« fließen. (Viele Jahre später machte man legale Findigkeiten wie diese durch einen Gerichtsbeschluss zunichte, so dass über das Leben anderer nicht über das Grab hinaus verfügt werden konnte.) Der Wortlaut hatte keine praktische Bedeutung für Rosalind oder ihre Geschwister, die zu der Zeit weder ihre Ausbildung abgeschlossen hatten noch Gedanken ans Heiraten hegten. Aber die Beschränkungen, im Rahmen derer sie in Zukunft Entscheidungen zu treffen hatten, waren von nun an klar.

Im Frühjahr kehrten Rosalinds Gedanken zu dem Urlaub zurück, den sie machen wollte, bevor im Mai die Prüfungen begannen – und für die sie sich hoffnungslos schlecht vorbereitet fühlte, besonders in Physik und Chemie. Sie wollte mit ihrem Bruder David und ihrer Cousine zweiten Grades, Catherine Joseph (ihre alte Fehde in der St. Paul's Mädchenschule war längst vergessen), Jugendherbergen bereisen. Monate zuvor hatte sie um die elterliche Erlaubnis gebeten: »Bitte sagt nicht einfach ›Nein‹ ... ich kenne viele Leute, die diese NUS (National Union of Students)-Fahrten unternommen haben, und sie waren alle sehr zufrieden ... Ich bin sicher, dass ihr als Nächstes sagen werdet: ›Und wie willst du das bezahlen?‹« In Erwartung dieses Einwands führte sie verschiedene Ersparnisse, Geschenke und Einnahmen auf, durch die sie knapp 50 Pfund zur Verfügung hatte (ganz zu schweigen von ihrer Erbschaft). »Ihr seht also, ich könnte fast der ganzen Familie den Urlaub bezahlen (was natürlich nicht heißt, dass ich das vorhabe).«

Die Planung der Fahrt war schon an sich ein Vergnügen. Rosalind war stolz auf ihre Ausrüstung – ihre Wanderstiefel, ihr Fernglas und ihre Sammlung an Reiseführern – wie auch auf ihr Geschick bei der Festlegung der Strecke und beim Lesen der Fahrpläne, wobei sie ein Auge für die billigsten und ungewöhnlichsten Routen hatte. Sie verspürte eine diebische Freude, als sie dem Angestellten im Reisebüro (laut der Erinnerung ihrer Mutter) erklären konnte, dass eine seiner Informationen falsch war.

Der Urlaub gewährte ihr vorübergehend Aufschub von den Sorgen um die Prüfungen. Ihr fehlte die Zuversicht, dennoch ließ sie sich durch den Bericht ihrer Betreuerin in Newnham nicht aus der Ruhe bringen, in dem stand: »Sie versteht viel von ihrer Arbeit, schweift aber bisweilen ab«, und »sie scheint Kritik nicht gerne anzunehmen.« Beides hieß – wie Rosalind es ihren Eltern übersetzte –, »sie ist nicht meiner Meinung«.[20]

Die nervliche Belastung durch die Prüfungen war schlimmer, als sie erwartet hatte. Rosalinds Bekenntnisschreiben vom 20. Mai 1939 ist eine schmerzhafte Lektüre für alle, die weibliche Selbstzweifel kennen:

»Ich habe ein schreckliches Durcheinander an Prüfungen abgelegt ... ziemlich leichte Aufgaben, die ich eigentlich sehr gut hätte erledigen können. In Mineralogie, wo ich erwartete, am besten abzuschneiden, gab es eine wunderbare Aufgabe, aber ich habe die erste Dreiviertelstunde vollkommen verplempert – bin eine Frage ganz falsch angegangen und musste später alles noch mal machen. Das Ergebnis war eine schreckliche Eile und viele schlimme Fehler. In Mathematik war ich wohl am besten – das einzige Fach, bei dem es nicht darauf ankommt ... ich habe noch nie etwas so Schlechtes abgeliefert wie die praktische Prüfung in Physik gestern. Statt zweier Experimente habe ich ein halbes durchgeführt – es ist wohl ganz ausgeschlossen, dass ich mehr als eine Drei in Physik bekommen werde.«[21]

Rosalind irrte sich. Sie bekam keine Drei, sondern eine Eins. Ihre Noten insgesamt für Physik, Chemie, Mineralogie und Mathematik brachten sie auf einen zweiten Platz. Der Weg war nun für den ersten Teil des naturwissenschaftlichen Examens im folgenden Jahr geebnet. Man konnte sich drei Jahre auf den zweiten Teil vorbereiten, erklärte sie ihren Eltern, »wenn man nicht so intelligent ist«.[22] Sie war hoch motiviert, es in zwei Jahren zu schaffen. Nur diejenigen Frauen, die eine Eins im ersten Teil des Tripos-Examens erhielten, durften bis Teil zwei, der als der wichtigere und interessantere galt, weitermachen.

Als sie im Juli 1939 19 Jahre alt wurde, war Rosalind die Anteilnahme ihrer Eltern immer noch sehr wichtig. Als diese nicht nur zu Besuch kamen, sondern auch noch vier Briefe und einen Kuchen schickten, scherzte sie, »jetzt habe ich das Gefühl, so behandelt zu werden, wie es mir zusteht, und ich vergebe euch für alle Briefe, die ihr mir nie geschrieben habt«.[23]

In diesem Sommer fuhren die Franklins wieder einmal mit der ganzen Familie nach Norwegen – diesmal nahmen sie alle fünf Kinder mit, auch Nannie, die mit Jenifer, die sich noch von den Windpocken erholte, nachgereist kam. Es war ein anspruchsvolles Unterfangen zu einer Zeit, als Sperrballons über London schwebten, man von einer möglichen Invasion durch die Deutschen sprach und die Kinder bereits ihren eigenen

Luftschutzbunker im Garten von »5PP« gebaut hatten. Aber die Franklins überquerten trotzdem die Nordsee, denn Ellis meinte, dass Jenifer viele Jahre lang nicht ins Ausland käme, wenn Krieg ausbrach. In Norwegen trafen sie ihren alten Bergführer wieder, der sie zum Angeln und Klettern an ihre Lieblingsorte begleitete. Sie waren gerade in Fjaerland, David und Rosalind planten eine Wanderung über einen Gletscher, als sie die Nachricht vom deutsch-sowjetischen Nichtangriffspakt am 24. August 1939 erreichte. Ellis verfrachtete die Familie unverzüglich auf die Fähre von Bergen nach Newcastle. Es war das vorletzte Schiff, das ablegte.

Während Großbritannien darauf wartete, dass Hitler zuschlug, kehrte Rosalind nach Newnham zurück und begann ihr zweites Jahr dort. Ihr Vater weigerte sich zunächst, dafür zu bezahlen, weil er fand, sie solle Kriegsarbeit leisten; David hatte Oxford nach zwei Jahren verlassen und war der Armee beigetreten. Als aber Rosalinds Mutter und ihre Tante Alice sagten, sie würden statt seiner bezahlen, gab er nach. Cambridge war voller evakuierter Kinder und Soldaten der Royal Air Force, und vor den Geschäften bildeten sich Schlangen. Im College wurden die hellen Lichter schwarz abgedeckt, weil keine schwächeren Glühbirnen erhältlich waren. Um Gas zu sparen, gab es keinen Toast zum Frühstück. Rosalind war bei Bombenalarm dafür verantwortlich, zehn Leute zu wecken. Auf das Signal hin begab sich das gesamte College in die in der Nähe ausgehobenen Gräben. Die Angst vor einem Angriff war nicht unvernünftig, denn Cambridge war von Luftstützpunkten umringt.

Die Angriffe kamen nie. Der »falsche Krieg« war für die hart arbeitende Rosalind vollkommen verschwendete Zeit. Wegen des sinnlosen Rituals und des ständigen falschen Alarms gereizt, suchte sie die Konfrontation mit Mrs. Palmer, der College Tutorin ihres Studentenwohnheims (Peile Hall). Wieder einmal gewann sie – der Preis waren hässliche Bemerkungen über ihren Charakter.

Rosalind hatte sehr viel Arbeit. Es gab nicht weniger Wissenschaft zu meistern, nur weil Krieg war. In Optik zeichnete sie zahlreiche Diagramme von Linsen und Licht, das durch einen Schlitz fiel, und verfolgte die Geschichte des Themas zurück bis Newton, Descartes und Doppler. In Physik studierte sie das erste und zweite Gesetz der Thermodynamik und las den Klassiker von Linus Pauling, *Die Natur der chemischen Bindung*. Sie lernte etwas über Proteine, die sich zusammenfalten, über den ansteckenden Tabakmosaikvirus, der aus der Tabakpflanze gewonnen und in einer Flasche kristallisiert werden konnte. Sie notierte sich die experimentell nutzbare Form der Nukleinsäure, Natriumthymonukleinsäure (gewonnen aus der Thymusdrüse von Kälbern), und ihren Basen, die im Abstand von 3,4 Ångström (Å) an ihren Ketten aufgeschichtet sind. In den Nukleinsäuren ist jede Base mit einem Zucker und einer Phosphatgruppe verknüpft, die zusammen das Nukleotid bilden.) Eine Skizze in ihrem Arbeitsbuch stellt eine Spiralstruktur dar. Für sich selbst notierte sie: »Geometrische Grundlage für das Erbgut?«[24]

Als Rosalind tiefer in die Kristallographie eindrang, die ihr Fachgebiet werden sollte, wurde sie Teil jener kleinen Gruppe von Menschen, für die winzige Materiesprenkel so wirklich und greifbar sind wie Billardkugeln. Sie erfüllte die wichtigste Anforderung ihres Berufs, nämlich dreidimensional zu denken, mit Leichtigkeit. Der »Ångström« (ein Hundertmillionstel Zentimeter, benannt nach dem schwedischen Physiker Anders Jonas Ångström, 1814-1874), gehörte jetzt als Längenmaß für extrem kurze Einheiten zu ihrem Arbeitsvokabular.

Nach Lawrence Bragg wurde die Kristallographie in Cambridge in den dreißiger Jahren von dem brillianten und vor Ideen sprühenden John D. Bernal ausgebaut, der die Klassifizierung von »Raumgruppen« weiterentwickelte – die 230 Formen, in die sich die sieben anerkannten Kristallsysteme aufteilen. Rosalind machte sich Notizen über »Methoden der Erschließung von Strukturen durch Raumgruppen«, wozu auch die Beobachtung gehörte, dass »ein Molekül, das lang oder flach ist, im Allgemeinen vollkommen von einem Raum aufgenommen werden kann, der dieselbe Größe und Form hat, wie die Zelleinheit des Kristalls«. Sie zeichnete Diagramme von allen Arten und notierte: »Monoklin ist immer flächenzentriert.«

Was Fachfremde leicht durcheinander bringen, verstand Rosalind sehr wohl – dass die Markierungen auf der fotografischen Platte nicht die Atome des Kristalls sind, sondern Flecken, die die Röntgenstrahlen hinterlassen, wenn sie, nachdem sie die Atome getroffen haben, gebeugt werden. Die Flecken sind von unterschiedlicher Intensität, da sich die Röntgenstrahlen gegenseitig in einigen Richtungen verstärken und in anderen aufheben. Von der Position und Intensität der Flecken kann auf die Atomstruktur des Kristalls geschlossen werden. Sie lernte auch etwas über die besten Winkel, aus denen Röntgenstrahlen zur effizienten Beugung abgeschossen werden müssen, und wie man das Kristall dreht, um Fotografien aus verschiedenen Winkeln zu machen. »Die Absorption von Röntgenstrahlen hängt nur von der Anzahl und Art der vorhandenen Atome ab« notierte sie in deutlicher Handschrift.

Außerhalb des Labors experimentierte Rosalind mit den wenigen Kochzutaten, die es gab. Ein Abendbrot, das sie mit einer Freundin teilte, bestand aus Eiern, Champignons, Kartoffeln und Sauerteigfladen – alles gebraten! An einem anderen Tag ging sie in ein Obstgeschäft und sah »weiße Dinger, die aussahen wie Eier und bekam gesagt, was das war, und ich konnte vier davon haben! Ich hatte noch eine Menge Margarine übrig, also aßen wir echte gebratene Eier mit ein paar Brocken gebratenem Brot am Sonntag zum Abendessen, ein Festmahl, an das ich mit großem Vergnügen zurückdenke.«[25] Sie beschäftigte sich außerdem mit Politik und arbeitete im Wahlkampf für Dr. John Ryle, königlicher Professor der Medizin, der im Februar 1940 als Unabhängiger für den Parlamentssitz der Universität kandidierte.

Der Krieg drängte Frauen ins Zentrum des akademischen und industriellen Lebens. Der Frauenanteil an der Universität nahm zu, während die Studentenzahlen insgesamt von 5 491 Männern und 513 Frauen im Jahr 1938, auf 2 908 Männer und 497 Frauen im Jahr 1940 sanken. In fast allen Regierungsministerien gab es Absolventinnen aus Girton und Newnham – im militärischen Geheimdienst, im Signalwesen, bei der Entschlüsselung von Codes, in der Anthropologie und Archäologie, beim Kartenlesen sowie im Maschinen- und Gerätebau. Wie die Historikerin Gillian Sutherland aus Newnham bemerkte, war die Teilnahme von Frauen am Kriegsunterfangen eine der sozialen Besonderheiten, die Großbritannien am deutlichsten von Deutschland unterschied.[26] Rosalind war nicht unvernünftig, als sie von einer herausfordernden Aufgabe träumte, die sie nach Abschluss ihres dritten Jahres übernehmen könnte.

Sie verfolgte den Fortgang des Kriegs genau, der seit Januar 1940 auch die Finnen mit einschloss, die von der Sowjetunion bombardiert und dann erobert wurden. Als ein britisches Marineschiff in der Nähe der Küste des neutralen Norwegen ein deutsches Gefangenenschiff, die Altmark, angriff und knapp 300 britische gefangene Seeleute befreite, erklärte Rosalind ihren Eltern, Großbritannien habe sich um seinen moralischen Vorteil gebracht und biete der feindlichen Propaganda nun enorme Angriffsflächen. Ihr Vater machte ihr Vorwürfe wegen solch unpatriotischer

Ansichten. Sie schoss zurück: »Ich gehöre nicht zu den Leuten, die ständig sagen, England ist im Unrecht.« Sie fand es aber beinahe ebenso falsch zu sagen, England sei immer im Recht – eine provozierende Meinung, von der sie hoffte, sie würde nicht bedeuten, »dass die Antwort wieder zwei Seiten von Vaters Brief beansprucht, sodass kein Raum mehr für irgendetwas anderes bleibt«. [27]

Spätestens ab dem Frühjahr 1940 war der Krieg Realität. Die Nazis eroberten Dänemark und Norwegen, dann Holland. Die Kapitulation der Holländer nach nur sechs Tagen löste ein weiteres Geplänkel zwischen Vater und Tochter aus. Rosalind schrieb an Ellis:

»Ich verstehe deine Bemerkungen über Holland nicht. Es scheint mir kein Anzeichen von »weichen Knien« zu sein, wenn man aufgibt, wenn ein Viertel des Landes und die gesamte Luftwaffe bereits verloren sind ... und man drauf und dran ist, den Rest und viele Zivilisten auch noch zu verlieren. Über Finnland hast du das nicht gesagt, und die finnischen Verluste waren in einem Zeitraum von drei Monaten geringer als die Verluste der Holländer in einigen wenigen Tagen. Jetzt kann man nur noch versuchen, Belgien zu retten.«[28]

Als Belgien kapitulierte, war Rosalind jedoch außer sich vor Wut. Sie fragte sich, ob König Leopold das verfassungsmäßige Recht dazu gehabt habe und ob »unser König« das Gleiche tun würde?[29] Die schlechtesten Kriegsnachrichten bis dahin fielen mitten in ihre Vorbereitungen für den äußerst wichtigen ersten Teil des Examens. Deutsche Armeen waren im Begriff, in Frankreich einzufallen und nach Westen auf den englischen Kanal hin abzudrehen. Der Fall von Paris stand unmittelbar bevor, und die britischen Expeditionsstreitkräfte auf dem Kontinent hatten sich an den Strand von Dünkirchen zurückgezogen. Am 10. Mai zwang das Unterhaus Chamberlain zum Rücktritt, und Winston Churchill wurde Premierminister der nationalen Regierung.

Rosalind teilte nicht die Zuversicht ihres Vaters, dass die Vernunft und die allgemeinen Grundrechte triumphieren würden. Der gesunde Menschenverstand, so gab sie zu Bedenken, besage, dass »wir geschlagen sind ... und nebenbei, Amerika wird uns wahrscheinlich nicht verlieren lassen, obwohl es zulässt, dass es beinahe so weit kommt«.[30] Auch ihre persönlichen Aussichten waren düster: »Die Prüfungen beginnen am Samstag. Ich wünschte, ich würde es schaffen, zehn oder elf Stunden täglich zu arbeiten wie die meisten hier, aber ich kann das nicht.«[31] Sie reduzierte ihre

Laborsitzungen um zu lernen und tat nichts, außer zu arbeiten, zu schlafen und an den langen Sommerabenden ein wenig Tennis zu spielen.

Als sie in die Prüfungen kam, hatte sie das Gefühl, sie habe »kein Stückchen Hirn mehr ... ich habe nie daran gezweifelt, dass ich unter eine Zwei fallen würde, aber ich wollte eine Eins, und ich glaube nicht, dass darauf noch irgendeine Hoffnung besteht.«[32] In den zehn Tagen zwischen Ende Mai und Anfang Juni wurde über eine Drittelmillion britische und alliierte Soldaten aus Dünkirchen evakuiert. Am 4. Juni hielt Churchill seine berühmte Rede, in der er sagte: »Wir werden auf den Dünen kämpfen (...), wir werden uns niemals ergeben.«[33] Als am 19. Juni die Nachricht vom Fall Frankreichs im Radio gesendet wurde, war Rosalind wieder in London und hörte BBC, während sie ihrer Mutter beim Freiwilligendienst der Frauen am Eaton Square half, Kleidung für Flüchtlinge herauszusuchen. Wieder einmal war ihr Pessimismus unnötig gewesen. Sie hatte eine Eins im ersten Teil des naturwissenschaftlichen Examens und gewann ein Collegestipendium über 15 Pfund für ihr letztes Jahr.

Sollte Cambridge vor dem Herbstsemester geschlossen werden, hoffte Rosalind, eine Arbeit als Chemikerin zu bekommen. Das Bestehen des ersten Examenteils entsprach einem akademischen Grad. Ihr Vater schlug eine Art »Arbeit auf dem Land« vor, aber das lehnte sie rundweg ab. Sie wäre »ganz außerordentlich schlecht«[34] in allem außer Wissenschaft. Diese kategorische Erklärung veranlasste Ellis ihr vorzuwerfen, sie interessiere sich nur für die Naturwissenschaften und für sonst nichts – sie habe die Naturwissenschaften quasi zu ihrer Religion gemacht. In gewissem Sinne hatte er Recht. Rosalind schickte ihm eine beredte vierseitige Erklärung, deren Länge belegt, welch zentrale Rolle ihr Vater in ihrem Leben spielte:

»Du hast des Öfteren gesagt und in deinem Brief lässt du es anklingen, dass ich eine vollkommen einseitige Sichtweise entwickelt habe und alles nur von der Naturwissenschaft aus betrachte und beurteile. Natürlich sind meine Denkmethoden und Argumentationsweisen von der naturwissenschaftlichen Ausbildung beeinflusst – wenn das nicht so wäre, wäre meine naturwissenschaftliche Ausbildung Zeitverschwendung und ein einziger Fehlschlag gewesen. Aber du betrachtest die Wissenschaft (oder sprichst zumindest so von ihr) als eine Art demoralisierender Erfindung des Menschen, als etwas, das mit dem wirklichen Leben nichts zu tun hat und das vorsichtig in Schach gehalten und vom alltäglichen Dasein getrennt werden muss. Aber Wissenschaft und Alltagsleben können und sollten nicht

getrennt werden. Wissenschaft erklärt, zumindest für mich, teilweise das Leben. So weit wie sie greift, beruht sie auf Tatsachen, Erfahrungen und Experimenten. Deine Theorien sind die, die du und viele andere Menschen für glaubwürdig und bequem halten, aber soweit ich es verstehe, besitzen sie keine andere Grundlage, als dass sie einem eine angenehmere Sichtweise auf das Leben bescheren (und eine übertriebene Vorstellung unserer eigenen Bedeutung) …

Ich stimme dir zu, dass Glauben und Zuversicht wesentlich sind für den Erfolg im Leben (Erfolg jeder Art), aber ich akzeptiere deine Definition von Glauben nicht, d. h. den Glauben an ein Leben nach dem Tod. Meiner Ansicht nach ist alles, was für den Glauben nötig ist, die Zuversicht, dass wir, indem wir unser Bestes geben, dem Erfolg näher kommen und dass unsere Ziele (die Verbesserung der gesamten Menschheit in der Gegenwart und Zukunft) es wert sind erlangt zu werden. Jeder, der an das glaubt, was die Religion beinhaltet, verspürt natürlich eine solche Zuversicht, aber ich behaupte, dass Zuversicht in dieser Welt durchaus möglich ist, ohne an eine andere Welt zu glauben …

Rosalind auf einer ihrer geliebten Bergtouren, hier in Norwegen.

Mir ist eingefallen, dass du die Frage nach dem Schöpfer aufbringen könntest. Schöpfer von was? … Ich sehe keinen Grund anzunehmen, dass der Schöpfer des Protoplasma oder der Urmaterie, wenn es ihn gibt, einen Grund hat, sich für unsere unbedeutende Rasse in einem winzigen Eckchen des Universums zu interessieren, und noch weniger hat er einen Grund, sich für uns als noch unbedeutendere Individuen zu interessieren. Und wieder sehe ich keinen Grund, weshalb die Überzeugung, dass wir unbedeutend sind oder dem Zufall geschuldet, unseren Glauben mindern sollte – so wie ich ihn definiert habe.«[35]

Dieses humanistische Credo kommt einer Entsagung des jüdischen Glaubens, wie sie das Testament ihres Großvaters verbot, gefährlich nahe. Aber Judentum ist mehr als eine Religion. Rosalind war, so ihre Schwester Jenifer, »immer bewusst Jüdin«.[36] Versteht man Judentum als unerschütterliche Loyalität gegenüber der Familie und als den Glauben an die Bedeutung des Wissens, besonders in den Naturwissenschaften und der Medizin, sowie an die Vorzüge harter Arbeit – ja sogar der Überarbeitung –, dann blieb Rosalind ihrer Tradition treu.

***

Auf Urlaube wurde nicht verzichtet, aber man verbrachte sie lieber in England. Im August 1940 fuhr Rosalind zum Wandern in die Pennines und den Lake District, diesmal mit ihrer Cousine Ursula Franklin. Rosalind war eine schnelle und, so Ursula, mutige Wanderin, die recht ungeduldig werden konnte, wenn sie auf jemanden warten musste. Als sie eines Abends mit ihren Rucksäcken unterwegs waren, kam dichter Nebel auf, und es gab nirgendwo Lichter. Sie hatten die Verdunkelung bei der Planung nicht berücksichtigt. Sie hatten sich verirrt und liefen eine Stunde eine einsame Straße entlang, bis sie endlich auf eine Farm trafen. Die Bauersfrau gab den durchnässten Frauen ein Zimmer und machte ihnen für 7 Schillinge und 6 Pence Speck und Eier. Abenteuer dieser Art waren ganz nach Rosalinds Geschmack.

Auf ihrer Reise lernten die Cousinen einen städtischen Verwaltungsbeamten und seine Frau aus Nordengland kennen. Zu Ursulas Überraschung freundete sich Rosalind – auf ausgesprochen unkokette Weise – mit dem Mann an. Die beiden begannen ein anregendes Gespräch und wurden so gute Freunde, dass sie sich später noch schrieben. Dieses Phänomen sollte sich in den folgenden Jahren öfter ereignen: Rosalind gefiel die Rolle der »nicht bedrohlichen zweiten« Frau innerhalb eines Dreiergespanns.

Rosalinds drittes Jahr in Cambridge begann während der deutschen Luftangriffe auf London Anfang September 1940. Der Stoizismus der Londoner Innenstadtbewohner, die die Nächte in U-Bahnschächten verbrachten, wurde für die amerikanische Öffentlichkeit als tapfere englische Gefasstheit und als Frohsinn der Cockneys romantisiert. Ellis und Muriel Franklin übernahmen diese Sichtweise. (Die Unterstellung, die Schlafbedingungen in den U-Bahnhöfen seien wahrscheinlich hygienischer als die Wohnungen und Häuser, in denen viele dieser unglücklichen Menschen lebten, war eine weitere Ansicht ihrer Eltern, die Rosalind verachtete.) Als im November eine Bombe alle Fensterscheiben am Pembridge Place 5 bersten ließ und zwei alte Frauen in der Nachbarschaft tötete, zogen die Franklins in ein Haus in Radlett, Hertfordshire. Nannie ging nach Shropshire zurück.

Rosalind trat ihr drittes und letztes Studienjahr in Cambridge im Oktober 1940 aus einer stärkeren Postition heraus an als erwartet. Falls das College geschlossen würde, hätte sie mit ihrer Eins im ersten Teil ausreichend Referenzen, um Kriegsarbeit als Chemikerin zu leisten. Cambridge ignorierte den Krieg nicht mehr. Wissenschaftler und andere männliche Angehörige des Lehrkörpers verschwanden in die Kriegsforschung oder wurden, wenn es sich um jüdische Flüchtlinge handelte, in Internierungslagern festgehalten, um der gefürchteten »Fünften Kolonne« zuvorzukommen. »Praktisch alle vom Cavendish sind verschwunden,« berichtete Rosalind. Unter den Internierten befand sich auch der junge in Wien geborene Max Perutz, der seit 1936 ein aufsteigender Star der Kristallographie am College gewesen war.

Für die Vorbereitungen auf den zweiten Examensteil, suchte sich Rosalind einen neuen Doktorvater. Sie wählte Fred (später Lord) Dainton, weil sie sich nun auf dessen Gebiet, der physikalischen Chemie, spezialisierte – die Verbindung der beiden Disziplinen Chemie und Physik, die sich mit den Struktureigenschaften und dem Verhalten von Atomen und Molekülen beschäftigt. Dainton, der einen vollen Terminkalender hatte und sie nicht annehmen wollte, gab nach, als Rosalind im Oktober bei ihm erschien und verkündete: »Ich möchte Sie als meinen Doktorvater für den zweiten Teil. Ich glaube nicht, dass Delia Simpson (ihre frühere Betreuerin) damit einverstanden ist. Werden Sie mich annehmen?«[37] Dainton, ein Mann aus Yorkshire, gefiel ihre Direktheit – von einer »Mittelklasse-Londonerin« hatte er so etwas nicht erwartet. Er mochte ihre Bereitschaft, ihre Stunde mit einem anderen Studenten zu teilen, dem gegenüber sie sich sehr hilfsbereit zeigte. Im weiteren Verlauf des Jahres hatte er das Gefühl, sie zu überfordern mit den wöchentlichen, langen Aufsätzen und der Aufforderung, ihre Ansichten stets zu verteidigen – »etwas, dem sie niemals abgeneigt war.« Sie davon zu überzeugen sich auszuruhen, war schon schwieriger. Dainton fand ihre schriftlichen Ausfertigungen und ihre Art »ein wenig verdrießlich«; sie war, urteilte er, »eine eher in sich gekehrte Person, mit sehr hohen persönlichen und wissenschaftlichen Maßstäben, und sie war bedingungslos ehrlich.«

Rosalind wollte nicht entspannen, indem sie sich dem geselligen Trubel hingab. Ein halbes Jahrhundert vor der sexuellen Revolution gingen die jungen Männer und Frauen, die in Cambridge studierten, tanzen, verliebten sich, hatten Affären und verlobten sich. Die Hausordnung des College machte Zugeständnisse an die menschliche Natur und verlangte, dass Männer die Zimmer der Frauen bis 19 Uhr zu verlassen hätten. Rosalinds Freundin Jean Kerslake nahm an Parties und Verabredungen teil und hatte das Gefühl, dass Rosalind sie für flatterhaft hielt und missbilligte, dass sie nicht härter arbeitete.

Dennoch gab es andere, wie Rosalinds Freundin Gertie Clark, die zwar eine Heirat nicht grundsätzlich ablehnten, jedoch unabhängig sein und ihren Lebensunterhalt selbst verdienen wollten. Es war Rosalinds persönliche Entscheidung, sich von »la ronde« fern zu halten. Als sie, aus welchem Grund auch immer, mutig genug war, ihren Cousin Stephen Waley für das auf Weihnachten folgende Wochenende nach Radlett einzuladen, war sie dann doch so besorgt, dass der junge Mann versuchen könnte, ihre Hand zu halten, dass sie ihren 14-jährigen Bruder Roly mit einem Sixpencestück bestach, damit er mit ihnen gemeinsam spazieren ging.

Trotz ihrer Zurückhaltung gegenüber sexuellen Reizen achtete Rosalind sehr auf ihre Erscheinung. Obwohl sie nicht im konventionellen Sinne schön war, hatte sie eine sportliche Figur und intensive dunkle Augen. Selbst als Studentin besaß sie ein Faible für geschmackvolle, elegante Kleidung mit einem gewissen Pfiff. Anlässlich einer Gedenkfeier am College ließ sie sich eine ganz bestimmte Auswahl ihrer Garderobe von zu Hause schicken:

»Bitte schickt mir mein Abendkleid (das mit den Tulpen), Abendschuhe und Abendunterrock. Schuhe sind in der untersten Schublade des Kleiderschranks (gold oder silber).«[38]

Im ersten Semester ihres letzten Jahres lernte Rosalind eine Frau kennen, die anders war als alle, denen sie bisher begegnet war. Diese Frau wirkte auf sie wie von einer höheren Instanz gesandt. Adrienne Weill war eine französisch-jüdische Wissenschaftlerin, beeindruckend, hübsch, inspirierend, intellektuell, eine verwitwete Mutter, die tapfer und gescheit genug war, de Gaulles Aufruf an alle Franzosen zu folgen und nach England zu gehen.

Das Leben ihrer eigenen Mutter schien Rosalind vergleichsweise trostlos. In einem Brief an Muriel schrieb Rosalind:

»Ich verstehe nicht, weshalb du so viel Zeit mit Kochen und Abwaschen verbringst und dich nicht um andere Dinge kümmerst ... Ich hoffe, ich werde, wenn ich zu Hause bin, nicht die Erfahrung machen müssen, dass das Leben aus dem Zubereiten und Abräumen von Mahlzeiten besteht ... Ich werde sehr viel andere Arbeit haben – mehr als je zuvor.«

Und im nächsten Atemzug:

»Letzte Woche habe ich eine Vorlesung (in Französisch) von einer Madame Weill über Marie Curie besucht. Sie ist eine französische Physikerin – ›sehr bedeutend‹ –, die auf de Gaulles Aufruf an wissenschaftliche Spezialisten hin hierherkam, von Newnham ›aufgenommen‹ wurde und nun hier im Cavendish forscht. Sie war Schülerin von Mme. Curie und forschte später mit ihr im Labor. Ich habe mehrfach versucht, sie kennen zu lernen, was aber bislang gescheitert ist.«[39]

Die Begegnung mit Adrienne Weill stellte einen Wendepunkt in Rosalinds Leben dar. Sie konnte nicht nur der französischen Vorlesung folgen, sondern war auch zutiefst beeindruckt von der Person. Die Faszination stieg, als Rosalind Madame Weill schließlich begegnete und gefragt wurde, ob sie mit Viscount Samuel verwandt sei:

»Es war alles sehr aufregend ... Ihre Mutter, eine Mrs. Braunschweig (sie möchte nicht, dass ihr Name erwähnt wird, da sie noch immer in Frankreich ist), ist Philosophin und traf Onkel Herbert regelmäßig bei Konferenzen etc. in Paris. Sie (Mme. Weill) hat Anweisungen erhalten, ihm wegen eventueller Schwierigkeiten, die sie in England haben könnte, zu schreiben. Ihr Vater ist Braunschweig, der Philosoph.«[40]

Suzanne Braunschweig (1877-1946) war 1936 Unterstaatssekretärin für Erziehungswesen in der Regierung Blum und auch in der Bewegung für das Frauenwahlrecht führend (die französischen Frauen erhielten erst 1947 das Wahlrecht). Adrienne Weill hatte als *chef de cabinet* ihrer Mutter gearbeitet. Rosalind hielt es fälschlicherweise für einen ungewöhnlichen Zufall, »dass sie von all den Franzosen, die jetzt in England leben, die Erste ist, die ich treffe – oder dass von all den französischen Familien in England ihre diejenige ist, die am engsten mit meiner verbunden ist. Sie ist eine entzückende Person, steckt voller guter Geschichten, und es ist äußerst interessant, sich mit ihr über wissenschaftliche oder politische Themen zu unterhalten ...«

Anfang 1941 verstärkten sich die deutschen Luftangriffe. Am Sonntag, den 5. Januar, verwüstete eine Serie von Angriffen nachts die Londoner Innenstadt, zurück blieb das mächtige Symbol der unbeschädigten

Von Adrienne Weill war Rosalind tief beeindruckt und fasziniert – sie wurde später zu ihrer engen Vertrauten. Mme. Weill im Gespräch mit Jaques Mering.

Kuppel der St. Paul's Kathedrale, die sich vor dem brennenden Himmel abzeichnete. St. Paul's wurde von freiwilligen »Feuerwachen« geschützt. Rosalind meldete sich freiwillig als »Feuerwache« in Cambridge. Sie hielt Ausschau nach etwas, das sie tun könnte, wenn sie ihre Kurse beendet hätte. Neue Möglichkeiten taten sich auf. Der Zweite Weltkrieg führte sehr viel stärker als der Erste zu Veränderungen in der öffentlichen Haltung gegenüber Frauen und Arbeit, die nicht mehr rückgängig zu machen waren – eine halbe Million Frauen wurden in der Industrie gebraucht. Selbst *The Times* wetterte, »die Grundeinstellung in der Gesellschaft gegenüber Frauenarbeit sollte dringend überdacht werden«[41], und bezeichnete die Hindernisse für Frauen, die in Fachgebiete wie das Ingenieurswesen einsteigen wollten, als unakzeptabel und irrational. Rosalind hatte durch einen Vortrag vor der Berufungskommission für Frauen erfahren, dass ihr Name in ein Zentralregister aufgenommen würde, was die Gefahr barg, dass sie einen unerträglich trostlosen Job als »Versuchsassistentin« im Versorgungsministerium bekam. Sie konnte nur hoffen, dass sich etwas Besseres ergab.

Als ihr Abschlussexamen näher rückte, befielen Rosalind die üblichen Ängste. Sie steigerten sich, je weiter der Krieg fortschritt. Ihre Eltern schimpften mit ihr wegen ihres Pessimismus gegenüber dem Krieg: Das Gute würde schließlich die Oberhand über das Böse gewinnen. Sie bestritt, dass sie sich »in Schwermut gestürzt« habe, weigerte sich aber, die Nachricht von der Landung von Rudolf Hess, Hitlers stellvertretendem Parteiführer, am 10. Mai 1941 als gutes Zeichen zu werten; es sei kein Sinneswandel, behauptete sie, sondern nur der Wunsch, die eigene Haut zu retten.

Inoffiziell teilte ihr Doktorvater dem College Newnham mit, dass er nicht glaube, Rosalind würde in ihrem Abschlussexamen eine Eins schaffen. Nicht weil ihr die Fähigkeiten dazu fehlten. Sie habe, erklärte er, einen scharfen Verstand, sei fleißig und der Wissenschaft ergeben – wenn nicht gar zu ergeben –, aber nicht darauf vorbereitet, von einem Thema, das ihr Interesse geweckt habe, zum nächsten drängenden Thema überzugehen. Sie sei unflexibel und neige dazu, ihre Zeit falsch einzuschätzen, beantworte die ersten Fragen so gründlich, dass ihr keine Zeit mehr für die anderen bliebe.[42]

Die Vorhersage erwies sich als zutreffend. Von ihrer Prüfungsnervosität und einer schlimmen Erkältung übermannt konnte Rosalind weder lernen noch schlafen und nahm etwas ein, das sie »dope« nannte. Als sie in die Prüfungen ging, war sie ruhig gestellt und schätzte in der Tat ihre Zeit falsch ein. In zwei Prüfungen beantwortete sie nur zwei von drei verlangten Fragen vollständig und stellte fest, dass sie »beinahe unfähig war zu denken«.[43] Ihr Gefühl der Unfähigkeit ärgerte sie umso mehr, als die Prüfungsaufgaben, wieder einmal »beinahe zu gut waren, um wahr zu sein«.

Sie gab ihrer Kopfgrippe und den Beruhigungsmitteln die Schuld: »Ich bin sicher, es klingt albern, das hinterher zu sagen, wo ich es vorher nicht gedacht habe, aber ich bin wirklich überzeugt, dass ich für diese Aufgaben eine Eins hätte kriegen können, wenn ich in Form gewesen wäre. Jetzt jedenfalls kommt eine Eins nicht mehr infrage.«[44] Ebenfalls nicht infrage kam ein Forschungsstipendium der Regierung. Sie erwartete nicht, dass das College Verständnis für ihre Krankheit zeigte, da es einen großen Konkurrenzkampf um das einzige zur Verfügung stehende Stipendium gab – »dass ich nicht geschlafen habe, wird man natürlich für meine eigene Schuld halten, für das Ergebnis von Überanstrengung«.[45]

Doch weder hatte sie so schlecht abgeschnitten, wie sie befürchtete, noch machte man ihr ihre Schlaflosigkeit zum Vorwurf. Ihr Schnitt war eine gute Zwei – ein achtbarer Abschluss der drei Jahre –, und unter vier Augen sagte man ihr, dass sie in physikalischer Chemie die Beste gewesen sei. Obwohl es ihr nicht gelungen war, eine Eins in beiden Teilen des Tripos zu bekommen, war ihre Leistung insgesamt für Newnham herausragend genug, dass sie mit Daintons Anerkennung ihrer intellektuellen Eigenschaften und ihrer Hartnäckigkeit ein College-Stipendium von 15 Pfund erhielt. Damit konnte sie ein weiteres Jahr bleiben und durch das Ressort für wissenschaftliche und industrielle Forschung finanziell bei ihren Forschungen unterstützt werden, worauf sie gehofft hatte.

Die Universität Cambridge veränderte Rosalinds Leben. Rosalind hatte nun einen Beruf und eine persönliche Philosophie. Sie konnte sich von ihren Eltern abnabeln und sich zu einer reifen Frau mit klarem politischen und sozialen Bewusstsein entwickeln. Dass ihr dies trotz ihrer Selbstzweifel, den menschlichen Auseinandersetzungen und den Schrecken des Krieges gelang, lässt auf eine große innere Stärke schließen. Die drei Jahre in Cambridge änderten jedoch nichts an ihrer sexuellen Unerfahrenheit. Rosalind gestand ihrer Cousine Irene Franklin (Ursulas Schwester), die sich gerade verlobt hatte und sie in jenem Sommer besuchte, dass sie niemals auch nur geküsst worden sei. Das Gespräch kam auf das Kinderkriegen. Die Cousinen stellten fest, dass sie beide zwar eine ungefähre Vorstellung von der Geburt eines Babys hatten, aber überhaupt keine von der Befruchtung der Eizelle. (Einige Monate später erzählte Irene Rosalind, dass ihr Verlobter sie aufgeklärt habe. Auch Rosalind war inzwischen schlauer. Sie hatte einen Medizinstudenten gefragt.) Aber in Rosalinds Kopf war kein Platz für solche Dinge. Sie war jetzt bereit, als Wissenschaftlerin zu arbeiten. Die Frage war nur wo.

KAPITEL FÜNF

Löcher in der Kohle

(1941–1946)

Rinald George Wreyford Norrish, Professor für physikalische Chemie und Inhaber der herausragenden Davy Medal der Royal Society tat der Krieg nicht gut. Der Mittvierziger war ein anerkannter Pionier der Photochemie und sollte 1967 den Nobelpreis für Chemie erhalten. Jetzt stand Norrish unter großer Anspannung. Sein Laboratorium war geschrumpft, da viele Männer fort waren und es keine klaren Aufgaben gab. Seine Frau befand sich mit den beiden Zwillingstöchtern in Devon, um möglichen Bombenangriffen aus dem Weg zu gehen. Er schlug sich am Emmanuel College alleine durch und trank schwer. (Die Dozenten am College hatten die Kellervorräte vorsorglich aufgestockt, damit sie einer Belagerung standhalten könnten.) Diese Schwäche brachte ihn um seine Einstufung als hoch vertrauenswürdig; ihm wurde keine verantwortungsvolle Kriegsarbeit anvertraut. Seine Unzufriedenheit machte sich in der »schlecht gelaunten und selbstherrlichen Behandlung seiner Angestellten«[1] bemerkbar, wie Fred Dainton, der ihm damals vorgesetzte Forschungsberater des physikalisch-chemischen Laboratoriums, anmerkte. Rosalind hatte das Pech, eine dieser Angestellten zu werden.

Norrish übergab ihr ein in Daintons Augen triviales Problem – die Polymerisation von Methansäure und Acetaldehyd. Rosalind hätte etwas vorgezogen, das direkter zur Niederschlagung Hitlers beitrug. Ihre Freundinnen aus der St. Paul's Mädchenschule unterstützten die Kriegsanstrengungen eindeutiger: Anne Crawford bei der Bristol Aircraft Corporation, Jean Kerslake bei der Entschlüsselung von Codes in Bletchley Park, ihre Cousine Ursula Franklin im Frauen-Militärdienst. Als das Newnham College Rosalind mit einem Stipendium für ein viertes Studienjahr auszeichnete, blieb ihr der Militärdienst erspart, sie konnte – zum Entsetzen ihres Vaters – an der Universität bleiben. Eine Alternative konnte er ihr allerdings nicht nennen, da die Aufgaben von Frauen im

Rahmen der Kriegsanstrengungen nicht klar umrissen waren. Bisweilen musste sich Rosalind sehr ungeliebt gefühlt haben. Norrish gab ihr eine kleine Dunkelkammer, in der sie arbeiten konnte, obwohl sie (wie Dainton wusste) an Klaustrophobie litt. Als sie bei ihrem College anfragte, ob sie im Herbst ein paar Tage früher zurückkommen dürfe, wurde ihre alte Gegenspielerin, Mrs. Palmer, unangenehm. Zuerst erklärte sie, als spräche sie mit einem Schulmädchen, dass Rosalind alt genug sei, um bis zum Semesterbeginn ihre Angelegenheiten selbst zu regeln, und teilte ihr dann ein grässliches Zimmer zu – unter »dem Vorwand«, schrieb Rosalind nach Hause, »dass ich zu schlecht verdunkeln würde, wenn ich viele Fenster hätte«.[2]

Ein gemietetes Zimmer auf der Mill Road in einem Arbeiterviertel war die Lösung: 45 Schillinge die Woche, Heizung extra. Rosalind pries die Vorzüge des Alleinseins: »Ich hatte noch nie so viel Zeit zu lesen. Ich lese bei und nach jeder Mahlzeit, und an den Abenden tue ich nichts anderes.«[3] Rosalind hatte keine Probleme, sich die Zeit zu vertreiben. Sie stellte ein Kleid fertig, bereitete Mahlzeiten auf ihrem Zimmer zu, lud Freundinnen dazu ein und ließ eine davon in den Genuß eines Vortrags über den Nährwert und die Preisgünstigkeit von Sprotten kommen. Sie versuchte, mit ihrem Stipendiumsgeld zurechtzukommen; es gefiel ihr, so knapp mit Geld haushalten zu müssen.

Rosalind hörte viel Radio. Zu ihrem 21. Geburtstag hatte ihr ihre Tante Mamie Bentwich auf ihren Wunsch hin »ein klitzekleines Radio geschenkt ...«.[4] Als der Winter näher kam, rückten die Deutschen Richtung Moskau vor, und man setzte große Hoffnungen in die nächtlichen Angriffe der britischen Luftwaffe auf Deutschland. Nur die Männer des Bombergeschwaders wussten, wie ungerechtfertigt diese Hoffnungen waren; in den frühen Kriegsjahren traf nur eine von drei Bomben auch nur annähernd ihr Ziel.[5]

Als es mit ihrer Arbeit schlecht lief und Spannungen in der Luft lagen, fand sich Rosalind wieder einmal »nicht in der Lage«[6] sich zu konzentrieren. So war es auch, als sie, recht frühzeitig, einen grundlegenden Fehler in dem Projekt fand, mit dem Norrish sie betraut hatte. Dainton gab ihr Recht. Der lange schwelende Konflikt brach Anfang 1942 offen aus. Rosalind schrieb eine Zusammenfassung ihrer Befunde und zeigte, weshalb es unmöglich war, zu dem von Norrish erwarteten Ergebnis zu gelangen. Der Professor jedoch lehnte ab, ihren Bericht zu lesen, verweigerte sich einer neuen Herangehensweise und wies sie an, die Experimente zu wiederholen. Eine entscheidende Kraftprobe stand bevor:

»Als ich ihm die Stirn bot, wurde er absolut ausfallend, und wir hatten einen erstklassigen Krach – genau genommen sogar mehrere. Ich musste vorerst nachgeben, aber ich glaube, es ist gut, ihm einmal widersprochen zu haben. Er hat dafür gesorgt, dass ich ihn so vollständig verachte, dass ich mich durch nichts, was er künftig zu mir sagen mag, aus der Fassung bringen lasse. Ich fühle mich ihm jetzt einfach enorm überlegen.«[7]

Wenn sie in die Enge getrieben wurde, suchte Rosalind die offene Auseinandersetzung. Die Alternative – passive Duldung von etwas ihres Wissens nach Falschem – war für sie unerträglich und widersprach ihrem Glauben an die Beweisbarkeit wissenschaftlicher Wahrheiten.

Rosalind hatte eine harte Schule durchlaufen. Ein Staatsbeamter, der mit Ellis Franklin im Innenministerium Flüchtlingsgesuche bearbeitete, wurde Zeuge einer solchen Lektion. Er verbrachte ein Wochenende bei den Franklins in deren Haus in Radlett, als Rosalind überraschend aus Cambridge kam. Zwischen ihr und ihrem Vater entbrannte sofort eine heftige politische Diskussion – »er auf der Rechten, sie auf der Linken«.[8] Angesichts der hitzigen Debatte hielt der Besucher Rosalind für eine »unnachgiebige Kommunistin«, was in »krassem Gegensatz zu dem extremen Luxus stand, in dem sie offenbar aufgewachsen war«. Er beobachtete, dass weder Rosalind noch ihr Vater abweichende Meinungen akzeptierten: Ellis war ein »häuslicher Zuchtmeister«; sie war »ihres Vaters Tochter«. Viele Menschen wiesen auf große Ähnlichkeit zwischen Rosalind und ihrem Vater hin. Ellis Franklin schien allerdings im Gegensatz zu seiner Tochter für seine Streitbarkeit keinen beruflichen Preis zahlen zu müssen.

Rosalinds Beharrlichkeit führte immerhin dazu, dass sich Norrish ein neues Projekt abrang – »nicht aufregend, aber es MUSS besser sein als das Letzte«. Dank Adrienne Weill, die in einer Herberge in der Nähe des Cam eine Gruppe französischer Flüchtlinge um sich geschart hatte, lernte Rosalind neue Freunde kennen. In deren Gesellschaft, die sie sehr genoss, entdeckte sie ganz neue Seiten an sich. Sie genoss die intellektuell anregenden, französischen Gespräche (denen sie zwar folgen, an denen sie aber nicht teilnehmen konnte) so sehr, dass sie überlegte, zu Mme. Weill in die Mill Lane 12 zu ziehen.

Im Sommer 1942 musste sie sich entscheiden, ob sie sich um die Erlaubnis bewerben sollte, als Forschungsstudentin in Cambridge im Rahmen eines Lehrgangs zu bleiben, der schließlich zur Promotion führen würde, oder ob sie riskieren wollte, vom Versorgungsministerium oder einer anderen Regierungsstelle eingezogen zu werden.

Ellis Franklin gefiel dies ganz und gar nicht: Seine Tochter schlenderte durchs akademische Leben, während seine Söhne ihr Leben für ihr Land riskierten. Rosalinds Aufenthalt in Cambridge schien ihm vergleichbar mit seinem deutschen Jahr in Breslau. Er nahm das Risiko auf sich, sie in Rage zu versetzen, schrieb Rosalind, was er dachte, setzte noch einige andere Beschwerden obenauf und legte ein Geschenk von einem Pfund bei, um den Schlag abzumildern. Es dauerte nicht lange, bis sie zurückschoss. »Lieber Vater«, begann sie am 1. Juni 1942, »gewiss lehne ich Kritik nicht grundsätzlich ab.« Aber:

»In einem Punkt bist du ziemlich ungerecht – ich weiß nicht, wieso du auf die Idee kommst, ich hätte mich darüber ›beschwert‹, die Promotion für die Kriegsarbeit aufgeben zu müssen. Als ich mich vor einem Jahr zum ersten Mal in der Forschung beworben habe, wurde ich gefragt, ob ich Kriegsarbeit leisten wollte, und ich hatte Ja gesagt. Man hatte mich glauben lassen, dass das erste Problem, mit dem ich mich zu befassen hätte, Kriegsarbeit sei. Ich musste bald feststellen, dass man mich getäuscht hatte und habe seitdem wiederholt Kriegsarbeit von Norrish gefordert – es gehört zu den vielen Dingen, bei denen ich kein Einverständnis mit ihm erzielen konnte; außerdem habe ich bei mehreren Anlässen, entgegen dem Rat meiner Vorgesetzten, ausdrücklich betont, dass ich lieber jetzt Kriegsarbeit leisten und erst später promovieren möchte.«[9]

Eine andere Bemerkung, mit der sie ihn gekränkt hatte, war die, dass sie das Leben ihrer Mutter trostlos fand. Es tat ihr Leid, aber anstatt sich zu entschuldigen, verteidigte sie ihren Standpunkt: »Es tut mir sehr, sehr Leid, dass es so ist, aber wie du sagst, ist sie die meiste Zeit an das Haus gefesselt, erledigt alle möglichen Arten von Hausarbeit allein, ich kann nicht begreifen, weshalb das nicht trostlos sein soll ...«[10] Sie selbst langweile sich mit ihrer Arbeit, sagte sie. Sie verachte ihren Professor und könne ihre Kollegen nicht leiden, die »mir übel gesonnen sind und meine Anwesenheit im Allgemeinen ignorieren«. Deshalb war es kaum überraschend, dass sie, wie ihr Vater ihr vorwarf, auf sich selbst zurückgeworfen sei. Auf keinen Fall aber wäre ihr derzeitiges Leben mit seinem in Breslau vergleichbar.

Zerstreuung in einer schwierigen Zeit kam wieder einmal durch die

Familienmitglieder. Die zwölfjährige Jenifer kam zu Besuch, und Rosalind bemühte sich sehr, ihr eine schöne Zeit zu bescheren – sie schenkte Jenifer eines der denkwürdigsten Wochenenden ihrer Kindheit. Rosalind zeigte ihrer Schwester die großartigen Gebäude von Cambridge sowie ihr eigenes Laboratorium, wo sie ihr vorführte, wie man Glasgeschirr blies. Dann sahen sie sich den Kriegsfilm *49th Parallel* mit Laurence Olivier und Leslie Howard in den Hauptrollen an. Bei einer anderen Gelegenheit erklärte sich ihre Tante, Mamie Bentwich, bereit, in einem »Zimmer voller Trödel und zwei Betten für Überraschungsbesuche«[11] untergebracht zu werden. Am Abend besuchten sie das Theater und saßen morgens in Bademänteln zusammen beim Frühstück und tratschten. Mamie versicherte Rosalind, dass der Krieg, trotz des Vormarschs der Deutschen auf Moskau, keine zehn Jahre dauern würde.

Gegen Ende des Sommers packte Rosalind ihr Radio ein und zog in die Mill Lane 12. Ihr anfängliches Zögern, weil sie Menschen eigentlich lieber mochte, wenn sie nicht mit ihnen zusammenwohnte, war der Überzeugung gewichen, eine tolerantere Person geworden zu sein – obwohl ihre Eltern dem sicherlich nicht zugestimmt hätten. Adrienne Weill blieb beeindruckend für sie. Die französische Wissenschaftlerin arbeitete jetzt im Cavendish Laboratorium und stand dank des Einfallsreichtums des Direktors, Lawrence Bragg, auf der Gehaltsliste des Versorgungsministeriums. Bragg hatte ein Thema für sie gefunden, das kriegswichtig, aber nicht so geheim war, dass es keiner Ausländerin anvertraut werden konnte. Rosalind konnte der Gelegenheit, täglich Französisch zu sprechen, kaum widerstehen, und war schon bald überzeugt, die ideale Daseinsweise für sich gefunden zu haben. Sie kam auch mit ihren Mitbewohnern gut zurecht. Adriennes Tochter Marianne, die an der Perse School in Cambridge studierte, machte sich aus der Perspektive eines Teenagers ein Bild von Rosalind: »Sie war ausgesprochen nett, gut und ernsthaft; man hat sie nicht oft lächeln sehen.«[12]

Sollte sie nun in Cambridge bleiben? Rosalind musste sich entscheiden: Forschungsarbeit und Promotion oder irgendein Job als Beitrag zum Kriegsdienst – im Treibstoff- oder Versorgungsministerium oder vielleicht sogar beim Militärdienst für Frauen. Die Entscheidung wurde ihr durch eine Bekanntmachung des Arbeitsministeriums abgenommen. Alle weiblichen Forschungsstudenten, selbst jene die kriegsbezogene Arbeit leisteten, würden aus der Reserve gezogen, das heißt, sie konnten jederzeit zum Militärdienst abberufen werden. Rosalind, die sich niemals über die Ungleichheit in der Behandlung der Geschlechter beschwert hatte, war überrascht, dass alle männlichen Forscher mit vergleichbarem Status mit ihrer Universitätsarbeit fortfahren durften. Norrish versetzte sie in Erstaunen, als er sie drängte, einen Antrag zu stellen, damit sie weiterhin »in der Reserve« und damit bei ihm bleiben könne. Da er erkannt hatte (obwohl er es ihr nie direkt sagte), dass sie eine brillante Experimentatorin war, malte er ein düsteres Bild von den Schrecken der Industrie. »Ich konnte mir ein Lächeln kaum verkneifen«, erzählte sie ihrer Mutter.[13] Für ein Wirtschaftsunternehmen zu arbeiten wäre vielleicht erträglich gewesen, aber nur wenn sich der Krieg nicht über Jahre hinzog:

»Es gibt in der Industrie zweifellos bessere Jobs, aber sie werden niemals an Frauen vergeben ... Wenn man an der Universität bleibt ..., geht es immer noch um Wissenschaft, die der Erkenntnis dient – ich fürchte sehr, in der Industrie nur auf Wissenschaft zu stoßen, die dem Profit dient.«[14]

Es war nicht leicht, die richtige Umgebung zu finden, in der sie mit der physikalischen Chemie weitermachen konnte. Rosalind, die wie alle Wissenschaftler Probleme hatte – ihrem persönlichen Umfeld ihre Arbeit näher zu bringen –, versuchte ihren Eltern zu erklären, dass sie für ihre besondere Forschungsrichtung mehr Apparaturen benötigte als allgemein üblich. Rosalind hatte zu ihrer alleinigen Verwendung eine Ausrüstung im Wert von 100 Pfund sowie einige weitere Tausend Pfund zur freien Verfügung – »und die tägliche Versorgung mit Flüssigsauerstoff ist unerlässlich!«

Die Situation klärte sich, als sie Gelegenheit bekam, in einem staatliches Laboratorium in der Gemeinde Kingston-Upon-Thames, am südwestlichen Rand Londons, zu forschen. Als Londonerin fand Rosalind die Vorstädte ebenso reizlos wie die Provinz. Doch sie wollte die Stelle annehmen, denn sie fürchtete, nach einer Tätigkeit im Verwaltungsbereich den Anschluss an ihre Forschungsarbeit zu verlieren. Sie hatte mittlerweile das Gefühl, zweimal in Cambridge versagt zu haben – weil sie keinen erstklassigen Abschluss hatte und weil sie mit ihrer Arbeit bei Norrish nichts erreicht hatte. Als sie im August 1942 die Stelle in Kingston annahm, fand Dainton, der sie inzwischen besser kannte, dass es richtig war wegzugehen. Dainton hatte in jenem Jahr geheiratet, und er und seine Frau, eine Zoologin aus Newnham, waren gerührt von der Sorgfalt und dem Geschick, mit denen Rosalind ein Hochzeitsgeschenk auswählte, das ihnen beiden gefiel. Er hielt es für eine Tragödie, dass sie für Norrish, mit dem in dieser Phase seines Lebens niemand auskam, hatte arbeiten müssen. Auf jeden Fall hatte sie nun etwas gefunden, das allen Anforderungen gerecht wurde: ihren eigenen ebenso wie denen ihres Vaters und ihres Heimatlandes.

Rosalind fand ein großes Haus in Putney Common, das sie mit ihrer Cousine Irene Franklin und einer Freundin teilte. Es gab einen kleinen privaten Garten und eine Zugehfrau. Da Rosalind die kürzesten Arbeitszeiten hatte, kümmerte sie sich um einen Großteil der Hausarbeit und das Kochen. Trotz allem, was sie über das Leben ihrer Mutter gesagt hatte, machte ihr die Hausarbeit Spaß. Über ihrer neuen Arbeit fand sie schließlich ihren Seelenfrieden. An der neu eingerichteten British Coal Utilisation Research Association (BCURA) hatte man unter dem ersten Direktor Dr. D. Bangham eine Belegschaft aus frisch graduierten Physikern zusammengestellt, die Kohle und Holzkohle erforschen sollten. An der BCURA durften junge Forscher auf eine Weise selbständig arbeiten, wie das vor dem Krieg nicht möglich gewesen wäre. (Holzkohle, die während des Ersten Weltkriegs für Gasmasken verwendet wurde, hatte tausenden von Menschen das Leben gerettet und war ein Bestandteil der Masken, die Rosalind und andere Studenten in Cambridge mit sich herumgetragen hatten.)

Der Großteil der britischen Kohle wurde aus farnartigen kohlenstoffhaltigen Pflanzen gewonnen, die durch einen Pressvorgang in beinahe unorganische Kohle verwandelt werden. Rosalind stellte sich nun die Frage, weshalb einige Arten von Kohle gegen das Eindringen von Gas oder Wasser sehr viel unempfindlicher waren als andere. Sie arbeitete mit Braun- und Anthrazitkohle aus Kent, Nordost-England, Südwales und Irland. Sie verwandte Helium, um herauszufinden, wie viel davon die mit bloßem Auge unsichtbaren Öffnungen der unterschiedlichen Zellstrukturen durchdringen konnte, und untersuchte die Veränderungen in der Porosität bei Temperaturen bis zu 1 000 Grad Celsius. Für ihre Experimente standen reichlich Apparaturen zur Verfügung: Lampen, Walzen, Schmelzöfen und ein großer Vorrat an Trockenstickstoff. Rosalind senkte die Temperatur und ließ sie wieder steigen, maß die Schrumpfung bei Kohle und Kohlenstoffen und entwickelte Theorien, die ihr zu internationalem Ruf verhalfen.

Gruppenbild mit Dame: Rosalind im Jahr 1945 mit Kollegen der British Coal Utilisation Research Association (BCURA).

Mit dem Titel des »Assistant Research Officer« eignete sie sich auch eine gewisse Autorität an. Eines Tages ging sie in den Maschinenraum – das Herzstück eines jeden Labors, das mit großen Apparaturen arbeitet – und stieß auf ein Schild, »Kein Zutritt für Unbefugte«. Rosalind drehte das Schild einfach um und nahm sich die Ausrüstung.

Zu Hause in Putney meldeten sich Rosalind und Irene freiwillig als Luftschutzwarte. Sie mussten die Verdunkelungen überprüfen – mit Blechhelmen ausgerüstet radelten oder gingen sie die ihnen zugeteilten Abschnitte ab und hielten Ausschau nach Verstößen – oder saßen in zweistündigen Schichten auf ihrem »Posten«. Rosalind war furchtlos, bis zu einem bestimmten Grad. Sie war mutig, wenn sie während eines Luftangriffs allein die dunklen ungeschützten Felder überquerte, aber sie war froh, dass Irene und nicht sie in die ausgebombten Häuser gehen mussten, um Menschen aus verschütteten Kellern zu retten. Irene schrieb dies der Klaustrophobie ihrer Cousine zu. Sie wiederum bewunderte Rosalinds

Mut, über die Felder zu laufen. In vielerlei Hinsicht war Rosalind aus Irenes Blickwinkel »zu gut in allem: Arbeit, Sport, Aussehen, Kochen«.[15]

Anstrengende, sogar gefährliche Urlaube bedeuteten für Rosalind wahre Entspannung. Im Sommer 1943 oder 1944 fuhr sie mit ihrer Freundin Anne Crawford zum Klettern nach Snowdonia, Nordwales. Die vorhersehbare Krise trat ein; dichter Nebel senkte sich, als sie sich auf halber Höhe des Gebirgskamms des Crib Goch befanden. Anne bewegte sich Zentimeter für Zentimeter vorwärts, stärker »angetrieben von meiner Angst vor Rosalinds scharfer Zunge als davor, in den Abgrund zu stürzen«.[16] Bemerkenswerterweise störten sich Rosalinds Freunde nicht so sehr an ihrer oft überheblichen Art.

Als Rosalind mit Jean Kerslake einen Urlaub in Nordwales verbrachte, gingen die beiden jungen Frauen die höchsten Gipfel mit dem gleichen Kampfgeist an, mit dem sie sich gegenseitig in der St. Paul's Mädchenschule angespornt hatten. An einem Tag brachen sie zu einer Zehn-Meilen-Wanderung an den Llyn Dinas auf. Dort begegneten sie zwei jungen Förstern, die in einem Wohnwagen in der Nähe wohnten. Die Männer nahmen sie ein Stück mit und verkündeten, sie seien walisische Nationalisten. »Wir sind erst zu zweit«, sagten sie, »aber das ist schon ein Anfang.«[17] In der heißen Sonne sah der See einladend aus. Niemand hatte einen Badeanzug, also schwammen alle nackt. Auch Rosalind zögerte nicht. »Sie wollte schwimmen«, so Jean, »also tat sie es.«[18] Das Quartett wiederholte die Eskapade am nächsten Tag. Sie radelten runter an die Küste bei Criccieth, wo sie sich wieder ohne Badeanzüge in die Fluten stürzten. Als jedoch Jean und einer der beiden jungen Männer Gefallen aneinander fanden und zurückblieben, trafen sie bei ihrer Rückkehr zum Wohnwagen eine verärgerte und verwirrte Rosalind an, die mit dem anderen jungen Mann wartete. Sie schien nicht zu verstehen, warum die beiden allein sein wollten.

Der Haushalt in Putney wurde Ende 1943 aufgelöst. Rosalind hatte wegen eines Eifersuchtsanfalls eine Zeit lang zu Hause gewohnt; Irene hatte geheiratet und erwartete ein Baby (oder mit den gewichtigen Worten von Ellis Franklin: »Irene wird die Pflichten der Mutterschaft im Frühjahr auf sich nehmen.«[19]). Ellis Franklin freute sich darauf, dass Rosalind unter seinem Dach bleiben würde und meinte zu seinem Sohn Colin, der bei der Royal Navy im Fernen Osten diente, »es wird im Haus so viel lebhafter zugehen«.[20]

Die tägliche Pendelei nach Kingston bedeutete lange, langweilige Fahrten, aber während einer neuen Serie von Luftangriffen war Rosalind froh um die Sicherheit und Stabilität des familiären Heims. Die erste V1-Rakete – fliegende Bomben ohne Piloten – schlug am 12. Juni 1944 kurz nach dem D-Day ein, die erste V2-Rakete am 8. September. Im Frühjahr 1945 war das Ende des Kriegs nur noch eine Frage der Zeit. Adrienne Weill war nach der Befreiung von Paris 1944 in die Stadt zurückgekehrt. Ihre Tochter, die noch eine Zeit lang in London blieb, wohnte bei den Franklins. Im Januar 1945 erhielt Ellis Franklin den Verdienstorden des British Empire für seine Arbeit beim Home Office Ministry of Home Security und nahm seine Vollzeitarbeit bei der Keyser's Bank und dem Working Men's College wieder auf. Mithilfe seines Schwagers Norman Bentwich begann er, die Synagoge am St. Petersburgh Place neu zu organisieren, in der Hoffnung, jüngere Juden davon zu überzeugen, dass sie sowohl Juden als auch Engländer sein könnten. Aber er wollte damit auch den Aktivitäten der »fremdländischen Juden, die einige der Organisationen hier aus rein zionistischen Motiven übernommen haben«[21], entgegenwirken. Franklin zeigte sich außerordentlich verärgert über die allgemeine Skepsis, die man in London den Berichten über Massaker an osteuropäischen Juden entgegenbrachte. (Da Rosalind zu Hause wohnte, gibt es keinen Briefwechsel, der ihre Ansichten widergibt, aber man darf annehmen, dass sie in diesem Fall mit ihrem Vater einer Meinung war.)

Rosalind, der Hemmungslosigkeit jeder Art missfiel, missbilligte die ausschweifende und, wie sie es sah, verfrühte Euphorie am 8. Mai 1945. Zwei Monate später jedoch feierte sie das bevorstehende Kriegsende, indem sie loszog, um sich ein paar Schuhe zu kaufen. Da sie jedoch in allen Schuhgeschäften auf riesige Menschenschlangen stieß, gönnte sie sich bei Harrods stattdessen ausgezeichnete Schokoladepfefferminzpralinen.

Rosalind sah sich nun nach einer Stelle für die Zeit nach dem Krieg um, die sie auf ihrem Gebiet weiterbringen würde als ihre Tätigkeit bei BCURA. Zunächst jedoch musste sie ihre Dissertation über Kohle abschließen. Kurzfristig zog sie zurück nach Cambridge und wohnte dort in ihrem alten College. Sie genoss das schöne Wetter, die Freiheit und die Schönheit der Gärten und fühlte sich versucht, endgültig zurückzukehren und das Stipendium, das man ihr für die Arbeit bei Norrish angeboten hatte, anzunehmen.

Norrish hatte ihr vergeben, sie ihm aber nicht. Ihre Eltern, die ihr rieten, besser mit Leuten auszukommen, wandten vorsichtig ein, dass solche Beziehungen unpersönlich bleiben sollten. Rosalind gab zurück, dass es keine Arbeitsstelle sei, die er ihr anbot: »Er hat lediglich seine Bereitschaft erklärt, mich ein Jahr als unbezahlte Handlangerin für ihn arbeiten zu lassen.«[22] Sie würde tun müssen, was immer er ihr zu tun gab »und er ist dumm, bigott, eingebildet, ungehobelt und tyrannisch«. Nachdem sie sich eine Rückkehr nach Cambridge auf diese Weise selbst ausgeredet hatte, schickte sie ihre Dissertation »Die physikalische Chemie fester organischer Kolloide mit besonderer Berücksichtigung von Kohle und verwandten Stoffen« an eine Schreibkraft.

Am 26. Juli 1945 brachten die allgemeinen Wahlen die Labour Party unter Clement Attlee an die Macht, Winston Churchill und die Konservativen wurden mit einer überwältigenden Mehrheit von 146 Sitzen abgewählt. (Im neuen Parlament wurde Viscount Samuel Parteiführer der Liberalen im Oberhaus.) Die Nachkriegswelt erlebte die Zulassung der ersten Frauen in die Königliche Akademie der Wissenschaften, der beinahe drei Jahrhunderte alten Zitadelle der wissenschaftlichen Elite Großbritanniens. Die eine war Kathleen Lonsdale, eine Kristallographin bei der Gesellschaft für die Förderung und Verbreitung naturwissenschaftlicher Kenntnisse in London, die andere Marjory Stephenson aus Cambridge, eine Pionierin auf dem Gebiet der chemischen Mikrobiologie. 43 Jahre zuvor hatte die Akademie die erste Ernennung einer Frau überhaupt abgelehnt: Hertha Ayrton, eine Ingenieurin und Physikerin, wurde damals mit der Begründung abgewiesen, dass sie als verheiratete Frau keine Rechtsperson sei und daher kein Mitglied einer per Satzung regierten Körperschaft werden könne.

Vor diesem Hintergrund könnte 1945 auch als das Jahr beschrieben werden, in dem Lise Meitner den Nobelpreis nicht bekam. Die Jüdin war aus Berlin geflohen, lebte in Stockholm und war die wohl herausragendste Wissenschaftlerin ihrer Zeit. 1939 hatte sie mit ihrem Neffen Otto Frisch das Konzept der Kernspaltung entdeckt, ein Folgeergebnis von drei Jahrzehnten Arbeit über Radioaktivität mit Otto Hahn in Berlin. 1945 gab es vor der jährlichen Verkündigung der Preisträger Gerüchte, dass der Preis für Physik an Meitner gehen würde. Er tat es nicht. Hahn bekam den Preis für Chemie, und Meitner ging in diesem Jahr ebenso wie in den folgenden Jahren leer aus. In einigen Presseberichten wurde sie als »Hahns Untergebene« beschrieben.

Rosalind konnte ihr Ziel erreichen: Sie erhielt ihren Doktortitel (PhD

Cantab.) in Physikalischer Chemie, und ihr erster wissenschaftlicher Aufsatz stand kurz vor der Veröffentlichung. Was nun? Die Möglichkeiten variierten von Aberdeen bis Abyssinie (dort war eine Stelle als Assistenzlehrerin für Physik frei). Rosalind wandte sich an Adrienne Weill, schrieb einen ihrer energischen, humorvollen Briefe und fasste ihre Hoffnungen zusammen:

»Wenn Sie von jemandem hören, der die Dienste einer Physikochemikerin benötigt, die sehr wenig von physikalischer Chemie, aber sehr viel von den Löchern in der Kohle versteht, lassen Sie es mich bitte wissen.«[23]

Rosalind wusste einiges über die Löcher in der Kohle. Ihren ersten Aufsatz mit dem Titel »Thermale Ausdehnung von Kohlen und carbonisierten Kohlen« hatte sie in ihrer Zeit bei BCURA geschrieben, er erschien 1946 in der britischen Zeitschrift *Transactions of the Faraday Society*. Bei BCURA hatte sie die Hypothese der »Molekular-Siebe«entwickelt: Verschiedene Arten von Kohle besitzen in größerem oder geringerem Maß poröse Eigenschaften. Nachdem sie sorgfältige mathematische Berechnungen zur Porosität und dem Kohlenstoffgehalt ihrer Kohleproben durchgeführt und sie außerdem unter dem Elektronenmikroskop erhitzt, befeuchtet, zermahlen, gemessen und untersucht hatte, kam Rosalind zu dem Schluss, dass die Veränderung der physikalischen Eigenschaften durch das allmähliche Zusammenpressen entstand. Das Verständnis solcher Substanzen bot faszinierende industrielle Anwendungsmöglichkeiten.

Als im Sommer 1946 Auslandsreisen wieder möglich waren, packte Rosalind ihre norwegischen Wanderstiefel und fuhr mit Jean Kerslake in die französischen Alpen. Sie legten einen Zwischenstopp in Adriennes Wohnung in Paris ein. Ein Herbergsbesitzer in den Hautes Alpes hatte sie gewarnt: »Für den Fall, dass Ihnen dies nicht bekannt sein sollte, weise ich Sie daraufhin, dass die französischen Jugendherbergen im Allgemeinen unkomfortabel sind. Sie genügen nur den Ansprüchen sehr sportlicher Personen, die von Vorurteilen frei sind.«[24]

Mit anderen Worten: Rosalind Franklin. Das Fehlen jeglicher sanitärer Anlagen im Haus und der harte Boden waren für sie Attraktionen im positiven Sinne, ebenso wie andere Härtefälle, denen sie auf ihrem Weg dorthin begegneten – schäbige Hotels, hastig aufgebaute, wackelige Ersatz-Brücken und eine Magenverstimmung. Die jungen Frauen nahmen den Rat eines Bergführers an, der ihnen den Einsatz von Eispickeln

»Ich könnte ewig in Frankreich wandern und glücklich dabei sein.«
Rosalind in den französischen Alpen im Sommer 1946.

und Seilen beigebracht hatte, und bestiegen den Gipfel der steilen Aiguille Pers. Sie brauchten dafür sehr viel länger als geplant. Als sie in ihr Hotel (in dem man ein wenig überrascht war, dass zwei englische Mädchen allein reisten) zurückkehrten, hatte man bereits einen Suchtrupp organisiert. Verlegen, aber versöhnt tranken Rosalind und Jean mit den Leuten Wein und reichten mitgebrachte englische Zigaretten herum. Nach ihrer Rückkehr schrieb Rosalind ihrer Mutter, »Ich bin sicher, ich könnte ewig in Frankreich wandern und glücklich dabei sein. Ich liebe die Menschen, das Land und das Essen.«[25]

Hatte sie sich jemals verliebt? Jean Kerslake erinnerte sich, dass sie mit Rosalind, obwohl sie beide in jenem Sommer und über viele Jahre hinweg so viel Zeit gemeinsam verbrachten, niemals über romantische Abenteuer oder Sex gesprochen und auch nicht über das Liebesleben ihrer Freundinnen getratscht hatte. »Sie sprach nicht über Männer, so wie wir anderen es taten«, sagte Jean im Rückblick, »und es schien unmöglich, ihre Zurückhaltung zu durchbrechen.«[26]

Natürlich zogen ihre Freundinnen und auch teilweise ihre Familie die Möglichkeit in Betracht, dass sie sich zu Frauen hingezogen fühlte. Sie alle verwarfen diese Möglichkeit jedoch wieder, da es zu viele Belege für das Gegenteil gab. Im Herbst 1946 trafen Jean und eine andere Schulfreundin, Celia Martin, auf Rosalind, die gerade zwei französischen Wissenschaftlern die Londoner Sehenswürdigkeiten zeigte. Die Frauen waren sich sicher, dass die angeregt Französisch plaudernde Rosalind den Jüngeren der beiden, Jacques Mering, sehr anziehend fand. Doch bedauerlicherweise hatte Mering, wie sie herausbekamen, sowohl eine Frau als auch eine Geliebte. Sie hätten es gerne gesehen, wenn Rosalind eine feste Beziehung eingegangen wäre. Jeans Ansicht war: »Ich glaube, sie hätte gerne eine Beziehung zu einem Mann gehabt, aber sie hatte nicht die leiseste Ahnung, wie man mit Männern umgeht oder wie man es anfängt.«[27]

Was Rosalind im Alter von 26 Jahren allerdings konnte, war eindrucksvoll vor Publikum sprechen. Beim Treffen der Gesellschaft zur Förderung und Verbreitung naturwissenschaftlicher Kenntnisse hielt sie einen Vortrag und sprang dann auf, um die Fehler in den Messungen von Röntgen-Pulverdiagrammen eines anderen Teilnehmers zu erläutern. Sie war selbstbewusst und direkt oder – mit den Worten des Leiters der Kristallographie am Birkbeck College, Harry Carlisle – »schroff und herrisch«. Auf ihre Kommentare gab es keine Erwiderung, räumte Carlisle ein. Er fügte hinzu (nachdem er sie sehr viel besser kennen gelernt hatte), »dass sie sich mit ihrer direkten Art, sobald sie wusste, dass sie sich auf festem Boden befand, manchmal Feinde machte«. [28] Nicht so bei den beiden französischen Besuchern. Mering und sein Kollege Marcel Mathieu waren Kristallographen an einem französischen staatliches Labor; Mathieu war ein enger Freund von Adrienne Weill und hatte sich auf deren Anregung hin in London mit Rosalind in Verbindung gesetzt.

Innerhalb weniger Wochen bekam Rosalind das Angebot ihrer Träume: eine herausfordernde Aufgabe als Physikochemikerin in Paris bei der Erforschung der Löcher in der Kohle. Adrienne Weill hatte sich als die gute Fee entpuppt, als die sie Rosalind von Anfang an erschienen war.

KAPITEL SECHS

Frau vom linken Ufer

(1947–49)

Das Laboratoire Central des Services Chimiques de L'Etat am Quai Henri IV 12 im vierten Arrondissement, flussabwärts von Notre Dame, war genau der richtige Ort für eine Frankophile, die etwas für die Analyse merkwürdiger Kristalle übrig hatte. Dieses staatliche Labor war ursprünglich dem französischen Verteidigungsministerium unterstellt, verfolgte aber nun ein Nachkriegsforschungsprogramm, das auf industrielle Verwertbarkeit abzielte. Im »Labo«, wie es die Belegschaft nannte, gab es 15 *chercheurs*, von denen eine Rosalind war, sowie ein halbes Dutzend Techniker unter der Leitung von Jacques Mering. Sie waren alle sehr beeindruckt von Rosalind, auch Mering. Er begriff sofort, dass Rosalind genau wusste, was sie tat, und dass ihr die komplizierte experimentelle Arbeit sehr lag. Sein Fachgebiet war die Verwendung von Röntgenstrahlen zur Untersuchung der inneren Struktur von Kristallen, die wegen der Unregelmäßigkeiten in der Anordnung ihrer Moleküle als »ungeordnet« galten. Rosalind hatte bei ihren Untersuchungen der Kohlenstoffstruktur bei BCURA physikochemische Techniken wie Erhitzen und Zermahlen eingesetzt, um die Porosität von Kohle und Kohlenstoff zu messen. Jetzt brachte Mering ihr bei, wie sie die Beugung durch Röntgenstrahlen zur Betrachtung der inneren Struktur von Holzkohle und Kalk verwenden konnte.

Mering war von Marcel Mathieu ausgebildet worden. Dieser gescheite, aufgeschlossene und brillante Kommunist mit Parteibuch arbeitete im Jahr 1946 für das Verteidigungsministerium in der Abteilung für Werkstoffkunde und warf ein väterliches Auge auf Adriennes Schützling.

Rosalind wandte die Röntgenanalyse auf amorphe Substanzen an und hatte endlich das befriedigende Gefühl, auf etwas aufbauen zu können, womit sie sich zuvor beschäftigt hatte. Mering verwandte hochgradig monochromatische (einfache Wellenlänge) und genau gezielte Röntgenstrahlen für Kleinwinkel-Fotografien, auf denen statt der scharfen Flecken, durch die sich die geordneten Kristalle abzeichneten, Streifen von unterschiedlicher Intensität sichtbar wurden. »Ungeordnete Materie« war inzwischen eine französische Spezialität und wurde mithilfe von Techniken analysiert, die in anderen Ländern noch relativ unbekannt waren. Mit ihrem Talent bei der chemischen Vorbereitung befand sich Rosalind bald auf dem Weg, die grundlegenden Unterschiede zwischen Kohlenstoffen, die sich durch Erhitzen entweder in Graphit verwandelten oder nicht, aufzuspüren und aufzuklären.

Mering war »Monsieur«, kein »Professeur«. Der in Russland geborene Jude war bereits sehr früh nach Frankreich gekommen und hatte, als die Nazis Paris besetzten, im Labo Central gearbeitet. Das Waffenministerium lagerte die Arbeit aus Paris aus, um die grundlegenden Forschungsziele wie auch seine herausragenden jüdisch-französischen Wissenschaftler zu schützen. Mering zog an die Universität von Grenoble, wo er ein Röntgenlaboratorium aufbaute. Trotz des Risikos bekannte sich Mering nicht zu seinem Judentum, was in seinem Pass hätte verzeichnet sein müssen, und lebte den Krieg über ohne Papiere. Als er nach Paris zurückkehrte, nahm er seine Forschungen im Laboratoire Central wieder auf, ohne weitere akademische Qualifikationen anzustreben. Er war lediglich einer von vielen Rückkehrern, deren erste Priorität darin bestand, so Marianne Weill , »herauszufinden, wer am Leben und wer tot war«.[1] Marianne studierte mittlerweile an der Sorbonne, während Adrienne als Metallurgin in einem französischen staatlichen Labor in der Marineforschung arbeitete.

Rosalind traf im Februar 1947 in Paris ein und nahm schnell die dortigen Gewohnheiten an. Die einzige Ausnahme blieb ihr Frühstück. Sie schrieb wieder wöchentliche, informationsreiche Briefe über ihr Wohlbefinden und ihre Finanzen und berichtete unter anderem, was sie jeden Morgen aß: Brot (rationiert), Butter (vom Schwarzmarkt), Orangenmarmelade (aus England), Tee (aus England), Milch und Obst.

Adrienne hatte ihr ein Zimmer im sechsten Arrondissement besorgt, in einer riesigen Wohnung im obersten Stockwerk eines Hauses in der Rue Garancière. Die verwitwete Eigentümerin hatte aus der Bibliothek ein Schlafzimmer gemacht, vollgestopft mit Andenken an den Professor, ihren Ehemann. Es gab strenge Regeln. Kein Lärm nach 21.30 Uhr; die Küche konnte erst benutzt werden, wenn das Dienstmädchen mit der Zubereitung

»Les Cafés de PC« – nach jedem Mittagessen wurde im »Labo« Kaffee in einem Kolben aufgebrüht und in Abdampfschalen serviert.

des Abendessens der Witwe fertig war; Benutzung der Badewanne nur einmal pro Woche. Ansonsten bestand die Waschgelegenheit aus einer Blechwanne hinter einer Trennwand. Aber das Zimmer war geräumig und die Lage ideal – im Herzen der Rive Gauche, einige wenige malerische Straßen von St. Germain des Près entfernt, wo sich die Touristen in den Cafés de Flore und Deux Magots herumtrieben in der Hoffnung, einen Blick auf das Paar werfen zu können, das die *New York Times* als »Frankreichs Existenzialisten Nr. 1 und Nr. 2« bezeichnet hatte: Simone de Beauvoir und Jean-Paul Sartre.

Adrienne hatte das Zimmer nur als vorübergehende Unterkunft gedacht, aber Rosalind wohnte dort drei ihrer vier Pariser Jahre. Sie fühlte sich sicher, und die Miete war niedrig – nur 3 Pfund im Monat, ein Drittel dessen, was sie anderswo hätte bezahlen müssen. Rosalind war in einer Viertelstunde mit dem Bus oder, über einen kleinen Umweg am Fluss entlang, in einer halben Stunde zu Fuß im Labor. Sie betrachtete den ständigen Dunstschleier über der Seine mit den Augen der Wissenschaftlerin: »Der Nebel in London ist gelb, der in Paris aber ist blau.«[2]

Ihre Eltern waren von der Ehrbarkeit der neuen Arbeits- und Lebensumstände Rosalinds nicht überzeugt. Senkte sie nicht ihren Lebensstandard? Konnte sie von ihrem Gehalt leben? Und wie wichtig war ihre Arbeit? Rosalind fiel bald wieder in ihren alten Briefstil zurück:

»Natürlich ist mein Lebensstandard niedriger als zu Hause ... natürlich weiß ich die herkömmlichen Annehmlichkeiten zu schätzen, und natürlich wäre es mir lieber die Lebensmittellage hier wäre normal ... aber vorausgesetzt, sie unterschreiten nicht ein gewisses Minimum, so besitzen diese Dinge für mich keine übergeordnete Bedeutung ... Ich finde das Leben interessant ... Ich habe gute Freunde, auch wenn mein Kreis natürlich kleiner ist als in London, aber ich treffe auf unendliche Freundlichkeit und großes Wohlwollen bei den Menschen, mit denen ich arbeite. Alles das ist sehr viel wichtiger als eine große Fleischration oder ein regelmäßiges Bad.«[3]

Ihre Arbeitsstelle gehörte zu einer Forschungseinrichtung des Staates ohne direkte industrielle Zielsetzung. »Manche mögen es ›reine Forschung‹ nennen, während andere dagegenhalten würden, dass es ›reine Forschung‹ nicht gibt, da jeder wissenschaftliche Fortschritt letztendlich nützlich ist.«[4] Sie wurde nach den Tarifen für französische Regierungsangestellte bezahlt und verfügte über die Freiheit und die nötige Ausstattung, um »an meinen eigenen Ideen – und an denen anderer, die ich aufgreifen kann – zu arbeiten«. Ihr Verdienst von ungefähr 5 Pfund die Woche reichte für ihre alltäglichen Lebenshaltungskosten. Extras wie Urlaube und Kleidung mussten von dem Geld bezahlt werden, das sie mitgebracht hatte. Außerdem: »Man kommt sich nur reich oder arm im Vergleich zu den Menschen vor, mit denen man sich umgibt, und alle meine Freunde stammen aus demselben Kreis ... oder sind schlimmer dran, da sie keine Rücklagen in England haben.«[5]

Doch ihre Rücklagen in England konnten ihr nicht viel helfen. 1945 entrang John Maynard Keynes der Schatzkammer der Vereinigten Staaten nur eine Anleihe von vier Milliarden Dollar statt eines Geschenks von fünf Milliarden, das er als Entschädigung für den tapferen und erfolgreichen Widerstand Großbritanniens gegen Hitler erwartet hatte. Die Anleihe sollte für vier Jahre reichen, war aber bereits nach zwei Jahren verbraucht. In der Folge legte die neuerdings verstaatlichte Bank von

England der Ausfuhr von Sterling scharfe Beschränkungen auf. Alle Geschenke und sogar persönlicher Besitz wurden rigorosen Prüfungen der Zollbeamten auf beiden Seiten des Kanals unterworfen. Selbst Rosalinds Nähmaschine wurde zwei Monate lang zurückgehalten.

Für Rosalind steigerten solche Beschränkungen den Reiz ihres neuen Daseins. Sie fand nicht nur ihre Arbeit faszinierend, sondern hatte auch Spaß mit den Leuten im Labor. Jeden Tag überquerten sie den Fluss, wo sie in einem kleinen Restaurant, dem »Chez Solange«, mit Blick auf die Ecole de Physique et Chimie, in der Pierre und Marie Curie das Radium entdeckt hatten, zu Mittag aßen. Viele der Stammkunden waren im Widerstand gewesen, viele waren Kommunisten, und alle freuten sich, zur »bande de Solange« oder zu »les gens de Chez Solange« zu gehören.

Nach dem Mittagessen kehrte die Gruppe in ihr Labor zurück und vollzog ein Ritual, das sie »les Cafés de PC« nannten – sie tranken Kaffee, der in einem Laborkolben aufgebrüht und in Abdampfschalen serviert wurde. Dabei unterhielten sich alle weiter angeregt. Das Ganze fand in einem Geist statt, den einer der Beteiligten als »liberal, cartesianisch mit atheistischen Anklängen und im Sinne der Verteidigung der Menschenrechte«[6] beschrieb; mit anderen Worten: Es handelte sich um französische Intellektuelle, die diese Rolle gern und mit Hingabe spielten. Es gab mehr als genug zu diskutieren, und die Frauen beteiligten sich daran als Gleichberechtigte, ohne Angst vor der herablassenden Haltung der Männer haben zu müssen. Paris durchlebte gerade den Höhepunkt der politischen Nachkriegswirren und suchte nach einem »dritten Weg« zwischen der Sowjetunion und den Vereinigten Staaten. Die Gruppe dieser *camarades* hielt General de Gaulle für eine Bedrohung von rechts. Man diskutierte aber auch über Wissenschaft. Rosalind gab Mering ihre Röntgenaufnahmen zur Interpretation. Zu verschiedenen Anlässen kamen englische Kristallographen zu Besuch, bemerkenswerterweise auch Bernal, der ein guter Freund von Mathieu war.

In diesem Milieu wirkte Rosalind wie eine »vernünftige und fröhliche junge Dame«[7], die mit leichtem englischen Akzent perfekt Französisch sprach und sich voll und ganz ihrer Arbeit widmete. Wenn sich die Gelegenheit ergab, ging die Gruppe zum Schwimmen in ein nahe gelegenes Bad. Abends trafen sie sich manchmal zum Tanz, und Rosalind fuhr bei jemandem auf dem Motorrad mit. Sie genoss die beste Zeit ihres Lebens und wies ihre Eltern auf ihr »gallisches Temperament« hin:

»Man hat mir mehrmals gesagt, dass mein Französisch dann am besten ist, wenn ich wütend bin. Heute morgen hatte ich einen herrlichen Krach in einem Schuhgeschäft, in dem man mir ein paar deutlich unterschiedlich lange Riemen verkauft hat. Es hat mir ungeheuren Spaß gemacht. Seit dem Streit mit dem Geschäftsführer des Hotels in Pralognan, den Roly mitbekommen hat, hatte ich nicht mehr das Gefühl, dass die Sprache so ungezwungen fließt. Es ist merkwürdig, aber ich glaube nicht, dass ich auf Englisch dabei ernst bleiben könnte. Hier ist ein Wortgefecht eine Art Spiel, das niemand ernst nimmt. Ich hasse es, wenn es mir mit Menschen passiert, die ich kenne, aber bei unangenehmen Geschäftsführern und Ladenbesitzern kann es ein sehr befriedigender Zeitvertreib sein.«

Dann im nächsten Atemzug:

»Werden die Röcke in London allen Ernstes länger? Hier sieht alles, was nicht verlängert wurde, wirklich lächerlich aus – eine äußert mühselige Angelegenheit. Und neue Sachen reichen gerade mal 20 bis 25 Zentimeter bis zum Boden (meine nicht). Leute, die es ernst nehmen (und das ist der Großteil) schneiden ihre Röcke auseinander, nähen extra Teile ein und verkürzen die Taille auf 3/4-Länge.«[8]

Paris ging an Rosalind nicht spurlos vorbei, ebenso wenig wie an vielen Frauen, die sich auf einmal mehr Mühe gaben, damit ihr Schal zur Jacke passte. Rosalind hatte auf Kleidung schon immer Wert gelegt und guten Geschmack mit Zurückhaltung und Schicklichkeit zu verbinden gewusst. Nun aber fühlte sie sich gefordert, sich zu verändern. Die Notwendigkeit, sich schicker zu kleiden, wurde unumgänglich, als Christian Dior 1947 der Welt seinen »New Look« vorstellte. Ganz und gar nicht im Einklang mit dem bankrotten Großbritannien und seinen maskulinen Frauen in Uniform löste dieser neue Modestil mit seiner übertriebenen Feminität eine internationale Kontroverse aus: eingeschnürte Taillen, schmale Schultern und verschwenderische Stoffmengen für lange, voluminöse Röcke. Rosalind war sofort bekehrt. »Ich habe mir Kleiderstoff zu einem hübschen New-Look-Kleid arbeiten lassen und ein paar Nylonstrümpfe gekauft«, schrieb sie nach Hause, »aber ich brauche einen neuen Unterrock, 110 cm lang ...«[9] Ob ihr die Näherin ihrer Mutter wohl einen aus Fallschirmseide (in London leichter erhältlich als in Paris) und auch Unterwäsche aus Seide nähen würde, damit sie ihre Vorkriegsgarnituren wegwerfen könne? Zusammen mit einer Zeichnung der Form der Unterhosen, die sie wollte, schickte sie ihre Maße: Brust 86, Taille 68, Hüfte 96. Außerdem schnürte sie modisch ihre schmale Taille mit einem hübschen Gürtel zusammen.

Bei einem Laborbesuch in Nancy sieht man Rosalind an Merings Seite in einem großkarierten Kostüm im klassischen New Look: schmale Schultern, eine extrem schmale Taille und ein übertrieben bauschiger Rock; sie trug einen Seitenscheitel und hielt sich mit zwei Kämmen die Stirn frei.

Rosalind begann bald auch ihre Umgebung außerhalb des »Labo« zu erkunden. Sie ging mit Freunden auf Wanderungen in den Wald von Chantilly, entdeckte einen »entzückend sauberen« Platz zum Schwimmen in der oberen Seine, sah sich Ausstellungen im Grand Palais an und suchte die Läden heim. Bestimmte Waren waren knapp, aber als »travailleur de force« bekam Rosalind Sonderrationen an Speiseöl, Wein und Brot. Sie freute sich besonders über die Märkte mit ihrem großen Angebot an frischem Obst und Gemüse, das man in London lange nicht mehr gesehen hatte. Das Dienstmädchen in der Wohnung weihte sie in die französische Küche ein, und bald machte es ihr Spaß zu improvisieren: »Bananen tauchten plötzlich auf« und verschwanden beinahe sofort wieder. Doch sie »... hatte Zeit, einen Pudding zu erfinden – aus Dosenmilch, Rahmkäse, Zucker, Fry's Schokolade und Bananenstücken. Hervorragend.«[10]

Besucher aus London begannen bei ihr einzufallen, vorwiegend Verwandte. Jenifer und Colin waren unter den Ersten. Sie war entzückt, ihre Mutter zu Gast zu haben, die in Abwesenheit der Witwe zu Besuch kam. Rosalind machte ihr ein Bett im Wohnzimmer, besorgte Karten für die Comédie Française, organisierte den Besuch einer Impressionismusausstellung und bereitete Mahlzeiten zu, die sie in ihrem Zimmer aßen. Ihre Freundin Jean Kerslake, inzwischen Jean Kerlogue und schwanger, schneite auf dem Weg nach Genf rein. Selbst der Furcht einflößende Ellis reiste zu einem zweitägigen Besuch nach Paris, und auch für ihn kochte Rosalind. Trotz aller Meinungsverschiedenheiten war ihr Vater der Einzige in der Familie, mit dem sie über ihre Arbeit sprechen konnte.

Sie hatte eine ständige Wunschliste mit Dingen, die aus London mitgebracht werden sollten. Gesüßte Dosenmilch stand an erster Stelle (»wenn du Punkte hast, die du entbehren kannst«, schrieb sie ihrer Mutter), andere wichtige Bestandteile der englischen Ernährung wie Bovril, Orangenmarmelade, Fry's Trinkschokolade und Trockenkartoffeln folgten; auch Zahnpasta, unbedruckte Postkarten (»eine den Franzosen unbekannte Erfindung, die nur welche mit dem Eiffelturm darauf kennen«), eine Gummi-Badekappe, Tennisbälle, Reifen und Fahrradschläuche vervollständigten die Liste.

Ihr Fahrrad war ihr sehr wichtig, denn Rosalind mochte nicht mit der Metro fahren. Aufgrund ihrer Klaustrophobie hatte sie in der Metro das Gefühl, nicht genug Luft zu bekommen. Beim Fahrradfahren, behauptete sie, atme sie die reine Pariser Luft, die es ihr ermögliche, besser zu arbeiten als in London. Sie wusste jedoch genug über die Metro, um ihrem Vater zu widersprechen: »Was deine Bemerkung über die Pariser ›Dekadenz‹ angeht, so benehmen sich die Menschenmengen besonders in der Metro nicht schlechter als vor dem Krieg. Das Verhalten der Polizei hat sich auffallend verbessert, und die Manieren der gehobenen Gesellschaft sind so vollkommen wie eh und je.«[11]

Wenige Monate nach Rosalinds Ankunft wurde am Quai Henri IV im Zimmer neben ihrem ein junger italienischer Kristallograph untergebracht. Vittorio Luzzati, geboren in Genua und verheiratet mit einer französischen Ärztin, war nach dem Krieg nach Buenos Aires ausgewandert und hatte sich nun für Frankreich entschieden. Er verstand sich von Anfang an sehr gut mit Rosalind. Er mochte ihr intelligentes, ausdrucksstarkes Gesicht und fand ihr Französisch für eine Engländerin sehr gut. Ihre Experimentierfähigkeiten erschienen ihm bemerkenswert, und er erkannte schnell, dass sie »goldene Hände« hatte.[12] Beide hatten eine gemeinsame Vorliebe für hitzige Diskussionen – und es gab mehr als genug zu besprechen! Rosalind ließ niemandem eine unachtsame oder schlecht begründete Aussage durchgehen. Beide hatten viel Spaß daran, sich gegenseitig auf ihre Fehler aufmerksam zu machen. (Sie redeten sich jedoch während ihrer sehr langen Freundschaft stets mit dem förmlichen »vous« an).

Eines Tages bat Rosalind Luzzati um Rat, was sie zu einem christlichen Beerdigungsgottesdienst anziehen solle. Woher sollte er das wissen? Er war Jude. Als Rosalind entgegnete, dass sie auch Jüdin sei, lachten sie herzlich. Beide hatten sich durch den assimilierten Vornamen des anderen täuschen lassen. Rosalind fühlte sich ihr Leben lang am wohlsten in der Gesellschaft von Juden. Ihre engsten Freundinnen waren keineswegs alle jüdischen Glaubens, wohl aber die meisten ihrer männlichen Freunde. Obwohl jüdische Kollegen für eine Wissenschaftlerin keineswegs ungewöhnlich sind, fällt auf, dass Rosalind ihre einfallsreichsten und produktivsten Forschungsarbeiten in ihrer Karriere mit männlichen Wissenschaftlern jüdischer Abstammung durchführte.

Wie es das Schicksal wollte, wurde Rosalind von einem nicht nur jüdischen, sondern auch archetypischen französischen Charmeur, der gerne mit den Gefühlen von Frauen spielte, sachkundig in die Röntgenkristallographie eingeführt. Jacques Mering, mit seinen hohen tartarischen Wangenknochen, grünen Augen und den verwegen über eine kahle Stelle gekämmten Haaren, wurde von allen weiblichen Mitarbeitern angehimmelt. In Rosalind fand er die beste Schülerin, die er je hatte: brillant, wissbegierig, unglaublich geschickt in ihren Forschungsmethoden und einfallsreich bei der Versuchsanordnung. Gleichzeitig hielt er sie mit ihrer hübschen Figur, ihrem glänzenden Haar, den leuchtenden Augen und der Begierde, mit der sie jedes seiner Worte aufnahm, für äußerst attraktiv. Mering hatte wenig Erfahrung im Unterrichten größerer Studentengruppen und fühlte sich im Einzelgespräch wohler. Er und Rosalind verbrachten ganze Tage bis in die Abende hinein versunken in lebhaften Auseinandersetzungen über die interne Anordnung von Atomen in unregelmäßigen Kristallen.

Mering war bekanntermaßen verheiratet – d. h. irgendwo in seiner Vorkriegsvergangenheit gab es eine Ehefrau, die aber nicht unmittelbar in Erscheinung trat. Rosalind steckte in einem grausamen Dilemma: Mering zog sie magisch an und inspirierte sie intellektuell, sah jedoch keine Notwendigkeit, sich scheiden zu lassen oder seine Privatangelegenheiten zu ordnen.

Rosalind war, so schien es den französischen Beobachtern um sie herum, auf englische Art »puritanisch«[13]. Adrienne Weill, die mit Rosalinds Herkunft wohlvertraut war, schrieb ihre emotionale Unreife besonders ihrem Vater, aber auch ihrer Erziehung zu – der St. Paul's Mädchenschule, die »schreckliche, energische, Hockey spielende englische Mädchen hervorbrachte, denen es peinlich war, Frauen zu sein«[14] und dem Newnham College, das (wie Weill fand) die Botschaft ausgab, dass intellektuelle Frauen nicht erwarten dürften, Familie und Karriere verbinden zu können.

Bei ihren Besuchen in England fiel Rosalinds Freunden dort eine Veränderung ihres Erscheinungsbilds auf – die erste Gelegenheit war vielleicht die Hochzeit ihres Bruders David mit Myrtle Montefiore im März 1947. Als sie den schicken New Look, das Make-up, die neue Frisur und die Halsketten sahen, schlussfolgerten sie, dass Rosalind verliebt war. »Etwas ist in Paris mit Ros *passiert*«[15], stellte ihre Cousine Ursula fest.

Konferenzteilnehmer in Lyon: Rosalind hat offenkundig nur Augen für Jaques Mering.

Anne Crawford ahnte, dass es vielleicht »irgendeine Art sexueller Verwicklung«[16] gegeben haben könnte. Eine andere Freundin aus Cambridge schrieb die Wandlung jedoch dem wissenschaftlichen Erfolg zu.

Ausgehend von dem, was über die Hauptfiguren in diesem kleinen Drama bekannt wurde, scheint es gerechtfertigt, zu vermuten, dass Mering sich sehr zu Rosalind hingezogen fühlte und auch Avancen irgendeiner Art machte. Sie mag sich verführt gesehen haben weiter zu gehen, als sie es gewöhnlich tat, war aber vermutlich nicht in der Lage, eine zwanglose Verbindung einzugehen. Also zog sie sich wohl zurück und träumte lediglich von einer wissenschaftlichen Zusammenarbeit, von Aufsätzen, in denen ihre Namen durch die gemeinsame Arbeit verbunden wären. Mering gab später zu, dass da »etwas« zwischen ihnen gewesen sei, dass er sie sehr geliebt habe, aber dass sie alles »ernst« genommen habe und sehr naiv und unerfahren gewesen sei.[17]

Ahnten ihre Eltern die Gefahr? Muriel Franklin war recht verärgert, als Rosalind fragte, ob Mering, der London besuchen und einen Mantel, den Roland in Paris vergessen hatte, zurückbringen wollte, am Pembridge Place übernachten könne. Muriel behagte die Vorstellung nicht, einen Französisch sprechenden Ausländer bei sich aufzunehmen. Rosalind regte sich darüber auf. Sie könne wohl kaum verlangen, dass Mering den Mantel abliefere, wieder ginge und sich ein Hotel suchte. Letztendlich ist wohl genau das geschehen.

Rosalind verlor nie etwas von ihrer Leidenschaft für hohe Berge. Im Sommer 1947 (der extrem heiß war) fuhr sie mit einer Wandergruppe in die Haute Savoie. Nach bereits gut zehn Jahren Wandererfahrung hatte sie ähnlich wie der englische Dichter Wordsworth die Fähigkeit entwickelt, steile Höhen zu erklimmen, kilometerlang durch Sturm und Nebel zu wandern, nach Hause zu kommen und begeistert darüber zu schreiben. In einem Brief an Colin beschrieb sie eine anstrengende 16-stündige Wanderung in den französischen Alpen: Am nächsten Morgen »brachen wir bei bewölktem Himmel um 4.30 Uhr auf, und plötzlich, gerade als wir an den Gletscher kamen, lichteten sich die Wolken, und es waren rosafarbene Gipfel über einem ›mer de nuages‹ zu sehen. Ich kann dir die Eindrücke nicht beschreiben, ich kann dir nur sagen, dass mich ihre reine Schönheit zum Weinen brachte.«[18]

Urlaube waren für Rosalind immer eine Gelegenheit zum Auftanken und enttäuschten sie selten.

Wegen ihres fließenden Französisch und weil sie sich in Paris auskannte, wurde Rosalind zur Anlaufstelle für den großen Kreis ihrer Londoner Familie. Die »Vetternschaft« konnte anspruchsvoll sein. Im Frühjahr 1948 bekam sie gleichzeitig Besuch von ihrem frisch angeheirateten Verwandten Harold Montefiore, ihrer Freundin aus Cambridge, Rachel Caro, und von Rachels Bruder Anthony (dem Bildhauer). Rosalind organisierte eine Abendgesellschaft, zu der auch Rachels Cousine Pierette kam, die in Paris lebte. Der Abend war kein Erfolg. Es stellte sich heraus, dass Harold Montefiore und Tony Caro erbitterte Feinde auf der ›Prep School‹ gewesen waren und es geschafft hatten, sich seither aus dem Weg zu gehen. Und auch Pierette versteht sich nicht mit den Caros. »Wir hatten jedoch,« schloss Rosalind offenherzig, »alle das Gefühl, unsere Pflicht getan zu haben.«[19] So sehr sie in der Lage war, ihre Rechte entschieden zu verteidigen, so wenig wehrte sie sich gegen Forderungen, die im Namen der Familie an sie gestellt wurden.

Rosalind interessierte sich weiterhin sehr für das Schicksal der aus Europa vertriebenen Juden und las, obwohl sie keine Zionistin war, aufmerksam Zeitung, als das Ende des britischen Mandats und die Ausrufung des neuen Staates Israel näher rückten. Ein Geburtstagsbrief an ihren Vater Ende März 1948 beantwortete seine Bitte um Informationen über die französischen Presseberichte über Palästina: »weniger besorgt« als die britische, die sie für zu pro-arabisch hielt. »Wer«, fragte sie eine Woche später, »ist für den schockierenden Artikel in *The Economist* verantwortlich?« (Der Leitartikel in *The Economist*, »Realitäten in Palästina«, behauptete schonungslos direkt, »eine Besiedlung Palästinas kann jetzt nur gewaltsam durchgesetzt werden«).[20]

Rosalind machte sich sehr viel größere Sorgen wegen des beginnenden Rüstungswettlaufs zwischen dem Westen und der Sowjetunion, der nur zu einem weiteren Krieg führen könne, und sie schalt ihren Vater und seine gesamte Generation, die »1914 und die Folgen erlebt« hatte und doch »so wenig zynisch angesichts des letzten Kriegs« sei.[21] Sie favorisierte die Westeuropäische Gemeinschaft und hielt Nationalstaatlichkeit für Unsinn. In zumindest einem weiteren Punkt war sie stolz Britin zu sein: Angesichts der Zerissenheit Frankreichs zwischen de Gaulle und einer militanten kommunistischen Linken schrieb sie die Schwäche der französischen Linken dem »Fehlen einer starken und effektiven sozialistischen Partei« zu, »... die Franzosen sind sehr neidisch auf das effektive britische System der gerechten Verteilung von Lebensmitteln und des relativ knappen lebensnotwendigen Bedarfs«.[22]

Zu Anfang fand sie sich damit ab, dass sie vor allem deshalb im Ausland arbeitete, weil sie zu Hause keine passende Stelle gefunden hatte. Sie betrachtete ihre Rückkehr nach London als unvermeidlich – unabhängig von der ständig auftauchenden Frage in den Briefen ihrer Eltern, wann sie endlich nach Hause käme. Sie rechnete sich (vollkommen zu Recht) aus, dass sich ihre Aussichten auf eine Anstellung verbesserten, wenn sie erst einmal mehr Arbeiten veröffentlicht hätte, was nicht mehr lange dauern würde. Fünf Aufsätze über die Dichte, Struktur und chemische Zusammensetzung von Kohlen würden bald erscheinen. Der erste

Aufsatz, der ihre institutionelle Zugehörigkeit zum Laboratoire Central auswies, obwohl er auf ihrer Arbeit bei BCURA basierte, erschien 1948 in der Zeitschrift *Transactions of the Faraday Society*: »Untersuchung der Feinstruktur kohlenstoffhaltiger Materialien«. Bei ihren regelmäßigen Heimreisen nach London erneuerte sie alte Kontakte und besuchte die Labors der Gesellschaft zur Förderung und Verbreitung naturwissenschaftlicher Kenntnisse und die am Birkbeck College, wobei sie Ausschau nach möglicherweise freien Stellen hielt.

Frankreich war aus der Sicht Großbritanniens in den späten vierziger Jahren ein weit entferntes Land und dorthin zu reisen, war kein großer Spaß. Die Kanalüberquerung war, bevor die Fähren mit Stabilisatoren ausgestattet wurden, eine Qual. In ihrem zweiten Jahr in Frankreich entdeckte Rosalind Flugreisen – wobei sie mit einiger Sicherheit dabei auf ihre persönlichen Geldreserven in England zurückgriff. Es sei so einfach, verkündete sie, dass sie weiterhin so reisen werde. In Heathrow hatte sie nur »gute fünf Minuten im Warteraum«[23] verbracht, und bei ihrer Ankunft in Le Bourget war sie, da sie kein Gepäck hatte, als Erste durch den Zoll gekommen. Damit lohnten sich auch kurze Besuche.

Dennoch ging Rosalind voll und ganz in ihrer Röntgenarbeit in Paris auf. Ihr Apparat war für damalige Verhältnisse sehr ausgefeilt. Er bestand aus einer abnehmbaren Röntgenröhre, die durch eine doppelte Öl- und Quecksilberpumpe geleert wurde. Diese musste allerdings aufwändig gewartet und gesäubert werden. Michel Oberlin, der im Oktober 1948 neu ins Labor kam, erinnert sich, dass, als er Rosalind das erste Mal sah, sie auf allen Vieren kroch und das Vakuumsystem wieder zusammenbaute. Es war eine unangenehme Aufgabe; literweise Benzin wurde benötigt, um die Pumpen vom Schlick zu befreien und die Vakuumschmiere zu entfernen, aber Rosalind störte das nicht. An einem Tag entdeckte Oberlin Schmutz in ihrem Gesicht und sie erklärte ihm, »das ist kein Schmutz. Das ist Graphit«.[24] Weder sie noch ihre Kollegen machten sich bei ihrer Arbeit allzu viele Gedanken über die Gefahren der Strahlung. Im Vergleich zu später waren die Sicherheitsvorkehrungen zu Rosalinds Zeit äußerst lax und die Belegschaft verhältnismäßig unbekümmert wegen der Risiken. Jacques Maire, ein Forschungsstudent, der Rosalind zugewiesen war, verletzte sich aus Hast und Unachtsamkeit ständig am Finger, wenn er Röntgenfilme in der Dunkelkammer entwickelte; Jahrzehnte später noch tat er dies als Kleinigkeit ab. Und Rosalind war stets sehr verärgert, wenn ihr Strahlungsanzeiger sie darauf hinwies, dass sie die vorgeschriebene Menge überschritten hatte und dem Labor mehrere Wochen lang fernbleiben musste.

Die Veränderungen in der Nachkriegswelt gingen weit über das Politische Geschehen hinaus. In den Vereinigten Staaten wurde der erstaunten Öffentlichkeit durch den Kinsey-Report mitgeteilt, dass das sexuelle Verhalten der Bevölkerung sehr viel ausgeprägter sei, als es das gängige Moralempfinden oder der Film-Kodex Hollywoods vorsahen. Simone de Beauvoirs revolutionäres Werk *Das andere Geschlecht* offenbarte, dass Frauen nicht mehr länger die Rolle als Zuschauerinnen beim Spektakel des Lebens akzeptieren wollten. Und die Universität Cambridge folgte stillschweigend dem Trend, indem sie Frauen offiziell als Universitätsangehörige anerkannte; Studentinnen wie Rosalind, die vor 1948 die Abschlussprüfung absolviert hatten, wurde rückwirkend der akademische Grad verliehen.

Rosalinds Aufenthalt in Frankreich bestand jedoch nicht nur aus ungetrübter Glückseligkeit, wie ihre Besucher glaubten. Ein dunkler Moment kam im Sommer 1948, als eine Gruppe der »bande de Solange« zusammen in den Urlaub nach Korsika fuhr. Ihr Ziel war der Hafen von Calvi und das Hotel di Fango, eine kleine Pension, die Adriennes Freund Guastala und dessen früherer Frau gehörte.Während des Kriegs war das Haus von den Deutschen beschlagnahmt worden, danach hatten sie es verfallen lassen. Die Halbruine stand ausgewählten Freunden offen, die bereit waren, anspruchslos zu wohnen. Es befanden sich sechs Pärchen in der Gruppe, und sie kamen überein, abwechselnd zu kochen.

Die Zusammensetzung der Gruppe war allerdings etwas ungünstig, denn eines der »Pärchen« waren Rosalind und ihr Bruder Colin. In ihrem Urlaubsbrief an ihre Eltern zeichnet sie ein glückliches Bild. Sie hatte eine hektische Arbeitswoche hinter sich und war »ausgesprochen erschöpft« losgefahren. »Jetzt, nachdem ich zwei Nächte gereist bin und zwei lange Abende Tanzen war, fühle ich mich vollkommen frisch – Calvi ist mit Abstand der schönste Ort, den ich je gesehen habe.«[25]

So viel zumindest stimmte, auch dass sie auf dem nächtlichen Schiff nach Calvi vierter Klasse gereist war und draußen an Deck geschlafen hatte. Sie erwähnte jedoch nicht, und bemerkte vielleicht gar nicht, was ihre französischen Gefährten höchst amüsierte – dass sie ihren Schlafsack direkt vor der Tür der Kabine ausrollte, die sich Mering mit einer der jun-

Vor der Ecole de Physique et Chimie; von links nach rechts: Rosalind, Jaques Mering, Agnès Mathieu-Sicand, Michel Oberlin und Rachel Glaeser.

gen Frauen im Labor, Rachel Glaeser, teilte. Naiv wie sie war, hatte Rosalind, obwohl es alle anderen im Labor wussten, nicht bemerkt, dass Mering und Rachel eine Affäre hatten. Die Liebenden amüsierten sich sehr über die vor ihrer Tür eingerollt liegende Rosalind. Es bestätigte ihre Ansicht, dass Rosalind, »was Männer anging, Königin Victoria glich«.[26]

Schon bald zog sie mit Colin allein los, um die Insel zu erkunden. Als sie zurückkehrten, bekam Colin Gesellschaft von Roland und einem jungen Mann aus Oxford, den Rosalind als »äußerst unangenehm für mich und meine Freunde«[27] empfand. Die drei Nicht-Wissenschaftler bildeten »eine Art Gruppe in der Gruppe« und reisten nach kurzer Zeit allein nach Italien weiter. Rosalind war daher doppelt isoliert.

Zurück in Paris bemerkte Denise Luzzati, dass Rosalind auf ihre kontrollierte Weise sehr unglücklich über Merings Liaison war. Die ganze Episode hatte jedoch eine merkwürdige Folge: Rosalind akzeptierte Rachel als Mutterfigur und Merings ständige Partnerin (was sie auch für den Rest seines Lebens bleiben sollte). Sie konzentrierte ihre Eifersucht auf Agnès Mathieu-Sicand, eine weitere hübsche junge Frau im Labor, die

Rosalind beeindruckte das Publikum auf internationalen Fachtagungen durch ihr souveränes Auftreten und ihre interessanten Befunde. Hier auf dem Katalyse-Kongress in Lyon 1949, flankiert von Philip H. Emmerich und Marcel Mathieu.

Merings umherschweifende Blicke auf sich gezogen zu haben schien. Ein vielsagendes Foto, das vor der Ecole de Physique et Chimie aufgenommen wurde, zeigt Rosalind, stilvoll gekleidet in Blumenmuster mit breiten Schultern und Perlen, und die auffälligere Agnès, wie sie beide mit recht ernsten Mienen Mering flankieren, während Michel Oberlin (der später Agnès heiratete) und Rachel fröhlich und unbekümmert wirken.

Paris brachte Rosalind allerdings auch eine neue englischsprachige Freundin. Die Schriftstellerin und Anwältin Anne Sayre erschien eines Tages im Labor, um ihren Mann David, einen amerikanischen Kristallographen, abzuholen. Rosalind stellte sich ihr vor und fragte das Paar, ob sie während ihres Aufenthaltes in Paris Hilfe bräuchten. In den Augen Annes (die eine große Bewunderin blieb) wirkte Rosalind »sehr flott und hübsch«[28]. Anne fielen ihre »leuchtenden, neugierigen Augen und ihr wunderschönes strahlendes Lächeln« auf; ebenso auch ihre schüchterne Art und ihre hübsche Stimme: »Englisch, wie es gesprochen werden sollte.« Die beiden Frauen wurden gute Freundinnen, und Anne erahnte, dass unterschwellig heftige Gefühle im Labor brodelten. Aber sie fragte nie nach Einzelheiten, und ungefragt wurden ihr auch keine erzählt.

Rosalind begann sich einen internationalen Ruf aufzubauen. Bei Tagungen in Nancy, Lyon und Paris traf sie Wissenschaftler aus Großbritannien, den Vereinigten Staaten und vom europäischen Kontinent. Bei einer Konferenz in Paris stellte sie plötzlich fest, dass ihre Arbeit bei BCURA bei ihren Kollegen auf großes Interesse stieß. Im Publikum sitzend, stand sie auf und fasste ihre Befunde in gutem Französisch zusammen. Der Vorsitzende, der die respektvolle Stille im Raum bemerkte, bat sie, ihren Beitrag auf Englisch zu wiederholen. Danach wurde Rosalind wie eine offizielle Delegierte zu einem Ausflug nach Versailles und in den Petit Trianon eingeladen und bekam Tee mit Kuchen serviert, wie sie ihn liebte.

Rosalind verstärkte ihre Bemühungen, nach England zurückzukehren. Das Problem war, die richtige Stelle zu finden. Sie flehte ihre Eltern an, »ich wünschte, ihr würdet mich nicht in jedem Brief bitten, zu einem langen Urlaub nach Hause zu kommen. Ich kann nicht gleichzeitig an zwei Orten sein, und im Moment bin ich hier, aber nicht auf immer«. Im Frühjahr 1949, nach zwei Jahren im Ausland, erklärte sie ihrer Mutter erneut, dass »es eine *schlechte* Idee sei, ohne Anstellung nach Hause zu kommen. Ich könnte genauso gut ein Jahr lang in der Luft hängen, und nichts wäre deprimierender. Es hat ein Jahr gedauert, bis ich von BCURA aus hier gelandet bin.«[29] Sie hatte daran gedacht, für die Britische Gesellschaft zur Förderung und Verbreitung naturwissenschaftlicher Kenntnisse in London zu arbeiten, verwarf die Idee aber, als sie auf einer Pariser Konferenz einen Mann traf (dessen Namen sie nicht nannte), der ihre Forschungsarbeit wahrscheinlich leiten würde und den sie »abscheulich«[30] fand. Die einzig verbleibende Möglichkeit war das Forschungslabor des Birkbeck College, aber sie glaubte, bessere Chancen auf eine angemessene Stelle zu haben, wenn sie mehr publiziert hätte. Im Herbst 1949 lehnte das Birbeck College ihre Bewerbung ab.

In Birkbeck war man inzwischen stolz, Bernal zur Belegschaft zählen zu dürfen. Er war nach dem Krieg von Cambridge in der Absicht übergewechselt, die physikalische Chemie auf die Biologie mittels der Röntgenkristallographie auszuweiten. Rosalind war nicht die Einzige, die in jenem Jahr in Birkbeck abgelehnt wurde. Auch der Physiker Francis Crick, der seine Stelle beim Admiralitätsamt in London verließ und zu Bernal stoßen wollte, bekam eine abschlägige Anwort. Crick wurde durch Bernals Sekretärin mitgeteilt: »Ist Ihnen nicht klar, dass Leute aus der ganzen Welt kommen und für den Professor arbeiten wollen?«[31] Stattdessen landete Crick im Strangeways Laboratorium in Cambridge und wenig später im Cavendish Laboratorium, wo sich seine und Rosalinds Wege kreuzen sollten.

Zu ihrem 29. Geburtstag wünschte sich Rosalind ein Abonnement der von der UNESCO unterstützten, neuen Zeitschrift *Acta Crystallographica* (*Acta Cryst* in Fachkreisen), die bald derartig mit Manuskripten überhäuft wurde, dass man von sechs Ausgaben auf jährlich acht erhöhte. Rosalind interessierte sich nicht nur als Leserin, sondern auch als Beitragende für die Fachzeitschrift. Ihr neunter veröffentlichter Aufsatz, »Die Interpretation diffuser Röntgendiagramme von Kohlenstoff«, war diesmal nur mit ihrem Namen unterzeichnet. Mering hielt, aus Gründen, die er selbst wohl am besten kannte, seinen Namen zurück, obwohl es sich in vielerlei Hinsicht um eine Gemeinschaftsarbeit handelte. Möglicherweise war er pikiert über ihre Rückkehrpläne nach England – er mochte keine Abtrünnigen und war nachtragend. Luzzati sah, dass sie vor Enttäuschung den Tränen nahe war.

Dennoch gewann Rosalind an Zuversicht und Unabhängigkeit. In jenem Sommer lief ihre Arbeit so gut, dass sie einen Brief (ein »Brief« war ein anerkanntes Format für einen kurzen Aufsatz) an die berühmte britische wissenschaftliche Zeitschrift *Nature* schrieb. Sie schickte auch eine Abschrift an Professor Charles Coulson vom King's College London, einem Physiker für theoretische Chemie, dessen Aufsatz sie zitierte und den sie aus ihrer BCURA-Zeit kannte. Coulson fand ihre Schlussfolgerungen in »Über den Einfluss von Bindungselektronen auf die Beugung von Röntgenstrahlen durch Kohlenstoff« vollkommen vernünftig.[32] Er machte einige hilfreiche Anmerkungen und bedauerte, dass er Ende Juni, wenn sie nach London kommen wollte, fort sein würde, hoffte aber, sie wieder zu sehen. Der Brief an *Nature* wurde angenommen und für Januar 1950 zur Veröffentlichung vorgesehen. Rosalind gehörte nun zum internationalen Kreis der Wissenschaftler.

Je härter Rosalind arbeitete, desto mehr ging sie wandern. Urlaube waren ihr noch wichtiger als zuvor (wenn das überhaupt möglich war), und sie plante sie mit derselben Akribie, mit der sie auch ihre Laborarbeit betrieb. Durch einen Freund bei der UNESCO wurde ihr im Sommer 1949 eine junge Australierin als Begleiterin für eine Wandertour in den italienischen Alpen vermittelt. Margaret Nance war ebenfalls Wissenschaftlerin und wollte am Lister Institut für Präventivmedizin in London promovieren. Sie nahm begierig jede Gelegenheit wahr, um Teile Europas zu erkunden, und borgte sich gerne von Rosalind einen Eispickel. In Begleitung eines Bergführers kletterten die beiden Frauen auf die Gipfel über dem Aostatal. »Rosalind hatte alles geplant, ich tat, was man mir sagte«, erzählte Margaret. Rosalinds Planungen erstreckten sich auch auf ihre Kleidung. In ihrer Ausrüstung befanden sich nicht nur ein maßgeschneiderter Anorak und Wanderstiefel, sondern auch ein stilvoll gemusterter Turban aus Jerseystoff von der Art, wie ihn Coco Chanel populär gemacht hatte. Sie wickelte sich ihn um den Kopf, um ihre Ohren zu schützen.

Urlaube mit den Brüdern gehörten für Rosalind nun der Vergangenheit an. David Franklin hatte 1947 geheiratet, 1948 vermählte sich der 29-jährige Roland mit Nina Stoutsker, der Tochter des Cantors in der Central Synagogue in London. Ein Jahr später verlobte sich Colin mit Charlotte Hajnal-Konyi, die er in Oxford kennen gelernt hatte (und deren Familie ebenfalls behauptete, vom großen Rabbi von Prag abzustammen), sie heirateten 1950. Nannie Griffiths kam zu jeder Feier. Es gibt allerdings keinen Hinweis darauf, dass irgendein Verwandter oder Gast bei diesen Feierlichkeiten in Versuchung geriet, die heiratsfähige ältere Schwester zu fragen, wann man mit ihrer Hochzeit rechnen dürfe. Alle drei Franklin-Söhne hatten glaubenskonform geheiratet, so wie es später auch Jenifer tun sollte. Colin denkt rückblickend: »Mein Vater hätte es niemals gut geheißen, wenn eines seiner fünf Kinder eine Nicht-Jüdin oder einen Nicht-Juden geheiratet hätte.«

Andere jedoch, die Rosalind gut kannten, sind felsenfest davon überzeugt, dass, hätte sie den richtigen Mann gefunden, ihr seine Religion ebenso egal gewesen wäre wie der Widerstand ihres Vaters. Aber sie fand ihn nicht. Colin hatte nach dem Krieg das St. John's College besucht. Nach seinem Abschluss stieg er auf elterlichen Wunsch hin bei Routledge, dem Verlagsunternehmen der Familie, ein. Das Bankgeschäft lag ihm nicht. Als Colin das Nest verließ, beschlossen Ellis und Muriel Franklin, Pembridge Place 5 gegen ein kleineres Haus im Norden Londons einzutauschen. Rosalinds langfristige Pläne waren so vage wie eh und je. Sicher war nur, dass ihre Pariser Arbeit zufriedenstellend verlief.

KAPITEL SIEBEN

Seine versus Strand

(1950)

Anfang 1950 begann Rosalind gezielt die Stellenanzeigen in der Zeitschrift *Nature* zu studieren, und sie erkundigte sich bei Professor Charles Coulson am King's College in London, wie man sich um eines der Forschungsstipendien der Imperial Chemical Industries (ICI) bewarb, die an einer Reihe von britischen Universitäten angeboten wurden. Coulson erklärte, dass man vor der Bewerbung einen geeigneten Fachbereich finden und die Zustimmung des jeweiligen Fachbereichsleiters einholen müsse. Er manövrierte sie in Richtung King's College, wo er 1947, nachdem er widerstrebend die Annehmlichkeiten Oxfords aufgegeben hatte, zum Professor für theoretische Chemie berufen worden war. Dort hatte er nun auch die Möglichkeit, sich in die Biologie vorzuwagen. »Wenn Sie sich dafür interessieren, die Techniken, die Sie nun so gut kennen, auf die Biologie anzuwenden,« schrieb ihr Coulson im Februar, »könnte einiges für King's sprechen.«[1]

Rosalind kannte sich in der Biologie nicht aus; sie hatte das Fach nicht einmal im Rahmen der Gartenbotanik in der St. Paul's Mädchenschule belegt, aber sie war bereit zu lernen: »Ich bin natürlich ausgesprochen unwissend, was alles Biologische angeht«, antwortete sie, »aber ich kann mir vorstellen, dass die meisten Röntgenleute so anfangen.«[2]

Jedoch weit davon entfernt ihren Abschied aus Paris vorzubereiten, zog Rosalind nach drei Jahren in der Dachstube der Witwe in eine eigene Wohnung. Mietunterkünfte gab es so gut wie nicht, da die Kommunalverwaltungen französischen Staatsbürgern den Vorzug gaben, die die Wohnungen dann kauften. Rosalind fand schließlich eine möblierte Wohnung, die einem in Deutschland stationierten, französischen Kommandanten gehörte. Das Apartment unter dem Mansardendach hatte eine Reihe von Zimmern mit Balkon und lag in der Avenue de la Motte-Picquet 16 im siebten Arrondissement, nahe der Militärschule. Um sich die Kosten zu teilen, suchte sich Rosalind Mitbewohner: das amerikanische Ehepaar Philip und Marion Hemily zog bei ihr ein. Philip war amerikanischer Fulbright-Student und arbeitete an der Universität von Paris unter Vittorio Luzzati an seiner Promotion über die Bestimmung der Molekularstruktur durch Röntgenbeugungsanalyse. Seine Frau Marion hatte einen Magister in Physik und war im Pariser Büro der amerikanischen Regierung an der Durchführung des Marshall-Plans beteiligt.

Die Wohnung war vollgestopft mit verstaubten Louis XV.-Möbeln; geheizt wurde mit einem kohlebetriebenen Heißwasserspeicher in der Küche. Philip, ein amerikanischer Kriegsveteran, war von seinem neuen Leben verzaubert und sehr beeindruckt von Rosalinds Kenntnissen der Pariser Gepflogenheiten, wie Kohle beim Café um die Ecke zu bestellen und sie direkt in den Keller des Hauses liefern zu lassen. Jeden Tag trug Philip eimerweise »boulettes« die Treppen hoch in den fünften Stock.

Rosalind wurde Teil eines Trios, diesmal eines spannungsgeladenen. Sie verstand sich nicht mit Marion Hemily. Die Wohnverhältnisse – zwei Frauen und eine winzige Küche, wobei Rosalinds Schlafzimmer direkt neben dem gemeinschaftlichen Wohnzimmer lag – mussten beinahe zwangsläufig zu Reibereien führen. Rosalind missfiel außerdem die Angewohnheit der Hemilys lange auszuschlafen. Mit Philip verstand sie sich sehr viel besser. Sie hatte großen Spaß daran, mit ihm an den Wochenenden draußen auf dem Land Rad zu fahren, besonders wenn Marion nicht mitkam.

Im Labo Central war Rosalind für eine kleine Gruppe verantwortlich, die die Röntgenbeugung bei Kohlenstoffen untersuchte. Die Aufsätze flossen nur so. Ihre Arbeit begann allgemeine Beachtung zu finden, vor allem wegen des großen industriellen Potenzials des als »glasartiger« Kohlenstoff bekannten Materials, das bei Erhitzen nicht zu Grafit wurde. Unter anderem interessierten sich die Bell Telephone Laboratories für die harten Kohlenstoffe, aus denen Schmelztiegel, Röhren und andere hitzebeständige Artikel hergestellt werden konnten.

Ihr Debut in der Zeitschrift *Acta Crystallographica* hatte Rosalind im Juni 1950: ein zwölfseitiger Aufsatz mit neun Diagrammen und vielen mathematischen Beweisen, die einen ihrer Hauptbefunde zusammenfassten: einige Kohlenstoffe verwandeln sich nicht in Grafit, egal wie stark man sie erhitzt. Am Schluss des Aufsatzes bedankte sie sich bei Marcel Mathieu und J. Desmaroux, dem Direktor des Labo Central, für die Bereitstellung der Einrichtungen und abschließend bei »Monsieur J. Mering für seine Anleitung und großzügige Hilfe während der gesamten Arbeit«.

Im März 1950 gönnte sich Rosalind, obwohl im Labor die Arbeit drängte, einen Flug nach London, um Professor Coulson am King's College zu besuchen. Er stellte sie dem Direktor der Physik und Biophysik im King's College, Professor John Turton Randall vor. Mit Randalls Billigung reichte sie eine Bewerbung für ein ICI-Stipendium ein und erklärte ihren Eltern, »die andere Hälfte in mir hofft eigentlich, dass ich es nicht bekomme«.[3] Es war kein besonders herausragendes Stipendium und führte in keine bestimmte Richtung.

Zurück in Paris fuhr Rosalind mit den Luzzatis nach Italien. Ihre Urlaube, in die sie so viel Hoffnung setzte, enttäuschten sie selten. Dieser, so verkündete sie einmal mehr, war »der Beste, den ich je hatte«.[4] Sie liebte es, mitten am Tag drei Stunden lang herumzuliegen, und fand die Landschaft um Florenz herum so schön, dass sie den Plan, nach Rom zu fahren, wieder aufgab. (Als sie sich mit den Luzzatis enger befreundete, zog sich Rosalind von Rachel Glaeser und Jacques Mering zurück. Denise Luzzati bemerkte die tiefen Gefühle Rosalinds für Mering und die Hoffnungslosigkeit, die Rosalind aber wohl akzeptierte.)

Rosalind wurde vom ICI und dem Komitee des Turner-und-Newall-Forschungsstipendienfonds Anfang Juni 1950 zu einem Gespräch nach London eingeladen, und Mitte des Monats besaß sie ein dreijähriges Stipendium für die Arbeit am King's College unter der Leitung von Randall. Ab Herbst würde sie dort »mit den Mitteln der Röntgenbeugung an gelösten Proteinen und den Strukturveränderungen, die die Denaturierung (durch Erhitzen oder Dehydrierung) der gelösten Proteine begleiten«, arbeiten.[5] Geschmeichelt und enttäuscht – »ich hätte wirklich gerne noch ein weiteres Jahr hier gehabt«[6] – stellte sie einen Antrag auf Aufschub bis zum Beginn des nächsten Jahres, der ihr gewährt wurde. Dann fuhr sie mit den Luzzatis in die Normandie.

Mitte Juni teilte Randall dem Direktor des King's College mit, dass Rosalind eingestellt sei und dass das Turner-und-Newall-Komitee sie »ganz oben auf die Liste«[7] gesetzt hätte. Er merkte außerdem an, dass Coulson und ihm ihre Arbeit zur Anwendung von Röntgenbeugung auf die Struktur verschiedener mikrokristalliner Kohlenstoffe sehr gut bekannt sei. Die Höhe des Stipendiums war für damalige Verhältnisse mehr als ausreichend: 750 Pfund im Jahr, drei Jahre lang. (1950 verdiente ein junger Dozent an britischen Universitäten ungefähr 400 Pfund im Jahr.) Rosalind war jedoch wenig erfreut, als ihr der Mann ihrer Cousine Ursula, Noel Richley, ein Journalist bei Press Association erklärte, dass Turner und Newall ein großer Zement- und Asbest-Hersteller in Nordengland sei.[8] Sie war lange stolz darauf gewesen, sich von der Industrie fern halten zu können.

Kaum hatte sich Rosalind ihr Stipendium gesichert, als sich die Forschungsrichtung am King's College dramatisch änderte. Im Mai hatte ein Berner Wissenschaftler namens Rudolf Signer bei einer Tagung der Faraday Society (in deren Zeitschrift *Transactions* drei Aufsätze von Rosalind über Kohle erschienen waren) ein speziell angefertigtes Gel aus Nukleinsäure mit einem extrem hohen Molekulargewicht vorgestellt. Signer bot seinem Publikum großzügig Proben an. Einer der Empfänger war Maurice Wilkins vom Fachbereich Physik am King's College, der seine Probe für weitere Studien mitnahm.

Rosalind betraf dies kaum. Vielmehr überfielen sie nun, da ihre Rückkehr nach England beschlossene Sache war, Zweifel. Sie erzählte Colin, dass ihre Gefühle »noch immer wild oszillierten«. »Als ich London verließ, glaubte ich, mich selbst davon überzeugt zu haben, dass es gar nicht so schlecht sei, aber als ich die Seine entlang radelte, wurde ich traurig.«[9] Sie war gerührt, denn ihr persönlicher Assistent war untröstlich.

The Strand, die geschäftige Hauptverkehrsstraße östlich des Trafalgar Square war, wie der Name anklingen lässt, früher ein Flussufer gewesen. Das King's College London grenzt zum Norden hin an The Strand und zum Süden hin an die Themse. Als Rosalind sich auf den Umzug vorbereitete, setzte sich die alliterierende Verbindung von »Seine« und »Strand« in ihrem Kopf fest, und sie verwandte sie häufig in ihren Briefen.

Wieder und wieder führte sie Gründe an, weshalb sie die Rückkehr fürchtete. Großbritanniens nukleare Abschreckung stand ganz oben auf der Liste; sie war entsetzt ob der Bereitschaft ihres Landes, für die Amerikaner Partei zu ergreifen. In Frankreich fühlte sie sich wohler als in England, denn in Frankreich »gibt es eine gesündere Angst vor Krieg und eine Einsicht in dessen Sinnlosigkeit – aber ihr werdet das nicht zu schätzen wissen, das tut niemand, der nicht außerhalb Englands gelebt hat«.[10]

Dennoch lenkte Rosalind ihre Gedanken auf die Aussichten, eine Unterkunft in London zu finden, wo Wohnungen noch schwerer zu haben

Vittorio Luzzati machte diesen Schnappschuss von Rosalind während einer Bergtour durch die Cabane des Evettes 1950/51.

waren als in Paris. Als sie wieder einmal mit den Luzzatis in den Savoyer Alpen im August Urlaub machte (ihr dritter Urlaub mit ihnen in diesem Jahr), bekam sie ein Gespräch von Engländern mit, die über eine Wohnung in London in der Nähe der Gloucester Road in South Kensington sprachen. Sie lauschte begierig und schnappte zwei Einzelheiten auf: Die Wohnung hatte eine sehr niedrige Monatsmiete von 6 Pfund, aber der zu zahlende Abstand war mit 750 Pfund sehr hoch. Sie schrieb sofort ihren Eltern und bat um Rat: »Ich habe keine Ahnung, wie unmoralisch oder illegal solche Geschäfte in England sind oder welche Garantie es gibt, dass die niedrige Miete auch niedrig bleibt.«[11]

Bei diesem Urlaub fiel den Luzzatis auf, wie geschickt Rosalind Männer auf Abstand hielt. In einer Berghütte trafen sie eines Tages einen Kletterer, der ganz eindeutig Gefallen an Rosalind gefunden hatte. Der Fremde sprach sie an und erwähnte, dass er einen Knopf an seinem Mantel verloren habe, ob sie ihm helfen könne? »Natürlich«, sagte Rosalind in ihrer munteren, wohlerzogenen Art, suchte in ihrem Rucksack, fand Nadel und Faden und überreichte sie ihm, damit er die Aufgabe selbst erledigte.[12] Sie amüsierten sich auch, als Rosalind bei einem großen Familientreffen der Luzzatis wegen der vielen Küsserei ein wenig schockiert war. Sie küsse niemals irgendjemanden in ihrer Familie, sagte sie, außer ihrer Mutter.

Ende Oktober begannen Ellis und Muriel, da Rosalinds Rückkehr nach London immer näher kam, ihre Tochter zu drängen, die Beziehungen der Familie zu nutzen, damit sie die Wohnung in South Kensington bekäme. Sie wehrte sich dagegen. »Ich kann ganz unmöglich Lord Irgendwem oder Sonstwie schreiben und sagen, dass ich Mamie's Nichte bin und eine Wohnung will …«[13] Rosalind erinnerte ihre Eltern daran, dass sie keineswegs sicher war, dass sie zurückkommen wolle: »Ich verbringe die Hälfte meiner Zeit damit, mich zu fragen, ob ich nicht vielleicht die ganze Sache hinschmeißen und hier bleiben sollte.«[14]

Ihre Düsternis angesichts der Aussicht auf Heimkehr verstärkte sich. Sie überschüttete Evi Ellis mit Beschwerden über England. Rosalind glaubte, sich darauf verlassen zu können, dass die in Österreich geborene Evi ihre Abneigung gegenüber der englischen Beschränktheit verstehen würde. Nachdem sie die Seine mit The Strand verglichen hatte, schrieb sie sich warm: »Was ich an den Engländern am deprimierendsten finde, sind ihre eingebildeten dummen Gesichter und ihre kindische Selbstzufriedenheit – ich sammele eifrig Adressen von Ausländern in London.«[15] Sie flehte Evi an, ihr zu sagen, wie sie um ihre Rückkehr herum kommen könne.

Bei ihren Verhandlungen mit dem King's College war Rosalind jedoch weit davon entfernt, sich um ihren neuen Job zu drücken. Am 24. November verwandte sie sehr viel Sorgfalt auf einen ausführlichen und ehrerbietigen Brief an Randall, der eine lange Liste der Ausrüstung enthielt, die sie benötigte. Sie war besonders besorgt wegen der Konstruktion der Kamera, die für sie gebaut wurde. Es war absolut unerlässlich, dass die Temperatur innerhalb der Kamera kontrollierbar war, damit sich die Lösung, während sie der Strahlung ausgesetzt wurde, nicht veränderte. Eine wirtschaftliche Maßnahme wäre, schloss sie, wenn die Probe außerhalb des Vakuums und nur die Kamera innerhalb (ein Vakum war notwendig, weil Röntgenstrahlen in der Luft schwächer werden) platziert werden könne. Sie legte ein paar Vergleichszahlen bei und schlug vor, den Apparat billiger und schneller in Paris bauen zu lassen. Auch bräuchte sie die neue Röntgenstrahlen erzeugende Röhre, die man ihr vom Birkbeck College versprochen hatte. Wenn sie erfahren dürfte, wann sie in Auftrag gegeben werde, könne sie um ein paar geringfügige Änderungen bitten.

Abschließend entschuldigte sie sich bei ihrem neuen Chef: »Bitte verzeihen Sie mir, dass ich Sie nach so langem Schweigen mit so vielen Fragen belästige.«[16] Zehn Tage später antwortete Randall. Er änderte die Richtung ihrer geplanten Forschungsaufgaben vollkommen. Sein gewandter und vieldeutiger Brief steckte voller Halbwahrheiten und verborgener Andeutungen, die Rosalind wenig später nur allzu deutlich verstehen sollte und die, ganz und gar nicht zufällig, den Verlauf der Wissenschaftsgeschichte änderten. Er begann:

»Nach sehr sorgfältigen Überlegungen und Gesprächen mit den leitenden Forschern hier erscheint es uns viel wichtiger, dass Sie die Struktur gewisser, für uns interessanter biologischer Fasern untersuchen ... anstatt das ursprünglich vorgesehene Hauptprojekt zu verfolgen.«[17]

Randall ratterte dann ohne Erklärung Hinweise auf Personen herunter, von denen sie gehört haben mochte oder auch nicht, unter anderem auch: »Dr. Stokes möchte sich in Zukunft ganz mit theoretischen Problemen beschäftigen.« Dann kam der entscheidende Satz:

»Das bedeutet, dass auf dem Gebiet der experimentellen Röntgenoptik nur Sie und Gosling arbeiten werden, wobei Ihnen zeitweilig Frau Heller aus Syrakus als Assistentin zur Seite stehen wird. Gosling hat in Zusammenarbeit mit Wilkins gefunden, dass Fasern der Desoxyribonukleinsäure – das Material schickte Professor Signer aus Bern – bemerkenswert gute Röntgendiagramme liefern.«

Nachdem er ihr gesagt hatte, dass sie die Röntgenarbeit allein machen könne, stellte Randall die Möglichkeit in Aussicht, dass sie sich wohl zu einem späteren Zeitpunkt um Proteinlösungen kümmern könne, aber im Augenblick die Arbeit an den Fasern unmittelbar Erfolg versprechender und vielleicht grundlegender sei.

Wenn sie angesichts der veränderten Aufgabenstellung erstaunt war, dann ließ sich Rosalind dies nicht anmerken. Paris war gut für sie gewesen. Sie verließ es Weihnachten 1950 als Autorität auf dem Gebiet der Struktur von Kohle und Kohlenstoffen und dachte, dass sie sich überlegen sollte, auf unbestimmte Zeit in Frankreich zu leben. Sie erinnerte ihre Eltern daran, dass sie Europa und die Europäer sehr viel lieber mochte als England und die Engländer; Italien und die Italiener sagten ihr ebenso zu wie die Franzosen, und sie hatte immer schon »Ausländer lieber gemocht als Engländer«.[18] Sie träumte von einer Stelle, bei der sie das halbe Jahr in Paris und den Rest in London verbringen konnte.

Professor John Turton Randall.

Rosalind fasste ihr Bedauern in einem emotional aufgeladenen Brief an Colin und seine frisch angetraute Ehefrau Charlotte (die sie sehr mochte) zusammen. Doch nicht einmal ihr Lieblingsbruder war wohl in der Lage, die versteckten Andeutungen auf die eingeschränkte und unbefriedigende Beziehung zu verstehen, deretwegen sie glaubte, keine Zukunft in Paris zu haben:

»... Ich kann noch immer nicht glauben, dass ich hier im kommenden Januar weggehe – ich sehe jetzt keinen Weg mehr zurück, aber ich bin sicher, es war der größte Fehler meines Lebens. Manchmal denke ich ernsthaft darüber nach zu sagen, dass ich es mir anders überlegt habe ... Aber zu diesem Zeitpunkt würde ich damit so viele Leute vor den Kopf stoßen, dass es das einfach nicht wert ist, es sei denn, ich entscheide mich tatsächlich dafür auf unbestimmte Zeit hier zu bleiben – und dafür bin ich mir doch nicht sicher genug. Wenn ich es nur geschafft hätte, hier mehr von den richtigen Menschen zu treffen, und wenn ich einen breiteren Bekanntenkreis hätte, würde ich nicht zögern. Aber abgesehen davon ist mir dieser Ort hier lieber, die Menschen, das Leben und auf jeden Fall das Klima. Ich fühle mich – und habe mich schon, bevor ich nach Frankreich ging, so gefühlt – sehr viel mehr als Europäerin denn als Engländerin. Nationalgefühle, seien es solche für England oder ein anderes Land, sind für mich ohne jede Bedeutung. Ich nehme aber an, mein Schicksal ist besiegelt ... Ich bin dazu verdammt, die nächsten drei Monate über die Zukunft zu jammern und viele Monate danach über die Gegenwart.«

Ihre düsteren Vorausahnungen waren durchaus berechtigt, aber sie war weit davon entfernt, den größten Fehler ihres Lebens zu machen. Randall allerdings hatte seinen gerade gemacht.

KAPITEL ACHT

Was ist Leben?

In der ersten Hälfte des 20. Jahrhunderts gehörte die Wissenschaft der Physik, insbesondere der allgemeinen Relativitätstheorie, der Quantenmechanik und der Kernspaltung. In der zweiten Hälfte sollte die Biologie dominieren. In der Nachkriegswelt war das Geheimnis der Gene – wie Erbeigenschaften von einer Generation an die nächste weitergegeben werden – das aktuellste Thema in den Naturwissenschaften. Für eine Reihe von Physikern, die im Rahmen des Manhattan-Projekts an der Entwicklung der Atombombe gearbeitet hatten, stellte die Verlagerung zur Biologie hin einen radikalen Wandel von einer Wissenschaft des Todes zu einer Wissenschaft des Lebens dar. Aber diese Wandlung war ebenso eine intellektuelle wie eine ideologische. Die Biologie war nun das Gebiet, auf dem sich alles abspielte.

Der österreichische Mönch Gregor Mendel hatte 1865 bei seinen Experimenten mit Gartenerbsen entdeckt, dass physische Eigenschaften von gesonderten Einheiten (später Gene genannt) weitergegeben werden. Jedes Gen bestimmt eine einzelne Eigenschaft wie Größe oder Farbe für die nächste Pflanzengeneration. Bis 1905 hatte man erfahren, dass die Gene innerhalb lebender Zellen wie Perlen an einer Kette mit den Chromosomen verknüpft sind, die sich selbst kopieren und trennen. Aber wie gelangt die genetische Information von dem alten Chromosom in das neue?

Proteine waren die nahe liegendsten Anwärter für die Übertragung der genetischen Information. In den zwanziger Jahren glaubte man, Gene bestünden aus Protein. Der andere Hauptbestandteil der Chromosomen ist die Desoxyribonukleinsäure (DNA). Die DNA, eine Substanz mit hohem Molekulargewicht, wurde 1871 von dem jungen schweizer Wissenschaftler Friedrich Miescher identifiziert. Es gibt noch eine zweite Nukleinsäure mit einer geringfügig anderen chemischen Zusammensetzung in der Zelle, die RNA. Das »D« in DNA steht für »desoxy«, womit sie als Ribonucleinsäure mit einer Hydroxylgruppe weniger ausgewiesen wird. Aber da die RNA in Zellen vor allem außerhalb des Zellkerns vorkommt, kam sie als genetisches Vehikel wohl kaum infrage.

Proteine waren für die Genetiker sehr viel interessanter als die DNA, weil es davon sehr viel mehr gibt und sich jedes Proteinmolekül in einer langen Kette chemischer Substanzen befindet, von denen 20 Arten in Lebewesen vorkommen. Die DNA enthält im Gegensatz dazu nur vier Arten der sich wiederholenden Einheiten, die so genannten Nukleotide. Sie schien daher zu einfach strukturiert, als dass sie die komplexen Informationen enthalten könnte, die erforderlich sind, um die charakteristische Form jeder einzelnen der unendlich vielgestaltigen Zellen, aus der sich die lebende Materie zusammensetzt, zu bestimmen.

1936 dachte der Mikrobiologe Oswald Avery am Rockefeller Institute an der Upper East Side in Manhattan laut darüber nach, ob das Vehikel für die Übertragung der genetischen Information von dem alten Chromosom auf das neue nicht die Nukleinsäure DNA sein könnte (»Transformationsprinzip«). Niemand schenkte ihm besondere Beachtung. Die DNA schien nur ein langweiliges Bindemittel für die Zellproteine zu sein.

Während der Vorkriegsjahre begannen die britischen Kristallographen Bernal in Cambridge und William Astbury in Leeds, Röntgenstrahlen zur Bestimmung der Molekularstruktur von Kristallen einzusetzen. Astbury interessierte sich für sehr große biologische Moleküle und hatte hunderte Röntgenbeugungsaufnahmen von Fasern gemacht, die aus DNA gewonnen wurden. Ausgehend von den Beugungsmustern, die er erhielt, versuchte Astbury ein Modell der DNA zu bauen. Mit Metallplatten und Stäben baute er ein Modell, das zeigen sollte, wie die Bestandteile der DNA – Basen, Zucker, Phosphate – zusammengesetzt sein könnten. Astbury schlussfolgerte – korrekt, wie sich später herausstellte –, dass die Basen flach lagen, aufeinander gestapelt wie Münzen in einem Abstand von 3,4 Å. Die 3,4 Å waren kein unbegründetes Detail. Astbury veröffentlichte diesen Wert 1938 zusammen mit anderen Messungen in einem Aufsatz in der Zeitschrift *Nature*, und er sollte bestehen bleiben. Aber Astbury machte schwer wiegende Fehler, seine Arbeit war zaghaft, und er hatte keine klare Vorstellung davon, wie sie weiterzuführen sei. Bis zum Zweiten Weltkrieg wusste niemand, dass sich die Gene ausschließlich aus DNA zusammensetzten.

1943 war Avery mit 67 Jahren zu alt für den Militärdienst. Er arbeitete noch immer am Rockefeller Institute und machte, aufbauend auf einem Experiment mit Pneumokokken (Bakterien, die Lungenentzündung verursachen) des englischen Arztes Frederick Griffith aus dem Jahr 1928, eine revolutionäre Entdeckung. Er stellte fest, dass, wenn die DNA von einem toten Stamm von Pneumokokken auf einen lebenden Stamm übertragen wurde, sie die Erbeigenschaften des Spenders mitbrachte.

War das »Transformationsprinzip« also so einfach – reine DNA? In der Wissenschaft, in der viele nach Ruhm streben, gibt es immer wieder solche, die danach trachten, anderen den Ruhm zu entreißen. Avery, ein schüchterner Junggeselle mit Kneifer, war bescheidener als gut für ihn war. Seine Entdeckung wäre zwei Nobelpreise wert gewesen, aber er bekam nicht einmal einen – vielleicht deshalb, weil er, anstatt schnell zu veröffentlichen, seine Entdeckungen seinem Bruder Roy, einem medizinischen Bakteriologen an der Vanderbilt University Medical School in Nashville brieflich mitteilte. »Ich habe nichts darüber veröffentlicht – es sogar nur mit wenigen diskutiert«, sagte er, »weil ich noch nicht überzeugt bin, dass wir bereits genügend Beweise haben.«[1]

Ein Jahr später jedoch schrieben Avery und zwei Kollegen die Forschungsergebnisse auf. In dem inzwischen klassischen Aufsatz beschreiben die drei Wissenschaftler eine komplizierte Versuchsreihe, bei der sie zwei Formen von Pneumokokken verwandten: bösartige und nicht bösartige. Als sie eine gereinigte Form von DNA aus durch Hitze abgetöteten bösartigen Pneumokokken-Bakterien gewannen und sie einem lebendigen, nicht bösartigen Stamm injizierten, stellten sie fest, dass dies zu einer dauerhaften erblichen Veränderung in der DNA der Empfängerzellen führte. Damit stand als Tatsache fest – zumindest für die Leser des *Journal of Experimental Medicine* –, dass die Nukleinsäure DNA und nicht das Protein Träger der genetischen Botschaft war.

Das eigentliche Geheimnis aber blieb ungelöst. Wie konnte eine vergleichsweise einfach aufgebaute Substanz wie die DNA, die einem Alphabet mit nur vier Buchstaben entspricht, ausreichend spezifische Informationen übertragen, um die unglaubliche Vielfalt an Lebewesen vom Gänseblümchen bis zu Dinosauriern hervorzubringen? Die Antwort musste in der Art der Zusammensetzung der Moleküle liegen. Avery und seine Co-Autoren, Colin MacLeod und Maclyn McCarty, konnten nicht mehr sagen, als dass »man davon ausgehen muss, dass Nukleinsäuren eine biologische Spezifität besitzen, deren chemische Basis bislang nicht bestimmt werden konnte«.[2]

1943 hielt ein anderer Wissenschaftler abseits des Weltkriegs (weil er im neutralen Irland Zuflucht gefunden hatte) in Dublin eine Reihe von Vorträgen, die er herausfordernd »Was ist Leben?« nannte. Ein Publikum von 400 Zuhörern pro Vortrag ließ darauf schließen, dass das vermeintlich schwierige Thema auf großes allgemeines Interesse stieß.

Erwin Schrödinger, ein Wiener, hatte gemeinsam mit einem anderen Wissenschaftler 1933 den Nobelpreis für Physik erhalten, weil er die Grundlagen für die Wellenmechanik gelegt hatte. Obwohl selbst kein Jude, verließ er im selben Jahr Berlin, wo er gearbeitet hatte, weil er nicht in einem Land bleiben wollte, in dem die Verfolgung von Juden zur Nationalpolitik erklärt wurde. Eine lange Odyssee durch Europa führte ihn 1940 auf Einladung von Eamon de Valera, dem irischen Premierminister, nach Irland. De Valera war Mathematiker, bevor er Revolutionär und dann Politiker wurde; 1940 gründete er das Dublin Institute of Advanced Studies. Schrödinger empfand Irland als »Paradies«, nicht zuletzt deshalb, weil es ihm den Abstand erlaubte, über eine sehr gewichtige Frage nachzudenken.

In seinen Dubliner Vorträgen beschäftigte sich Schrödinger mit etwas, das viele Studenten verwirrte: Weshalb behandelte man die Biologie als ein von der Physik und Chemie vollkommen getrenntes Fachgebiet? Auf der einen Seite gab es Frösche, Fruchtfliegen und Zellen, auf der anderen Atome und Moleküle, Elektrizität und Magnetismus. Es sei an der Zeit, erklärte Schrödinger von seiner irischen Tribüne aus, über lebende Organismen in den Kategorien ihrer molekularen und atomaren Struktur nachzudenken. Es gab keine eindeutige Trennung zwischen dem Belebten und dem Unbelebten; sie alle gehorchten denselben Gesetzen der Physik und Chemie.

Als Physiker richtete er eine Frage an die Biologie: Wenn Entropie (laut dem zweiten Thermodynamischen Gesetz) bedeutet, dass Dinge zerfallen, also bei allen natürlich ablaufenden Prozessen von einem geordneten in einen ungeordneten Zustand übergehen, warum zerfallen Gene dann nicht? Warum werden sie stattdessen von Generation zu Generation intakt weitergegeben? Er beantwortete seine Frage selbst. »Leben« ist Materie, die etwas macht.[3] Der Fachbegriff ist Metabolismus (Stoffwechsel) – »essen, trinken, atmen, sich anpassen, sich vermehren,

Entropie vermeiden«. Laut Schrödinger konnte Leben als »negative Entropie« definiert werden – etwas, das sich nicht in Chaos verwandelt und den »gefährlichen Zustand maximaler Entropie erreicht, der den Tod bedeutet«. Gene bewahren ihre Ordnung. Die Reihenfolge von bestimmten Einheiten innerhalb der Struktur bestimmt den Erbcode.

Die Vorträge wurde im folgenden Jahr in Buchform veröffentlicht und standen den Physikern bei Kriegsende, als diese nach neuen Aufgabengebieten suchten, als Lektüre zur Verfügung. Für den Molekularbiologen und Naturwissenschaftshistoriker Gunther Stent von der Californischen Universität in Berkeley war *Was ist Leben?* so etwas wie das *Onkel Toms Hütte* der Biologie – ein kleines Buch, das eine Revolution auslöste. »Wenn einer der Erfinder der Quantenmechanik ... fragen konnte« ›Was ist Leben?‹, erklärte Stent, »dann sahen sie (die Physiker der Nachkriegszeit) sich endlich mit einem grundlegenden Problem konfrontiert, das ihrem Rüstzeug entsprach.«

Biologische Fragen konnten nun in ihrer eigenen Sprache, der Physik, angegangen werden. Die Forschung auf dem neuen Gebiet der Biophysik machte Ende der vierziger Jahre langsam Fortschritte. 1949 gehörte ein weiterer aus Österreich geflohener Wissenschaftler, Erwin Chargaff, vom Columbia College of Physicians and Surgeons in New York zu den wenigen, die sich Averys Ergebnisse zu Herzen nahmen und ihr Forschungsprogramm entsprechend änderten. Er analysierte die Anteile der vier Basen der DNA und fand interessante Übereinstimmungen. Die Anzahl der Moleküle, die in den beiden Basen, Adenin und Guanin (Purinbasen), vorhanden waren, entsprachen immer der Gesamtzahl von Thymin und Zytosin, den beiden anderen, Pyrimidin genannten Basen. Dieses saubere Verhältnis, das in allen Formen der DNA zu finden war, verlangte nach einer Erklärung; aber Chargaff hatte keine.

Das war der Stand der Dinge, als Rosalind Franklin am 5. Januar 1951 im King's College London eintraf. Sie verließ die Kohleforschung, um an der DNA zu arbeiten, und überschritt, indem sie sich von der Kristallstruktur unbelebter Substanzen zu den biologischen Molekülen vorarbeitete, die Grenze zwischen dem Unbelebten und dem Lebenden. Kohle erzeugt nicht mehr Kohle, aber Gene erzeugen weitere Gene.

KAPITEL NEUN

Willkommen im Zirkus

(Januar – Mai 1951)

Ein Keller in einem Gebäude an The Strand war nicht unbedingt der Ort, an dem man die Entdeckung des Geheimnisses des Lebens erwartet hätte. Aber der Schauplatz unter der Erde war durchaus passend für das, was später als »einer der großen Streitfälle in der Geschichte der Naturwissenschaften« bezeichnet wurde.[1]

1951 war der Gegensatz zwischen Paris, dem die deutsche Luftwaffe wenig Aufmerksamkeit geschenkt hatte, und London, das deren Auswirkungen sehr wohl zu spüren bekommen hatte, unübersehbar. Der Hauptgebäudekomplex des King's College London erstreckte sich zwischen Aldwych und dem Thames Embankment. Auf dem Gelände befand sich ein Bombenkrater von 18 Meter Länge und 8 Meter Tiefe. Die Abteilung für Biophysik im Keller verlief um die Grube herum, die für den Bau des neuen Physikgebäudes weiter ausgehoben worden war. Die South Bank, die man über die Themse hinweg sehen konnte, war lediglich ein Haufen Schotter. Zerbombte Flächen wurden zu Parkplätzen, beschädigte Häuser stützte man mit Holzpfeilern. London hatte seit Ausbruch des Krieges kaum trostloser ausgesehen. Sechs Jahre nach Kriegsende waren Lebensmittel noch immer rationiert, in den blassen Gesichter sah man die Folgen der jahrelangen Entbehrungen. Auf Speisekarten wurde »Fleisch und zwei Gemüse« angeboten, worunter man einen Teller hellbraunes Hammelfleisch und zwei Klumpen verkochter Kartoffeln verstand. Der Wohlfahrtsstaat, den Rosalind von Frankreich aus so bewundert hatte, franste an den Rändern aus. Eine Wirtschaftskrise, ausgelöst unter anderem durch den Ausbruch des Koreakriegs, bedeutete das Ende von kostenlosen Brillen und dritten Zähnen, die der neue staatliche Gesundheitsdienst angeboten hatte. Bei den Parlamentswahlen im Februar 1950 war die Mehrheit der Labourregierung mit ehemals 146 Parlamentssitzen nach dem Krieg auf bescheidene 5 Sitze gesunken. Die ge-

gensätzlichen Geschlechter, die man Paris und London oft zuschrieb, waren deutlich erkennbar und zutreffend. London war eine Stadt der Männer, ein Ort der zusammengerollten Schirme, Bowler Hats, Männerclubs und Herrenschneider. Der ausgewanderten Schriftstellerin Jean Rhys erschein es als »personifiziertes Patriarchat«.[2]

Rosalind erging es nicht anders. In Paris war sie selbstbewusst und unabhängig, wurde bewundert. Jetzt war sie wieder »Tochter«. Zunächst wohnte sie bei ihren Eltern in deren neuem Haus im Norden Londons, zog aber bald in eine Wohnung in South Kensington, die sie durch Ellis Franklins Geschäftsverbindungen bekommen hatte. Pflichtschuldig, aber nicht unwillens durchquerte sie London jeden Freitagabend, um bei ihren Eltern zum Dinner zu erscheinen. Die gewohnten Auseinandersetzungen blieben nicht aus. Rosalinds Überempfindlichkeit gegenüber den konservativen Ansichten ihres Vaters rührte, wie ihre Mutter fand, von ihren Bekannten in Frankreich her, die im französischen Widerstand gewesen waren, »viele von ihnen waren verbitterte Kommunisten«.[3]

Rosalind befand sich in einem Zustand düsterer Vorahnung, als ein graduierter Student vom King's College, mit dessen Frau sie bei BCURA zusammengearbeitet hatte, ihr anbot, das College zu zeigen. John Bradley fand sie angespannt und reserviert, es widerstrebte ihr, offiziell vorgestellt zu werden. Ihre Abneigung gegenüber allem Englischen zog sie wie einen Mantel fest um sich, und sie suchte und fand Mittelmäßigkeit.

Ein Element des englischen Lebens war in ihren Briefen aus Frankreich unerwähnt geblieben: die Klassengesellschaft. Anfang der fünfziger Jahre bestanden die sozialen Unterschiede beinahe noch wie vor dem Krieg. Von den *Angry Young Men* hatte man noch nichts gehört. Erst 1956 teilte *My Fair Lady* dem öffentlichen Publikum mit: »Ein Engländer wird, so wie er spricht, gesellschaftlich betrachtet. Kaum sagt er etwas, hat ihn schon ein anderer Engländer verachtet!«[4] Rosalinds schnelle und schneidige Sprache war das Kennzeichen ihrer Klasse. Auf Dr. Jean Hanson beispielsweise, einer Biologin am Fachbereich für Biophysik, machte sie den Eindruck: »typisch upper-class – ein Produkt der besten Mädchenschulen«.[5]

»Als Engländerin spürt man das bei einer anderen Person. Ich ging immer davon aus, dass ihre Familie reich war, obwohl sie nie darüber sprach – sie stach hier sehr heraus, wo die meisten Leute mit ganz wenigen Ausnahmen aus normalen Familien der Mittelklasse und

in einigen Fällen auch noch aus der darunter stammten … sie sah aus wie eine Aristokratin und benahm sich auch so …«

Die Trennlinie, die der Akzent schuf, funktionierte in beiden Richtungen. Das King's College gehörte zur schlecht koordinierten Londoner Universität und war kein Oxbridge College. In den Gängen hörte man die korrekte Hochsprache der Oberschicht eher selten. Rosalind sah sich unter Intellektuellen zweiter Wahl.

Die Tradition der Laborwissenschaft am College aber war alles andere als zweite Wahl. Der erste Professor für Natur- und experimentelle Philosophie war 1831 eingestellt worden, lange bevor man in Oxford das Clarendon Laboratorium oder in Cambridge das Cavendish Laboratorium eingerichtet hatte. 1834 verlegte Charles Wheatstone, der erste Professor für experimentelle Philosophie, Eisen- und Kupferdrähte in den Kellergewölben, um Experimente mit Elektrizität durchzuführen. 1860 bewies James Clark Maxwell, Professor für Naturphilosophie, dass Elektrizität und Magnetismus Aspekte desselben Phänomens waren.

Aber die Wissenschaft hatte am King's College immer eine eklektische Atmosphäre besessen. Theologie war der größte Fachbereich: 400 Studenten als Anwärter auf die anglikanische Priesterschaft. Überall wirbelten Soutanen herum, und die Stehkragen der Geistlichen waren allgegenwärtig. Das College war 1829 von der anglikanischen Kirche aus Protest gegen die Eröffnung des Londoner Universitäts-Colleges (UCL), dem »gottlosen Institut in der Gower Street« eingerichtet worden. Das UCL war eine Gründung der Nonkonformisten, und man verweigerte ihm die königliche Konzession, weil Katholiken, Juden und andere Nicht-Anglikaner zugelassen waren. Am King's College gab es in auffälligem Gegensatz dazu eine große Kapelle mit Deckengewölben (und späteren Entwürfen von George Gilbert Scott), das einzige geweihte Gebäude der Londoner Universität. Der Klang der Hymnen zur Morgenandacht hallte den Naturwissenschaftlern in den Ohren, wenn sie ihren Weg durch die beflaggten Durchgänge und die steinerne Treppe hinunter, vorbei an einer Tür mit der Aufschrift »Professor für dogmatische Theologie«, in ihre Labore im Keller zurücklegten.

Rosalind wurde bald mitgeteilt, dass Frauen der Zutritt zu dem Gemeinschaftsraum der ranghöheren Mitarbeiter, wo einige zu Mittag aßen, nicht gestattet war. Mit ihren glücklichen Erinnerungen an die streitfreudigen Mittagsmahle im »Chez Solange« mit den Mitarbeitern des Labo Central, stimmte sie dies wütend und sie fühlte sich ausgeschlossen. Es schien, als würde ihre Arbeit nicht ernst genommen. Aber sie hätte nicht überrascht sein dürfen. Es war damals in London keineswegs eine außergewöhnliche Regelung, schon gar nicht in einer Bastion der Staatskirche. Die Keyser's Bank stellte noch immer keine Frauen ein. Selbst das freidenkerische Universitäts-College – das Erste, an dem Frauen mit vollem Status anerkannt wurden – hatte nur einen Gemeinschaftsraum für Männer und einen davon abgetrennten gemeinsamen Gemeinschaftstraum für Männer und Frauen, den es bis weit in die sechziger Jahre hinein gab. Am UCL und am King's College gab es zwei Speiseräume, einen für Männer und Frauen und einen nur für Männer. Viele der Männer zogen es vor, in dem gemeinschaftlichen Speisesaal mit Blick auf die Themse zu essen, und einige der Naturwissenschaftler weigerten sich wegen der Überzahl an »Kapuzenkrähen« (Klerikern)[6] in das Männerreservat zu gehen.

Es gab noch etwas, das Rosalind fremd war. Zur Abteilung für Biophysik gehörten eine Reihe ehemaliger Soldaten, die zu einem zweijährigen Intensivstudium ans King's College gekommen waren, dort blieben und ein Team bildeten. Ihre Herangehensweise an Arbeit und Freizeit war rauh und wild – ein Kasernenzimmer und bierselige Kameradschaft, die sich nach der Arbeit in das Finch's Pub auf The Strand verlagerte. Eine anglo-jüdische Frau der oberen Mittelklasse mit einem Faible für ernsthaften französischen Diskurs fand sich plötzlich in einer Umgebung wieder, die alles guthieß, was sie nicht war. Rosalind freute sich umso mehr, als sie eine wehmütige Postkarte von der Wissenschaftlichen Fakultät der Universität Paris, Labor für Mineralogie, erhielt: »Chère Mademoiselle, nous regrettons tous à Paris votre départ. (Sehr geehrtes Fräulein Franklin, wir alle in Paris bedauern Ihren Weggang.)«[7]

Am 8. Januar 1951 berief Randall eine Versammlung in seinem Büro ein, um Rosalind vorzustellen und den zu beschreitenden Weg zu diskutieren. Anwesend waren drei der Personen, die er in seinem Brief erwähnt hatte. Am wichtigsten für Rosalind war Raymond Gosling, ein junger Doktorand und der Einzige am King's College, der mit Röntgenbeugung arbeitete. Er sollte ihr neuer Assistent werden. Gosling scherzte, er sei der »Doktorandensklave, der in Ketten übergeben werde«.[8]

Gosling mochte Witze. Jung, endomorph und gutmütig nannte er Randall »JT«, »den alten Herrn« oder »King John«. Nichtsdestotrotz betrachtete er seinen Chef als visionäres Genie und betrachtete es als großes Glück, dass er als Abgänger der University College Medical School in Randalls begehrte Abteilung für Biophysik aufgenommen worden war. Gosling hatte gehört, dass Rosalind recht energisch war. Jetzt sah er, dass sie »wunderschöne dunkle Augen, glänzendes schwarzes Haar und eine gewisse Intensität sowie eine gewisse Verlegenheit im persönlichen Gespräch besaß«.[9]

Ebenfalls anwesend war der Physiker und Mathematiker Alex Stokes, der sich, wie Randall erwähnt hatte, »in Zukunft ganz mit theoretischen Problemen beschäftigen möchte«. Auch »Frau Heller aus Syrakus« war da. Louise Heller arbeitete ehrenamtlich am College, während ihr Ehemann ein Fulbright-Stipendium in London wahrnahm. Bei ihr hinterließ der Neuzugang ebenfalls einen starken Eindruck: »sehr attraktiv, sehr klug, sehr ungeduldig und sehr eigensinnig«.[10]

Wichtiger aber war, wer nicht da war: Maurice Wilkins, Randalls Stellvertreter, zweiter Direktor des Fachbereichs für Biophysik. Er befand sich im Urlaub. Wilkins hatte jahrelang intensiv am King's College mit Nukleinsäuren gearbeitet. Wenn Gosling irgendjemandes Sklave war, dann seiner. Zusammen hatten sie einige Nukleinsäurefasern auf einem Drahtrahmen (wobei der »Rahmen« aus einer gebogenen Büroklammer in einer Halterung bestand) befestigt und die Probe feucht gehalten, indem sie gesättigten Wasserstoff durch einen Raymaxschlauch in die Unicam-Kamera leiteten. Als Randall sie warnte, dass Luft in die Kamera gelangen könnte (was das Vakuum zerstört hätte, das nötig war, damit sich der Röntgenstrahl nicht beugte), dichteten sie es mit einem Kondom ab. Das Ergebnis hatte Randall später in seinem folgenreichen Brief an Rosalind beschrieben:

»Gosling hat in Zusammenarbeit mit Wilkins bereits herausgefunden, dass Fasern von Desoxyribonucleinsäure, die aus Material, das Professor Signer aus Bern zur Verfügung gestellt hat, gewonnen wurden, bemerkenswert gute Faserdiagramme ergeben.«

Goslings Fotografien waren mehr als bemerkenswert, sie waren einzigartig. Die x-förmigen Flecken waren der erste deutliche Hinweis darauf, dass die DNA eine kristalline Struktur aufwies. Als Wilkins seinem Kollegen Stokes Goslings Messungen der Flecken zeigte, fielen Stokes die

Leerräume entlang der Längsseiten des »X« auf. Könnte das Molekül, so spekulierte er, die Form einer Helix besitzen?

Wilkins glaubte, maßgeblich dazu beigetragen zu haben, dass sich Rosalind mit der DNA beschäftigen sollte. Als er von Randall hörte, dass sie kam, um an Proteinlösungen zu arbeiten, hielt er das für Zeitverschwendung, da sie doch so gute Ergebnisse bei den Nukleinsäuren erzielt hatten. Warum sollte man sie nicht, wie er vorschlug, angesichts ihrer Röntgenkenntnisse »schnappen und auf die DNA-Arbeit ansetzen?« Zu Wilkins' Verwunderung stimmte Randall bereitwillig zu. Randall druckste gewöhnlich bei derartigen Entscheidungen herum. Da neue Ausrüstung unterwegs war, hatte sich Wilkins gefreut, mit ihr im Team arbeiten zu dürfen.

Am King's College hatte man einen Röntgenapparat benutzt, der ursprünglich von der britischen Admiralität zur Verfügung gestellt worden war. Als ihn die Admiralität wiederhaben wollte, fragten Wilkins und Gosling in Birkbeck an und baten darum, eine neue Röhre mit geringer Brennweite kaufen zu dürfen, die Werner Ehrenberg und Walter Spear erfunden hatten, um die Röntgenstrahlen auf einen sehr schmalen Strahl konzentrieren zu können. Ehrenberg gab ihnen stattdessen großzügig den Prototyp. Diese Röhre erleichterte, wenn sie mit einer sehr kleinen Kamera ausgestattet wurde, die Kontrolle der Feuchtigkeit innerhalb der Kamera. Dem Fotografieren einer einzelnen DNA-Faser, ein Zehntel Millimeter breit, stand nichts mehr im Weg.

Rosalinds erste Aufgabe bestand darin, die neuen Geräte auszuprobieren und weitere zu bestellen. Mit Sachverstand und einem stattlichen Aufgebot an schlauen Katalogen orderte sie Ausrüstung in Paris, feilschte geschickt auf Französisch um Preise und technische Einzelheiten und bestellte eine in England hergestellte Vakuumpumpe, um die Luft aus der Kamera zu entfernen. Mit Gosling machte sie sich daran, eine schwenkbare Mikrokamera zu entwerfen, die in den Werkstätten des King's College hergestellt werden sollte.

Gleichzeitig ermutigte Randall sie, ihre Pariser Arbeit zu Papier zu bringen. Innerhalb weniger Wochen war ein umfangreicher Aufsatz für die Zeitschrift *Proceedings of the Royal Society* unterwegs, mit dem Vermerk: »weitergeleitet durch J. T. Randall, FRS«. Eine Veröffentlichung in dieser angesehenen Zeitschrift war ein weiterer Erfolg für Rosalind. So konnte sie Erkenntnisse auf einem Fachgebiet erläutern, auf dem sie inzwischen weltweit eine Autorität war: die beiden unterschiedlichen Klassen von Kohlenstoffen und die Art, wie sie Kristalle bilden. Zwei weitere Aufsätze befanden sich auf dem Weg zur Veröffentlichung, und Rosalind hatte damit, im Alter von 30 Jahren, bereits Beeindruckendes auf dem Gebiet der »peer-viewed journals«, wie Wissenschaftler die Fachzeitschriften nannten, vorzuweisen.

Wenn am King's College jemand klassenbewusst war, dann John Turton Randall. Ein kleiner, kahler, lebhafter Mann aus Lancaster, der Sohn eines Handelsgärtners, hatte sich als Gymnasiast von der Gemeindeschule bis an die Universität von Manchester hochgearbeitet, wo er Bester seines Jahrgangs war und seine Abschlussprüfung in Kristallphysik mit Eins bestand. Als ihn der Nobelpreisträger Lawrence Bragg, damals Leiter des Fachbereichs für Physik in Manchester, statt zur Promotion in die Industrie lenkte, wurde er Leiter der Forschungsabteilung der General Electric Company (GEC) mit Sitz in Wembley. Dennoch blieb er sich der »rauen Kanten« seiner nordenglischen Art und der Schwierigkeiten im »milderen Süden als akzeptabel zu gelten«[11] immer schmerzlich bewusst. 1937 bekam er ein Stipendium und wurde von der Universität Birmingham eingeladen, wo er ein Luminiszenz-Labor aufbaute. 1939 verlagerte er sich auf die Erhöhung der Radarstärke.

Randall war – und wusste dies auch – so etwas wie ein Kriegsheld. Er hat zusammen mit H. A. H. Boot das Hohlraummagnetron erfunden, ein Gerät zur Erzeugung eines starken Strahls elektromagnetischer Wellen mit niedriger Frequenz, die das Aufspüren weit entfernter Objekte ermöglichte. Dieses Gerät war von unschätzbar großer Hilfe bei nächtlichen Bombardierungen und schlechten Wetterverhältnissen und war in der Schlacht im Atlantik entscheidend für das Aufspüren deutscher U-Boote gewesen. Präsident Roosevelt nannte das Hohlraummagnetron »die wertvollste Fracht, die jemals unser Heimatland erreichte«.[12]

Für Randall war es mit Sicherheit wertvoll. Lange bevor der Krieg gewonnen war, hatte er seinen Anspruch bei der Royal Commission on Rewards for Inventors eingereicht. Über die nächsten Jahre hinweg steigerte er emsig seinen Wohlstand und zog von Birmingham nach St. Andrews in Schottland, wo er den Lehrstuhl für Naturphilosophie übernahm. Es gelang ihm sogar, Steuererleichterungen zu erwirken und eine Rückerstattung seiner Ausgaben zu erreichen, bevor er schließlich seinen Anteil von 36 000 Pfund kassierte (J. Sayres, ein weiterer Forscher aus Birmingham und Boot erhielten die gleiche Summe). Randall war daher auf eine Weise finanziell unabhängig, die die Träume gewöhnlicher Akademiker bei weitem überstieg.

Die Leitung der Abteilung für Biophysik am King's College konnte als eine weitere Form der Belohnung durch eine dankbare Nation betrachtet werden. Randall wünschte sich, nach dem Krieg die Techniken der Physik auf Makromoleküle von biologischer Bedeutung anzuwenden. Die Gründung der Abteilung wurde von der Königlichen Akademie der Naturwissenschaften gut geheißen, das eigentliche Geld aber vom Beirat für Medizinische Forschungen (Medical Research Conncil, MRC) zur Verfügung gestellt. Der MRC, der sehr viel Raum in seinem Leben einnehmen sollte, ermutigte Randall, vom abgelegenen St. Andrews in die lebendigere Umgebung des King's College London zu ziehen und hier seine Belegschaft zusammenzustellen. Für dieses Projekt bewilligte ihm der MRC 22 000 Pfund – eine großzügige Gabe, die den Unwillen einiger Kollegen in den anderen Abteilungen hervorrief, die mit begrenzten Budgets zu kämpfen hatten.

Als einer seiner ersten Mitarbeiter wurde Maurice Wilkins aus Cambridge, der mit Randall in St. Andrews und Birmingham gewesen war, angeworben. Wilkins hatte einen Großteil des Kriegs in Berkeley, Kalifornien, am Livermore Laboratorium verbracht und war am Manhattan-Projekt beteiligt. Nach dem Krieg las er Schrödingers *Was ist Leben?* und verlagerte seine Interessen auf die Moleküle, die die Lebensprozesse bestimmen. Der Übergang zur Biophysik war für ihn ein Wechsel von einer trockenen Wissenschaft zu einer feuchten. Als er vor einem von Randalls Experimenten zurückschreckte – Pferdeblut in flüssiger Luft zu kühlen, um ein Absorptionsspektrum zu erhalten –, erinnerte ihn Randall an den großen Michael Faraday, der einmal ein Rindersteak zwischen die Pole seines Magneten geklemmt hatte.

Am einzigen Fachbereich für Physik in Großbritannien, dessen Hauptforschungsinteresse auf der Biophysik lag, agierten Randall und Wilkins wie König und Kronprinz, aber Randall trug eine dreifache Krone. Er war gleichzeitig Wheatstone Professor für Physik, Leiter des Fachbereichs Physik und ehrenamtlicher Direktor der Forschungsabteilung für Biophysik innerhalb des Fachbereichs Physik beim MRC. Randall war sehr gut darin, Menschen mit allerhand Stipendien und Fördergeldern an sich zu binden, was seiner bunten Ansammlung von Talenten den Namen »Randalls Zirkus« eintrug. Er war jedoch weniger gut darin, deren Verantwortlichkeiten klar zu umreißen, sobald er die Leute einmal um sich geschart hatte. Er zog es vor, mittels Botschaften auf rosafarbenem oder weißem Papier zu kommunizieren, und war sich nicht zu fein, seine Mitarbeiter zu manipulieren und gegeneinander auszuspielen.

Randall wusste sich in Szene zu setzen, trug dandyhafte amerikanische Anzüge, eine Fliege und jeden Tag eine frische Blume im Knopfloch. Er pflegte gewissenhaft einen Gummibaum in seinem Büro. (Man sagt, dass sein Interesse für die Anwendung der Physik auf die Biologie von seiner Liebe zu Pflanzen herrührte.) Gleichzeitig war er, nach Wilkins Ansicht, »zäh wie altes Leder – ein Napoleon, der an einem großen Schreibtisch saß und es gerne sah, wenn Menschen der Mut verließ, sobald sie sich ihm näherten«.[13]

Die hervorragende Stellung, die er Wissenschaftlerinnen einräumte, war für die damalige Zeit ungewöhnlich. In den frühen fünfziger Jahren waren Frauen in der naturwissenschaftlichen Forschung noch immer eine Seltenheit. Als Rosalind an das King's College kam, waren 8 von 31 Mitgliedern der Biophysikbelegschaft Frauen, mehrere davon in hohen Positionen. Dr. Honor Fell (später »Dame«) war Biologische Chefberaterin des Fachbereichs und kam einmal pro Woche aus Cambridge, wo sie die Direktorin des Strangeways Laboratorium war. Dr. Jean Hanson (die 1967 zum Mitglied der Königlichen Akademie der Naturwissenschaften ernannt wurde) arbeitete über Muskeln und übernahm die Hauptverantwortung für die biologische Seite der Arbeit. Dr. Marjorie M'Ewen, eine Dozentin für Physik, war ebenfalls aus St. Andrews angeworben worden. Die anderen waren in der Forschung aktiv. Außerdem gab es noch die Laborfotografin Freda Ticehurst, die Randall persönlich aus seinem alten Labor an der GEC angeworben hatte und die den Boden verehrte, den er betrat.

Weibliche Naturwissenschaftlerinnen gewannen so gut wie nie einen Nobelpreis. Damals hatte es nur drei gegeben, zwei davon waren die Curies gewesen, Mutter und Tochter. Die königliche Akademie der Wissenschaften hatte bis 1951 nur sieben weibliche Mitglieder (Fellows) zugelassen – weniger als ein Prozent der Gesamtzahl. (Der Anteil lag bis zum Ende des Jahrhunderts unter vier.) Darüber hinaus war die Physik von allen Wissenschaften die am meisten von Männern dominierte Wissenschaft und ist es auch bis heute geblieben. Die Wissenschaftshistori-

Eine der »Pflichtveranstaltungen« am King's College in London: die jährlichen Cricketspiele der Fachbereiche, hier von links nach rechts: Maurice Wilkins, Bill Seeds, Bruce und Mary Fraser, Raymond Gosling (stehend) und Geoffrey Brown.

kerin Margaret Wertheim nannte sie 1995 die »Priesterschaft der Wissenschaft«. Ihrer Interpretation zufolge sind die nachhaltigen kulturellen und psychologischen Schranken gegenüber dem Eintritt von Frauen in die Physik ein Erbe jahrhundertealter religiöser Traditionen: Der Physiker oder Mathematiker war eine Art Priester, eine Art Verbindungsstück zu Gott, dem heiligen Mathematiker. Die Fachbereiche für Physik in den egalitären Vereinigten Staaten gestalteten sich für Frauen kaum einladender als in Europa. Der Fachbereich an der Harvard Universität hielt in den fünfziger Jahren seine Politik gegen die Einstellung von Frauen, selbst als außerplanmäßige Professorinnen, aufrecht – ein Verbot, das zwei weitere Jahrzehnte bestehen blieb. (Bis 1992 hatte keine Frau einen Lehrstuhl in Physik erhalten.) Princeton war noch schlimmer. In den fünfziger Jahren war es Frauen nicht nur verboten, Physik zu unterrichten, es war ihnen überhaupt nicht gestattet, das Physikgebäude zu betreten. Sie stellten, wie der Leiter des Fachbereichs glaubte, eine Ablenkung dar. Eine weibliche Nuklearphysikerin, die eingeladen worden war, den Teilchenbeschleuniger in Princeton zu verwenden, musste im Schutz der Dunkelheit in das Gebäude schleichen.

Randalls Labor stand in krassem Gegensatz zu solcherart Frauenfeindlichkeit. Er hatte nicht nur viele Frauen in seiner Belegschaft, sondern sie fanden ihn in der Regel als Arbeitgeber auch verständnisvoll und hilfsbereit. Da er selbst mit einer behinderten Frau verheiratet war, hatte Randall gerne Frauen um sich, und es hielten sich Gerüchte, dass er zu einer aus der Belegschaft persönliche Beziehungen unterhielt. Er genoss das soziale Leben und sah es gerne, wenn seine Schar Männer und Frauen beim morgendlichen Kaffee und zum Mittagessen im gemeinschaftlichen Speiseraum, wo er beinahe täglich mit ihnen aß, zusammenkam. Vor allem aber gab es den Nachmittagstee: eine seiner »Pflichtveranstaltungen«, wie sich Louise Heller erinnert. [14] Eine weitere derartige Veranstaltung waren die jährlichen Cricketspiele der Fachbereiche, bei denen der Cricketnarr Randall in Flanellhosen und Knieschützern im Namen der Biophysik Bälle schlug.

Als Maurice Wilkins im Januar 1951 ans King's College zurückkehrte, begegnete er Rosalind zum ersten Mal. Sie saß an einem Schreibtisch in einem kleinen Büro, und als sie sich umdrehte, fielen ihm, wie auch schon Gosling, zuerst ihre Augen auf – »ruhige, wachsame dunkle Augen«.[15] Er fand sie »unauffällig hübsch«. Sie strahlte ein solches Selbstvertrauen aus, dass er, als sie aufstand, überrascht war, weil sie gar nicht so groß war, wie er geglaubt hatte.

Während der kommenden Monate arbeiteten sie getrennt, aber freundschaftlich an der DNA. Rosalind war scheinbar lange damit beschäftigt, ihre Pariser Arbeit schriftlich niederzulegen, aber er störte sie nicht. Wilkins blickte weiter durch Mikroskope und beobachtete, wie die DNA-Fasern aufquollen und länger wurden, sobald sie Wasser aufnahmen. Er diskutierte einen Aufsatz mit ihr, den er über dehnbare Moleküle geschrieben hatte, und nahm sie in seinen Danksagungen auf.

Ihre entschiedene Art war ihm nicht geheuer. Einmal, als er in der Tür stand und mit ihr sprach, bedeutete sie ihm mit einer Handbewegung, ohne sich auf ihrem Stuhl umzudrehen, dass er hereinkommen und sich setzen solle. Trotzdem aßen sie gelegentlich gemeinsam an einem Samstag im Strand Palace Hotel zu Mittag. Dort konnten sich die Laborleute – die meisten waren allein stehend – an einem preiswerten und guten Buffet laben. Ihre Unterhaltungen waren relativ ungezwungen. Rosalind interessierte sich für Theater, Bücher und Politik. Wie er war auch sie eine begeisterte Leserin des *New Statesman* und sprach sich, da Großbritannien der NATO beitrat, für Neutralität im Kalten Krieg aus. Beiden misshagte die Vorstellung von einer Wissenschaft zu Profitzwecken. Gelegentlich trat etwas, das Wilkins »Eigensinnigkeit« nannte, zu Tage. Eines Samstags, als sie Obstsalat mit Sahne aßen, bemerkte er, dass die Sahne gut gewesen sei. »Aber es war keine echte Sahne«, korrigierte ihn Rosalind. Wilkins hatte das Gefühl, zurechtgewiesen worden zu sein. Da er in den Nachkriegsjahren nicht in Paris gelebt hatte, hatte er ganz offensichtlich vergessen, wie echte Sahne schmeckte.

Mitte des Jahrhunderts war trotz Averys Entdeckung am Rockefeller Institute im Jahr 1944 keineswegs allgemein anerkannt, dass die Nukleinsäure DNA das genetische Material darstellte. Viele Wissenschaftler glaubten noch immer, dass Gene aus Protein bestünden. Wilkins hatte sich die Molekularstruktur der Gene ausgesucht, da sie ihm so ausgesprochen interessant erschien. Als er in die Biologie einstieg, betrachtete er sie als das lohnenswerteste Problem, das derzeit in Angriff genommen werden konnte. Es dauerte jedoch nicht lange, bis er und seine Mitarbeiter einen wichtigen Ratschlag von einem Kollegen aus New York erhielten: »Vertraut Avery!«[16]

Bis 1951 hatte man gute Fortschritte bei der Entschlüsselung der DNA-Struktur gemacht. Jedenfalls sagte sich Randall das. Einen Vortrag vor der Königlichen Akademie der Wissenschaften am 1. Februar begann er mit der Bitte, dass sein neuer Fachbereich im Vergleich mit den bereits länger bestehenden Instituten »nicht zu streng beurteilt« werden möge, womit er offenbar auf den schleppenden Beginn anspielte. In seiner Rede mit dem Titel »Ein Experiment der Biophysik« umriss Randall mit einigem Stolz ein vielseitiges Forschungsprogramm zur Beschaffenheit der Zelle mittels aller optischer Techniken, durchgeführt von einer 26-köpfigen Forschergruppe, darunter eine Turner-und-Newall-Stipendiatin (Rosalind). Als er die Fortschritte seiner Abteilung bei den Nukleinsäuren darlegte, würdigte er auch großzügig die Arbeit, die man am Londoner Birkbeck College geleistet hatte. Sven Furberg, ein junger norwegischer Forscher, der dort ein Stipendium des British Council wahrnahm, hatte sie alle über einen Fehler in der Röntgenarbeit von Astbury aus Leeds aufmerksam gemacht. An einem Modell der Nukleinsäure zeigte Furberg, dass die Zucker in einem rechten Winkel – und nicht parallel – zu den wie Münzen aufgestapelten Basen standen.

Gleichzeitig äußerte sich Randall äußert anerkennend über die DNA-Probe, mit der sie am King's College arbeiteten – dem Gel, das Professor

Signer aus Bern zur Verfügung gestellt hatte. Wenn Wilkins und andere das Gel befeuchteten, konnten sie Fasern gewinnen, die man auf das Doppelte ihrer ursprünglichen Länge dehnen – ein Vorgang, den man »aushalsen« nannte – und wieder schrumpfen lassen konnte.

Randall brachte seinem Publikum die Kühnheit seines Versuchs, die lebende Zelle darstellen zu wollen, zu Bewusstsein. Die Gedrängtheit und das Durcheinander auf dem Gelände des King's College, sagte er, sei ein passendes Symbol für die Biophysik: »Dieses Niederreißen der mentalen und physischen Schranken durch Forscher mit ausgesprochen unterschiedlichen Ausbildungen, die aus verschiedenen Traditionen kommen, ist der notwendige Beginn einer erfolgreichen Arbeit auf einem Grenzgebiet.« Sicherlich die schwülstigen Worte eines Pioniers, aber weshalb sollte er bescheiden sein? Hatte er nicht dazu beigetragen, den Krieg zu gewinnen?

Rosalind arbeitete ohne den Vorteil einer akademischen Berufung oder eines akademischen Rangs. Wie ein deutlich erkennbarer Flüchtling, der ohne Gepäck oder Namen in einem neuen Land eintrifft, hatte sie ein Gebiet betreten, auf dem die Qualität ihrer vorhergehenden Arbeit, mit Ausnahme der beiden Professoren Randall und Coulson, größtenteils nicht bekannt war. Wilkins wusste die Tatsache, wie angesehen sie in Paris war, nicht zu würdigen. Ihre anderen Kollegen ebenso wenig. Löcher in der Kohle oder deren Fehlen waren für einen Biophysiker nicht von Interesse.

Am meisten sagten ihr zwei Frauen zu, die ihr untergeordnet waren: die junge Österreicherin Marianne Friedlander und Freda Ticehurst, die das Fotolabor leitete, in dem die Röntgenfilme, die die Wissenschaftler aufnahmen, entwickelt und auf Papier abgezogen wurden. Freda, eine ausgezeichnete Technikerin, war warmherzig, lustig und mütterlich. Sie wurde von allen bemuttert, denn sie hatte während des Krieges ihren Verlobten verloren. Randall bemutterte sie in besonderer Weise, als er sich im September 1950 unter dem Vorwand, einige Dias ausleihen zu wollen, an sein altes GEC-Labor in Wembley wandte, und ihr anbot, am King's College das Fotolabor auszustatten und zu leiten.

Fredas Dunkelkammer stellte für das gesamte Labor eine Zuflucht dar. Randall selbst kam dort oft auf eine Unterhaltung vorbei. Auch Rosalind machte hier häufig eine Pause, ganz besonders am ersten Tag ihrer Monatsperiode, wenn sie unter heftigen Krämpfen litt. Sie bekam eine

Aspirin und ein heißes Getränk, aber sie wollte kein Mitleid. Ihre Reaktion war: »Ach, naja. Ich muss halt damit fertig werden.«[17] An diesen Tagen des Monats aber hatte Freda auch Mitleid mit Ray Gosling.

Rosalinds Sehnsucht nach ausländischen Freunden in London wurde befriedigt, als sie Simon und Bocha Altmann aus Argentinien kennen lernte. Simon Altmann, ein Jude, dessen Eltern 1905 nach Argentinien ausgewandert waren, war ein Freund von Vittorio Luzzati; sie hatten zusammen an der Universität von Buenos Aires studiert. Altmann war als Graduierter der theoretischen Physik aus Argentinien ans King's College gekommen. Seine Frau Bocha, eine Biochemikerin, war Stipendiatin des University College London.

Altmann war entsetzt angesichts der misslichen Lage, in der sich Rosalind befand. Für ihn war es eine kleine Tragödie, dass sich jemand mit Rosalinds Einfühlungsvermögen und Fähigkeiten in einer für sie so ausgesprochen fremden Atmosphäre befand. »Wohl belesen in zwei Sprachen war sie ein zivilisiertes, intellektuelles Leben sowie Gespräche über Malerei, Lyrik, Theater und Existenzialismus gewohnt«, sagte er. Jetzt umgaben sie Menschen, die noch nie von Sartre gehört hatten, die hauptsächlich den *Evening Standard* lasen und denen »die Sorte Mädchen gefiel, die sich auf Fachbereichsparties betranken, von Schoß zu Schoß weitergereicht wurden und sich den BH öffnen ließen«.[18] Die Leute im Labor wussten von Rosalinds Freundschaft zu Luzzati und hielten ihn für ihren Liebhaber. Altmann wusste, dass er das nicht war.

Altmann hatte das Gefühl, Rosalind werde mit ihren fünf Jahren herausragender Arbeit, die sie nach ihrer Promotion geleistet hatte, am King's College unterbewertet, nicht zuletzt auch von Randall. Die persönliche Antipathie zwischen ihr und Wilkins war nur Teil des Problems.

Der Lichtblick in Rosalinds Londoner Leben war ihre neue Wohnung in Drayton Gardens in South Kensington. Trotz bescheidener Einrichtung wirkte sie auf ihre Freunde, von denen die meisten in Quartieren mit Gemeinschaftsbädern und Gemeinschaftsküchen zusammengepfercht hausten, luxuriös. Die vier Zimmer im vierten Stock eines Gebäudes aus den dreißiger Jahren, dem Donovan Court, lagen um die Ecke der Fulham Road und des Forum Cinema und konnten mit dem Lift erreicht werden.

Rosalind liebte die Wohnung, ihr erstes richtiges eigenes Zuhause. Sie nähte Vorhänge und drängte Freunde, die Wohnung zu nutzen, wenn sie fort war. Ihrer amerikanischen Freundin aus Paris, Anne Sayre, ist zu verdanken, dass sie Rosalind überredete, ihre persönlichen Ersparnisse anzutasten. Pfennigfuchserei habe in Paris Sinn gemacht, behauptete Anne, als die Währungsbestimmungen die Einfuhr von Rücklagen unmöglich gemacht hatten. Zu Annes Erstaunen ließ sich Rosalind »meinen Vortrag nicht nur gefallen, sondern nahm tatsächlich die Wohnung und verwandte – wenn auch immer nur sparsam – das private Einkommen darauf, das sie zuvor immer verachtet hatte«.[19]

Eine anständige Küche ermöglichte es Rosalind, zu Dinner Parties einzuladen. Rosalind servierte ihren Londoner Freunden ungewohnte Mahlzeiten wie Taube, Kaninchen und Artischocken und unterwies sie in den Künsten der französischen Küche. Wie stellt man fest, ob ein Camembert reif ist? Man drückt einen Finger auf den Käse und einen anderen auf das geschlossene Augenlid. Wenn die Konsistenz übereinstimmt, ist der Käse gut. Sie liebte es, überall Knoblauch ans Essen zu machen, besonders wenn ihr Vater zum Dinner kam. Ellis Franklin, der stets behauptete, er könne Knoblauch nicht ausstehen, merkte nie, dass sich welcher an seinem Lieblingsessen, Roast Beef, befand. Die Glücklichen, die zu einem Essen eingeladen wurden, trafen auf die andere Rosalind: nicht die aus dem Labor, die »sehr zurückgezogen war« und niemals lächelte, sondern auf die amüsante Gesprächspartnerin und aufmerksame Gastgeberin. Weniger Jekyll und Hyde als »sol y sombra«. Rosalind trennte in ganz außergewöhnlichem Maße ihre unterschiedlichen Persönlichkeitsanteile. Jene, die die eine Seite kannten, bekamen die andere sehr selten zu sehen.

Zu ihren Gästen gehörten oft Familienmitglieder wie ihre Tante Alice Franklin, die in der Nähe in Elm Park Gardens wohnte und zu der Rosalind ein sehr enges Verhältnis hatte – vielleicht, wie ihre Cousine Ursula dachte, weil Alice sich mit Ellis nicht verstand. »Bist du oder bin ich diese Woche Lieblingsnichte?«[20], pflegte sie Ursula zu fragen. Die Altmanns waren regelmäßig zu Gast; auch die jüngeren Mitglieder der Abteilung für Biophysik wurden mit einem Essen bedacht: Louise Heller und ihr Mann, Raymond Gosling und Freda Ticehurst.

Von all den Fragen – »was wäre, wenn« –, die die Suche nach der Struktur der DNA umgeben, steht die Tatsache, dass Rosalind Maurice Wilkins niemals zum Dinner in ihre Wohnung einlud, ganz oben auf der Liste.

KAPITEL ZEHN

So ein lustiges Labor

(Mai – Dezember 1951)

Wenn der Frühling kommt, sagt Chaucer, »dann wendet sich das Volk zur Pilgerschaft.«[1] In der Wissenschaft nennt man das Konferenzen. Besonders zu Beginn der fünfziger Jahre, als es strenge Währungsbeschränkungen gab und die Gehälter niedrig waren, galt der bezahlte Besuch einer Konferenz im Ausland als Statussymbol und besaß eine außerordentliche Attraktivität. Damals wurden im Jahresbericht des Beirats für Medizinische Forschungen (MRC) die Auslandsbesuche der Mitglieder der Forschungseinrichtungen aufgelistet, als wäre dies an sich schon eine wissenschaftliche Errungenschaft. Im Mai 1951 freute sich Wilkins, im Rahmen einer Konferenz über Makromoleküle, die in der Marine Biological Station in Neapel stattfand, für Randall einspringen zu dürfen.

In Neapel setzte Wilkins seinem internationalen Publikum in sehr einfachen Worten die Gründe auseinander, weshalb man sich am King's College auf Nukleinsäuren konzentrierte. Präpariert man lebende Materie in Kristallform, sagte er, dann wird die Anordnung der Moleküle sichtbar und kann zu einem Verständnis der Struktur der Gene führen. Dann legte er ein Dia ein. Niemand hatte je zuvor eine solch gestochen scharfe Reihe von Bildern des DNA-Moleküls gesehen. In der Literatur gab es nichts Vergleichbares. William Astbury aus Leeds, der sich im Publikum befand, gratulierte Wilkins am Schluss für die Weiterführung seiner eigenen Untersuchungen. Astbury, ein unauffälliger Mann, der in einer wenig berühmten Universität im Norden arbeitete, hatte nach dem Krieg mit Randalls Geschick, Forschungsgelder der Regierung bewilligt zu bekommen, nicht mithalten können.

Ebenfalls unter den Zuhörern in Neapel befand sich Dr. James Watson – der »Dr.« war besonders bemerkenswert, da er erst 23 Jahre alt war. Watson war 1943 als 15-Jähriger an die Universität von Chicago gekommen. Mit 17 Jahren hatte er bereits Schrödingers Buch *Was ist Leben?* gelesen. Das Werk veränderte sein Leben. Watson spezialisierte sich auf Genetik und ging an die Universität von Indiana um zu promovieren. Dort führte ihn der italienische Mikrobiologe Salvador Luria in einen elitären Zirkel um den legendären Mac Delbrück ein. Er beschäftigte sich nun mit bakteriellen Viren. Auf diesem Forschungsgebiet gewann Watson nach seiner Promotion ein Stipendium in Kopenhagen, wo er mit dem Biochemiker Herman Kalckar zusammen arbeitete.

Watson war wegen des Themas »Nukleinsäuren« nach Neapel gekommen. Er lauschte gespannt Wilkins' Bericht, dass die Nukleinsäure (DNA) in Kristallform präpariert werden konnte (was nicht bei allen Makromolekülen möglich ist). Kristalline DNA konnte man wiederum, wie Wilkins ausführte, der Beugung durch Röntgenstrahlen aussetzen und so eventuell auf ihre dreidimensionale Struktur schließen.

Watson glaubte, dass das Gen der Forschungsgegenstand schlechthin sei. Er fürchtete jedoch, dass es in seiner Gestalt unregelmäßig sein könnte. Das klare Muster von Wilkins' Dia zeigte ihm, dass es eine regelmäßige Struktur gab, die darauf wartete, nachgezeichnet zu werden. (Gene konnten nicht mit der DNA gleichgesetzt werden; sie bestanden aus DNA, aber nicht alle DNA-Moleküle waren Gene). Durch ein Verständis der Struktur des DNA-Moleküls hoffte Watson herausfinden zu können, wie sich das Gen repliziert.

Watson war ein junger Mann mit starkem Eigenantrieb, der bei *The Quiz Kids*, einer landesweit ausgestrahlten Radiosendung, einen Hauch jugendlicher Berühmtheit erlangt hatte. Seine hervortretenden Augen verliehen ihm ein Aussehen, als sei er kurz davor, sich auf etwas zu stürzen – und er stürzte sich auf Wilkins. Sich seines eigenen Junggesellenstatus sehr wohl bewusst, nahm er an, Wilkins sei ein Mann ohne Anhang. Als er sah, dass seine hübsche Schwester Elizabeth, die mit ihm nach Neapel gekommen war, mit Wilkins zu Mittag aß, kam Watson auf den Gedanken, die Schwester als Köder zu benutzen: »Wenn Maurice meine Schwester wirklich gerne hätte, würde es sich ganz von selbst ergeben, dass ich bei seinen künftigen Röntgenuntersuchungen der DNA mit ihm zusammenarbeitete.«[2]

Aber wohin würde diese Arbeit als Nächstes führen? Mitte 1951 hatten beinahe alle am King's College die Thesen von Sven Furberg gelesen. Rosalind besaß eine Fotokopie der Seiten, auf denen Furbergs Modelle und die Anordnung der DNA-Zucker, -Basen und -Phosphate beschrieben waren (der Komplex der chemischen Gruppen, die zusammen ein Nukleotid bilden). Das Modell der DNA des jungen Furberg hatte die Form einer Helix und zeigte, so Harry Carlisle, Leiter der Kristallographie am Birkbeck College, »dass die Helix ein wesentliches Struktursystem der biologischen Makromoleküle sein könne«.[3] Rosalind war daher mit der Tatsache vertraut, ebenso wie ihre Kollegen, dass die Zucker in den chemischen Gruppen innerhalb der DNA nicht parallel, sondern im rechten Winkel zu den Basen lagen, und dass Astbury mit seiner Vermutung recht behalten hatte, dass die Basen parallel zueinander, im Abstand von 3,4 Å aufeinander gestapelt lagen.

Sven Furberg, der fünf Exemplare seines Aufsatzes in der Bibliothek der Londoner Universität hinterlegt hatte, kehrte nach Norwegen zurück. Er war voller Bewunderung für Großbritannien, das, »nachdem es den schrecklichen Krieg durchlitten, gekämpft und gewonnen hatte, sich auch im Frieden im Stande zu sehen schien, neue Schlachten zu kämpfen und zu gewinnen. Enorme Sozialreformen wurden eingeführt und die Naturwissenschaftler setzten sich ehrgeizige Ziele, wie zum Beispiel das Auffinden der Strukturen der für das Leben grundlegenden Moleküle«.[4] Das war Randalls Philosophie in Kurzfassung. Mit demselben sprühenden Geist mit dem Großbritannien den Krieg gewonnen hatte, würden die Naturwissenschaftler nun die Geheimnisse der lebenden Zelle entschlüsseln.

Raymond Gosling, der »Sklavenjunge«, fand es »super«[5], für Rosalind zu arbeiten. Sie hatte große Freude am Umgang mit ihren Materialien. Ihren goldenen Händen hatte der Ortswechsel nicht geschadet. Sie begann erneut, die Röntgenausrüstung zusammenzustellen, wobei sie eine einzige Faser unter die Ehrenberg-Spear-Röhre legte und über mehrere Stunden der Röntgenstrahlung aussetzte. Der Vorgang war unglaublich aufwändig. Was heute innerhalb von Sekunden von einem Computer erledigt wird, war damals keine Aufgabe für Menschen mit unruhigen oder gar ungeschickten Händen.

Als Nächstes ging Rosalind das Problem an, auf das Wilkins gestoßen war – sie stabilisierte die Feuchtigkeit innerhalb der Kamera. Sie wusste von ihrer Arbeit in Paris, wie wichtig es war, die Proben während des Vorgangs feucht zu halten. Die Arbeit mit einer Kamera von sehr geringem Fassungsvermögen erleichterte dies. Sie wählte eine Reihe von Salzlösungen, durch die Wasserstoff in die Kamera geleitet und die Feuchtigkeit reguliert werden konnte. Zunächst zog sie das Wasser heraus, indem sie die DNA-Faser über ein Trockenmittel stellte, und führte dann wieder gezielt Feuchtigkeit zu. Manchmal war es möglich, dieselbe Faser mehrmals zu benutzen. So demonstrierte sie, mit Goslings Unterstützung, die einfache, umkehrbare Hydration der DNA.

Rosalinds ungleicher Laborkollege Maurice Wilkins.

Aber Rosalind hatte aus Frankreich offenbar auch ihre Sorglosigkeit gegenüber der Röntgenstrahlung mitgebracht. Weder sie noch Gosling trugen schützende Bleischürzen, obwohl sie auch bei eingeschaltetem Röntgenstrahl arbeiteten, denn nur dann konnte die Kamera ausgerichtet werden. Geoffrey Brown, der an der Trennung von Nukleinsäuren durch Chromatographie arbeitete, kam eines Abends auf der Suche nach Gosling in den Röntgenraum. Dieser befand sich in einem Keller, der tiefer als die Themse lag. Dort fand er Rosalind, die im Halbdunkel an der Röntgenkamera arbeitete. »Sie sollte sich nicht in den Strahl stellen,«[6] dachte er und hatte den Eindruck, dass sie so darauf versessen war, die Bilder zu bekommen, dass sie leichtsinnig wurde. Auch Louise Heller machte sich Sorgen, weil Rosalind die Vorsichtsmaßnahmen nicht einhielt. Dennoch traute sich Heller, die auf dem Gebiet der Gesundheitsphysik bei der Atomenergieeinrichtung der Vereinigten Staaten in Oak Ridge, Tennessee, gearbeitet hatte, nicht, dies gegenüber einer Frau zu erwähnen, die »so viel Elan hatte, dass ihr die Arbeit wichtiger zu sein schien als alles andere«.[7]

Rosalinds Erfolg bei der Verwendung von Salzlösungen zur Regulierung der Feuchtigkeit in der mit Wasserstoff gefüllten Kamera beeindruckte Wilkins. Er hatte gefürchtet, dass sich das Salz auf der DNA-Probe absetzen könnte. Ihre Technik war die richtige. Diese bescheidende

Errungenschaft steigerte allerdings ihre Verachtung für Wilkins. Er kannte die einfachsten chemischen Techniken zur Hydrierung von Fasern nicht. Einen Mentor wie Mering, vor dem sie sich gerade wieder einmal verbeugt hatte, würde sie hier nicht finden. In ihrem jüngsten Aufsatz für die Zeitschrift *Acta Cryst* über die Struktur grafitischer Kohlenstoffe dankte sie »Monsieur J. Mering«, und zwar ihm allein, »für sein fortgesetztes Interesse und seine regelmäßigen Ratschläge während des Verlaufs dieser Arbeit«. Wilkins merkte, dass etwas schief lief. Er fragte jeden, was er tun solle, um seine Beziehung zu Rosalind zu verbessern. Auf Goslings Vorschlag hin, kaufte er ihr Pralinen, aber es half nichts.

Dabei hätten die beiden sich eigentlich gut verstehen müssen. Wilkins war 35 Jahre alt, groß, hager und gut aussehend, hatte feine Gesichtszüge und langes glattes Haar, das er sich aus der breiten Stirn kämmte. Sein eher sanftes Wesen wirkte anziehend auf Frauen. Wilkins war als Sohn anglo-irischer Eltern in Neuseeland geboren und besaß eine metaphorische Gabe, die einem Mann (...), dessen Großvater den Dichter William Butler Yeats in der High School in Dublin unterrichtet hatte (gerecht wurde). Er kannte sich in der Mathematik aus und vertiefte sich in die Probleme, die Rosalind auf dem Herzen lagen. Außerdem besaß er einen liberalen, unitaristischen, wissenschaftlichen Hintergrund, ihm war höhere Bildung bei Frauen nicht fremd. (Seine Großmutter war eine der ersten Studentinnen in Newnham gewesen, eine Tante hatte bei der Gründung des Bedford College, der ersten britischen Universität, die Frauen Diplome zubilligte, mitgewirkt, und einem Onkel wurde in Form des Wilkins Preises für Mathematik, den ausschließlich Frauen erhielten, am Trinity College in Dublin gedacht). Durch einen merkwürdigen Zufall hatte Wilkins seinen Vornamen vom Familiennamen des Gründers des von Rosalinds Vater so hoch geschätzten Working Men's College, Frederick Denison Maurice, erhalten. Politisch befanden sich Rosalind und er im Einklang. Alle Zutaten für eine Laborromanze waren da. Das war die eine Seite.

Auf der anderen Seite war Wilkins von seinem Temperament her das Gegenteil von Rosalind. Sie sprach schnell, er langsam. Er vermied den direkten Blickkontakt und neigte dazu, seine Brille beim Sprechen abzunehmen, als wolle er nicht zu viel sehen, und wandte sich langsam ab, sodass seine Zuhörer schließlich seinen Hinterkopf betrachteten. Rosalind fixierte den Menschen, den sie vor sich hatte, mit ihrem steten Röntgenblick. Sie genoss erhitzte und heftige Diskussionen und hatte Spaß an Auseinandersetzungen mit französischen Ladenbesitzern. Wilkins aber wurde bei Konflikten ausdruckslos und still.

Hätte Rosalind gewollt, hätte sie Wilkins um den kleinen Finger wickeln können. Viele haben damals und seither darüber spekuliert, dass er ein wenig verliebt in sie war. Aber da seine Ehe gerade plötzlich zerbrochen war – seine amerikanische Frau hatte sich geweigert von San Francisco nach St. Andrews zu gehen und die Scheidung eingereicht, womit sie auch seinen Kontakt zu dem gemeinsamen kleinen Sohn abschnitt – war er emotional angeschlagen. Gerade seine Eignung mag Rosalind nervös gemacht haben. Sie fühlte sich in Gesellschaft verheirateter oder jüngerer Männer sehr viel wohler. Und er hatte die falsche Frau vor sich. Charmante Offensiven gehörten nicht zu Rosalinds Repertoire. Darüber hinaus konnte sie nur Männer respektieren, die stark und entschieden waren und ihr etwas beibrachten. Sie stand noch immer im Bann des charismatischen Mering, war durch lange Kämpfe mit ihrem angriffslustigen Vater abgehärtet. Aus diesem Blickwinkel betrachtete sie den für sie vorgesehenen Mitarbeiter und fand ihn unwürdig.

Der Maurice Wilkins, der bei späteren Studentengenerationen am King's College Zuneigung und Bewunderung hervorrief, hatte sich durch eine glückliche zweite Ehe und ein warmherziges Familienleben verändert. Der frühere Wilkins konnte einen ganz anderen Eindruck hinterlassen. Ein Kommilitone vom St. John's College, Cambridge, erinnerte sich (vielleicht etwas voreingenommen, da er Rosalind kannte und mit einer ihrer Freundinnen verheiratet war) an einen »recht verdrießlichen, leicht altjüngferlichen jungen Mann ... keineswegs wohlhabend, der sich ständig angegriffen fühlte – eher ein Einzelgänger ... mit einem leidenschaftlichen Interesse für optische Linsen ... In vielerlei Hinsicht hatte er einiges mit Rosalind gemein, aber sie stammten aus vollkommen unterschiedlichen sozialen Milieus«.[8] So ist er wohl auch Rosalind erschienen. »Er ist so Mittelklasse, Vittorio!« klagte sie gegenüber ihrem alten Freund.[9]

Im Juni war es an Rosalind, auf Konferenzreisen zu gehen. Lange bevor sie Paris verließ, freute sie sich auf die zweite Internationale Konferenz für Kristallographie in Stockholm im Juni 1951. Auf dem Schiff auf der Überfahrt teilte sie eine Kabine mit der bekannten Kristallographin Dorothy Hodgkin, die fürchterlich seekrank war. Rosalind nicht.

Entspannte Heiterkeit bei einem Tagesausflug im Rahmen der Konferenz für Internationale Kristallographie 1951 in Stockholm. Vor Rosalind geht Vittorio Luzzati.

Schnappschüsse, die bei einem Tagesausflug aufgenommen wurden, zeigen eine glückliche Rosalind, ganz in ihrem Element. David und Anne Sayre, Luzzati, und ihr alter Mitbewohner Philip Hemily waren ebenfalls mit von der Partie. (Ihnen gegenüber erwähnte sie ihre Sorgen, vor allem, dass sie Maurice Wilkins nicht ausstehen konnte.)

Es war allgemein bekannt, dass bei Konferenzen die offiziellen Sitzungen weniger hilfreich sind als die sozialen Kontakte. Beim Dinner, bei den Kaffeepausen, beim unvermeidlichen Ausflug – ohne den, ähnlich wie ohne das Gruppenfoto, keine Konferenz komplett ist – und abends an der Bar erzählen sich die Wissenschaftler, womit sie sich beschäftigen – oder wie es der Mikrobiologe Francois Jacob vom Pasteur Institute ausdrückte, »zumindest das, was man durchsickern lassen und die Menschen glauben machen möchte, womit man sich beschäftigt«.[10]

Dennoch machte sich Rosalind seitenweise Notizen. Der herausragendste Chemiker der Zeit war dort: Linus Pauling vom California Institute of Technology, dessen Klassiker *Die Natur der chemischen Bindung* sie in Cambridge gelesen hatte. Erst in jenem Frühling hatte Pauling die Neuigkeit seiner triumphalen Entdeckung veröffentlicht: Die

Alpha-Helix, die wichtigste regelmäßige Struktur bei Proteinen, ermöglicht ihren inneren Ketten, sich um Ecken herumzuwinden.

Pauling hatte seine Idee zunächst in einem Vortrag in Caltech vorgestellt, wo er, um die Spannung aufzubauen, bis ganz zum Schluss wartete, bis er ein Konstrukt aus bunten Plastikbällen, die mit Draht zu einer gewundenen Spirale verbunden waren, enthüllte. Dies, verkündete er, sei die Gestalt der Alpha-Helix. Die Neuigkeit war niederschmetternd für Lawrence Bragg, der inzwischen Direktor des Cavendish geworden war. Pauling war seit 23 Jahren sein wichtigster Rivale (teilweise wegen Braggs Verdacht, dass seine eigenen Ideen zur chemischen Bindung verändert und als Paulings Ideen weitergegeben wurden). Jetzt hatte Pauling die Struktur eines der Grundbausteine der Proteine gelöst – ein Problem, das man am Cavendish auch im Blick gehabt hatte. Bragg dachte niedergeschlagen darüber nach, was er später den »größten Fehler seiner wissenschaftlichen Laufbahn« nennen sollte.[11] Auf jeden Fall, so Francis Crick, der nun am Cavendish Laboratorium an Proteinen arbeitete und Zeuge des traurigen Anblicks wurde, »lagen Helices in der Luft«.[12] Ebenso in der Luft schwirrten Anzeichen dafür, dass in der Nachkriegswissenschaft ein harter Konkurrenzkampf herrschte.

Paulings Aufsatz, gemeinsam mit seinem Kollegen Robert Corey verfasst, war zwei Monate vor dem Treffen in Stockholm in der April- und Mai-Ausgabe der *Proceedings of the National Academy of Sciences* veröffentlicht worden. Auf der Konferenz beschrieb er seine Entdeckung zum ersten Mal vor einem internationalen Publikum.

Ein weiterer Sprecher war der hoch gelobte Bernal vom Birkbeck College. Als einer der Ersten, der die Methoden der Röntgenstrahlbeugung auf große Moleküle wie Proteine anwandte, brachte er die Sprache – mit deutlichem Bezug zu Pauling – auf die verschiedenen Herangehensweisen, die Molekularstruktur herauszuarbeiten: spekulative, deduktive und induktive. Welche davon auch verfolgt wurde – und er machte keinerlei Andeutung, welche er für die Beste hielt –, müsse die so entstandene Vermutung müsse durch Röntgenanalyse geprüft werden. Das Wichtigste sei, erklärte Bernal, die Beweise und die Annahmen zu überprüfen und sich dann zu fragen: »Haben wir *die* Lösung gefunden? Oder *eine* Lösung?«[13] Rosalind nahm sich dieses Gebot zu Herzen. Sie schrieb es auf und unterstrich es mehrfach: »*die* Lösung oder *eine* Lösung«. Es gelang ihr nicht, Pauling persönlich kennen zu lernen.

Eine weniger offizielle Konferenz wurde im Juli in Braggs' Cavendish Laboratorium in Cambridge abgehalten. Max Perutz berief, wie auch schon im Jahr zuvor, ein Treffen jener ein, die an der Röntgenanalyse von Proteinstrukturen arbeiteten. Das Cavendish Laboratorium hatte eine ähnliche Forschungsabteilung wie das King's College, die auch durch die gleiche Quelle (den MRC) finanziert wurde. Es war kleiner als Randalls Abteilung, und man untersuchte dort Proteine durch Röntgenstrahlbeugung. Perutz, ein brillanter und geistreicher Österreicher, den es 1936 nach Cambridge verschlagen hatte, versuchte die erschreckend komplizierte Struktur des Hämoglobin, des wichtigsten Proteins in den roten Blutkörperchen, zu entschlüsseln. Sein Kollege John Kendrew probierte dasselbe mit dem kleineren Protein, dem Myoglobin (»Myo« bedeutet Muskel).

Im Hochsommer 1951 hatte sich die Atmosphäre in Großbritannien einigermaßen aufgeheitert. Das Festival of Britain wurde eröffnet und sollte dazu dienen, das Land aus seiner Depression zu befreien: »Die Menschen klopften sich selbst auf die Schulter«, sagte der Labour Politiker Herbert Morrison.[14] Die an der Londoner South Bank errichtete Ausstellung war ein 12 Millionen Pfund schwerer, fünf Monate währender Ausdruck nationalen Glaubens an Großbritanniens Eroberung neuer Welten in der Kunst, der Architektur und nicht zuletzt in der Naturwissenschaft. Randall und Furberg standen mit ihrer Meinung nicht allein, dass der unwahrscheinliche Sieg Großbritanniens seinem wissenschaftlichen Potenzial zu verdanken war.

Auf der Konferenz von Perutz sprach Wilkins, wie schon bereits bei einem ähnlichen Treffen im Vorjahr, über die Arbeit an der DNA am King's College. Die verschiedenen Röntgenstrahlmuster, die man erhalten hatte, sagte er, zeigten deutlich ein zentrales X. Alec Stokes hatte ihn darauf hingewiesen, dass dies ein klarer Hinweis auf eine Helix sei. Es schien, schlussfolgerte Wilkins, dass die ganze DNA dieselbe einzigartige, gewundene Struktur besitze. Man applaudierte ihm. Aber nicht alle. Rosalind wartete auf ihn, als er den Saal verließ. Sie sagte ihm in bestimmtem und entschlossenem Ton, dass er wieder zu seinen optischen Studien zurückkehren – also seine Arbeit mit Röntgenstrahlen aufgeben solle. Wilkins war durch und durch erschüttert. Niemand innerhalb der Wissenschaft hatte je so mit ihm geredet. Und weshalb befahl sie ihm, dem stellvertretenden Direktor des Labors, gerade in dem Moment die Arbeit einzustellen, in dem er über ermutigende Fortschritte zu berichten hatte? Er fragte sich, ob der Erfolg seines Vortrags sie beunruhigt hatte.

Zum Zerwürfnis kam es durch Randalls Zutun. Rosalind nahm an, dass sich Stokes und Wilkins von der DNA entfernten. Wilkins hingegen hatte Randalls Brief an Rosalind mit dem folgenschweren Satz – »Das bedeutet, dass auf dem Gebiet der experimentellen Röntgenoptik nur Sie und Gosling arbeiten werden.« – ja nie gesehen und ging davon aus, dass er mit Stokes Rosalinds und Goslings Fotografien analysieren würde. (Jahrzehnte später äußerte Wilkins die Vermutung, Randall habe das Missverständnis absichtlich herbeigeführt, um ihn zur Seite zu drängen und sich selbst wieder in das aufregendste Projekt in der damaligen Biophysik einbringen zu können.) Obwohl er einen großen Fachbereich aufbaute, hatte Randall keinen eigenen Handlungsbereich. Andere spekulierten, Randall habe wieder an der Arbeit teilnehmen wollen, weil ihn die erlahmenden Fortschritte, die am King's College unter Wilkins gemacht wurden, enttäuschten.

Die Nachricht über den Streit verbreitete sich rasch bei den anderen Teammitgliedern, die mit nach Cambridge gekommen waren. Als sie einmal mit Stakkähnen über den Cam fuhren, saßen Geoffrey und Angela Brown mit Wilkins in einem Boot und Rosalind mit Freunden in einem anderen. Wilkins blickte auf und sah Rosalind auf bedrohliche Weise mit dem Stakstab auf ihn zielen. »Jetzt versucht sie mich zu ertränken!«, sagte er. Alle lachten, aber es war nicht lustig.

Rosalind konnte es nicht lange ohne richtigen Urlaub aushalten. Als sie hörte, dass Margaret Nance, ihre Freundin von der UNESCO in Paris, in London war, organisierte sie eine Gruppe, die im August zur Ile de Batz an der Küste der Bretagne fuhr, und fragte Margaret, ob sie mitfahren wolle. Da Rosalind später als die anderen eintraf, gab es für sie und eine andere Nachzüglerin, Norma Sutherland, keine Unterbringung mehr. Nach einer Nacht auf dem Scheunenboden beschlossen die beiden Frauen, zum Festland zurückzukehren und dort eine Unterkunft zu suchen. Es schien keine zu geben, aber Rosalind fand mit ihrer Entschlossenheit und ihrem ausgezeichneten Französisch ein Zimmer. Norma, die Rosalind aus nächster Nähe erlebte, bekam einen deutlichen Eindruck ihrer zweischneidigen Persönlichkeit:

»Von ihrer Art her war sie kurz angebunden und bisweilen streitsüchtig - sie rief Feindseligkeit bei den Leuten hervor, mit denen sie redete, und schien dies oft gar nicht zu mer-

ken. Aber mir gegenüber war sie die Liebenswürdigkeit selbst, und ich habe sehr schöne Erinnerungen an diese gemeinsame Woche. Ich glaube, sie brauchte Freunde abseits ihres Arbeitsplatzes. Ein paar Monate später sollte ich nach Hause (Australien) fahren. Sie lud mich zum Abschied zum Mittagessen ein und gab mir ein kleines Geschenk, das mich auf der langen Reise beschäftigen sollte. Ich war gerührt von dieser Geste, die eine sehr viel weichere Seite des Franklin-Charakters offenbarte.«[15]

Nach dem Bretagne-Urlaub nahm Rosalind ihr Fahrrad mit in den Zug, traf am 16. August in der Dordogne ein und radelte in das Dorf St. Leon sur Vezère, wo ihre alte Freundin aus der St. Paul's Mädchenschule, Anne Crawford (inzwischen Piper) und ihr Mann Michael ein verlassenes Bauernhaus gemietet hatten. Sie kam, obwohl sie gewarnt worden war, dass eines der Piper-Kinder die Windpocken hatte. Mit Kindern und in der Natur fühlte sich Rosalind von den Spannungen des Lebens und des Labors befreit. Adrienne berichtete sie aus der Dordogne von einem »himmlischen Blick über das Tal und meilenweit keine Menschen«.[16]

Sowohl die Neuigkeit, dass am King's College unklar sei, was wer machte, wie auch die Kunde von einigen ausgezeichneten Röntgenfotografien der DNA drangen nach Caltech, Pasadena. Da Linus Pauling bereits einen Teil des Geheimnisses der Zelle, das des Proteins, gelöst hatte, meinte er, ebenso gut auch das der Nukleinsäure lösen zu können. Unverfroren bat er Randall schriftlich um die Röntgenaufnahmen der DNA, denn Wilkins, so habe er erfahren, wolle die Fotos gar nicht analysieren. Randall gab dem berühmten Wissenschaftler eine vage Antwort. »Wilkins und andere«, antwortete er, seien »eifrig damit beschäftigt«, die Interpretation der Röntgenaufnahmen von der Desoxyribonukleinsäure auszuarbeiten, und es verstünde sich von selbst, dass Wilkins damit weitermachen wolle. Emphatisch füge er hinzu: »Es wäre nicht fair ihnen gegenüber oder den Bemühungen des Labors insgesamt, Ihnen diese zu überlassen.« Auf jeden Fall, teilte er Pauling mit, werde es keine Geheimnisse darum geben, was man am King's College erreiche, da Wilkins auf einer Konferenz in den Vereinigten Staaten über seine Arbeit sprechen werde.

Bevor Wilkins in die Staaten abreiste, fragte er seinen Kollegen Stokes, ob er herausfinden könne, welche Art von Röntgenmuster sich bei einer Helixstruktur abzeichnen würde. Stokes konnte. Er brauchte 24 Stunden, die entscheidenden Berechnungen stellte er auf dem Nachhau-

Freunde abseits ihres Arbeitsplatzes waren Rosalind sehr wichtig. Urlaub in der Bretagne im August 1951.

seweg im Zug nach Welwyn Garden City an. Sie waren korrekt. Stokes, ebenso wie Avery ein ungewöhnlich stiller und zurückhaltender Mann, räumte später ein, dass er manchmal gedacht habe, seine Ergebnisse seien »vielleicht 1/5000 eines Nobelpreises wert«.[17]

Wilkins leitete die Information in einem Brief an Crick weiter, in dem er ihm mitteilte, dass er und Stokes jetzt der Ansicht seien, das DNA-Molekül habe die Gestalt einer Helix. Um seine Argumente zu stützen, skizzierte er ein Diagramm einer Helix an den Rand. Crick antwortete, dass Wilkins seine Zeit verschwende; das Proteinmolekül, nicht die DNA, sei Gegenstand der Untersuchungen. Nicht für Stokes. Sein mathematisches Diagramm aus wogenden Linien ergab ein solch hübsches Bild, dass er es »Wellen bei Bessel-On-Sea« nannte (Besselfunktionen sind mathematische Hilfsmittel bei Strukturberechnungen; Bexhill-on-Sea ist eine Küstenstadt in Sussex). Wilkins hängte es ans Schwarze Brett des Labors und reiste zur Gordon-Konferenz (Teil einer jährlichen Reihe von Sommerkonferenzen zu naturwissenschaftlichen Themen an einer Schule in den White Mountains von New Hampshire). Er hinterließ auch Rosalind eine Notiz:

»Stokes kann mit ein paar guten Dingen zur Helix aufwarten & ich habe noch ein paar mehr Fasern aufquellen und zusammenschrumpfen lassen. Der Schnitt steigt um einen Multiplikationsfaktor zwischen 3,7 & 4 beim Aufquellen auf 100% Feuchtigkeit, Länge 30-40 %.

Diese einfachen Experimente zum Umfang dürften ausreichen, um auf die Anzahl der Ketten pro Zelleinheit zu schließen.«[18]

Wilkins wagte auch einige Vermutungen zur Dichte und Identitätsperiode der Kette, oder Ketten, und schloss fröhlich: »Hoffe, Sie hatten einen schönen Urlaub, MW.« Die Notiz wartete auf Rosalind, als sie aus Frankreich zurückkehrte. Sie hatte einen ausgezeichneten Urlaub gehabt, aber nun war er ihr verdorben. Sie fand Stokes' Wellenmuster nicht hübsch, sondern hielt es für eine Einmischung in das ihr zugewiesene Gebiet.

Rosalind hatte bemerkenswerte Ergebnisse erzielt. Sie war die einzige Forscherin, die mit hoher Feuchtigkeit arbeitete, und war fest entschlossen, die best möglichen Fotografien zu bekommen, bevor sie sich an deren Auslegung machte. Ihre scharfen, klaren Bilder offenbarten, was zuvor niemandem aufgefallen war: Es gab zwei Formen der DNA. Wenn sie hydriert war, wurde die Faser länger und dünner. Wenn sie über einem Trockenmittel platziert wurde, verwandelte sie sich wieder zurück. Diese Veränderung erklärte, warum Astbury solche Schwierigkeiten hatte, die Muster zu erklären. Bei allen früheren Versuchen, die Struktur der DNA zu verstehen, hatte man ein verschwommenes Bild beider Formen betrachtet. Rosalind und Gosling erfüllte dieser Befund mit äußerster Spannung. Sie nannten die neue längere, dünnere und stark hydrierte DNA »naß« oder »parakristallin« oder einfach die »B-Form«. Die andere kürzere, trockenere Form bezeichneten sie als »trocken«, »kristallin« oder als die »A-Form«.

Diese Errungenschaft war wesentlich für die bevorstehende große Entdeckung. Rosalinds Geschick bei der chemischen Vorbereitung und der fotografischen Röntgenanalyse, über die Bernal später sagte, sie gehörten »zu den schönsten Röntgenaufnahmen, die jemals von irgendeiner Substanz aufgenommen wurden«[19], hatte die ersten klaren Bilder der DNA ergeben, und zwar von der Form, in der sich das Molekül öffnet, um sich selbst zu reproduzieren.

Als Wilkins aus den Vereinigten Staaten zurückkehrte, sah er Rosalinds neue scharfe B-Muster und war beeindruckt, dass diese Stokes Bessel-Berechnungen bestätigten. Er machte sie darauf aufmerksam. Könnten andere Arten von DNA ebenfalls ein B-Bild ergeben? Wilkins hatte nun ein paar eigene DNA-Proben, die ihm Erwin Chargaff von der Columbia Universität überlassen hatte. Vielleicht könnten sie zu dritt – Franklin, Wilkins und Stokes – weiterarbeiten? Zusammenarbeiten? Rosalind explodierte. Es war das einzige Mal, dass Wilkins Zeuge wurde, wie sie die Fassung verlor. »Wie können Sie es wagen, meine Werte für mich zu interpretieren?«[20] Rosalind hatte guten Grund. Ihre Arbeit war ihr Leben, der Kern ihrer Identität. Sie wurde am King's College unterbewertet, dabei hatte sie gerade außergewöhnliche Ergebnisse erzielt, obwohl sie praktisch vollkommen isoliert arbeitete. Jetzt schlug ihr ein, wie sie fand, nicht besonders fähiger Kollege mit höherem Dienstgrad vor, sich einzumischen und die Klarheit ihrer Untersuchungen zu verderben.

Wo Wilkins Zorn sah, sah einer ihrer Brüder Verzweiflung. Als Colin Franklin und seine Frau Charlotte Rosalind eines Abends zum Dinner bei sich zu Hause in Hampstead erwarteten, beobachtete er überrascht, dass sie in Tränen aufgelöst erschien – »verzweifelt weinend«[21], wie er sich erinnerte. Wie es bei den Franklins üblich war, zeigte er keine Reaktion. Ende Oktober war Rosalind so unglücklich, dass sie bereit war, ihre Arbeit aufzugeben. Sie schüttete ihrer alten Freundin und Vertrauten, Adrienne Weill, ihr Herz aus.

»Liebe Adrienne,

es tut mir Leid, dass ich so lange nichts habe von mir hören lassen. Ich kam aus dem Urlaub und schlitterte in eine absolut schlimme Krise im Labor. Diese hielt über Wochen und Wochen an, raubte mir all meine Energie und führte dazu, dass ich alles viel zu satt hatte, als dass ich irgendjemandem hätte schreiben können. Die Angelegenheit hat sich inzwischen ein wenig beruhigt, aber ich will noch immer so schnell wie möglich aussteigen und denke ernsthaft daran, nach Paris zurückzukehren, falls mich Paris haben will.«[22]

Am 25. Oktober 1951 kamen die Konservativen im Zuge der Parlamentswahlen wieder an die Macht, Winston Churchill wurde ein weiteres Mal Premierminister. Ungefähr zur selben Zeit war Randall gezwungen, den Konkurrenzkampf innerhalb seiner eigenen Reihen zur Kenntnis zu nehmen. Er bestellte Wilkins und Rosalind zu sich ins Büro zu einem Treffen, aus dem eine Art Pakt hervorging. Rosalind würde sich auf die A-Form konzentrieren und die DNA von Signer benutzen. Wilkins würde

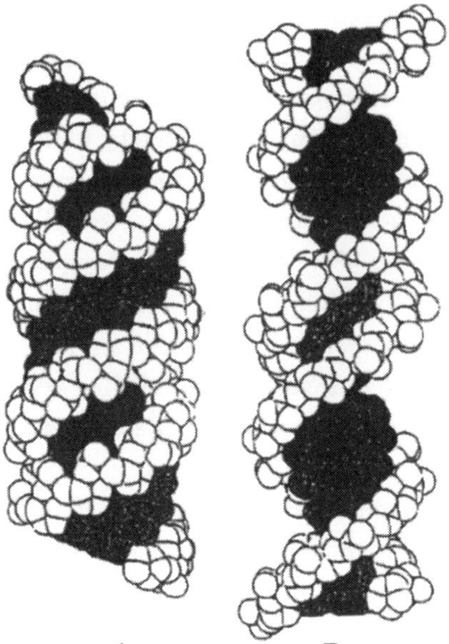

A B

DNA (desoxyribunucleic acid) in ihrer A- und B-Konfiguration.

sich mit der B-Form beschäftigen. Von da an war jede Art der Kommunikation zwischen den beiden praktisch beendet. Die formale Arbeitsteilung verschlimmerte die Sache noch weiter, da Rosalind die DNA von Signer und die Phillips-Mikrokamera mitnahm, während Wilkins Chargaffs Schweinethymus-DNA und die ältere Ausrüstung erhielt. Pech war, dass sich die Chargaff-DNA, vermutlich aufgrund ihres geringen Molekulargewichts, nicht kristallisieren ließ, und Wilkins damit die A-B-Umwandlung nicht wiederholen konnte.

Wilkins hatte also bei dem Handel schlecht abgeschnitten, aber auch Gosling litt nun. Als Doktorand fühlte er sich zwischen seinem Doktorvater (Rosalind) und dem stellvertretenden Leiter seiner Abteilung (Wilkins) hin und her gerissen. Er musste, wie er es sehr plastisch formulierte, »als Gesandter fungieren und den ›Inhalt‹ von Botschaften diplomatisch vom einen zum anderen tragen«[23]. Freda Ticehurst bemitleidete ihn: »Er war niedergeschlagen und fragte sich, ob er weiterhin mit Rosalind zusammenarbeiten sollte. Aber er hatte nie eine Abneigung gegen Rosalind verspürt, nur Sympathie.«[24]

Warum, muss sich der Fachfremde fragen, war die DNA von Signer etwas so Besonderes? Wenn die DNA das Molekül des Lebens ist und in jeder Zelle vorkommt, warum wurde dann ein bestimmtes Marmeladenglas voll davon so hoch geschätzt? Das Fällprodukt, das Rudolf Signer aus Bern hergestellt hatte, besaß ganz besondere Eigenschaften. Wenn man es mit einem Glasstab berührte, konnte das Gel in langen Fasern oder Schnüren herausgezogen werden. Wilkins zog einen treffenden Vergleich: »Es ist wie Rotz!«[25]

Frische DNA wurde am besten aus Tierorganen gewonnen. Forscher verbrachten viel Zeit in Schlachthäusern und bei Metzgern (wo die Thymusdrüsen von Kälbern als Bries verkauft wurden). Da es keine richtige Kühlung gab, mussten die Organe besorgt werden, bevor zersetzende Veränderungen im Gewebe stattfanden. Die nächste Aufgabe war, die DNA aus den Organen zu gewinnen, ohne dass sie sich zersetzte, dann aus der zähflüssigen DNA-Lösung eine einzelne Faser herauszuziehen, sie vor einer Kamera zu positionieren und einen Röntgenstrahl hindurchzuleiten. Dies erzeugte Flecken auf dem Film, von denen man auf die Position der sich wiederholenden Einheiten der Faser schließen konnte. Signers DNA war aufgrund der sorgfältigen und einzigartigen Präparierung mit Alkohol und Salz und wegen ihres sehr hohen Molekulargewichts so begehrt.

Am King's College übernahm die Chemikerin Mary Fraser die Aufgabe, DNA wie die von Signer herzustellen. Dafür verwandte sie kistenweise Dorschrogen. Ihre DNA hatte ein geringeres Molekulargewicht, genügte aber den Bedürfnissen ihres Mannes Bruce Fraser, der die DNA für seine Doktorarbeit mit Infrarotmethoden untersuchte.

Nach dem Beschluss der Arbeitsteilung stürzte sich Rosalind auf das Sammeln und Analysieren ihrer Daten. Ihre Notizbücher spiegeln ihre Aktivität wider: »Entweder ist die Struktur eine große Helix oder eine kleinere aus mehreren Ketten. Die Phosphate befinden sich an der Außenseite, sodass die Phosphat-Phosphat-Bindungen innerhalb der Helix durch Wasser getrennt sind.« Wegen der Leichtigkeit, mit der Wasser aus der Faser ein- und austrat und mit der sich die Feuchtigkeit veränderte, mussten die Phosphate offensichtlich außen liegen. Phosphate nehmen Wasser auf – sie sind »hydrophil«-, was dazu führt, dass sich die DNA-Moleküle während des Vorgangs verlängern.

Wilkins empfand seine Isolation als wenig produktivitätsfördernd. Frustriert begann er, regelmäßig Cambridge zu besuchen und sich mit seinem alten Freund Francis Crick am Cavendish Laboratorium zu unterhalten. Crick, ein Protein-Kristallograph, hatte Wilkins während des Kriegs bei seiner Arbeit für die Admiralität kennen gelernt und war dann 1947, auf der Suche nach einer Anstellung, in der Abteilung für Biophysik am King's College gelandet. Er blieb nicht lange. Da er sich für »die Grenzlinie zwischen dem Belebten und dem Unbelebten« interessierte, fand er den Dorschrogen, das Schafbocksperma und die Thymusdrüsen von Kälbern, die auf der Speisekarte der Forschung am King's College standen, als »zu weit auf der biologischen Seite dieser Grenze«.[26]

Die beiden Männer hatten vieles gemeinsam: Sie waren im Krieg in der Waffenforschung tätig gewesen, hatten eine zerbrochene Kriegsehe und ein Kind, sammelten gerade die Einzelteile ihrer zerrütteten Leben auf und waren gleichermaßen von Schrödingers Werk *Was ist Leben?* beeinflusst. Beide waren Mitte 30 und sahen sich sogar irgendwie ähnlich: sehr groß und hager. Sie konnten sich beide mit zwei mittleren Initialen schmücken, die in wissenschaftlichen Veröffentlichungen imposant wirkten: F. H. C. Crick, M. H. F. Wilkins. Es gab einen wichtigen Unterschied: Crick hatte wieder geheiratet, eine hübsche Französin mit künstlerischen Neigungen. Der Haushalt der Cricks in Cambridge wirkte mit seiner lebendigen, bohemistischen Atmosphäre, dem guten Essen und den wissenschaftlichen Unterhaltungen wie ein Magnet auf Wilkins, der alles andere als exzentrisch war. Da er Gesellschaft, warme Mahlzeiten und Unterhaltung brauchte, freundete er sich eng mit Crick an und fühlte sich stark zu dessen Frau Odile hingezogen. Ihre französische Eleganz, die im strengen Cambridge viel Beachtung fand, wurde von einem anderen Bewunderer so zusammengefasst: »Sie trug weiße Kleider.«[27]

Aber Crick hatte noch einen anderen Gesprächspartner: Jim Watson war aus Kopenhagen in Cambridge eingetroffen, um sich unter der Leitung von Max Perutz mit Kristallographie und Pflanzenviren zu beschäftigen. Watson teilte seinem Fellowship-Büro in Washington unverblümt mit, dass er nun wisse, dass die Röntgenkristallographie der Schlüssel zur Genetik sei. Ein Symposium in jenem Sommer an seinem Lieblingskonferenzort, Cold Spring Harbor auf Long Island, hatte ihm mehr als je zuvor verdeutlicht, dass die DNA *der* Träger des genetischen Erbguts war. Darüber hinaus hatte ihn sein Mentor Max Delbrück davon überzeugt, dass die Entschlüsselung des Gens das Problem des Jahrhunderts sei. Wem dies gelang, würde mit Ehren überhäuft. Und genau das wollte

Watson. Im Zimmer 103 des Austin Flügels im Cavendish Laboratorium machte er sich an die Arbeit. Das kleine karge Zimmer enthielt nur Tafeln, Tische und Francis Crick.

Affinität lässt sich nicht leichter erklären als Antipathie. Die beiden Männer mochten sich auf Anhieb, ebenso wie sich Rosalind und Wilkins nicht ausstehen konnten. Beide waren unbezwingbare Redner mit wachem Verstand und sich gegenseitig ergänzender Sachkenntnis. Watson kannte sich in der Biologie und der Genetik aus; Crick war Physiker, der sich die Röntgenkristallographie selbst beigebracht hatte. Die Worte sprudelten nur so während des täglichen Mittagessens im Pub. Beide lachten viel, selbst wenn, was nicht immer der Fall war, sie darüber diskutierten, wie die Gene zusammengesetzt sein könnten – Crick mit einem lauten Bellen, Watson mit einem schniefenden Schnauben bei dem er sein Zahnfleisch entblößte. Crick hatte die fröhlichen, wissenden Augen des Superschlauen, Watson einen den Horizont absuchenden Radarblick.

Niemand am Cavendish Laboratorium arbeitete an der DNA. Sie gehörte dem King's College. Anders als Watson, der schon früh einen Doktortitel besaß, musste sich der 35-jährige Crick seinen noch erwerben. Er arbeitete an einer Dissertation über die Röntgenbeugung von Proteinen. Obwohl er sich nicht besonders für die DNA interessierte, war er neugierig, wie sich Gene kopieren. Von Wilkins wurde er über die Möglichkeiten der Helixstruktur der DNA informiert. Watson spornte ihn an, Paulings Beispiel zu folgen und ein Modell zu bauen. Es bestand keine Notwendigkeit Geld auszugeben oder die Fasern des rotzartigen Gels zu benutzen – es ging nur darum, die Zusammensetzung des Moleküls gemäß den Regeln der Chemie zu erraten. Dann musste nur mit Kugeln und Draht aus der Maschinenwerkstatt eine Struktur gebastelt werden, die diese Vermutung dreidimensional darstellte.

Beide Männer waren von Paulings Erkenntnissen und seiner erfolgreichen Methode des Modellbaus tief beeindruckt, ebenso wie vom Scheitern ihrer Kollegen am Cavendish Laboratorium. Crick jedoch stand an einem Abgrund: Bragg fand ihn irritierend, aufdringlich, übertrieben selbstbewusst und zu unproduktiv und hoffte, dass er seine Dissertation abschließen und verschwinden würde. Bragg würde auf gar keinen Fall akzeptieren, dass Crick sich von seiner Hauptaufgabe abwandte und mit Spekulationen über die DNA beschäftigte.

Für Rosalind war Wilkins nicht das einzig Irritierende am King's College. Sie hatte einen sarkastischen Bürokollegen, einen dicklichen Iren schweizer Abstammung mütterlicherseits, der ein Absolvent des Trinity College Dublin war und sich mit den mechanischen Einzelheiten eines Spiegelmikroskops beschäftigte. Bill Seeds war der Witzbold in der Abteilung für Biophysik und machte gerne derbe Bemerkungen. Er liebte es auch, im Fachbereich herumzulaufen, Leute auf den Arm zu nehmen und Spitznamen zu erfinden: der stille Denker Stokes war der »Erzengel Gabriel«, der schlanke und wortkarge Wilkins war der »Onkel«. Es dauerte nicht lange, bis Seeds aus Rosalind »Rosy« machte. Sie konnte ihn nicht ausstehen. Er mochte sie genauso wenig. Rosalind kannte natürlich die allgemeine Verniedlichungsform ihres Namens – sie hatte eine Tante Rosie –, hatte es aber lange genug geschafft, sich »Ros-lind« nennen zu lassen. Von ihrer Familie und von engen Freunden akzeptierte sie auch »Ros«.

Es wäre vielleicht nicht so schlimm gewesen, hätte Rosalind zur Kenntnis genommen, dass alle anderen auch Spitznamen hatten. Für Dorothy Hodgkins' Biografin, Georgina Ferry, hatten diese eine doppelte Funktion. Auf der einen Seite wurden damit Vorgesetzte entmystifiziert, auf der anderen Seite der gestelzte Brauch aufgelockert, der in britischen Büros, Laboratorien und an Public Schools vorherrschte: Männer sprachen selbst ihre besten Freunde nur mit dem Nachnamen an, dem Nachnamen einer Frau wurde immer ein »Miss« oder »Mrs.« vorangestellt.[28]

Rosalind und Seeds gerieten in Streit wegen des Entwurfs für den Ständer ihrer Schwenkkamera. Seeds fand den Entwurf schlecht; er wollte vermeiden, dass wertvolle Zeit in der Werkstatt verschwendet wurde, und schlug einige Änderungen vor. Rosalind weigerte sich, diese in Erwägung zu ziehen. Ihr Standpunkt »So haben wir das in Frankreich gemacht und so werden wir es hier machen«, reizte Seeds wieder zu Späßen, die weitere Wutanfälle bei ihr auslösten.

Anfang November lud Crick seinen Kollegen Wilkins übers Wochenende zu sich nach Hause ein. Watson war ebenfalls anwesend. Wilkins erzählte völlig ungezwungen von seinen Forschungsergebnissen. Als die beiden anderen Wissenschaftler nach weiteren Informationen bohrten, wiederholte er das, was er bereits auf der Konferenz im Juli berichtet hatte, und jammerte über seine Probleme mit Rosalind, die regelrecht Zwangsvorstellungen bei ihm auslösten. Rosalind hatte ihn praktisch, so kam es ihm vor, aus seinem eigenen Fachgebiet ausgesperrt. Ihr hatte man die besten Kameras und die beste DNA gegeben, nur damit sie ihre Ergebnisse für sich behalte, anstatt sie im Geiste wissenschaftlicher Kollegialität mit der Gruppe zu teilen.

Wilkins hatte keinen Grund, nicht frei zu sprechen. So weit er wusste, arbeitete niemand am Cavendish Laboratorium an der DNA. Watson und Crick drängten ihn, weiterhin Paulings Beispiel zu folgen und Modelle zu bauen. Aber Rosalind wollte nichts davon hören. Es gab keine Möglichkeit zu beweisen, dass ein Modell – egal wie eindrucksvoll es war – der Wirklichkeit entsprach. Hatte nicht Bernal in Stockholm gesagt, dass jede vorgeschlagene Molekularstruktur durch eine Röntgenanalyse überprüft werden müsse? Solche Beweise zu finden war ihre Aufgabe. Stäbe, Metallplatten, Drähte und bunte Plastikkugeln stellten für sie sinnlose Umwege dar. Erst wenn man die Struktur kenne, wies sie Wilkins zurecht, sei es an der Zeit für den Modellbau.

Nicht jeder am King's College war gegen den Bau von Modellen. Anfang November beschloss Bruce Fraser aus der Spektroskopiegruppe (die dem Fachbereich Biophysik angeschlossen war), ein Modell zu bauen, um die neuesten Gedanken über die DNA zusammenzufassen. Fraser, der stolz einen schwarzen Schnauzer trug (ein Hinweis auf seinen Kriegsdienst als Pilot bei der RAF), verhielt sich in der Franklin-Wilkins-Fehde neutral. Die Kontakte, die er und seine Frau Mary zu Rosalind unterhielten, waren ganz und gar freundlicher Natur. Rosalind diskutierte das Modell mit ihm, nachdem er Sven Furbergs Aufsatz gelesen hatte, auf dem es beruhte. Als Fraser sie bat, zu erraten, wie viele Ketten es in dem Molekül geben könne, schlug sie drei vor. Wilkins sagte dasselbe aus denselben Gründen: Die Dichtemessungen und der Wassergehalt der DNA wiesen auf mehr als eine Kette hin, wahrscheinlich auf drei. Zwei wären nicht genug, um den Raum auszufüllen. (Als Linus Pauling später behauptete, es seien drei Ketten, war die Argumentation vernünftig, wenn auch falsch.)

Frasers DNA-Modell, das im November 1951 sehr schnell zusammengestellt wurde, war eine einfache Struktur, an der, wie sich herausstellen sollte, alle Haupteigenschaften außer der Anzahl der Ketten stimmten. Es besaß die Form einer Helix, die Phosphate befanden sich außen, und die Basen waren, wie Astbury herausgearbeitet hatte, wie Münzen im Abstand von 3,4 Å aufeinander gestapelt. Rosalind betrachtete das Modell und vertrat dieselbe Position, die sie gegenüber allen Modellen einnahm: »Das ist sehr schön – wie werden Sie beweisen, dass es die Lösung ist?«[29]

Frasers Modell vom November 1951 war ein großer Schritt in die richtige Richtung und ein eklatantes Beispiel der institutionellen Zögerlichkeit am King's College. Einzelheiten wurden niemals veröffenlicht, ebenso wenig wie Stokes' Berechnungen zur Helix-Beugung. Wilkins glaubte, es lohne nicht, dies weiter zu verfolgen. Obwohl Frasers Modell voller Potenzial steckte, gab es dahinter keine Hypothese zur Struktur; es erklärte nichts. Wenige Monate später bereiteten sich Bruce und Mary Fraser mit ihrem neugeborenen Baby darauf vor, nach Australien zu emigrieren – sie blieben dem Drama bis zu seinem Ende fern.

Am 21. November fand am King's College ein Kolloquium zur Struktur der Nukleinsäuren statt. Es gab drei Vortragende. Zunächst wiederholte Wilkins, was er im Juli in Cambridge gesagt hatte. Als Nächstes fasste Stokes seine Arbeit zur Theorie der Helix zusammen, und dann stellte Rosalind ihre Befunde über die A-nach-B-Umwandlung der hydrierten DNA vor. In den Notizen, die sie sich in Vorbereitung auf ihren Vortrag gemacht hatte, erwähnte sie die verschiedenen möglichen Helixvarianten der DNA, aber in der Erinnerung der Anwesenden, die alle zugegebenermaßen vage sind, sprach sie das entscheidende Wort »Helix«, dem Wilkins und Stokes besonders viel Aufmerksamkeit geschenkt hatten, nicht aus. Keiner der drei Vortragenden wies auf einen Zusammenhang zwischen Form und Funktion hin – sie ahnten also alle nicht, dass die Betrachtung der Form des genetischen Moleküls seine Funktionsweise offenbaren würde.

Hätte Rosalind sich anders gekleidet, wenn sie gewusst hätte, dass das, was sie am 21. November 1951 trug, ihr Bild in den Augen der Weltöffentlichkeit bestimmen würde? Wahrscheinlich nicht. Für ihren Vortrag wählte sie sicherlich die Kleidung aus, die sie für ihre Arbeit angemessen hielt: eine weiße Bluse, einen dunklen Rock und einen Laborkittel. Aus einem 15-köpfigen Publikum heraus beobachtete ein Mann sie besonders aufmerksam: Jim Watson. Er hatte Maurice gefragt, ob er teilnehmen dürfe, denn er hoffte zu erfahren, ob Rosalinds neue Röntgenbilder die Theorie der helixförmigen DNA stützen würden. Darüber hinaus war er neugierig auf Wilkins' »schreckliche Rosy«.

Für Watson waren Mädchen ebenso wie Gene Objekte größten Interesses. Er maß Rosalind an seinen Idealen weiblicher Schönheit – Hedy Lamarr, die französischen Mädchen, die an Sprachschulen in Cambridge Englisch studierten, und seine Schwester Elizabeth – und fand sie unzureichend. Seinen ersten Eindruck von Rosalind beschreibt er in seinem Werk *Die Doppelhelix* mit dem inzwischen berühmt berüchtigten Satz: »Einen Augenblick überlegte ich, wie sie wohl aussehen würde, wenn sie ihre Brille abnähme und irgendetwas Neues mit ihrem Haar versuchte.«[30] Da er glaubte, junge Frauen sollten dem Leben Glanz verleihen, hielt Watson auch nicht viel von ihrem Kleidergeschmack:

»Obwohl sie ausgeprägte Gesichtszüge hatte, war sie nicht unattraktiv und hätte toll aussehen können, wenn sie sich auch nur ein bisschen für Kleidung interessiert hätte. Das tat sie nicht. Sie trug keinen Lippenstift als Kontrast zu ihrem glatten schwarzen Haar, während ihre Kleider … der Fantasie englischer Blaustrümpfe entsprachen.«[31]

Watson hatte keine Ahnung von Rosalinds wissenschaftlicher Reputation, ganz zu schweigen von ihrer Herkunft. Als scharfsinniger Beobachter physikalischer Einzelheiten, aber als schlechter Psychologe schätzte er sie als »Produkt einer Mutter ein, deren eigene Karrierepläne vereitelt worden waren« und die »dementsprechend immer wieder die Vorzüge einer beruflichen Karriere, die schlaue Mädchen vor Ehen mit langweiligen Männern bewahren, herausgestellt« habe. Das Gegenteil war richtig. Rosalind hatte sich selbst zur Antithese ihrer Mutter gemacht. Das Letzte, was Muriel Franklin sich selbst oder ihrer Tochter wünschte, war eine Karriere. Außerdem war sie mit einem Mann verheiratet, den sie für den faszinierendsten der Welt hielt, und sie vermochte sich nicht in die Lage von Frauen hineinzuversetzen, die an einen Langeweiler gekettet waren. Derart voreingenommen begriff Watson nicht, was Rosalind über das Wasser sagte, das die Phosphate auf der Außenseite der Moleküle umhüllte. Er machte sich keine Notizen. Das tat er nie.

Eine Woche später hatten er und Crick ein eigenes Modell gebastelt. Sie benutzten die übrig gebliebenen Teile eines älteren Versuchs und setzten eine Struktur zusammen, die auf dem beruhte, was Watson am King's College halbwegs verstanden, und dem, was Wilkins seinem Kollegen Crick erzählt hatte. Ihre Vorgehensweise war im Prinzip klar und das Gegenteil von Rosalinds Ansatz: Sie nahmen die kleinstmögliche Anzahl experimenteller Fakten auf.

Watsons und Cricks Modell baute größtenteils auf ihrem eigenen Verständnis von dessen stereochemischen Bedingungen und auf Watsons Erinnerung an die Forschungswerte vom King's College auf. Dass Rosalinds Vortrag sie dazu unmittelbar angeregt hatte, wird in der schriftlichen Zusammenfassung ihrer Herangehensweise beim Modellbau deutlich: »Stimuliert durch die Ergebnisse, die von den Mitarbeitern am King's College, London, bei einem Kolloquium am 21. November 1951 präsentiert wurden, haben wir den Versuch unternommen, allgemeine Prinzipien zu finden, auf denen die Struktur der DNA beruhen könnte.«[32] Ihre Bastelei führte zu einem Dreikettenmodell einer Helix, wobei die Phosphate innen lagen und die Basen außen hervortraten. John Kendrew bestand darauf, dass es die Höflichkeit gebiete, dass das Team des King's College – Wilkins, Franklin, Seeds, Gosling und Fraser – eingeladen wurde, um es sich anzusehen.

Die grobe Fehlberechnung war offensichtlich. Rosalind verschwendete keine Zeit mit Schmeicheleien. Wo war das Wasser? Sie erläuterte, dass die DNA ein durstiges Molekül sei – eines, das zehnmal mehr Wasser in sich aufsaugte, als sie vorgesehen hatten. Die Phosphate müssten außen liegen, umschlossen von einer Wasserhülle. Wie konnten sie nach Watsons und Cricks Modell zusammenhalten? Und die Natriumionen, die sie irrtümlich außen positioniert hatten, wären von Wasser umhüllt und könnten keine Bindungen eingehen.

Rosalind blieb durchaus höflich – behauptete Seeds (obwohl Watson sie später als »dogmatisch« beschrieb[33]). Als sie mit Wilkins und Seeds im Zug zurück nach Hause saß, war sie überglücklich. Sie hatte nicht erwartet, dass das Modell richtig war. Die ganze Herangehensweise war unprofessionell, man stellte weder eine Hypothese auf, noch veröffentlichte man Ergebnisse, bevor nicht die Tatsachen sicher geklärt waren. Gosling jedoch vermutete, sie habe etwas gelernt und mache sich Gedanken darüber, wie viel man über das eigene Tun preisgeben sollte. Crick nahm später die Schuld auf sich. Das Modell war vollkommen falsch, denn »tatsächlich gab es da eine Menge Wasser. Ich kannte mich in der Chemie nicht gut genug aus, um zu wissen, dass Natrium zum Beispiel ohnehin zur Hydrierung neigt.«[34]

Das Ergebnis des Fiaskos war, dass Bragg seinen Mitarbeitern Watson und Crick Einhalt gebot. Er und Randall verständigten sich nach einem Gespräch unter vier Augen darüber, dass man die Untersuchung der Struktur der DNA dem King's College überlassen sollte. (Dieser Pakt stellte nach verschiedenen amerikanischen Berichten eine sehr englische Art des Fair Play unter Gentlemen dar. Bei dieser Interpretation wird aber übersehen, dass Schlangestehen und Teilen für die Menschen im Nachkriegs-Großbritannien wichtige und selbstverständliche Bestandteile des Alltags waren und dass es beiden, durch dasselbe Gremium finanzierten Institutionen als kriminelle Verschwendung erschienen wäre, die Forschungsanstrengungen parallel laufen zu lassen.) Auf jeden Fall schickten Crick und Watson zum Zeichen ihres Einverständnisses mit der Vereinbarung ihre Modellbauteile ans King's College.

Bevor das College über die Weihnachtsferien schloss, veranstalteten die Fachbereiche Physik und Biophysik ihr jährliches Dinner, eine weitere von Randalls geliebten Pflichtveranstaltungen. Der Höhepunkt war eine ausgelassene Pantomime, bei der nur wenige verschont blieben, am wenigsten »JT« selbst. Laut allen Berichten war das Unterhaltungsprogramm 1951 ungewöhnlich lebhaft, und zwar so sehr, dass sich der ehrwürdige Professor Coulson bei Randall beschwerte. Einige der Frauen trugen Luftballons unter den Blusen. Kondome wurden aufgeblasen und auf der Straße losgelassen, und jemand machte auf einem aus dem Fachbereich Theologie entführten Klavier laut Musik.

In einem Sketch wurde ein von Derek Mould gespielter Doktorand in seiner mündlichen Prüfung porträtiert. Bill Seeds war der Beisitzer, der gerade erst auf einem Esel aus Irland eingetroffen war, Stan Bayley spielte Randall mit Glatzenperücke, Brille, Pfeife, Leinensakko und Fliege. Auf dem Schreibtisch stand der schmuddelige Gummibaum, Randalls ganzer Stolz. Der Scientist-at-Play-Reim ist eine anspruchsvolle Form. Abstruse Fachbegriffe müssen mit Sticheleien gegen Labor-Persönlichkeiten, einem starken Rhythmus und einem sich wiederholenden Refrain verwoben werden. Die kreativen Köpfe der Fachbereiche Physik und Biophysik am King's College waren dieser Herausforderung ausgezeichnet gewachsen.

Rosalind jedoch war am Ende der Feier fest entschlossen, das Labor so bald wie möglich zu verlassen. Über die Ferien fuhr sie nach Paris und wollte versuchen, ihren alten Job wieder zu bekommen.

KAPITEL ELF

Das inoffizielle Wettrennen

(Januar 1952 – Januar 1953)

Rosalind hatte ihre Fotografien mit in ihr geliebtes Paris gebracht und zeigte sie Luzzati. Dieser schlug vor, dass sie zu deren Interpretation eine Technik anwandte, die sich Patterson-Methode nannte. Das entsprach auch ihren Vorstellungen.[1] Mering aber war ungehalten. Sie hatte sein Labor verlassen und das war's. Einmal mehr weigerte er sich, seinen Namen für einen ihrer gemeinsam erarbeiteten Aufsätze herzugeben. Mit leeren Händen kehrte Rosalind nach London zurück und unternahm einen gewagten Schritt. Sie besuchte Bernal am Birkbeck College und bat darum, der Biologiegruppe beitreten zu dürfen. Zu ihrer Erleichterung begrüßte dieser zumindest prinzipiell die Idee. Sie wagte jedoch nicht, ihn weiter zu drängen und zu fragen, ob sie noch im selben Jahr zu ihm wechseln dürfe. Es gab zunächst keine Alternative, als ans King's College zurückzukehren und nicht durchblicken zu lassen, dass sie daran dachte, die Seiten zu wechseln.

Rosalind kündigte Gosling an, die Patterson-Methode zur Messung der Reflektierungen der A-Form der DNA, die sie dann mit der selbst entworfenen Schwenkkamera aufnehmen könnten, anwenden zu wollen. Die Kamera würde ermöglichen, die Faser aus einer Vielzahl verschiedener Winkel zu fotografieren. An der Methode war nichts falsch, sie war lediglich schwierig und in sich schon begrenzt. Kristallographen waren sich lange nach den Ereignissen einig, dass es aus Rosalinds und Goslings Sicht vollkommen vernünftig war, auf diese Weise zu verfahren.

Die »Patterson-Methode« hatte ihren Namen von dem Neuseeländer A. Lindo Patterson, der an der McGill University in Montreal ausgebildet worden war und in den zwanziger Jahren eine Methode zur Vermeidung des »Phasen«-Problems bei der Messung der Brechungen und Beugungen der Röntgenstrahlen entwickelt hatte. Das Verfahren konzentriert sich ausschließlich auf die Intensität der Flecken, die auf der

Fotoplatte eingefangen werden. Eine Patterson-Karte, die wie eine Höhenlinienkarte aussieht, ist eine komplizierte Planpause mathematischer Bilder, die die schwereren Atome, wie Phosphor, als herausstehende Höhen zeigt. Sie ermöglicht die Schätzung der Abstände zwischen den Atomen. Indem die Intensität (bzw. die Schwärze) der Flecken auf dem Röntgenbeugungsbild methodisch festgehalten wird, könnte sich mit etwas Glück allmählich eine Annäherung an die interne Konfiguration des Moleküls ergeben. Carolyn Cohen, eine Protein-Kristallographin, bezeichnete dies als »die Struktur, die durch diese Flecken zu einem spricht«.[2] Die berühmte Kristallographin Dorothy Hodgkin aus Oxford, eine Mitarbeiterin Bernals und seit 1947 Mitglied der Königlichen Akademie der Naturwissenschaften, galt als »die Königin der Patterson-Methode«.[3] David Sayre, der mit Hodgkin gearbeitet hatte, erklärte: »Das war ihr Werkzeug, und sie war unglaublich gut darin ... Sie dachte in Landkarten-Kategorien«.

Die Arbeit gefiel Rosalinds mathematischem Gehirn. Sie erforderte eine intensive Konzentration auf mühselige Berechnungen, die Stunden in Anspruch nahmen – und heutzutage in einem Bruchteil von einer Sekunde von einem Computer erledigt werden. Nachdem Rosalind und Gosling die Intensität der Flecken bestimmt hatten, gaben sie die numerischen Entsprechungen (festgehalten auf farbigen Pappstreifen) in der Abfolge, in der die Flecken auftreten sollten, in eine Rechenmaschine ein. Goslings Albtraum war, dass die hübsche Mahagonikiste mit den durchlaufend nummerierten Pappstreifen auf den Boden fallen könnte und sie neu sortiert werden müssten. Rosalind war überzeugt, dass die Vektoren zwischen den einzelnen Atomen, die sie aus den verschiedenen Beugungsmustern der A-Form der DNA berechnete, ihnen etwas über die dreidimensionale Konfiguration des Moleküls verraten würden. »Sie war der Ansicht, dass genau das anstand und kein spekulativer Modellbau«, führte Gosling später aus.[4] Rosalind hatte bislang noch keine Patterson-Berechnungen angestellt. Darüber hinaus hatte auch noch niemand »zylindrische Schnitte« versucht – eine sehr viel schwierigere Größenordnung, so als würde man ein dreidimensionales Puzzle zusammensetzen. Die Schwierigkeit schreckte sie aber nicht ab.

Eine weitere Aufgabe zu Beginn des Jahres 1952 bestand in einer Zusammenfassung ihrer Arbeit vom Vorjahr für das Turner-und-Newall-Forschungsstipendium. In einem ausführlichen Bericht, datiert auf den 7. Februar, schrieb sie, sie habe die ersten acht Monate mit der Zusammenstellung der notwendigen Gerätschaften verbracht. Dann habe sie sich mit der »systematischen Röntgenuntersuchung der feinen Fasern der Desoxyribonukleinsäure, die M. H. F. Wilkins aus einer von Professor Signer (Bern) präparierten Probe gewonnen hatte«, beschäftigt. Sie gab die Dimensionen der Elementarzelle des Kristalls an. (Die Elementarzelle ist für das Kristall, was der Backstein für die Mauer ist: der grundlegende, sich ständig wiederholende Baustein). Sie kategorisierte die Zelleinheit, entsprechend den »Internationalen Tabellen der Kristallographie«, vorsichtig als »flächenzentriert monoklin«. Bei dem DNA-Molekül, so führte sie aus, lägen die Phosphate außen und wechselten durch Hydrierung von einem kristallinen in einen parakristallinen (das heißt »feuchten« oder gelartigen) Zustand, wobei sich die Länge der Fasern entsprechend änderte. Die Ergebnisse deuteten insgesamt auf «eine Helix-Struktur (die sehr dicht gepackt sein müsse) hin, die wahrscheinlich 2, 3 oder 4 co-axiale Nukleinsäureketten pro Helixeinheit enthielt, wobei die Phosphatgruppen außen lägen.[5]

Zu den weiteren Ereignissen des Jahres gehörte der Tod von König George VI. Außerdem verbot das amerikanische Außenministerium Linus Pauling die Ausreise. Amerikaner mit verdächtigen politischen Sympathien durften seit neuestem keine Auslandsreisen mehr tätigen, und Paulings aktive Opposition gegen den Kalten Krieg, Atomwaffen und die Entwicklung der Wasserstoffbombe war der Regierung unangenehm aufgefallen. Weniger interessant für die Weltöffentlichkeit, dafür aber umso mehr für einen relativ kleinen Kreis von Wissenschaftlern, war ein Aufsatz von W. Cochran, F. H. C. Crick und V. Vand in der Zeitschrift *Acta Crystallographica*. In diesem berechneten die Autoren die Struktur, die spiralförmig zu einer Helix angeordnete Atome durch Röntgenbeugung bilden würden. Sie erwähnten anerkennend, dass dieselbe Theorie »unabhängig und zeitgleich von Dr. A. R. Stokes entwickelt«[6] worden war – als Quelle gaben sie »private Gespräche« an. (Stokes, der noch immer zögerte, seine eigene Arbeit zur Helix, die er am King's College geleistet hatte, zu veröffentlichen, wollte nicht direkt zitiert werden.) Die Helix lag, wie Crick über diese Phase bemerkt hatte, tatsächlich »in der Luft«.

»Warum erscheint einem das eigene Heimatland nur so entsetzlich, wenn man, nachdem man in einem fremden Land gelebt und es lieben gelernt hat, dorthin zurückkehrt?«[7]

Mit dieser bitteren Frage zeigte Rosalind Anne Sayre unumwunden, dass ihre Aversion gegen das King's College teilweise eine Aversion gegen ihre Heimat war. In einem Brief an die Sayres schrieb sie mit vernichtender Offenheit:

»Mir geht es mit England genau so, wie es dir mit Amerika geht ... Vermutlich habe ich es genossen, in Frankreich eine interessantere Person gewesen zu sein, als ich es in England bin – interessanter einfach deshalb, weil englische Naturwissenschaftler in Frankreich seltener sind als in England.«[8]

Ihre Ausrüstung und ihre Möglichkeiten am King's College, räumte Rosalind ein, waren gut, »tatsächlich sogar Aufsehen erregend gut, wenn man die allgemeine Geldknappheit bedenkt«. Aber (wie sie auch schon Adrienne Weill im vorangegangenen Oktober erzählt hatte) »ich will noch immer weg, sobald ich kann«. Es folgten einige sehr harte Bemerkungen über ihre Kollegen.

»Das andere schwer wiegende Problem ist, dass es keinen erstklassigen oder auch nur guten Kopf unter ihnen gibt – eigentlich niemanden, mit dem ich gerne etwas besprechen möchte, Wissenschaftliches oder anderes. Ich ziehe es vor, unter jemandem zu arbeiten, der mir Respekt abverlangt und mich ermutigt.«

Den Sayres vertraute sie die Neuigkeit an, dass Bernal ihre Bewerbung begrüßt hatte. Das Birkbeck College würde ihr mehr zusagen, dachte sie, vor allem, weil es ein Abendcollege war. Dort gab es nur Teilzeitstudenten, Menschen also, die wirklich etwas lernen wollten. Dann fügte Rosalind mit einem seltenen und ausdrücklichen Verweis auf ihr Judentum hinzu: »Und sie schienen einen großen Anteil an Ausländern in den Lehrkörper aufzunehmen, was ein gutes Zeichen ist. Am King's gibt es weder Ausländer noch Juden.«

Rosalind tendierte dazu, wie ihre Schwester Jenifer bemerkte, sich »in beunruhigendes Schweigen oder unübersehbare Missachtung zurückzuziehen, wenn sie das Gefühl hatte, nicht im Einklang mit ihrer Umgebung zu stehen«.[9] Mit dem King's College fühlte sich Rosalind so wenig im Einklang, dass sie die Tatsachen falsch interpretierte. Simon Altmann und Louise Heller, um nur zwei zu nennen, waren sowohl Juden als auch Ausländer. Keiner ihrer Kollegen achtete darauf, ob ein Nachname auf eine jüdische Herkunft schließen ließ oder nicht, wie Rosalind es offenbar tat. Vielen war gar nicht bewusst, dass sie Jüdin war. Dennoch befand sie sich ständig in Alarmbereitschaft gegen den leistesten Anflug von Antisemitismus. In Paris war sie von Menschen umgeben gewesen, die bekanntermaßen Juden waren; wer die Besatzung durch die Nazis überlebt hatte, besaß kein Interesse, diese Tatsache zu verschweigen. Am King's College nahm Rosalind die beträchtliche Anzahl von Juden in ihrer Umgebung – Randall, Wilkins, Coulson – nicht wahr und verbuchte sie als nicht vorhanden. In vielerlei Hinsicht entsprach ihr Verhalten der Beschreibung der englischen Juden des 12. Jahrhundert in Sir Walter Scotts *Ivanhoe*: »... wachsam, misstrauisch und schüchtern – dabei aber hartnäckig, unnachgiebig und geschickt darin, den Gefahren, denen sie ausgesetzt sind, auszuweichen.«[10]

Wieso ging sie nicht in die Vereinigten Staaten, fragte Anne Sayre. David, ihr Mann, könnte die Finanzierung für eine Arbeitsperiode organisieren. Der berühmte Patterson war in Philadelphia am Fox-Chase-Krebszentrum tätig, wo er über »bergeweise« Ausrüstung verfügte, die er ihr sicher gerne lieh. »Ich hege eine leidenschaftliche Abneigung«, gestand Anne, »gegen Bernal«, und sie warnte Rosalind, dass ihn seine Belegschaft kaum zu Gesicht bekam. (Bernal, ein glühender Kommunist, reiste viel und engagierte sich für den internationalen Frieden und für osteuropäische wissenschaftliche Organisationen.) Wie sich Rosalind auch entschied, schloss ihre Freundin, »wenn du jemanden am King's umbringst, dann werde ich als Zeugin deiner Persönlichkeit einfliegen und schwören, dass es gerechtfertigter Totschlag war«.[11]

Bernals politische Auffassungen beunruhigten Rosalind keineswegs. »Egal, was man gegen den Mann haben kann, er ist *brillant*«[12], sagte sie. Mit einem solchen Mann wollte sie zusammenarbeiten.

Rosalinds Niedergeschlagenheit hinterließ bittere Erinnerungen an eine unglückliche junge Frau, die mit einem »Gesicht wie Donnergrollen« herumlief und im besten Falle traurig wirkte. Was mochte der Grund sein? Gab es eine gefühlsmäßige Bindung in Paris, die schief gelaufen war? Wenn sie wütend wurde legte sie den Zorn an den Tag, den die französischen Ladenbesitzer erlebt haben mussten: einen flammenden Blick und Worte, die nur so aus ihr heraussprudelten. Geoffrey Brown, ein Forschungsstudent im Fachbereich Physik hatte eine heftige Auseinandersetzung mit Rosalind wegen einer Teslaspirale (zum Auffinden lecker Stellen in Vakuumsystemen). Sie bat ihn, ihr seine Spirale, die er vom Fachbereich Physik zugewiesen bekommen hatte, auszuleihen. Als sie diese auf sein Verlangen hin nicht zurückgab, »ging ich, holte sie mir wieder und schraubte sie an die Wand. Und sie kam herein, riss sie herunter und ging sofort wieder raus«.[13] Er versuchte es nicht noch einmal.

Ein anderer Doktorand, John Cadogan (später Sir John), erinnert sich, eines Samstagsabends noch länger im Physiklabor gearbeitet zu haben; es war die einzige Zeit, zu der er Zugang zu dem Infrarot-Spektrometer hatte. Plötzlich ging die Tür auf und er sah sich einer fuchsteufelswilden Rosalind gegenüber. »Sie hat mich zu Tode erschreckt. Sie wollte wissen, was ich zu dieser Tageszeit noch dort machen würde, und drohte, den Sicherheitsdienst zu rufen.«[14] Als sich Cadogan auswies, beruhigte sie sich, wobei ein bereits bekanntes Schema zur Geltung kam: »Sie war sehr nett und warmherzig mir gegenüber, interessierte sich für die Arbeit eines jungen Forschers und erklärte mir während der folgenden Monate einiges über die Fortschritte bei der Arbeit mit der DNA.«

Es gibt wenig Zweifel, dass diese hässlichen Vorfälle stattgefunden haben, ebenso wenig darüber, dass das Kompliment, auf das sich die Männer im Labor einigten, zu den unangebrachtesten überhaupt gehört: »Sie war wunderschön, wenn sie wütend war.«[15] Alle diese Anekdoten sind einseitig und im Rückblick verklärt. Leider wurde Rosalinds Sicht dieser Begegnungen nie aufgezeichnet. Wilkins hatte die Hauptlast ihres Widerstands zu tragen, gewöhnte sich aber langsam daran. Im Frühjahr 1952 schrieb er an Crick: »Franklin bellt oft, es gelingt ihr aber nicht, mich zu beißen. Seitdem ich meine Zeit neu eingeteilt habe, sodass ich mich auf die Arbeit konzentrieren kann, geht es mir nicht mehr so nahe. Als ich dich das letzte Mal sah, hat es mir noch sehr zu schaffen gemacht.«[16]

Als Rosalind Anne Sayre von den »ein oder zwei ernsthafteren Leuten, die gut und angenehm sind, die sich aber weigern zu forschen, damit sie sich aus der unangenehmen Atmosphäre heraushalten können«, erzählte, meinte sie eindeutig Alec Stokes. Stokes zog die Theorie dem Hantieren mit Kameras und klebrigem Gel vor. Er verstand sich gut mit Rosalind und lud sie 1952 ein, fünf Vorträge über Kristallographie zu halten. Ihr dickes Bündel an Notizen zeigt, dass sie sich große Mühe gab, den Examenskandidaten, die ein Bakkalaureat in Naturwissenschaften anstrebten, die Grundlagen der Röntgenbeugung zu erklären.

In jenem Frühjahr wurde die Schwenkkamera fertig gestellt, die sie und Gosling entworfen hatten. Da ihre Fotografien nun zunehmend klarer und schärfer wurden, nahm Rosalind einen Satz mit nach Oxford, um sie Dorothy Hodgkin zu zeigen. Hodgkins verkündete, dass Rosalinds Fotografien die besten seien, die sie je gesehen habe – so klar, dass es sogar möglich schien, die Raumgruppen des Kristalls zu erkennen. (Nach internationalen Röntgentabellen lassen sich Kristalle durch ihre Symmetrie (anhand der Form ihrer Zelleinheiten) in 230 Raumsymmetriegruppen einteilen. Die Tabellen, die im Auftrag der Gesellschaft zur Förderung und Verbreitung naturwissenschaftlicher Kenntnisse von Astbury aus Leeds und Kathleen Lonsdale angefertigt und 1924 veröffentlicht wurden, waren zu Rosalinds Zeit die Bibel der Kristallographen.) Rosalind erlaubte sich die Bemerkung, sie habe die Möglichkeiten bereits auf drei Raumgruppen eingeschränkt. Aber zwei von diesen, entgegnete Hodgkin, waren unmöglich. Nur eine besaß die korrekte »Gängigkeit«[17] für die Zucker in der DNA. Rosalind akzeptierte die Korrektur. [18]

Rosalind zog nie in Zweifel, dass die B-Form der DNA eine Helix war. Wie hätte sie das tun können? Es war die allgemein akzeptierte Ansicht am King's College. Das hatte sie in ihrem Bericht für Turner und Newall geschrieben, und Randall teilte diesen Befund einer Versammlung des Komitees für Biophysik des MRC am 14. März 1952 mit. Das MRC-Komitee überwachte alle Forschungsausgaben der Biophysik und fand sich regelmäßig bei den geförderten Institutionen ein.

An jenem Tag versammelte sich das MRC-Komitee in London in der Abteilung für Klinische Forschung der University College Hospital Medical School. Randalls Zwischenbericht war einer von zwei Tagesordnungspunkten. An seinem College, so verkündete er, sei die Phase des Aufbaus der Gerätschaften vorüber; nun nehme man die Zellstruktur konzentriert in Angriff. Zusammenfassend erklärte er: »... auf der Grundlage der durch Röntgenanalyse gewonnenen Belege ist davon auszugehen, dass die Nukleinsäure die Struktur einer Helix besitzt.«[19] Randall lud das Komitee ein, die nächste Versammlung am King's College abzuhalten, wo der neue Fachbereich für Physik beinahe fertig gestellt war. Der Besuch wurde für den Dezember vorbereitet.

Am 1. Mai 1952 hielt die Königliche Akademie der Naturwissenschaften eine Konferenz in London über Proteine ab. Pauling, der Ehrengast hätte sein sollen, war nicht anwesend. Es gab allgemeines Erstaunen darüber (obwohl die Umstände bekannt waren), dass ein solch herausragender Wissenschaftler sein eigenes Land nicht verlassen durfte.

Im Laufe des Tages kam Pauline Cowan, eine Studentin von Dorothy Hodgkin, auf Rosalind zu. Sie überlegte, ob sie ein Angebot vom King's College annehmen solle. »Tun Sie es nicht«, riet ihr Rosalind.[20] Das College sei kein fröhlicher Ort, sagte sie, es schneide im Vergleich zu Hodgkins fröhlichem und produktivem Labor in Oxford schlecht ab.

Watson nahm ebenfalls an der Konferenz teil. Er war noch immer am Cavendish Laboratorium in Cambridge, und seine Arbeit wurde inzwischen von der Nationalstiftung für Kinderlähmung unterstützt. Da ihm Braggs Verbot einen Strich durch die DNA-Forschung gemacht hatte, arbeitete er an der Ribonukleinsäure (RNS) in der Form, wie sie in dem Virus zu finden ist, der Tabakblätter fleckig werden lässt: an dem Tabakmosaikvirus (TMV). Watson hatte die DNA jedoch nicht vergessen und schrieb seinem Mentor Max Delbrück, dass Maurice Wilkins am King's College »ganz besonders ausgezeichnete« Röntgenaufnahmen der DNA erhalten habe, und setzte hinzu:

»Es liegt auf der Hand, dass sehr viel Arbeit darauf verwandt werden sollte, diese Struktur zu erhellen. Die Leute am King's sind jedoch damit beschäftigt, sich untereinander zu bekämpfen, und daher wird derzeit keinerlei echte Anstrengung unternommen, das Problem der Struktur zu lösen. Wir haben versucht, ihr Interesse für das versuchsweise Bauen plausibler Modelle zu gewinnen. Derzeit haben wir jedoch aus diplomatischen Gründen, weil wir nicht an den Problemen enger Freunde arbeiten wollten, wieder damit aufgehört. Wenn die Leute am King's jedoch weiterhin nichts tun, werden wir unser Glück erneut versuchen.«[21]

Nach der Versammlung der Königlichen Akademie zeigte Rosalind Robert Cory, einem berühmten Proteinchemiker und Kollegen Paulings, der statt seiner teilgenommen hatte, einige ihrer DNA-Fotografien. Corey nahm die Neuigkeiten mit nach Hause. Rosalinds Fotografien waren ausgezeichnet. Pauling selbst hatte in jenem Jahr ein paar wenig zufrieden stellende Aufnahmen der DNA gemacht. Durch die Erzählungen Coreys wurde sein Interesse geweckt.

Während Rosalind bei der Königlichen Akademie war, blieb ihre Kamera eingeschaltet. Die Röntgenaufnahmen, die sie und Gosling machten, erforderten Belichtungszeiten bis zu 100 Stunden; und das von einer einzigen DNA Faser, die aus sehr geringem Abstand, etwa 15 Millimeter, aufgenommen wurde. Manchmal wechselte die Faser während der Belichtung von der kristallinen A-Form in die parakristalline B-Form.

Einmal geschah dies so abrupt, dass die Faser aus der Halterung fiel. Die Fotografie, die zwischen dem 1. und 2. Mai entstand, zeigte ein ausgeprägtes X, das sich aus tigerartigen, schwarzen Streifen zusammensetzte, die vom Zentrum her ausstrahlten. Die Zwischenräume zwischen den Armen des X waren leer. Es war das deutlichste Bild, das jemals von der B-Form der DNA, zweiffellos einer Helix, gemacht wurde. Rosalind gab ihm die Nummer 51 und legte es zur Seite, um sich (wie sie mit Randall übereingekommen war) dem Rätsel der A-Form zu widmen.

Diese Entscheidung wurde im Licht der folgenden Ereignisse heftig kritisiert. Aber Rosalind hatte gute Gründe weiterhin die Muster der A-Form zu interpretieren, denn diese enthielten mehr für Kristallographen dienliche Informationen. Sie weigerte sich, ohne weitere Beweise in der A-Form eine Helix zu sehen. Sie hatte zwei wichtige Aufsätze in Vorbereitung, in denen sie ihre Entdeckungen bekannt geben wollte, und zog es vor zu warten, bis sie sicher war. Weshalb hätte sie sich beeilen sollen?

Da ihr die makroskopische (für das bloße Auge sichtbare) Veränderung der Fasern zwischen der A- und der B-Form aufgefallen war, fragte sie sich, ob sich die Molekularstruktur verändert und sich die Helix der B-Form aufgelöst haben könnte. Ihre Erziehung und Herkunft hatten Rosalind gelehrt, sich ihrer Fakten absolut sicher zu sein, bevor sie sie der Welt präsentierte. Keine geringere als Dorothy Hodgkin bestätigte rückblickend, dass Rosalinds Herangehensweise vernünftig war. »Da Rosalind notwendigerweise damit zu tun hatte, korrekte Werte der DNA zusammenzutragen, war es nur natürlich, dass sie den Modellbau so lange verschob, bis ihre Werte vollständig waren und sie so viele Informationen wie möglich gewonnen hatte, dass sich die möglichen Formen des Modells, das sie bauen würde, auf wenige reduzierten.«[22]

Rosalind ging ihren eigenen Weg und der Preis, den sie dafür bezahlen musste, war, dass man ihr gönnerhaft begegnete. Bei einer Tagung des Zoologischen Laboratoriums in Cambridge traf sie zufällig Crick und erzählte ihm von den Asymmetrien, die sie bei der A-Form festgestellt hatte. Crick warnte sie vor der irrigen Annahme, die A-Form sei keine Helix: Es müsse andere Erklärungen für das, was sie sah, geben, die eine Helix bestätigten.

Crick hatte herablassend gesprochen. Später sollte er sagen: »Zunächst fürchte ich, dass wir ihr gegenüber immer eine, sagen wir, herablassende Haltung einnahmen. Wenn sie uns erzählte, die DNS könne keine Helix sein, sagten wir: ›Unsinn.‹ Und wenn sie sagte, ihre Messungen zeigten aber, dass es keine Helix sein könne, dann sagten wir: ›Nun, dann sind sie falsch.‹«[23] Crick hatte in diesem Fall Recht: die Art der Asymmetrien, die Franklin in den Röntgenreflektierungen fand, konnte erklärt werden. Aber auch sie hatte Recht mit ihrer abwehrenden Haltung; sie wusste, wann man sie nicht ernst nahm.

Im Mai trug ihr ihre Reputation in der Kohleforschung eine Einladung aus einer unerwarteten Richtung ein: Jugoslawien. Sie fuhr glücklich weg, da sie von Bernal gehört hatte, dass er sie jederzeit, sobald sich Randall einverstanden erklärte, am Birkbeck College aufnehmen würde. Sie hielt es für diplomatisch, Randall erst nach ihrer Rückkehr davon zu erzählen. Rosalind genoss ihren Auslandsaufenthalt – von den Großstädten abgesehen: »Nach zwei Tagen in Zagreb werde ich für den Rest meines Lebens in der Lage sein, einen Kroaten auf eine Meile Abstand zu erkennen.« Und für Belgrad galt: »Ein erbärmlicher Ort, wo nichts Bestand hat und niemand weiß, ob sie zum Osten oder zum Westen gehören.«[24] Ansonsten traf sie auf beeindruckende Forschungsergebnisse, nette Menschen und Aufsehen erregende Landschaften, was ihr bisweilen durch politischen Bekehrungseifer verdorben wurde. In Zagreb, wo sie einen Vortrag über »Einige Aspekte der Ultrafeinstruktur von Kohlen und Koks« hielt, traf sie auf Katarina Kranjc, die erste Frau, die in Jugoslawien Röntgenstrahlen verwandt und einen Doktortitel in Physik erhalten hatte. Katarina Kranjc, die nur fünf Jahre älter war als Rosalind, kam mit einem großen Strauß roter Rosen an den Bahnhof. »Ich weiß nicht, wie ich mir eine Naturwissenschaftlerin vorgestellt habe«, schrieb sie später, »aber ich habe bestimmt kein so charmantes, junges Mädchen erwartet: Mein Erstaunen war riesig.«[25]

Die Vorlesung war ein großer Erfolg. Besuche ausländischer Wissenschaftler waren eine Seltenheit, und Rosalinds Vortrag lieferte ihnen erstmals direkte Informationen über kristallographische Laboratorien in Großbritannien und Frankreich. Danach nahmen Kranjc und Dr. Drago Grdenic, ein anderer Chemiker, der an der Röntgenstrukturanalyse arbeitete, Rosalind mit in die Oper und in ein Theater-Café. Zurück im Hotel schenkten sie ihr kleine Päckchen mit Tee und Kaffee.

Der Aufenthalt beinhaltete auch zwei Wandertage, eine Übernachtung in einer Hütte in den Julianischen Alpen und eine Woche an der Dalmatinischen Küste. Dubrovnik war wunderschön; in Split nahmen

Mitarbeiter des Wissenschaftlichen Instituts vor Ort sie mit auf eine Bootsfahrt zu einer nahe gelegenen Insel, wobei die Experten ihr alles von der Mikrobiologie bis zur wirtschaftlichen Situation der Fischer erklärten. »Sie sind der Ansicht, dass es ihnen bereits gelungen ist, die Fruchtbarkeit des Meeres in bestimmten Regionen um das 40-fache zu steigern.«[26] Über Venedig fuhr sie nach Paris, wo sie einen zweitägigen Zwischenstopp einlegte. Dann ging es zurück. Es war, schrieb sie an die Sayres, »zu gut, um wahr zu sein – ich glaube, ich werde lange warten müssen, bis mir so etwas wieder passiert.«[27]

Im Juni 1952 wurde endlich das Loch im Hof des King's College aufgeschüttet. Die neuen Physik- und Techniklabore wurden eröffnet und am 27. Juni von Lord Cherwell, Churchills wissenschaftlichem Berater, eingeweiht. Aus diesem Anlass gab das Wheatstone Laboratorium für Physik eine Schrift heraus, in der seine lange Geschichte erzählt sowie über die aktuellen Forschungsaktivitäten des Fachbereichs berichtet wurde. Dazu gehörte auch die Arbeit der Gruppe an der »Molekularstruktur der Nukleinsäuren und dem Nukleoprotein in Zellen«, als deren Mitglieder »M. H. F. Wilkins, R. E. Franklin, A. R. Stokes und R. G. Gosling« genannt wurden. Ihre Arbeit wurde wie folgt zusammengefasst:

»Das reine Natriumsalz der Desoxyribonukleinsäure kann aus Zellen gewonnen und kristallisiert werden. Die Röntgenbeugung zeigt, dass das Kristall aus einer parallelen Anordnung spiralförmiger Polymerketten besteht. Eine ganz ähnliche Anordnung von Ketten existiert auch in den Nukleoproteinen lebender Zellen. Die Forschung kann hoffentlich Licht auf die biologische Funktion der Nukleinsäuren und vielleicht sogar auf die spezifischen Molekularstrukturen werfen, die mit der Genaktivität verbunden sind.«[28]

Am King's College gab es wenig Anerkennung dafür, dass man so weit gekommen war, denn man ging nicht weiter. Was die Parallelketten zusammenhielt oder einen Hinweis auf die »Genaktivität«liefern konnte – darauf, wie sich die DNA-Moleküle replizieren –, wurde nicht entdeckt.

Während Rosalind in Jugoslawien war, trafen Watson und Crick in Cambridge Erwin Chargaff von der Columbia Universität in New York, einer der weltweit führenden DNA-Experten. Chargaff hatte 1950 entdeckt, dass die Anzahl der Adeninmoleküle in der DNA beinahe genau denen der Thyminmoleküle entspricht; eine ähnliche Entsprechung ließ sich bei Cytosin und Guanin feststellen. Mit anderen Worten: Purin- und Pyrimidin-Moleküle sind in gleicher Anzahl vorhanden. Chargaff analysierte die Proportionen der vier DNA-Basen und fand wiederum eine merkwürdige Entsprechung. Die Anzahl der Guanin- und Adeninmoleküle, den so genannten Purinbasen, entsprach immer der Gesamtzahl der anderen beiden Basen Thymin und Cytosin, den so genannten Pyrimidinbasen.

Watson wurde in Cambridge aufgrund seiner Schludrigkeit als Kuriosum betrachtet. Er lief in Tennisschuhen mit losen Schnürsenkeln herum, trug sogar im Winter kurze Hosen, starrte Leute mit offenem Mund an und schnaubte dabei vor Lachen. Aber er empfand die gleiche Leidenschaft für England, die Rosalind Frankreich entgegenbrachte: Er hielt Cambridge für »den attraktivsten Ort für Wissenschaft in Großbritannien, wenn nicht der ganzen Welt«.[29]

Watson brachte die mütterlichen Instinkte der Ehefrauen der Mitarbeiter in Cambridge zum Vorschein, die bemerkten, dass er sich zwar für Mädchen interessierte, dabei aber erfolglos blieb. Crick auf der anderen Seite war voller Selbstvertrauen und ungezwungenem Charme. Der belesene, sarkastische Wiener Chargaff hörte den beiden zu, wie sie über die Teilung und die Abstände einer wahrscheinlichen Spiralstruktur der DNA plauderten, und betrachtete sie mit vernichtendem Blick – Watson war linkisch und Crick aalglatt. Als er erfuhr, dass Crick nicht einmal die chemischen Unterschiede zwischen den vier Basen der DNA kannte, setzte sich in ihm der Gedanke fest, dass es sich bei den beiden um »zwei Marktschreier auf der Suche nach einer Helix«[30] handele: clevere Geschäftsleute, die ein zweifelhaftes Produkt an den Mann bringen wollen. Aber Chargaff sollte nicht der sein, der zuletzt lacht. Nicht einmal er kannte die vollständige Bedeutung der »Chargaff-Regeln« der merkwürdigen, komplementären Paarbildungen, die er entdeckt hatte.

Irgendwann zwischen dem 8. Juni und dem 1. Juli 1952 teilte Rosalind Randall mit, dass sie das King's College verlassen würde. Sprang sie oder wurde sie gestoßen? Es gibt Belege für beides. Einige Beobachter behaupten, Randall habe Rosalind gesagt, sie müsse gehen. Die Situation in seinem Labor war unerträglich. Rosalinds Briefe klangen, als wäre die Initiative allein von ihr ausgegangen. Randall mag in seiner verschlagenen Art durchaus ein ermutigendes Gespräch mit Bernal geführt haben, bevor ihn Rosalind das erste Mal ansprach. Sicher ist, dass Randall keine Anstalten machte, sie zum Bleiben zu überreden. Er muss hocherfreut gewesen sein, eine derart einfache Lösung für ein Nerven aufreibendes Problem gefunden zu haben. Der Papierkram war schnell erledigt. Am

1. Juli teilte der Leiter des Turner-und-Newall-Fellowship Committee Randall offiziell mit, dass Miss R. E. Franklin um Erlaubnis gebeten habe, das dritte Jahr ihres Stipendiums im kristallographischen Labor von Professor Bernal am Birkbeck College zu verbringen, um »ihre Studien zur Struktur der biologischen Substanzen durch Röntgenbeugung fortzusetzen«.[31] Zwei Tage später sprach sich Randall dafür aus, dass der Wechsel zum 1. Januar 1953 stattfinden solle. Am 21. Juli gab der Vorsitzende des Komitees seine formale Zustimmung.

Inzwischen waren Rosalind und Gosling in einem neuen Raum am King's College untergebracht, noch weiter entfernt vom Rest der Belegschaft als zuvor. Die Patterson-Funktionen ergaben »bananenförmige Scheitelpunkte«[32], wie sie es nannte. Seeds, der durch die Tür sah, hatte den Eindruck, dass Rosalind und Gosling Woche für Woche an Patterson arbeiteten, sich unter Papier begruben, sich in Tabellen festbissen, mit Rechenschiebern hantierten und Berechnungen anstellten, die extreme Konzentration erforderten – aber nirgendwo damit hinkamen.

»Wir haben *Ewigkeiten* damit zugebracht«, meinte Gosling. »Wir mussten dreidimensional denken.« Wurden so Monate verschwendet? »Auf keinen Fall verschwendet!« sagte Gosling. Rosalind gab zu Bedenken: »Wie soll uns ein Modell zeigen, welche Struktur die richtige ist? Patterson wird uns die Struktur *nennen.*«[33] Gosling und Rosalind hatten häufig Auseinandersetzungen über die reflektierenden Flächen der Kristallstruktur, und sie warf ihre Lieblingsausdrücke ein: »Quatsch!«, »Das ist nicht vernünftig!« und »Das ist unlogisch«. Gosling hatte Probleme, die Geometrie der Bögen, die sie zeichneten, zu visualisieren. Also schickte ihn Rosalind los, ein paar große Navelorangen kaufen. Sie benutzten sie, um die räumlichen Relationen verschiedener Kurven zu simulieren. »Als wir fertig waren,« sagte Gosling, »lagen eine ganze Menge Orangenschalen auf dem Boden.« Außerdem gab es, zur rechten Zeit, drei wichtige Aufsätze in der *Acta Cristallographica,* in denen sie ihre Ergebnisse der wissenschaftlichen Welt bekannt gaben. Am 18. Juli 1952 – mit dem Duft der Freiheit in der Nase – nahm Rosalind ihren Füller und schrieb in Großbuchstaben eine Todesanzeige für die DNA-Helix auf eine 8 x 15 Zentimeter große Karte mit von Hand geschwärzter Umrandung. Wilkins ärgerte sich außerordentlich über diesen Jux. Die Streiche, die so vielen Wissenschaftlern Freude bereiteten, waren nicht sein Stil.

Gosling hatte den Eindruck, Rosalind spielte einfach nur den Advocatus Diaboli. »Die »Todesanzeige« bezog sich nur auf die A-Form – die »kristalline«Form – der DNA. Zu keinem Zeitpunkt glaubte sie, wie Gosling meinte, dass die Struktur der B-Form etwas anderes als spiralförmig sei. Sie begriff, wie gut die Theorien von Stokes zu ihren Beweisen passten. Aber sie glaubte, dass es unmöglich sei, die Helix durch den Bau eines Modells zu beweisen. Ihre Auseinandersetzungen mit Wilkins waren – wie Gosling glaubte – ein Fluchtmechanismus, mit dem sie dafür sorgte, dass man sie in Ruhe der ihr zugewiesenen Aufgabe nachgehen ließ: Sie wollte die Struktur direkt aus den Werten und nicht durch Herumraten gewinnen.

Stokes gab später zu, dass er und Wilkins die »Todesanzeige« ernster nahmen, als Rosalind und Gosling beabsichtigt hatten. Es gab eine Art »Gedenkveranstaltung« – eine Zeremonie, die ein kleines bisschen als Akademikerscherz gemeint war –, die Flecken aber waren echt. Rosalind hatte die Pattersons auf dem Tisch ausgebreitet. Sie und Gosling wollten ihre Beweise zeigen, die eine alternative Erklärung für eine nicht spiralförmige A-Form boten.

Herbert Wilson, ein Doktorand mit einem Stipendium von der Universität von Wales, begann im Herbst 1952 mit Wilkins zu arbeiten und verglich DNA und Nukleoprotein aus derselben Quelle. Er wurde sich einer ungewöhnlichen Situation bewusst: Wilkins, der die Röntgenuntersuchungen der DNA am King's College initiiert hatte und dem Signer seine kostbaren DNA-Proben überlassen hatte, war nun von den Untersuchungen ausgeschlossen. Als Wilson ihn murren hörte, dass Rosalind die beste DNA für sich selbst hortete, stellte er eine nahe liegende Frage. Weshalb sollte man nicht etwas von der Signer-DNA zurückfordern? Wilkins untersagte ihm strikt, dies zu tun. Es hatte keinen Sinn. Rosalind würde am 1. Januar gehen. Dann hätte Wilkins die Signer-DNA ganz für sich. Wilkins fuhr weiterhin regelmäßig zu Besuchen nach Cambridge. (Die Kollegen am King's College hielten seine Vernarrtheit in Odile Crick für den Grund.)

In diesem Semester kam auch Pauline Cowan, trotz Rosalinds Warnung, ans King's College. Es gab nicht viele freie Stellen, und sie interessierte sich für Biophysik. Sie dachte, sie sei angestellt worden, damit sie ein Modell der DNA baute, was die von Wilkins favorisierte Herangehensweise zu sein schien. Doch Rosalind erhob Einwände. Die Struktur wäre auf diese Art nicht lösbar, sagte sie. Cowans Eindruck war: »Sie besaß eine sehr energische Persönlichkeit. Maurice nicht. Also beschäftigte ich mich mit Collagen.« Cowan gewann außerdem den Eindruck, dass Randall im Wesentlichen Leute zu sich holte, ohne eine klare Vorstellung davon zu haben, was sie tun sollten.

Am Cavendish Laboratorium in Cambridge arbeitete niemand an der DNA. Braggs Verbot war noch immer in Kraft. Was Pauling am Caltech vorhatte war unklar. In Cambridge hatte man jetzt jedoch auch einen Pauling vor Ort: Peter Pauling, der jüngere Sohn von Linus, war eines von zwei neuen jungen amerikanischen Gesichtern in Zimmer 103. Der andere war Jerry Donohue, ein Physikochemiker und ehemaliger Student von Pauling.

Als Familie waren die Paulings ebenso fest miteinander verbunden wie die Franklins, aber sie waren weiter verbreitet. Die Eltern, Linus und Ava Helen, korrespondierten regelmäßig und liebevoll mit ihrem zweiten Sohn, der in Cambridge mit einem Vorrat an Farbfilmen und einem Satz der »Internationalen Tabellen zur Kristallographie« angereist war. Er wohnte im Peterhouse, dem ältesten College in Cambridge, und forschte gemeinsam mit John Kendrew. Ihre Briefe betrafen gewöhnlich praktische Angelegenheiten, wie die Frage, welches Auto man kaufen solle, wenn die Eltern nach Europa kämen, oder ob Peter wollene Unterwäsche tragen solle. Aber es gab auch eine große Anzahl unterschwelliger, naturwissenschaftlicher Informationen. Peter, der bald 22 Jahre alt wurde, kämpfte mit den Schwierigkeiten, ein Gebiet zu betreten, auf dem sein Vater weltweit eine Größe war.

»Hast du Crick schon getroffen?« wollte Linus Ende Oktober wissen. Und tatsächlich, Peter hatte und er mochte Crick und Odile sehr gern. Sie hatten gerade Nachwuchs bekommen, wohnten in einem malerischen kleinen Haus, genannt Green Door, im Herzen von Cambridge und luden Peter sonntags oft zum Mittagessen ein. Crick hatte sich halbwegs Akzeptanz in Cambridge verschafft. Der Biologe Michael Swann hatte ihn bei Caius als Mitglied des College, wenn auch nicht der Universität, untergebracht; er durfte daher keinen Talar tragen und war bei den offiziellen Dinners nur als Gast anwesend.

Peter Pauling freundete sich auch mit Watson an, einem jungen Amerikaner, der wie er selbst auf der Suche nach weiblicher Gesellschaft war. In seiner Forschung plante er, die neue Cochran-Crick-Theorie zur Bestimmung der Spiralstruktur von Proteinmolekülen anzuwenden. Er interessierte sich außerdem für die Molekularstruktur des Myoglobin von Pottwalen. »Gestrandete Wale sind Eigentum der Königin,« schrieb Peter nach Hause, »aber wir haben eine Vereinbarung mit ihr, dass wir ein Stück Fleisch bekommen, wenn einer strandet.« Daraufhin teilte ihm sein Vater mit, dass er und Corey einen Aufsatz an die Zeitschrift *Nature* geschickt hatten, in dem sie eine mögliche Mokularstruktur für Haare, Horn und ähnliche Substanzen vorschlugen, die »eine parallele Ansammlung von Helixen« beinhalte.

Bis zum November wussten alle am King's College, dass Rosalind fortging. Gosling war schockiert und traurig. Ihm war nicht klar gewesen, dass sich die Lage derart verschlimmert hatte. Er würde außerdem seiner Doktormutter beraubt, und das mitten in seiner Arbeit, die sich als produktiv und veröffentlichungsfähig erwies. Es gab noch so viel zu tun. Ihr Weggang ans Birkbeck College wurde jedoch wegen Grippe um einen Monat verschoben. Rosalind hoffte, die Pattersonarbeit für die beiden Aufsätze über ihre Entdeckungen an der DNA für die Zeitschrift *Acta Cristallographica* fertig stellen zu können.

Ihre bislang unveröffentlichten Ergebnisse wurden den Mitgliedern des Biophysik-Komitees des MRC übergeben, als diese am 15. Dezember, Randalls Einladung folgend, das College besuchten. Einige unter ihnen, besonders ihr Vorsitzender Sir Edward Salisbury, waren beunruhigt angesichts dessen, was man in »Randalls Zirkus« plante.

Wie Schüler, die sich auf den Tag der offenen Tür an ihrer Schule vorbereiten, schrieben alle Mitarbeitenden auf, womit sie sich gerade beschäftigten; Rosalind war keine Ausnahme. Ihre Darstellung enthielt dieselben Informationen wie der Turner-und-Newall-Bericht zu Beginn des Jahres. Sie überreichte sie Randall, der sie am 5. Dezember in Druck gab. Rosalind nannte die vollständigen Dimensionen der Zelleinheit, ihre Länge, Breite und die Winkel. Und sie behauptete »mit Sicherheit« begründet zu haben, dass der Kristall in die Raumgruppe der »flächenzentriert monoklinen« Kristalle gehöre. Die Ergebnisse einer einjährigen, einzigartigen Forschungsarbeit wurden wie ein Geschenk verpackt und dem MRC-Beirat zur Urlaubslektüre mitgegeben.

Das Komitee traf um die Mittagszeit am King's College ein. Es wurde zunächst von Randall durch die neuen Laboratorien geführt und dann zum Lunch gebeten. Ab zwei Uhr stand es vier Mitgliedern frei, mit einzelnen Wissenschaftlern, deren Forschungsbereiche sie besonders interessierten, zu diskutieren. Dann gab es Tee (dessen Rationierung kurz zuvor aufgehoben worden war). Der Besuch wurde als großer Erfolg eingeschätzt. Die Sekretärin des MRC verzeichnete, dass »Salisbury nun sehr zufrieden sei, da Randall und seine Mannschaft alle Energien auf wichtige Probleme konzentrierten«.[34] Ein Beispiel, das Erwähnung fand, war die Verwendung von Interferenzmikroskopen zur Messung des Trockengewichts lebender Zellen und ihrer Bestandteile. »Dies stellte einen bedeutenden Fortschritt in der quantitativen Zytochemie dar und erfüllte eine Notwendigkeit, die von Biologen bereits seit langem empfunden wurde.«

Die Arbeit am King's College zur Struktur der DNA hatte ganz offensichtlich keinen großen Eindruck hinterlassen. Der Bericht, der unter den Angehörigen des Komitees kursierte, war nicht als »vertraulich« gekennzeichnet. Auf der anderen Seite aber war nicht davon auszugehen, dass Außenstehende ihn zu Gesicht bekommen würden, da es in Großbritannien üblich ist, alles Offizielle als geheim zu betrachten, bis es gezielt an die Öffentlichkeit gebracht wird.

Während man am King's College stolz war, den Test des MRC bestanden zu haben, erhielt Peter Pauling in Cambridge aufregende Nachrichten von seinem Vater. Pauling schrieb, er und Corey hätten eine Struktur der DNA erarbeitet. Peter zeigte den Brief sofort Watson und Crick. Watson war am Boden zerstört. Er und Crick hatten schon lange befürchtet, Pauling könnte das Rätsel vor ihnen knacken.

Watson verließ Cambridge in der Überzeugung, Pauling habe triumphiert, und fuhr über die Ferien mit seiner Schwester nach Zermatt zum Skifahren. Er macht Zwischenstopp in London, wo er Wilkins die schlechten Nachrichten überbrachte. Wilkins konterte mit einer guten Nachricht: Rosalind würde das King's College verlassen, sobald sie ihre Arbeit schriftlich fixiert habe. Und die DNA würde sie nicht mitnehmen. Er könne sich dann ernsthaft mit dem Modellbau beschäftigen.

Das Semesterende brachte auch das jährliche Dinner der Biophysik mit sich, aber Rosalind zog es verständlicherweise vor, nicht daran teilzunehmen.

KAPITEL ZWÖLF

Heureka und Auf Wiedersehen!

(6. Januar – 16. März 1953)

»Natürlich hatte uns Rosy ihre Befunde nicht direkt mitgeteilt. Übrigens wusste niemand im King's, dass sie in unserer Hand waren.«

James Watson, Die Doppelhelix[1]

Das Geheimnis des Lebens, vier Milliarden Jahre alt, wurde in einem Drama aufgedeckt, dass sich Tag für Tag, beinahe Stunde um Stunde in den ersten sieben Wochen des Jahres 1953 zuspitzte. Die Nachricht, dass Linus Pauling und Robert Corey die Struktur der DNA gelöst hätten, setzte die Uhr in Gang. Am 6. Januar schrieb Rosalind, die irgendwie Wind davon bekommen hatte, an Corey am California Institute of Technology in Pasadena und fragte nach Einzelheiten. Sie hatten korrespondiert, seit er im Mai ihre »hervorragenden Röntgenaufnahmen von Nukleinsäurefasern«[2] bewundert hatte.

Rosalinds Notizbücher weisen auf intensive Aktivitäten im Verlauf des Januar hin. Sie begann, sich Gedanken über den Bau eines Modells der A-Form zu machen, dass auf ihren Patterson-Berechnungen beruhte. Könnten diese eine Gestalt in Form der Zahl Acht ergeben – zwei Spiralen, die sich in der Mitte kreuzen? Oder gepaarte Stäbe? Sie kannte die Chargaff-Regeln und versuchte, die vier Basen der DNA in eine Struktur zu pressen, bei der die Phosphate außen lagen. Sie passten nicht. Noch immer verwirrt wegen der Diskrepanzen zwischen der A- und der B-Form, ging sie davon aus, dass die B-Form eine Helix mit zwei Ketten war, hatte aber noch immer Zweifel wegen der anderen. Wie ihr späterer Mitarbeiter Aaron Klug bemerken sollte: »Das Stadium, das Franklin damals erreicht hatte, ist ein Stadium, das viele Wissenschaftler kennen – wenn es ganz offensichtlich widersprüchliche, nicht übereinstimmende Beobachtungen gibt, die alle gleichermaßen Aufmerksamkeit beanspruchen, und man nicht weiß, welches die Hinweise sind, für die man sich zur Lösung des Rätsels entscheiden sollte.«[3]

Rosalind war eine Woche bei der Arbeit als Peter Pauling aus dem Winterurlaub in Deutschland und Österreich nach Cambridge zurückkehrte. Am 13. Januar bat er seinen Vater um ein Exemplar des Pauling-Corey-Aufsatzes über die DNA und setzte hinzu, dass der MRC-Beirat am Cavendish ebenfalls gerne eine Ausgabe hätte. Er leitete die Bitte mit einem Scherz ein:

»Du weißt, wie man Kindern droht: ›Sei brav, sonst kommt der böse schwarze Mann und holt dich.‹ Über ein Jahr lang haben Francis und andere genau das zu den Nukleinsäureleuten am King's gesagt: ›Arbeitet hart, sonst fängt Pauling an, sich für Nukleinsäuren zu interessieren‹.«[4]

Zuversichtlich, einen weiteren Sieg über Sir Lawrence Bragg, seinen alten Rivalen am Cavendish, errungen zu haben, schickte Pauling den Aufsatz los: ein Exemplar an seinen Sohn Peter, ein anderes an Bragg. Peter antwortete: »Wir waren alle sehr aufgeregt wegen der Nukleinsäurestruktur. Vielen Dank für den Aufsatz. Zweiter sonniger Tag, seitdem ich in England bin.«[5]

Der Aufsatz ist offenbar am 28. Januar eingetroffen und hat in der Tat für einige Aufregung am Cavendish gesorgt. Als Peter ihn ins Labor brachte, musste sich Watson zusammennehmen, um ihn ihm nicht aus der Hand zu reißen. Er hielt sich zurück, lauschte ungeduldig Peters Zusammenfassung, bis er ihm das Papier aus der Außentasche zog und selbst las. Er sah sofort, dass die von Pauling vorgeschlagene Struktur – eine Helix mit drei Strängen, wobei die Phosphate in der Mitte lagen – dem falschen Modell, das er und Francis Crick im November 1951 gebaut hatten, sehr ähnlich war. Schlimmer noch – oder aus Watsons Perspektive besser: Pauling hatte einen fatalen chemischen Fehler begangen. Die Phosphate waren nicht ionisiert, Pauling hatte also die elektrischen Ladungen nicht eingebaut, die Phosphate im Wasser haben. Was er als Struktur für die Nukleinsäure vorschlug, war gar keine Säure.

Pauling hatte diesen dummen Fehler gemacht, weil er in Eile war. Aber warum? Es hat rückblickend viele Spekulationen gegeben, warum einer der weltgrößten Chemiker – Inhaber der Presidential Medal for Science und Autor klassischer Lehrbücher über das Wesen der chemischen Bindung – seinen Ruf aufs Spiel setzte, indem er einen schludrigen und fehlerhaften Vorschlag übereilt veröffentlichte. Eine Vermutung war, dass Pauling, der die Struktur der Proteine geknackt hatte, die Anerkennung für die Lösung der anderen Hälfte des Geheimnisses der Zelle haben wollte. Eine andere Möglichkeit ist, dass Pauling, trotz seiner vielen Ehrungen, niemals den Nobelpreis bekommen hatte. Pauling sagte später, dass seine Frau ihn einmal gefragt habe, warum er das Problem nicht gelöst habe, und er nach einigem Nachdenken geantwortet habe: »Ich nehme an, ich dachte immer, es sei an mir, die DNA-Struktur zu entdecken, und bin dem Problem deshalb nicht entschieden genug nachgegangen.«[6]

Watsons Freude über den Fehler wurde durch die Nachricht, dass Paulings Aufsatz schon im Februar in den *Proceedings of the National Academy of Sciences* veröffentlicht werden sollte, gezügelt. Der Fehler würde sofort entdeckt werden, und Pauling würde die Fährte wieder aufnehmen. Watson hatte das Gefühl, er und Crick hätten ungefähr sechs Wochen Zeit, um frei durchzuatmen.

Ebenfalls am 28. Januar gab Rosalind ihre Abschiedsvorlesung am King's College. Wilkins fand sie langatmig; er wollte das Wort »Helix« hören, doch es fiel nicht. Auch Wilson, der sich Notizen machte, hörte es nicht. Rosalind sprach weder über die B-Form noch zeigte sie das hervorragende Foto 51, sondern konzentrierte sich stattdessen auf die jüngsten Experimente, die sie und Gosling durchgeführt hatten und die darauf hinwiesen, dass die A-Form des Moleküls nicht spiralförmig war.

Randall war der Anblick Watsons Ende des Monats wenig willkommen. Der tölpelhafte junge Amerikaner vom Cavendish Laboratorium schien ständig an seinem College aufzutauchen. Eines Morgens ging Randall zu den Kaffeetrinkern, die sich täglich in Angela Browns Zimmer trafen. Dort saß der grinsende Watson. Randall war wütend. Als Watson weg war, donnerte er »Sorgt dafür, daß mir dieser Mann nie wieder ins Blickfeld gerät!« Aus dem Blick bedeutete jedoch nicht aus dem Sinn.

Rosalind mochte den Anblick Watsons ebenfalls nicht. Am 30. Januar öffnete sich die Tür ihres Büros und Watson kam herein. Der einzige veröffentlichte Bericht dessen, was geschah, stammt von ihm – eine Schlüsselszene in *Die Doppelhelix*:

»Da die Tür halb offen stand, stieß ich sie ganz auf – und sah Rosy, wie sie sich über einen Lichtkasten beugte, auf dem die Röntgenaufnahmen lagen, die sie gerade messen wollte. Im ersten Augenblick war sie erschrocken, aber dann gewann sie rasch ihre Fassung wieder und sah mich unverwandt an. Ihr Blick gab mir zu verstehen, dass ungebetene Gäste wenigstens die Höflichkeit haben sollten, anzuklopfen.«[7]

Watson fragte sie, ob sie einen Blick auf Paulings Manuskript werfen wolle, und da er kaum eine Reaktion erhielt, erläuterte er eilig, wo Pauling irrte. Sie entgegnete, dass eine spiralförmige Struktur keinesfalls bewiesen sei. Aber Watson hatte von Wilkins gehört, dass Rosalind »definitiv anti-Helix« eingestellt sei – wobei keiner von beiden ihre Beweise dafür gesehen hatte. (Der Kristallograph Harry Carlisle schrieb in seinen Memoiren: »Ich bin aufgrund von Rosalinds ausgezeichneten Röntgenuntersuchungen ... überzeugt, dass sie damals ... keinesfalls ›anti-Helix‹ war.«[8]) Watson seinerseits war davon überzeugt, dass sie nicht wusste, wovon sie sprach:

»Ich wusste von ihren Unterlagen mehr, als sie dachte. Vor ein paar Monaten hatte mir Maurice von ihren so genannten Antispiralergebnissen berichtet. Da Francis mir versichert hatte, es handle sich um reine Ablenkungsmanöver, entschloss ich mich, eine Explosion zu riskieren. Ohne Zögern gab ich ihr zu verstehen, sie sei unfähig, Röntgenaufnahmen zu interpretieren. Wenn sie sich entschließen könnte, ein bisschen Theorie zu lernen, würde sie verstehen, dass die angeblichen Antihelixmerkmale ihrer Proben nur von den kleinen Verzerrungen herrührten, die nötig seien, um regelmäßige Helices in einem Kristallgitter unterzubringen.

Plötzlich kam Rosy hinter dem Labortisch, der uns trennte, hervor und ging auf mich los. Da ich Angst hatte, sie könnte mich in ihrer Wut schlagen, griff ich mir Paulings Manuskript und zog mich hastig Richtung offene Tür zurück.«[9]

»Da ich Angst hatte, sie könnte mich in ihrer Wut schlagen« – die offenkundige Absurdität dieser Bemerkung hat für einigen Spott gesorgt. Rosalind war wesentlich kleiner als der über 1,80 Meter große Watson. Watsons eigene Verwirrtheit gegenüber Frauen kommt in seinem Werk deutlich zum Ausdruck. Er konnte ihnen nicht ohne Schüchternheit begegnen: Sie waren entweder Beute – »Puppen« oder »Au pairs« – oder aber Göttinnen wie seine aristokratische schottische Gastgeberin Naomi Mitchison oder seine Schwester Elizabeth. Rosalind war keins von beidem; schlimmer, sie war eine wütende Frau und das mit gutem Grund. Die Höflichkeit hätte es verlangt, dass Corey eine Ausgabe des DNA-Aufsatzes an sie, nicht an das Cavendish Laboratorium, schickte.

Watson stellt Rosalinds »Wut« als gänzlich unbegründet dar, aber es gibt einen weiteren möglichen Grund dafür: Anfang 1953 beschwerte Rosalind sich sehr niedergeschlagen bei einem Freund am College, dass sie eines Tages in ihr Zimmer zurückgekommen sei und feststellen musste, dass jemand ihre Notizbücher gelesen hatte. Randall und Wilkins, so wütete sie gegenüber ihrem Vertrauten, sollten als ihre Vorgesetzten ihre Arbeit gefälligst besser schützen. Stattdessen aber stand Wilkins, wie sie wusste, in offenem und regelmäßigen Austausch mit dem Cavendish Laboratorium. Sie formulierte ihre Befürchtungen auch gegenüber einem alten Kollegen von BCURA.

Rosalind selbst befand sich in einem Wettrennen gegen die Zeit. Da sie Mitte März ans Birkbeck College wechseln sollte, beeilte sie sich, so viel wie möglich von der Patterson-Interpretation der A-Form der DNA fertig zu bekommen. Sie arbeitete hart an drei Aufsätzen (die sie gemeinsam mit Gosling veröffentlichen wollte), um sie Randall vor ihrem Weggang zu übergeben; seine Zustimmung war nötig, bevor irgendetwas an andere Leser geschickt, geschweige denn veröffentlicht wurde. Zwei Aufsätze waren für die Zeitschrift *Acta Crystallographica*. Darin gab sie der wissenschaftlichen Öffentlichkeit formal bekannt, was sie am King's College entdeckt hatte: die Existenz der DNA in zwei Formen und die Bedingungen, unter denen sie sich von der einen in die andere verwandelten. Sie beschrieb das DNA-Molkeül: Die Phosphate befanden sich außen, lagen daher offen und konnten Wasser aufnehmen, wodurch die Hydrierung und Ausdehnung erleichtert wurden. Die DNA, die auf diese Weise von einer Wasserhülle umgeben war, sei »relativ frei vom Einfluss der benachbarten Moleküle«.[10] Sie hängte dem ersten Aufsatz die erstaunlich deutlichen Röntgenaufnahmen an, die sie und Gosling von beiden Formen gemacht hatten. Der zweite Aufsatz war eine Darstellung der Messungen der Röntgenmuster der A-Form, auf die sie und Gosling sich in den vergangenen sechs Monaten konzentriert hatten. Der dritte, ein kürzerer Aufsatz, fasste ihre Befunde zur B-Form zusammen.

Als Watson Rosalinds Wut auf sich zog, kam Wilkins vorbei und rettete ihn quasi vor dem herbeifantasierten Angriff. Wilkins tröstete Watson damit, dass Rosalind ihn einige Monate zuvor »ähnlich angesprungen« und ihm die Tür, durch die er habe fliehen wollen, verstellt hätte. Wilkins klagte ihm sein eigenes Leid und erzählte, was Rosalind 1951 in ihrem Kolloquium über die beiden Formen der DNA gesagt hatte. Er beschwerte sich, dass ihm nur die Proben geblieben wären, die ihm Erwin Chargaff aus New York geschenkt hatte und die die Verwandlung von A nach B nicht vollzogen. Rosalinds Signer-Fasern hatten sehr viel bessere Muster ergeben. »Sie hat eine sehr gute B-Form«, sagte Wilkins.[11]

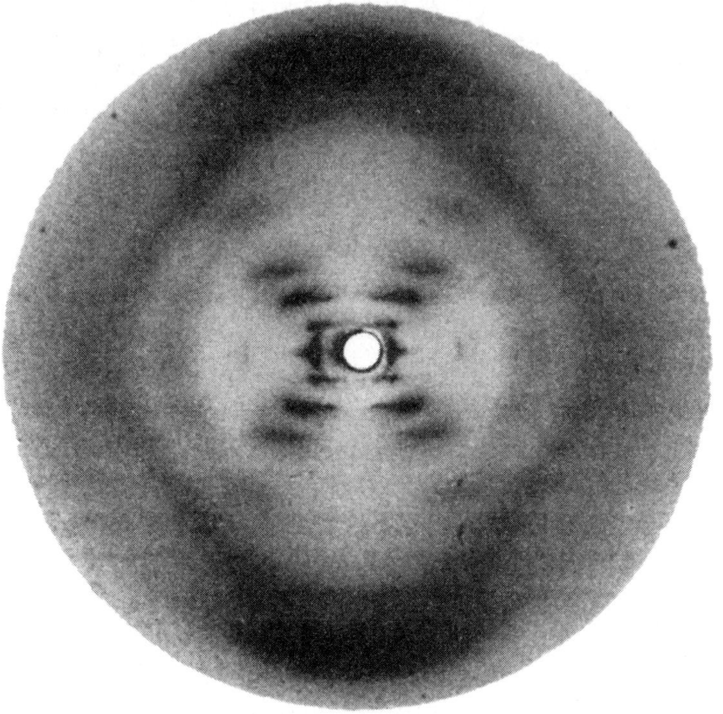

Rosalinds Foto (in Originalgröße) zeigt die B-Konfiguration der DNA. Dies war für Watson der Beweis: die DNA ist eine Helix. Als B-Konfiguration bezeichnet man die DNA-Konfiguratio, die von Watson und Crick vorgeschlagen wurde. Neben diesem Vorschlag gibt es noch weitere Formen: die A- und die Z-Form), allerdings scheint die B-Form die normale Zustandsform der DNA zu sein. Sie zeichnet sich unter anderem durch dieWindungsrichtung nach rechts aus.

Wilkins kannte Rosalinds ausgezeichnete Beugungsaufnahme Nummer 51 nicht, die acht Monate zuvor gemacht wurde, bis Gosling sie ihm irgendwann im Januar mitbrachte. Gosling, der sich darauf vorbereitete, seine Doktorarbeit ohne Rosalinds Aufsicht fertig zu stellen, hatte allen Grund, dem stellvertretenden Leiter des Fachbereichs diese Arbeit zu zeigen, die ebenso seine eigene war. »Maurice hatte absolut das Recht auf diese Information«, sagte Gosling rückblickend, »am King's war so viel los, bevor Rosalind kam.«[12] Sowohl er als auch Wilkins wussten, dass die DNA-Forschung auch ohne sie weitergehen würde.

Unvorsichtigerweise zeigte Wilkins Watson das Foto 51. Es gab viele

Beugungsaufnahmen der DNA im Labor, diese war die beste. Da die darauf zu sehende Information für Wilkins nichts Neues war – Rosalind hatte viele Einzelheiten in ihrem Vortrag 1951 weitergegeben –, hatte er keine Ahnung, dass es für Watson eine Offenbarung sein würde. Noch weniger konnte er ahnen, dass Watson erneut Anlauf nehmen und ein weiteres DNA-Modell bauen würde.

Aber Watson war jetzt durch seine Arbeit am Tabakmosaikvirus und die Lektüre des Cochran-Crick-Vand-Aufsatzes über Helices klüger. Er erfasste mit einem Blick die Bedeutung von Rosalinds Fotografie. Sie war ein unglaublich klarer Beweis für eine Helix. Er dürfte kaum übertrieben haben, als er in *Die Doppelhelix* schrieb: »In dem Augenblick, als ich das Bild sah, klappte mir der Unterkiefer herunter und mein Puls flatterte.«[13]

Die beiden Männer aßen an jenem Abend gemeinsam in Soho. Wilkins wollte über die Chargaff-Regeln und die Möglichkeit, dass sie der Schlüssel zur DNA-Struktur seien, sprechen. Watson jedoch drängte darauf, die Zahlen zu erfahren, die zu den Mustern gehörten, die er gerade gesehen hatte. Es gelang ihm, ein paar herauszubekommen. Die Repetiereinheit (die Länge einer Windung der Helix) der B-Form war 34,4 Å – ein zehnmal so großer Abstand wie zwischen den im Abstand von 3,4 Å gestapelten Basen. Im Zug zurück nach Cambridge zeichnete Watson das Muster aus dem Gedächtnis auf den Rand seiner Zeitung. Die Zeichnung war so grob, dass sie problemlos auf engem Raum Platz fand. In seinem Kopf lauerte noch immer die Überlegung, dass das Molekül vielleicht drei spiralförmige Ketten haben könnte. Als er vom Bahnhof nach Hause radelte und über Rosalinds Foto mit dem dunklen Kreuz grübelte, entschied er sich für zwei. »Francis musste zustimmen«, schrieb er später. »Denn obwohl er Physiker war, wusste er, dass wichtige biologische Objekte paarweise auftreten.«[14] (Laut Crick war die Argumentation komplizierter.)

Die Ereignisse überschlugen sich. Am folgenden Tag, dem 31. Januar, ließ Bragg Watson und Crick von der Leine. Er stimmte Watsons Bitte zu, Metallteile aus der Werkstatt für ein neues Modell zu bestellen. Da er Linus' DNA-Aufsatz in Händen hielt, wollte Bragg den größten Fehler seines Lebens nicht noch einmal wiederholen. Am Cavendish Laboratorium dachte man: »Wir haben das fibrilläre Protein verpasst. Jetzt kriegt Pauling auch noch die DNA.«[15] Als Rosalind mit ihrem Modellbauversuch der A-Form begann, stellte sie fest, dass ihre gepaarten Stabstrukturen nicht funktionierten. Sie versuchte es dann mit der Zahl Acht, wobei eine einzelne Kette eine lange Reihe von sich wiederholenden Achten bildete. Aber bis zum Montag, dem 2. Februar, hatte sie auch die Achter verworfen.

Am Mittwoch, dem 4. Februar, begann Watson zu bauen. Seine Skizze von Rosalinds Foto 51 bestätigte Crick, dass sie die richtigen Zahlen hatten, um das B-Form-Modell zusammenzusetzen: 20 Å Durchmesser, 3,4 Å vertikaler Abstand zwischen den Basen, Repetierabstand 34,4 Å und eine Spiralneigung von ungefähr 40 Grad. Obwohl Crick nicht vollkommen überzeugt war, dass es nicht doch drei Ketten sein könnten, hatte sich Watson zwei in den Kopf gesetzt. Wieder einmal bildeten die umstrittenen Phosphate den Kern. Rosalinds Argument von 1951, dass sich diese Wasser anziehenden Gruppen an der Außenseite des Moleküls befinden müssten, wurde ignoriert. Crick notierte den Dialog, der die Zusammenarbeit in ihrem Verlauf dokumentiert:

»›Warum‹, sagte ich eines abends zu Jim, ›bauen wir nicht ein Modell, bei dem die Phosphate außen liegen?‹ ›Weil‹, antwortete er, ›das zu einfach wäre‹ (womit er meinte, dass es dafür zu viele Möglichkeiten gab). ›Warum versuchen wir es dann nicht?‹ fragte ich.«[16]

Watson fügte sich. Cricks andere entscheidende Aktion am 4. Februar war, Wilkins am Sonntag, dem 8. Februar, zum Mittagessen nach Cambridge einzuladen. Wilkins nahm die Einladung an und sagte einfältig, »Ich erzähle euch alles, woran ich mich erinnere und bei Rosy abschreiben kann.«[17]

Wilkins traf zum Mittagessen ein und stellte fest, dass die Cricks zwei weitere Gäste und erpichte Zuhörer geladen hatten: Watson und Peter Pauling. Als ihn die drei Männer drängten, mit dem Modellbau zu beginnen, um einen Vorsprung vor Linus zu bekommen, versprach Wilkins dies zu tun, sobald Rosalind von der Bildfläche verschwunden sei. Watson und Crick entrangen ihm das widerwillige Einverständnis, dass sie selbst einen weiteren Versuch starten dürften – ohne ihm zu sagen, dass sie bereits damit begonnen hatten. Wilkins merkte plötzlich, dass er sich in einer unangenehmen Situation befand und reiste vorzeitig nach London ab. Hatte er zu viel erzählt?

Vielleicht hatte er das, denn im Laufe der folgenden Woche bekamen Watson und Crick den Bericht des MRC über den Besuch des Biophysik-Komitees am King's College in die Hände. Er wurde ihnen von ihrem Kollegen am Cavendish und Mitglied des Komitees, Max Perutz, überreicht. Ob ihnen Perutz den Bericht von sich aus anbot oder auf direkte Nachfrage aushändigte, blieb in den folgenden Jahren stark umstritten. Vorwürfe abwehrend schrieb Perutz 1969 in der Zeitschrift *Science*: »Ich war in Verwaltungsangelegenheiten unerfahren und ungezwungen, und da der Bericht nicht als vertraulich gekennzeichnet war, sah ich keinen Grund, ihn zurückzuhalten.«[18]

Der MRC-Bericht enthielt alles, was sich Watson und Crick erhofft hatten – er war so wertvoll wie ein Decodierungsbuch des Feindes. Der Abschnitt über Rosalinds Arbeit erläuterte die Veränderung vom ersten zum zweiten Typ der DNA-Struktur und wies anhand einer ordentlichen kleinen Tabelle die Messungen der »flächenzentrierten monoklinischen Zelleinheit« als »gesichert« aus.

Ein Blick auf die Informationen genügte und Crick erkannte, dass die kristalline Form der DNA zur Raumgruppe der »monoklinischen C2« gehörte. Mit anderen Worten: das DNA-Kristall sieht auf den Kopf gestellt immer noch genauso aus. Crick wusste sofort, dass die eine Kette der beiden Helices nach oben und die andere nach unten laufen musste; die Ketten waren anti-parallel, wie zwei Rolltreppen die nebeneinander jeweils nach oben und nach unten fahren. Watson musste erst überredet werden, fügte sich dann aber Cricks besserem Urteilsvermögen: »monoklinisch C2« war genau die Raumgruppe, mit der Crick für seine Doktorarbeit über Pferdehämoglobin gearbeitet hatte.

Am 10. Februar schrieb Rosalind in ihr Notizbuch: »Struktur B: Beweise für eine zweikettige (oder einkettige) Helix?« Sie stellte ein paar Berechnungen zur Fotografie Nummer 49 an und legte dann die B-Form für zwei Wochen beiseite. Erst mussten ihre beiden langen *Acta Cryst*-Aufsätze beendet und zum Schreiben gegeben werden.

Der Aufsatz von Pauling und Corey wurde termingerecht im Februar von der National Academy of Sciences veröffentlicht. Ihre Vorschläge für die Struktur der DNA mögen völlig falsch gewesen sein, aber ihre Erklärung der Bedeutung der DNA war ausgezeichnet:

»Die Nukleinsäuren sind als Bestandteile lebendiger Organismen und von ihrer Bedeutung her mit Proteinen vergleichbar. Es gibt Beweise dafür, dass sie an den Prozessen der Zellteilung und dem Zellwachstum beteiligt sind, dass sie mit der Übertragung der erblichen Eigenschaften zu tun haben und dass sie wichtige Bestandteile von Viren sind. Das

Verständnis der Molekularstruktur der Nukleinsäuren dürfte für den Versuch, die grundlegenden Phänomene des Lebens zu verstehen, von großem Wert sein.«[19]

Um auch die britische Seite zu bedienen, schickten Pauling und Corey einen Brief an die Zeitschrift *Nature*, der am 21. Februar erschien und in dem sie ihre Struktur ankündigten. Diesem entnahm Rosalind, wenn sie dies nicht schon aus Watsons traumatischem Besuch drei Wochen zuvor geschlossen hatte, dass Pauling die Phosphate falsch platziert hatte. Sie schrieb an Pauling und teilte ihm dies mit. Für eine 32-jährige Forscherin ohne Festanstellung bedurfte es einigen Mutes eine welweit anerkannte Koryphäe zu korrigieren, aber sie war sich ihrer Fakten sicher. Sie erklärte, weshalb ihre Werte anzeigten, dass die Phosphatgruppen an der Außenseite und nicht im Kern des Moleküls liegen müssten. Sie erwähnte auch, dass sie drei Aufsätze über die DNA auf den Weg gebracht habe, die auf Randalls Zustimmung warteten.

Pauling war trotzdem überzeugt, dass er Recht hatte. Er arbeitete ohne die präzise Röntgenausrüstung oder reine DNA, die Rosalind zur Verfügung standen, stützte sich auf die Röntgenbeugungsmuster, die Astbury vor dem Krieg erstellt hatte und auf denen die A- und B-Formen übereinander geschichtet waren. Nichtsdestotrotz versprach er höflich, Rosalind treffen zu wollen, wenn er nach England käme (es war ihm schließlich gelungen, seinen Reisepaß wiederzubekommen). Er gestand jedoch in einem Brief an Peter, dass er in London viel lieber Pauline Cowan, die er in Oxford kennengelernt hatte, treffen wolle. Pauling gab die Information, dass Rosalind an drei Aufsätzen über die DNA arbeitete, an seinen Sohn weiter. Was seine eigene Struktur anging, so sah er ein, dass sie »dicht gedrängt«[20] sei, aber er und Corey waren dabei, sie noch einmal zu überprüfen, und gingen davon aus, dass letztendlich alles ganz richtig werden würde.

Zwei Ketten, ja, aber was hielt sie zusammen? Wenn die Phosphate an der Außenseite des Moleküls lagen, müssten die vier Basen, die man bereits in der DNA gefunden hatte, in der Mitte zusammengedrängt liegen, irgendwo zwischen den Ketten. Das Problem war, dass jede der vier – die beiden Purine Adenin und Guanin und die beiden Pyrimidine Cytosin und Thymin (oft als A und T, G und C abgekürzt) – verschiedene Formen besaßen.

Mitte Februar rang Watson mit dem Problem. Er probierte verschiedene Kombinationen aus, verwendete ausgeschnittene Pappelemente, weil die Metallteile noch nicht aus der Werkstatt eingetroffen waren. Am 19. Februar versuchte er zunächst Gleiches mit Gleichem zu paaren: die so entstandenen Paare waren entweder zu klein oder zu groß für den Durchmesser, der in Rosalinds MRC-Tabelle angegeben war. Dann versuchte er, ein Purin mit einem Pyrimidin zu verbinden – A mit T, C mit G. Sie passten noch immer nicht.

In einem anderen Raum saß Paulings früherer Student Jerry Donohue. Als würde er jemandem beim Puzzeln zusehen, gab Donohue zu Bedenken, dass Watson vielleicht die falschen Teile verwandte. Basen können in zwei Formen existieren – die »Ketoform« verfügt an einer anderen Stelle als ihr Gegenstück, die »›Enolform«, über ein Sauerstoffatom. Weshalb er nicht die Ketoform benutze, fragte Donohue. Weil, gab Watson sinngemäß zur Antwort, J. M. Davidsons Werk *The Biochemistry of Nucleic Acids* und andere Lehrbücher die Enolformen vorschrieben. Die Lehrbücher seien falsch, sagte Donohue. Als Chemiker gab er die Neuigkeit an Watson weiter, dass »Enol out« und »Keto in« sei.[21]

Am letzten Montag des Monats, dem 23. Februar, nahm Rosalind die Fotografie 51 heraus und begann mit ihren sorgfältigen Messungen der B-Form. Bis zum folgenden Tag hatte sie erkannt, dass sowohl die A- als auch die B-Form zweikettige Helices waren. »Fast am Ziel,« notierte Aaron Klug Jahre später, als er ihre Notizbücher analysierte, an den Rand.[22] Rosalind hatte die Idee, dass eine mögliche Erklärung für die Chargaff-Regeln – weshalb die DNA unverändert dieselbe Anzahl an A- wie an T-Molekülen und dieselbe Anzahl von C- und G-Molekülen enthielt – sein könnte, dass Adenin und Guanin einerseits und Cytosin und Thymin andererseits austauschbar waren. Diese Austauschbarkeit verhalf ihr zu der Vorstellung, »dass eine unendliche Vielzahl von Nukleinabfolgen möglicherweise die biologische Spezifizität der DNA« erkläre.

»Die Austauschbarkeit der Basen ist jedoch natürlich noch weit von der endgültigen Wahrheit der Basenpaarungen entfernt,«[23] räumte Klug ein. Sie war zwei Schritte von der Lösung entfernt. Crick stellte später die Vermutung an, dass sie diese Schritte innerhalb der nächsten drei Monate vollzogen hätte. Aber sie tat es nicht. Es gelang ihr nicht, die Bedeutung der monoklinischen C2-Raumgruppen zu erkennen oder darauf zu kommen, dass die Basenpaare den genetischen Code tragen. »Es fällt leicht, für Rosalind Franklin große Sympathien zu empfinden«, schrieb der Wissenschaftshistoriker Horace Freeland Judson. »Die Tatsache bleibt, dass sie nie den induktiven Sprung machte.«[24]

Aber Rosalind war als Kind, als Paulina, als Studentin und als Wissenschaftlerin darauf geeicht worden, mit ihren Behauptungen nicht zu weit zu gehen, sie stets auf eindeutigen Beweisen aufzubauen. Riskante Spekulationen zu wagen, wäre ihrem Charakter so fremd gewesen, wie ihr Bankkonto zu überziehen oder ein rotes, trägerloses Kleid zu tragen. In den zwei unglücklichen Jahren, in denen sie abgesehen von Gosling isoliert auf einem für sie neuen Gebiet arbeitete, kam sie bis auf zwei Schritte an die Antwort auf eine der aufregendsten Fragen der Nachkriegswissenschaft heran. Darüber hinaus hatte sie, ohne es zu wissen, die entscheidenden Werte geliefert, sodass andere die zwei brillanten Schritte der Eingebung vollziehen und das Problem lösen konnten.

Donohues aus dem Ärmel geschüttelter Hinweis auf die Ketoform verschob das Gleichgewicht zugunsten des Cavendish Laboratoriums. Watson, der Ende des Monats seine Pappelemente zusammenbastelte, stellte plötzlich fest, dass Adenin durch eine Wasserstoffbindung mit Thymin dieselbe Form bildete wie Cytosin in der Verbindung mit Guanin. Die gepaarten Paare waren kongruent; die Chargaff-Regeln waren erklärt. Darüber hinaus fanden dieselben Paare immer wieder zusammen. Adenin verband sich mit Thymin; Cytosin mit Guanin. Wann auch immer eines von ihnen in der langen DNA-Kette auftauchte, fand sich das andere unveränderlich auf der anderen Seite, auf der gegenüberliegenden Kette. Die eine Seite war daher das verkehrte Spiegelbild der anderen. Getrennt voneinander dienten die Ketten als Schablone, von der sich eine neue, komplementäre Kette abbilden konnte. Die Basenpaare bargen das Geheimnis der DNA – durch sie ließ sich erklären, wie Eigenschaften von Generation zu Generation, von Zelle zu Zelle weitergegeben werden. Das DNA-Molekül ist eine Abfolge chemischer Anweisungen, die die Tendenz der Materie, sich in Chaos aufzulösen, umkehrt und neuen Molekülen ermöglicht, so beschaffen zu sein wie die alten. Es war der 28. Februar 1953, Mittagszeit, als (laut Watsons mythenhafter Schilderung) »Francis ... in den ›Eagle‹ hinüberflatterte und allen, die sich in Hörweite befanden, verkündete, wir hätten das Geheimnis des Lebens entdeckt«.[25] Donohue war später einer von vielen, die das Gefühl hatten, ihr Anteil an der großen Entdeckung werde heruntergespielt. »Seien wir ehrlich«, schrieb er 1976, »wenn es das Schicksal nicht gefügt hätte, dass

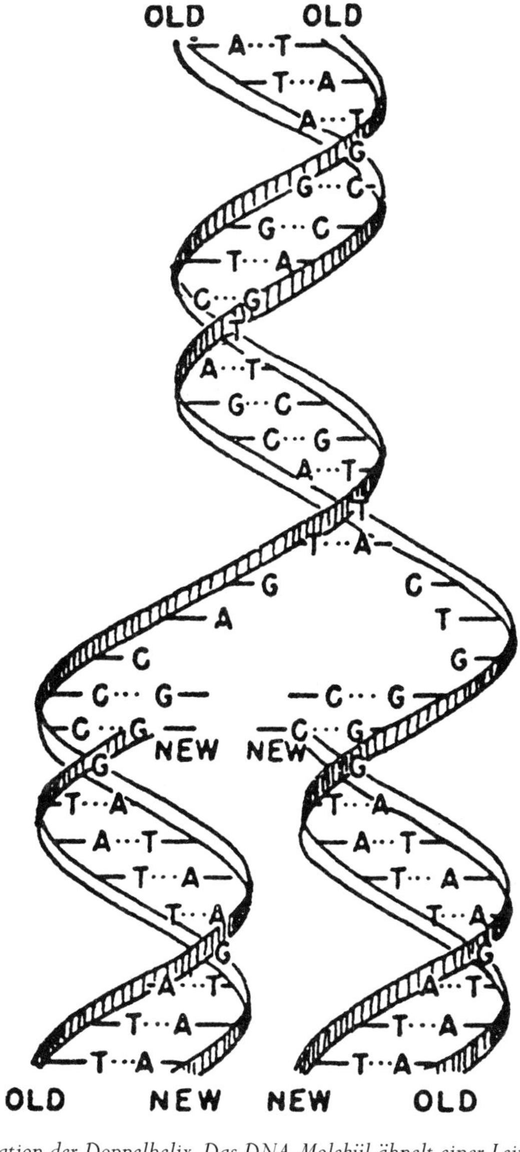

Die Selbstreplikation der Doppelhelix. Das DNA-Molekül ähnelt einer Leiter. Die Holme der Leiter sind die Zucker-Phosphat-Rückgrate der beiden DNA-Stränge. Die Stufen sind die Basenpaaren Adenin und Thymin (A und T) und Guanin und Cytosin (G und C). Wenn sich der Doppelstrang teilt, findet jede der Basen des alten Strangs seine neuen komplementären Partner. Jedes DNA-Molekül besteht nun aus einem alten und einem neuen Strang. Zu jedem DNA-Doppelstrang ist ein zweiter, identischer entstanden.

ich mir am Cavendish 1952-53 ein Büro mit Watson und Crick teilte, dann würden sie *immer noch* herumhantieren und versuchen, die Enolformen der Basen ›gleich-mit-gleich‹ zu paaren.«[26]

Die herablassende Haltung der Mannschaft am Cavendish Laboratorium gegenüber Rosalind hielt an. Peter schrieb seinem Vater im März über die Rivalität zwischen seinem Institut und dem King's College:

»Wilkins sollte diese Arbeit machen; Miss Franklin ist ganz offensichtlich ein Trottel. Die Beziehungen sind nur etwas angespannt, da Watson und Crick sich auf das Gebiet begeben haben. Sie haben ein paar Ideen & werden dir unverzüglich schreiben. Es ist wirklich an ihnen, dir davon zu erzählen, nicht an mir … Sie sind ganz von ihren eigenen Bemühungen in Anspruch genommen und verlieren ihren Sinn für Objektivität.«

Nie zuvor hatte Wilkins' metaphorische Begabung ihm einen besseren Dienst erwiesen. Heiter gestimmt wegen des unmittelbar bevorstehenden Abschieds seiner »Nemesis« (Rosalind) schrieb er am 7. März an Crick:

»Ich denke, es wird dich interessieren zu erfahren, dass uns unsere dark lady *nächste Woche verlässt … Ich bin nun einigermaßen frei von anderen Verpflichtungen und plane eine Generaloffensive auf die geheimen Festungen der Natur … endlich ist das Deck frei, und wir können mit voller Kraft loslegen.*

Jetzt wird es nicht mehr lange dauern.

Grüße an alle, auf immer Ihr M«[27]

Es war zu spät. Die geheimen Festungen der Natur waren schon von den »Marktschreiern« des Cavendish Laboratoriums niedergerissen worden. Das endgültige Modell der Doppelhelix der DNA (oder zumindest einer DNA-Drehung; ein ganzes DNA-Molekül wäre, hätte man es in diesem Maßstab wiedergegeben, über 80 000 Kilometer lang gewesen) war am Samstag, dem 7. März, fertig gestellt worden. Crick betrachtete es, während er den Brief von Wilkins las.

Am 10. März, ohne eine Ahnung davon, was am Cavendish Laboratorium passierte, schüttete Rosalind Adrienne Weill in Paris ihr Herz aus. Sie schrieb ihr, dass ihre größte Sorge sei, das King's College so schnell wie möglich zu verlassen. »Nächste Woche fange ich am Birkbeck an. Es wurde immer wieder verschoben – das erste Mal, weil ich durch die Grippe und ein paar andere Dinge im Herbst einen Monat verpasst habe, und dann, weil ich dachte, durch einen weiteren Monat bekäme ich sehr viel mehr Ergebnisse – was aber nicht der Fall war, und ich lasse jetzt eine nicht zu Ende geführte Arbeit liegen, um ohne weitere Verzögerung aus dem King's rauszukommen. Ich weiß noch nicht, was ich am Birkbeck tun werde. Theoretisch das, was ich möchte, was wahrscheinlich bedeutet, dass ich eine Menge Zeit damit verschwenden werde, an diesem und jenem herumzuspielen, bevor ich mich auf irgendetwas festlege. Was das Labor betrifft, so werde ich vom Palast ins Armenviertel ziehen, aber ich bin sicher, dass es mir am Birkbeck trotzdem besser gefällt.«

Am 12. März fuhr Wilkins nach Cambridge, um selbst zu sehen, was er am Telefon von Kendrew erfahren hatte. Watson und Crick war es offenbar zu peinlich, ihm mitzuteilen, dass sie die DNA geknackt hatten. Da stand das Modell in seiner Eleganz, die von Genauigkeit kündete. Wilkins (bedauerlicherweise für Rosalind verhielt sich das King's College einmal mehr übertrieben bescheiden) wies jede Vorstellung einer gemeinsamen Autorenschaft zurück: »Ich hatte den Eindruck, dass das Modell *als solches* ihre Arbeit sei. Crick stimmte bereitwillig zu.« Man beschloss getrennt zu veröffentlichen. Wilkins kehrte daraufhin nach London zurück und »erzählte es *jedermann*[28]«, wie er meinte.

Für Rosalind war die Nachricht, dass man am Cavendish Laboratorium die DNA geknackt hatte, ein belangloses Abschiedsgeschenk. Sie war zuversichtlich wegen ihrer beiden eigenen Aufsätze, die sich auf dem Weg zur Veröffentlichung befanden und die solide Werte zur Struktur der DNA liefern würden, keine bloßen Hypothesen. So oder so, sie und Gosling hatten ihren kürzeren Aufsatz über die B-Form beinahe fertig, und sie würde sich in der darauf folgenden Woche daran machen, ihm den letzten Schliff zu verleihen.

Rosalind verabschiedete sich von Freda Ticehurst und dankte der Fotografin für alles, was sie für sie getan hatte. Sie sagte (in Fredas Erinnerung), »man will mich hier nicht – wir (womit sie Wilkins meinte) konnten nie zusammenarbeiten. Ich kann unmöglich bleiben.«[29] Nachdem sie ihre Abschiedsworte gesprochen hatte, packte sie zusammen und kehrte dem King's College London den Rücken zu. Sie hätte sich sicherlich niemals vorstellen können, dass die Institution, die sie so verachtete, ein halbes Jahrhundert später ein Gebäude nach ihr benennen und ihren Namen mit dem ihres Widersachers verbinden würde.

KAPITEL DREIZEHN

Der Aufmerksamkeit entgangen

Rosalinds Anteil an der großen Entdeckung wurde durch eine Reihe von Manövern, die hinter ihrem Rücken stattfanden, verdunkelt. Für Watson und Crick bestand der nächste Schritt, nachdem sie die Struktur aufgeklärt hatten, in einer schnellen Veröffentlichung. Schnelligkeit war äußerst wichtig, wollte man einen Anspruch anmelden. Ein kurzer Brief an die Zeitschrift *Nature* bot sich an. Aber sie hatten nicht viel Spielraum. Sie wussten, dass es richtig war, ihre hervorragenden Einsichten bekannt zu geben, aber wie sollten die Experimente am King's College gewürdigt werden, die das Sprungbrett ihrer Fantasie gewesen waren? Sie konnten sich kaum auf Rosalinds noch nicht veröffentlichte Werte - beziehen. Eine ausdrückliche Anerkennung würde verraten, dass sie in den Bereich des King's College eingedrungen und gegen das Gentleman-Agreement verstoßen hatten.[1] Ein dritter Haken war der Bericht des MRC. Offiziell war er unveröffentlicht, durfte also auch nicht zitiert werden, ohne dass Perutz als Überbringer erkennbar wäre. Bevor das Duo vom Cavendish Laboratorium irgendetwas unternehmen konnte, mussten auf jeden Fall die Leiter der betroffenen Institutionen, Bragg und Randall, zu einer Übereinkunft bezüglich der Danksagungen kommen.

Als Wilkins nach Cambridge fuhr, um sich das Modell anzusehen, entdeckte Watson »keine Spur von Bitterkeit in Maurice' Stimme, sondern eher Anerkennung, weil die Struktur von großem Nutzen für die Biologie« sein würde. Am folgenden Tag versuchte Wilkins Crick anzurufen, erreichte ihn aber nicht. Wilkins setzte einen weiteren seiner dramatischen Briefe auf, in dem er entwaffnende Bescheidenheit mit stoischer Akzeptanz des eigenen Schicksals verband:

»Lieber Francis,

ich glaube, ihr seid ein paar alte Gauner, aber ihr werdet wohl etwas gefunden haben. Mir gefällt die Idee. Danke für das MSS. Ich war ein wenig eingeschnappt, weil ich da-

von überzeugt war, dass das 1:1 Verhältnis wichtig sei & hatte eine 4-planare Gruppe skizziert. Ich wollte mir das genauer ansehen, & da ich wieder bei den Spiralformen angekommen war, hätte ich, mit ein bisschen Zeit, draufkommen können. Aber nörgeln hilft nichts – Ich finde, es ist ein sehr aufregender Einfall, & es kommt nicht drauf an, wer zum Teufel darauf gekommen ist.«[2]

Wie auch immer seine tatsächlichen Gefühle aussahen, Wilkins kannte seinen moralischen Vorteil. Es *kam* darauf an, wer darauf gekommen war. Das Gleiche galt für die zum Himmel schreiende Tatsache, dass die experimentelle Arbeit ausschließlich am King's College erledigt worden war. Er bedrängte Francis auf elegante Weise, entschuldigte sich »dass er in zwei Punkten eine Spur verlegen«[3] sei. Erstens, fand er, Bruce Fraser sollte eine Gelegenheit bekommen, seine Ideen, die er Ende 1951 vorgestellt und in ein vernünftiges (wenn auch dreikettiges) Modell eingebaut hatte, zu veröffentlichen:

»Wir haben ihn davon abgehalten, es bereits vor einem Jahr zu tun, da wir dachten, wir könnten es besser, was aber nicht der Fall war. Ich habe ihm ein Telegramm geschickt. Ich halte Frasers Ding keinesfalls für so schön wie deins, aber es ist meilenweit besser als Paulings.«[4]

Wilkins, der für die beträchtliche Arbeit, die er selbst an der DNA geleistet hatte, Anerkennung haben wollte, fügte dann hinzu, dass er gerne gleichzeitig eine kurze Begleitnote zusammen mit einem Bild der Helix in der Zeitschrift *Nature* veröffentlichen würde. Rosalinds Arbeit erwähnte er nicht. Als er seinen Brief an Crick schrieb, wurde Wilkins von Gosling gestört, der ihm sagte, Rosalind und er hätten bereits einen Aufsatz geschrieben. Was auch tatsächlich stimmte; Rosalind hatte Pauling ein paar Wochen zuvor davon erzählt. »Habe gerade von einem Neuzugang bei der Helix-Hetzjagd gehört.« Wilkins interpretierte die Nachricht äußerst boshaft und setzte seinem Brief an Crick hinzu, dass Rosalind »auf den fahrenden Zug aufspringt«: »Also mindestens drei kurze Artikel in *Nature*. Gott!« Wilkins unterschrieb mit einem weiteren metaphorischen Schnörkel: »Wie die eine Ratte zur anderen sagt: gutes Rennen. M.« In Wirklichkeit war die Stimmung am King's College nicht ganz so heiter. Randall glich, als er hörte, dass Braggs Team seines geschlagen hatte, »einer Ratte, die sich verbrüht hat« (so Seeds). Geoffrey und Angela Brown empfanden die Neuigkeit als harten Schlag für Wilkins und hatten den Eindruck, er sei am Boden zerstört. Gosling war »ziemlich traurig und getroffen«. Anthony und Margaret North erinner-

Watson (links) und Crick posieren 1953 mit ihrem DNA-Modell. Der Rechenschieber in Watsons Hand dient allerdings nur für's Foto – bei der Entwicklung des Modells wurde er nicht benutzt.

ten sich, dass »alle Anfälle« am College bekamen, weil es Cambridge zuerst schaffte. Randall war wütend, fühlte sich vor den Kopf gestoßen. Schließlich hatte er das größte Laboratorium für Biophysik in Großbritannien geschaffen und nun wenig vorzuweisen.«[5] »Wäre es anders herum gewesen«, sagte der gereizte Jerry Donohue später, »hätte jemand irgendwo dasselbe mit Werten gemacht, die von der MRC-Gruppe am Cavendish zusammengetragen worden wären, hätte das eine Eruption zur Folge gehabt, neben der die von Krakatoa wie platzendes Popcorn gewirkt hätte.«[6]

Randall befand sich in keiner Position, in der er hätte explodieren können. Stattdessen stellte er sicher, dass sein Labor zwei eigene Aufsätze zu dem von Watson und Crick veröffentlichen würde und dass man diesen zurückhielt, bis seine fertig waren. »Macht euch ans Schreiben!« lautete sein Befehl. L. J. F. Brimble, einer der beiden Herausgeber der Zeitschrift *Nature*, war wie Randall Mitglied des Athenaeum und gab ihm als einer der Ersten, die Mitleid mit dem King's College hatten, die Möglichkeit, die Arbeit seines Teams darzustellen.

In der nun einsetzenden Panik telegrafierte Wilkins an Bruce Fraser in Australien und bat ihn, sein Modell so schnell wie möglich in Form einer Notiz, die zur Veröffentlichung geeignet sei, schriftlich zu fixieren. Fraser kam der Bitte nach, skizzierte die ganze Nacht hindurch die Diagramme und tippte genau jenen Aufsatz, den Wilkins zwei Jahre zuvor unterdrückt hatte. Am nächsten Morgen telegrafierte er seine Arbeit nach London. Aber als Frasers Aufsatz eintraf, legte Crick sein Veto ein: Welchen Sinn machte es, falsche Werte zu veröffentlichen? Stattdessen fügten er und Watson ihrem eigenen Aufsatz eine Danksagung an Fraser hinzu, in der Frasers Modell als »eher unklar« beschrieben und behauptet wurde, der Aufsatz befinde sich »im Druck«.[7] Das tat er nicht und er wurde auch niemals veröffentlicht.

In ihrem historischen Schreiben an die Zeitschrift *Nature* bezogen sich Watson und Crick auf »die folgenden Schriftwechsel«[8], nämlich auf die Beiträge »Molecular Structure of Deoxypentose Nucleic Acids« von Wilkins, Stokes und Wilson und »Molekulare Konfiguration der Natriumthymonukleinsäure » von Franklin und Gosling, und bemerkten dazu: »Als wir unsere Struktur erstellten, waren uns die Ergebnisse, die dort dargestellt werden, nicht im Einzelnen bekannt ...«

Das war die Wahrheit, zumindest im engeren Sinne. Obwohl sie die Aufsätze vom King's College nicht gesehen hatten, als sie ihren eigenen ersten Entwurf an Wilkins schickten, kannten Watson und Crick durchaus viele Einzelheiten daraus. Sie kannten diese aus den Gesprächen mit Wilkins, von Rosalinds Fotografien und aus dem Bericht des MRC – genug um, in wohlüberlegten Worten, zuzugeben, dass die gesamte experimentelle Arbeit am King's College gemacht worden war und um in einem Aufsatz, der ein Jahr später geschrieben wurde, in einer Fußnote zu vermerken, dass »ohne diese Werte die Formulierung unserer Struktur ausgesprochen unwahrscheinlich, wenn nicht unmöglich gewesen wäre«. In der Aufregung über ihre Entdeckung scheint ihrer Aufmerksamkeit entgangen zu sein, dass Rosalind, obwohl ihre Arbeit grundlegend für die

Entdeckung war, von der Verwendung ihrer Ergebnisse nichts wusste und sie nicht berücksichtigt wurde. Als Watson und Crick die Schönheit und Einfachheit des Modells erst einmal erkannt hatten, trat die Bedeutung von Rosalinds Werten in den Hintergrund. Sie hatten sie nicht gebraucht; als sie die Basenpaare verstanden hatten, war auch der Kopiermechanismus klar.

Hätten L. J. F. (»Jack«) Brimble und Arthur Gale, seit 1939 gemeinsame Herausgeber der Zeitschrift *Nature*, die Entstehungsgeschichte der Watson-Crick-Entdeckung gekannt, hätten sie vielleicht darauf bestanden, dass Rosalinds Name der Liste der maßgeblichen Autoren des Hauptaufsatzes hinzugefügt worden wäre. Oder sie hätten den Aufsatz von ihr und Gosling mit der entscheidenden Fotografie an die zweite, nicht an die dritte Stelle in der Abfolge der drei Aufsätze gestellt. Leider wird die Rolle, die die Herausgeber bei der Orchestrierung der dreifachen Veröffentlichung gespielt haben, ungeklärt bleiben. Das umfangreiche und unsortierte Archiv von *Nature* wurde 1963 bei einem Umzug in neue Büroräume vernichtet; als der Macmillan Verlag, bei dem *Nature* erscheint, seine Archive 1966 an die British Library verkaufte, war nichts mehr davon übrig.

Hatte Rosalind eine Ahnung von der Rolle, die ihre Arbeit bei dem Entwurf des Doppelhelixmodells gespielt hatte? Im Rückblick glauben Gosling, Perutz und Crick, sie müsse etwas geahnt haben. Als sie das Modell gesehen hatte, war überdeutlich, dass die Anzahl der Nukleotide pro Dreheinheit und die Maße des Moleküls auf den Diameter genau ihren Werten entsprachen. Trotzdem beschwerte sie sich nicht. Soweit bekannt, erhob sie niemandem gegenüber Einwände, auch nicht Gosling gegenüber, der mit ihr nach Cambridge fuhr, wo sie sich das Modell ansahen. Ihre Einstellung war, wie er sich erinnert: »Das ist sehr hübsch, aber wie wollen sie das beweisen?«

Es kam schließlich vor der Veröffentlichung doch noch zu Verhandlungen zwischen London und Cambridge, und zwar über die Formulierungen in den drei Aufsätzen. Wilkins spielte bei der Redaktion selbst eine Rolle, indem er Watsons und Cricks sorgfältig ausgearbeitete Eingeständnis – nämlich, dass sie aus dem King's College Informationen erhalten hatten – milderte. Wilkins bat Crick das Wort »schön« aus dem Text zu nehmen (möglicherweise ein Kompliment, das an Rosalinds und Goslings schöne Röntgenaufnahmen gerichtet war). »Streiche *sehr schön*«, schlug er vor »und sage: ›Wir fanden die Arbeit der Gruppe am King's sehr anregend oder so etwas‹«; er bat auch: »Könntest du den Satz ›Es ist bekannt, dass es einiges an unveröffentlichtem experimentellem Material gibt‹ (das liest sich ein bisschen ironisch) streichen?«[9]

Die Worte, die Rosalind per Hand ihrer Maschinenabschrift einfügte, um den Text dem Watson-Crick-Aufsatz für die Veröffentlichung anzupassen, waren überaus ironisch und drückten ihren Anspruch an einer Beteiligung an der Entdeckung aus: »Daher stimmen unsere Grundideen mit dem von Watson und Crick vorgeschlagenen Modell überein.« Sie sollten in der Tat übereinstimmen, bedenkt man, dass sich das Modell von Watson und Crick zu großen Teilen aus ihrer Arbeit ableitete. Das beeindruckende Foto 51 der B-Form der DNA erschien als Illustration zu ihrem und Goslings Aufsatz. Rosalind merkte dazu an, dass die Fotografie »ausgesprochen charakteristisch ist ... für eine spiralförmige Struktur«.[10]

Watson und Cricks kurzer Brief, inzwischen ein Klassiker, schließt elegant mit der hoch gelobten Zeile: »Es ist unserer Aufmerksamkeit nicht entgangen, dass die spezifische Paarbildung, die wir postuliert haben, unmittelbar einen möglichen Kopiermechanismus für das genetische Material nahe legt.« Ebenso wenig war es Watsons und Cricks Aufmerksamkeit entgangen, dass Rosalinds Arbeit grundlegend für ihre Entdeckung war und dass sie sie über deren Verwendung nicht zu Rate gezogen hatten. Während Rosalind scheinbar den Verdacht hegte, dass ihre Werte Cambridge irgendwie erreicht hatten, schien sich niemand sonst am King's College oder am Cavendish Laboratorium sonderlich darum zu kümmern – oder sich zu trauen, angesichts ihres Temperaments, der Sache weiter nach zu gehen. In den Augen aller Beteiligter war sie ein unerwünschtes Mitglied von Randalls Teams und sowieso dabei zu gehen.

Randall selbst hatte vielleicht niemals wirklich erkannt, was geschehen war, obwohl er sich der Rolle von Wilkins als Überbringer halbwegs bewusst gewesen sein muss. Auf jeden Fall machte er sich keine Gedanken über Gerechtigkeit für Rosalind. Auch ein Dank für ihren Beitrag zu der großen Entdeckung blieb aus. Als die drei Aufsätze am 25. April 1953 unter der Sammelüberschrift »Die Molekularstruktur der Nukleinsäuren« erschienen, gab es eine Party am King's College. Während der Feierlichkeit sah sich die Fotografin Freda Ticehurst um und fragte scharf: »Wo ist Rosalind?« Als Antwort erhielt sie »ein paar komische Blicke«.[11] Weit davon entfernt ihr zu danken, schickte Randall Rosalind eine Woche, bevor die drei Aufsätze über die DNA-Struktur erschienen, einen Brief ans Birkbeck College. Er sprach sie förmlich als »Miss Franklin« an und sagte ihr, sie solle nicht nur aufhören an der DNA zu arbeiten, sondern auch nicht mehr darüber nachdenken.

»Liebes Fräulein Franklin,

Sie werden sich zweifellos erinnern, dass Sie bei dem Gespräch über Ihr Ausscheiden aus meinem Laboratorium einverstanden waren, dass es besser sei, die Arbeit über das Problem der Nukleinsäure aufzugeben und etwas Neues anzufangen. Ich weiß wohl, dass es schwierig ist, von einem Tag auf den anderen nicht mehr über ein Problem nachzudenken, das Sie so eingehend beschäftigt hat. Doch wäre ich dankbar, wenn Sie die Arbeit im jetzigen Stadium abschließen könnten. Über einen Punkt bin ich etwas besorgt: Es ist ohne Zweifel nicht richtig, dass Goslings Arbeit von jemandem überwacht wird, der nicht diesem Laboratorium angehört.«[12]

Man könnte einwenden, dass wissenschaftliche Entdeckungen nichts mit Kreativität zu tun haben, wie etwa künstlerische Kompositionen. »Die Wissenschaft unterscheidet sich von anderen Bereichen menschlichen Bestrebens insofern«, so Dr. Walter Gratzer, »als sich ihr Gehalt nicht aus der Aktivität jener, die sie ausüben, ableitet.«[13]

Hätte Beethoven seine 9. Sinfonie nicht geschrieben, hätte es niemand sonst getan. Wenn Watson und Crick dagegen die Doppelhelix der DNA nicht entdeckt hätten, hätten andere sie gefunden und wahrscheinlich nicht sehr viel später. Rosalind war der Antwort sehr nahe gekommen. Dass ihr auf den 17. März datierter Manuskriptentwurf, der dies beweist, erst viele Jahre später an die Öffentlichkeit kommen sollte, ist eine von vielerlei Weisen, in der ihr das Schicksal nicht wohl gesonnen war.

KAPITEL VIERZEHN

Die benachbarte Säure

(März – Dezember 1953)

Als sie ans Birkbeck College in Bloomsbury wechselte, zog Rosalind zwar, wie sie sagte, »vom Palast ins Armenviertel«, aber es war ein hochinteressantes Armenviertel. Der weltbekannte Kristallograph John Desmond Bernal, Leiter des Fachbereichs Physik, wusste zu schätzen, dass sie eine brillante Experimentatorin war. Er war sehr darauf bedacht, wie er seinen Vorgesetzten in der Verwaltung mitteilte, »ihre Unterstützung bei einem erneuten Angriff auf Probleme der Virenstruktur zu gewinnen, wofür uns hier besondere Erfahrung und Einrichtungen zur Verfügung stehen«.[1]

An dem linksgerichteten, nicht-sektiererischen Birkbeck College gab es keine »Kapuzenkrähen«. Die Einrichtung war 1823 als »London Mechanics' Institution« in einem ähnlichen Geist wie Ellis Franklins Working Men's College gegründet worden: um Handwerkern und Kleinunternehmern Abendunterricht »in den Grundsätzen der Künste, die sie ausübten und in den verschiedenen Zweigen der Wissenschaft und des nützlichen Wissens«[2] zu ermöglichen. 1907 wurde es zum Birkbeck College und 1920 zu einem vollständig anerkannten College der Londoner Universität. Der Unterricht an dem in der Nähe der Chancery Lane gelegenen College fand abends statt; eine Zulassungsbedingung war, dass die Studenten tagsüber einer Vollzeitanstellung nachgingen.

Das College hätte den Bruch durch den Krieg beinahe nicht überstanden. 1951 ersetzte ein langweiliger, moderner Bau auf der Malet Street ein im Krieg zerstörtes Gebäude und trug zur weiteren architektonischen Verschandelung des georgianischen Bloomsbury durch die Londoner Universität bei. Ansonsten arbeitete man am Birkbeck College in zusammengestückelten Notunterkünften, wobei die Naturwissenschaften unter erschütternden Bedingungen betrieben wurden. Unterricht und Forschung in Kristallographie fanden dicht beieinander in den Hausnummern 21, 22

Erinnerte an Das Haus am Eaton Place: *Rosalinds Labor im Birkbeck College, unterm Dach des Gebäudes 21 Torrington Square.*

und 32 am Torrington Square statt, in bombenbeschädigten Backsteinhäusern aus dem 18. Jahrhundert, die sich besser für Filmsets als für Laboratorien geeignet hätten. In einer Einrichtung, die an *Das Haus am Eaton Place* erinnerte, arbeiteten Wissenschaftler an Strukturen von Viren und suchten nach Lebensformen in Meteoriten. Draußen radelte in der Abenddämmerung ein Nachtwächter mit einem brennenden Lappen an einer langen Stange vorbei, zündete die Gaslichter an und kam am Morgen wieder, um sie zu löschen. Rosalinds Büro lag im fünften Stock in einem ehemaligen Dienstmädchenzimmer, das man über ein enges Treppenhaus von den Hauptstockwerken unten erreichen konnte. Die Röntgenapparaturen befanden sich im Keller, in der früheren Küche, wo Feuchtigkeit durch die Decke drang. Als sie ihre Ausrüstung aufbaute, musste sich Rosalind einen Schirm über den Kopf halten.

Bernal war bereits zu Lebzeiten eine solche Legende, dass ihm der Spitzname »Der Weise«, den er bereits als Student in Cambridge bekommen hatte, nichts anhaben konnte. Er wusste alles, und alle wussten, dass er es wusste. Er kannte sich ebenso gut im Französischen wie mit Finnegans Wake aus. Sein enzyklopädisches Wissen gab Anlass zu vielen Geschichten. Man sagt, er habe, als ihn der *New Statesman* in Vorbereitung eines Porträts über ihn bat, ein Thema zu nennen, in dem er sich nicht auskannte, »Rumänische Kirchen des 8. Jahrhunderts« vorgeschlagen. Ein paar Tage später fragte er nach, ob er sich korrigieren und »Rumänische Kirchen des 6. Jahrhunderts« angeben dürfe. In dem Cambridge-Roman *The Search* von Charles Percy Snow, wird geschildert wie Constantine, ein Wissenschaftler nach dem Vorbild Bernals, nach einer Versammlung der Gesellschaft für Chemie nach Hause geht und über die Renaissance auf Kreta und die chinesische Wirtschaft der Tang-Dynastie doziert.[3]

Bernals Herkunft war ebenso eklektisch wie seine Interessen. Bernal wurde in Irland als Sohn eines sephardischen Juden katholischen Glaubens und einer amerikanisch-presbyterianischen Mutter, die zum Katholizismus übergetreten war und in seiner Kindheit mit ihm Französisch sprach, geboren und von Jesuiten unterrichtet. Er ging nach Cambridge und wurde Wissenschaftler und Marxist. Sein Gebiet war die Kristallographie, zu seinen Schülern zählten Perutz, Wilkins und Hodgkin. Während des Zweiten Weltkriegs war er wissenschaftlicher Berater von Lord Louis Mountbatten, dem Oberbefehlshaber oder Alliierten. Mountbatten bewunderte ihn ungeachtet seiner kommunistischen Parteizugehörigkeit und nahm ihn im August 1943 mit zur Quebec-Konferenz, damit er bei der Planung der D-Day-Landungen half. Bernal orientierte sich bei der Entscheidung, an welchen Stränden gelandet werden sollte, an dem anglo-normannischen Gedicht »Roman de Rou« über die Flucht des Herzogs William (damals noch nicht William der Eroberer). Hier fand er alte normannische Ortsnamen, die sich bei näherer Betrachtung als versandete Häfen entpuppten. Wegen seiner patriotischen Dienste für die Alliierten wurde Bernal 1947 mit der Friedensmedaille der Vereinigten Staaten ausgezeichnet. Weitere amerikanische Ehrungen und auch ein amerikanisches Visum wurden ihm nach 1949, als er Vize-Präsident des Weltfriedenskomitees war und regelmäßig nach Osteuropa reiste, verweigert. 1951 gründete er die Vereinigung Wissenschaftler für den Frieden, die Vorläuferorganisation der Kampagne für Nukleare Abrüstung. 1953, als Rosalind seinem Labor beitrat, rühmte er Stalin in einem Nachruf als »großen Wissenschaftler« sowie als die »herausragendste Figur der zeitgenössischen Geschichte«.[4]

Bernal hatte Cambridge vor dem Krieg 1937 verlassen und den Lehr-

Professor John Desmond Bernal – »Der Weise«.

stuhl für Physik in Birkbeck angenommen; er wurde im selben Jahr zum Mitglied der Königlichen Akademie der Naturwissenschaften gewählt. Am Birkbeck College führte er die Kristallographie zur Untersuchung von Pflanzenviren und sehr großen Molekülen mit millionenschwerem Molekulargewicht ein (Wasserstoff hat ein Molekulargewicht von 2, Sauerstoff von 32). Nach dem Krieg richtete er das Biochemische Forschungslabor ein, das 1948 eröffnet wurde. In dessen Rahmen nahm er die Studien zur Virenstruktur, die er zu Beginn des Kriegs aufgegeben hatte, wieder auf. Er entrang der Nuffield Stiftung eine Zuwendung von 61 100 Pfund für die biomolekulare Forschung. Das Birkbeck College steuerte eine kleinere Summe bei. 1952 übernahm es die Finanzierung und brachte die Arbeit im Fachbereich Physik unter, wo Werner Ehrenberg und Walter Spear die Röntgenröhre entwickelten, mit denen Rosalind die einzelnen DNA-Fasern fotografieren konnte.

Bernal wollte einen gesonderten Fachbereich für Kristallographie, ein Anliegen, das sein Rektor, John F. Lockwood, aber abschmetterte. Ihr gespanntes Verhältnis sollte Bernal plagen und sich auch auf Rosalind auswirken. Lockwood hatte den Eindruck, der Fachbereich Physik gerate (wegen Bernals Berühmtheit) »aus dem Lot«.[5] Die Leidenschaften des 52-jährigen Bernal waren die Kristallographie, Frauen und die Sowjetunion. Gefeierte Persönlichkeiten mit linken politischen Ansichten fanden sich zahlreich in seiner Wohnung am Torrington Square 22 ein. Die gefeiertesten darunter, die ihn im Jahr 1950 besuchten, waren Pablo Picasso (der eine große Wandzeichnung dort hinterließ) und der Sänger Paul Robeson, an dessen Gesangsvorstellung eine Tafel erinnert.

Sein Erfolg als Don Juan gehörte zur Legende Bernals. Er war alles andere als gutaussehend, hatte widerspenstiges Haar und schrecklich schlechte Zähne, dafür aber ein verschmitzes Lächeln, einen glänzenden

Bernals Leidenschaften waren die Kristallographie und die Frauen. Mit Dorothy Hodgkin verband Bernal neben dem Beruf auch eine lange Affäre. Von links nach rechts: Isidore Fankuchen, Dorothy Hodgkin, J.D. Bernal und Dina Fankuchen im September 1939.

Intellekt und war auf faszinierende Weise beredt, wobei sein aufmerksamer Blick stets auf seinem Opfer ruhte. Seine unzähligen Eroberungen waren auf sein ideologisches Engagement für sexuelle Freiheit gestützt. Seine Frau, die er bereits mit 21 Jahren in Cambridge geheiratet hatte, und seine beiden Geliebten (er hatte mit allen Kinder), tolerierten dies. Die große Dorothy Hodgkin war mehr als eine Eroberung: Ihre lange Affäre mit Bernal begann ungefähr 1934, nachdem sie Cambridge verlassen hatte. Zwischen 1933 und 1936 veröffentlichten sie zwölf gemeinsame kristallographische Aufsätze.

Bernal unterstützte Kontakte in die Sowjetunion und bewegte die Herausgeber der Zeitschrift *Acta Crystallographica,* die Anweisungen an die Autoren in russischer und englischer Sprache abzudrucken. Gleichzeitig unterhielt er weiterhin gute Beziehungen zum britischen Geheimdienst. Einer der Neuzugänge in der Belegschaft, Dr. John Mason, wurde von New Scotland Yard gebeten, ein Auge auf Bernal zu haben, was er tat. Wann immer jedoch Mason dem MI5 irgendetwas über Bernal berichtete, wusste Bernal bereits am nächsten Tag darüber Bescheid.

Rosalind ließ sich weder von Bernals politischer Gesinnung noch von seinen amourösen Aktivitäten beeinflussen. Wie jemand aus der Belegschaft meinte: »Sie ermutigte ihn nie auch nur im geringsten.« Der brillante Bernal zog nicht nur magisch andere brillante Persönlichkeiten an, sondern besaß auch gute Fähigkeiten im Deligieren und Auftreiben von Forschungsgeldern. Er baute am Birkbeck eine Reihe ausgezeichneter Forschungsgruppen auf und überließ sie sich selbst, während er die Welt bereiste. Für Rosalind war Bernal ein verständiger und kooperativer Chef. Nachdem er sie an ein schwieriges neues Thema geführt hatte, erlaubte er ihr sich einzulesen und ließ sie ansonsten in Ruhe. Er erklärte dem College, Miss Franklin habe bereits spezielle Gerätschaften für die kristallographische Forschung über Viren entworfen, »es ist nun jedoch klar, dass man nicht erwarten kann, dass sie vor dem Herbst effektive Beobachtungsergebnisse liefert«. Sie hatte daher Zeit, weiter die Röntgendiagramme der DNA und ihre Pattersonfunktionen zu interpretieren. In ihren ersten Monaten verbrachte sie viel Zeit bei Treffen mit Gosling. Randalls Verbot zum Trotz arbeiteten sie fröhlich weiter an ihren gemeinsamen Aufsätzen und diskutierten Goslings Dissertation.

Rosalind blieb wohl oder übel »im intellektuellen Sinne« (Randall) Teil des King's College-Laboratoriums, denn Gosling hatte keinen anderen Doktorvater bekommen. Für diesen Dienst belohnte Gosling sie mit einer überschwänglichen Einzeldanksagung in der Einleitung zu seiner Dissertation. Die Arbeit mit Wilkins und Stokes außer Acht lassend schrieb Gosling: »Ich bin Dr. R. E. Franklin, die mich in die Techniken der Röntgenkristallographie eingeführt hat und mit der ich während dieser Untersuchungn äußerst eng zusammengearbeitet habe, zu tiefstem Dank verpflichtet.«[6] Rosalind tat Randalls Brief und sein Verbot, über die Nukleinsären weiter nachzudenken, als »typisch für die dort« ab. Ribonukleinsäure (RNA) war ein wichtiger Bestandteil des Tabakmosaikvirus, an den Bernal sie heranführte.

RNA war die benachbarte Säure, eine zweite Form der Nukleinsäure, die in jeder Zelle zu finden ist. Sie ist beschaffen wie die DNA, nur hängt ein Sauerstoffatom mehr an jedem der Zucker. Watson sagte über seine eigene Forschung an der RNA 1952, als Sir Lawrence Bragg ihm befahl, die Finger von der DNA zu lassen, »ich hatte inzwischen beschlossen abzuwarten und ein bisschen am Tabakmosaikvirus (TMV) zu arbeiten. Ein wesentlicher Bestandteil des TMV ist Nukleinsäure, und so war diese Arbeit die perfekte Fassade, hinter der ich mein unvermindertes Interesse an der DNA verbergen konnte«.[7]

Rosalind brauchte keine Fassade. Die Arbeit, die sie und Gosling mit den kniffligen Pappstreifen geleistet hatten, war nicht umsonst gewesen. Zusätzlich zu den zwei wichtigsten Manuskripten, die sie an die Zeitschrift *Acta Cryst* geschickt hatten und die für September angenommen waren, setzten sie in jenem Frühjahr eine zweite Mitteilung für das Fachblatt *Nature* auf, in dem sie ihre Beweise für »ein spiralförmiges Molekül aus zwei Strängen als Struktur der A-Form der DNA« offen legten und sagten, dass diese »hauptsächlich auf einer Studie der zynlindrisch symmetrischen Pattersonfunktion der Struktur A beruhe. Die Mitteilung erschien am 25. Juli und bestätigte den Watson-Crick-Vorschlag im Prinzip, aber nicht in »allen Einzelheiten«.

Rosalind war stets begierig darauf, zu eigenen Vorträgen eingeladen zu werden, besonders im Ausland. Sie hatte immer gerne zwei Vortragsverpflichtungen in ihrem Kalender, um sich selbst gegen den Tag abzusichern – wie sie einer Freundin erzählte – »an dem alles vorbei ist«. Im April fuhr sie nach Aachen, wo sie einen Vortrag über »The Mechanism of Crystallite Growth in Carbons« hielt, im Juni reiste sie nach Paris zu einem kurzen Vortrag über »Le role de l'eau dans l'acide graphitique«. Dieser Aufsatz steckte voller Andeutungen auf die Arbeit, die sie gemeinsam mit ihrem alten Mentor Jacques Mering geleistet hatte: »Nous avons étudié les diagrammes de rayons X«, »nous déduisons« und »a partir de nos résultats«; aber wie schon zuvor stand unter dem veröffentlichten Aufsatz nur ihr Name. In Paris lud man sie ein zu arbeiten: »Also war ich wieder im alten Labor, mit den gleichen Leuten und den gleichen Apparaten – alles angenehm.« Unter den französischen Kostbarkeiten, die sie von ihrer zufrieden stellenden Reise mit nach London zurücknahm, befand sich auch ein gekrümmtes Stück eines Quarzkristalls zur Feinfokussierung von Röntgenstrahlen.

Im Frühjahr 1953 hätte sich Rosalind nicht träumen lassen, was Watson, Crick und Wilkins von den Podien des 21. Jahrhunderts herab sagen würden – dass ihr Beitrag entscheidend für die Entdeckung der Doppelhelix der DNA war. Sie hatte aber nicht das Gefühl, in einem Wettrennen überholt worden zu sein. Watson und Crick waren jetzt vielmehr

Leute, mit denen sie zusammenarbeitete und die im Begriff waren, ihre Freunde zu werden. In jedem Fall hielt sie deren DNA-Struktur für nicht mehr als eine Hypothese. Sie bezog sich darauf als »das Watson-Crick-Modell« und schrieb in ihrem zweiten *Acta Cryst*-Aufsatz: »Diskrepanzen verhindern, dass wir es im Einzelnen akzeptieren.«

Als ihre *Acta*-Aufsätze im Frühjahr und Sommer 1953 in Druck gingen, schickte Rosalind Kopien an Watson und bat um seinen Kommentar. Crick antworte ihr, da Jim in die Staaten abgereist war. Er fragte – Watsons und Cricks eigener historischer Brief an die Zeitschrift *Nature* konnte dies nicht klären –, ob die Phosphate in der DNA tatsächlich zugänglich sein müssten (d. h. außen liegen), ob Kälber-Thymus die einzige Quelle der Struktur A sei und aus welchen Fasern sich die Struktur B gewinnen ließ? Anlässlich ihres zweiten Aufsatzes fragte er sich, ob die Zelleinheit wirklich »flächenzentriert monoklin, oder nicht doch triklin mit zwei Winkeln 90\167/« sei. Dieser Punkt sei sehr wichtig sagte er, »denn wenn die Zelleinheit auf jeden Fall C2 ist, müssen DNA-Ketten Paare bilden, die in entgegengesetzter Richtung verlaufen«.

In ihrem Aufsatz sagte Rosalind tatsächlich, dass »C2 die einzig mögliche Raumgruppe« sei. Das zeigt, obwohl sie die antiparallelen Zusammenhänge übersah, dass sie sehr wohl begriffen hatte, um welche Raumgruppe es sich handelte. Es ist ein Rätsel, weshalb Watson und Crick, die diese Information für so entscheidend für ihre Entdeckung hielten, diese Tatsache in ihren beiden Aufsätzen 1953 nicht erwähnten. Ebenso wenig erwähnten sie die Raumgruppe in dem viel detaillierten Aufsatz über die DNA-Struktur in *Proceedings of the Royal Society* im folgenden Jahr. Noch ein halbes Jahrhundert später bleibt das Versäumnis unerklärlich.

Crick war in seinem Brief an Rosalind nicht aufrichtig. Die Fragen, die er stellte, waren noch immer offen. Der Brief an die Zeitschrift *Nature* vom 25. April 1953 stellte einen Wendepunkt in der Geschichte der Naturwissenschaften dar, die Wissenschaftler damals aber fühlten sich keineswegs wie vom Donner gerührt. Erst allmählich wurden sie sich seiner Bedeutung bewusst. Viele glaubten jahrelang nicht daran, Erwin Chargaff hielt sich im Hintergrund. Andere Wissenschaftler erinnern sich an ihre anfängliche Skepsis. Am Institut Pasteur in Paris, so erinnert sich Francois Jacob, hatte der Watson-Crick-Artikel »weder mich noch sonst irgendjemand im Labor besonders begeistert. Das kristallographische Argument war mir zu hoch.«[8]

Als Gunther Stent in Berkeley im März 1953 die Neuigkeiten von Max Delbrück erfuhr, rannte er los, um seinen Kollegen zu sagen, dass es einen sensationellen Durchbruch gegeben habe. Es interessierte sie nicht. »Sieh dir Pauling an!« lautete ihre Reaktion. »Es dauert höchstens ein paar Wochen, bis irgendein Biochemiker beweist, dass die Watson-Crick-Struktur ebenfalls Quatsch ist.«[9] Aber Pauling ließ sich Zeit zuzugeben, dass seine Ideen Quatsch waren, und glaubte, selbst nachdem er den Aufsatz von Watson und Crick gelesen hatte, noch immer an seine eigene Dreiketten-Struktur.

Wie sich die Doppelhelix auftrennt, war allerdings noch unentdeckt geblieben. Die beiden Ketten konnten sich nicht selbst kopieren, ohne sich zu trennen, aber niemand wusste wie. Im Juli 1953 befand sich unter den Ausstellungsstücken der jährlich im Sommer stattfindenden *conversazione* der Königlichen Akademie der Naturwissenschaften ein Modell und eine Erläuterung mit dem Titel »A Proposed Structure for DNA«, für die sieben Wissenschaftler als Beitragende angegeben wurden: Watson, Crick, Wilkins, Franklin, Wilson, Stokes und Gosling. Gosling beaufsichtigte das Modell, als der berühmte J. B. S. Haldane vorbeikam, »seine stinkende Woodbine paffte, es lange betrachtete und dann sagte: ›Euch fehlt jetzt also eine Aufdrösel-ase‹« (in der Biochemie steht das Suffix »-ase« für ein Enzym).[10] Die Bedeutung der Entdeckung wurde in Cold Spring Harbor, wo Watson im Juni 1953 an einem Symposium teilnahm, jedoch durchaus anerkannt.

Die Nachricht von der Doppelhelix verbreitete sich so langsam, dass Sven Furberg, dessen Pionierarbeit am Birkbeck College von 1949 in Watsons und Cricks Aufsatz zitiert wurde, sich überrascht zeigte, als Bernal ihm Rosalind im Sommer 1953 vorstellte und er eine Ausgabe seiner Dissertation auf ihrem Schreibtisch entdeckte. Sie fragte ihn, ob er die Vermutung von Watson und Crick, es handle sich bei dem DNA-Molekül um eine Helix, für glaubwürdig halte? *Glaubwürdig?* Er hatte ihren Artikel nicht einmal gelesen. (Bernal machte sich später Vorwürfe, dass er diesen Weg nicht eingeschlagen hatte; vielleicht hätte man, wenn das College Furbergs Arbeit weiterverfolgt hätte, dort »beinahe gleichzeitig eine Entdeckung«[11] machen können.)

Da sie auf die nötigen Geräte warten musste, um sich wieder ernsthaft an die Arbeit am Tabakvirus machen zu können, hatte Rosalind Zeit für einen ausgedehnten Urlaub. Wie ihre Tante Mamie Bentwich hatte Ro-

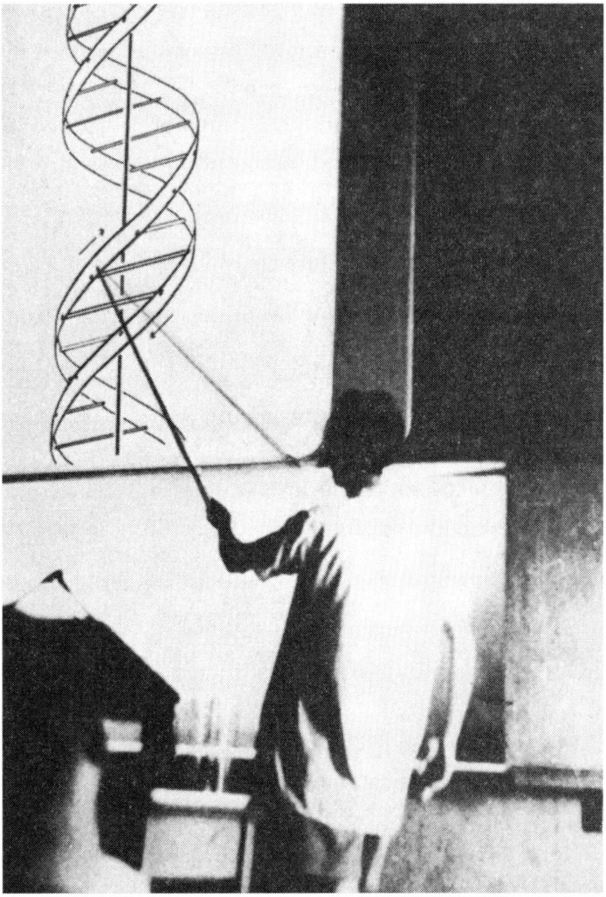

James Watson erläutert die Struktur der Doppelhelix in Cold Spring Harbor, Long Island im Sommer 1953.

salind dem zionistischen Traum einer nationalen Heimat der Juden bislang skeptisch gegenüber gestanden. Jetzt, da der Traum verwirklicht worden war und Israel seit fünf Jahren ein unabhängiger Staat war, beschloss sie hinzufahren und es sich anzusehen. Sie stieg in Victoria Station mit Anne Piper, die sie bis Griechenland begleiten sollte, in den »Tauern Express«. Ihre erste Station war Ljubljana, wo man sie einmal mehr mit großer Wärme empfing. Anne fuhr von Griechenland nach England zurück, und Rosalind bestieg in Piräus ein Schiff nach Haifa.

In Haifa holten sie Verwandte und Freunde ab, darunter ihre Cousine

Irene Neuner, ihre Mitbewohnerin in Putney während des Kriegs. Sie organisierten eine Taxifahrt für Rosalind nach Jerusalem, wo sie sich zehn Synagogen ansah und auf streng orthodoxe Gemeinden stieß. Ihre gespaltene Haltung gegenüber Juden regte sich wieder. Sie schrieb ihren Eltern, von denen sie wusste, dass sie sie verstehen würden:

»Mir fällt es schwer, den gemeinsamen Nenner in einem Antisemitismus zu sehen, der sich sowohl gegen Juden in Ghettos wie auch gegen erfolgreiche assimilierte oder beinahe assimilierte Juden richtet – das ist ein so großer Unterschied, dass ich mir kaum vorstellen kann, dass das, was ich gestern Abend gesehen habe, die Lebensweise der Mehrheit der Juden war, die in Polen und anderen osteuropäischen Ländern bis zum letzten Krieg gelebt haben.

Ich finde es widerlich, dass die Jugend ebenso grotesk erzogen und bewusst von allem fern gehalten wird, das einem breiter angelegten Leben auch nur im entferntesten ähnelt und das man ihr die gewöhnlichen Unterrichtsfächer in der Schule verbietet ... man hat mir gesagt, dass diese Jugendlichen – die schließlich weggehen – in der Regel später ausgesprochen anti-religiös oder kommunistisch eingestellt sind.«[12]

Was das Weizmann Wissenschafts-Institut in Rehovoth anging, hatte Rosalind keinerlei solcher Zweifel. Ihr zweiter Cousin David Samuel, ein Enkel von Herbert Samuel, arbeitete dort: noch ein Wissenschaftler in der Familie. Sie fand die Forschung ausgezeichnet und das Klima wunderbar. Sie könnte vielleicht, erzählte sie ihrer Mutter »versucht sein, dort Arbeit zu suchen: aber die Gemeinschaft war zu klein und isoliert – alle sind 28 und 35 Jahre alt und haben kleine Kinder ...«[13]

Entschlossen, so viel wie möglich vom Land zu sehen, fuhr sie per Anhalter an weit entlegene Orte – ihre Cousine Irene fand das sehr riskant für eine junge Frau. Einmal versuchte ein Lastwagenfahrer, der sie mitgenommen hatte, sie zu vergewaltigen. Ihre Cousine bemerkte dazu später »Ich glaube, das hat sogar sie aufgerüttelt«[14]; aber Rosalind ließ sich nicht abschrecken. Sie fuhr an die südlichste Spitze Israels, nach Eilat am Golf von Aqaba; die Stadt existierte damals kaum, bestand nur aus einer Hand voll Hütten und einer Windpumpe. Sie besuchte auch Sodom am Toten Meer.

Als Rosalind in Haifa Irene von ihren Erlebnissen berichtete, erzählte sie ihr auch von der Fast-Vergewaltigung. Ihre Cousine dachte mit dem Sarkasmus einer Verwandten: »Ros hätte gar nicht gewusst, was vergewaltigt werden bedeutet.«[15] Irene kannte Rosalind gut genug, sodass sie

sie direkt fragte, was sonst niemand zu fragen wagte: Warum hatte sie niemals geheiratet? Rosalind gab ihr eine unumwundene Antwort: Alle Männer, die ihr jemals gefallen hatten, waren bereits verheiratet. Irene kam stillschweigend zu dem Schluss, dass Rosalind nicht der Typ war, der eine Ehe zerstörte.

Zurück am Birkbeck College hielt Rosalind bei der Fabian Society einen Vortrag, in dem sie ihre Reise nach Israel beschrieb, besonders die Kibbuze und die Forschung am Weizmann Institut. Bernal war so beeindruckt, dass er Schritte einleitete, um sich ein Visum für Israel zu besorgen. Wolfie Traub, ein Mitglied der Kristallographiegruppe, trat wenige Jahre später begeistert dem Weizmann Institut bei und verbrachte den Großteil seiner wissenschaftlichen Karriere in Israel.

Die geplante Arbeit am Tabakmosaikvirus verzögerte sich weiter. Bernal, der versuchte die Dinge zu beschleunigen, fragte bei Randall an, ob sie beim King's College eine der von Miss Franklin entworfenen Kameras zur Untersuchung der Röntgenbeugung durch Lösungen«[16] ausborgen dürften. Randall wahrte in seiner Antwort die Form: »Wir beabsichtigen in der Tat diese Ausrüstung in Kürze zu benutzen, und ich werde sorgfältige Erkundigungen einziehen müssen, bevor ich Ihnen in der einen oder anderen Richtung eine endgültige Antwort geben kann ...«[17]

Endlich, im Dezember, hatte Rosalind offensichtlich ohne Bedauern ihre wissenschaftliche Wissbegierde und Erfindungsgabe neu ausgerichtet und auf den Tabakmosaikvirus (TMV) konzentriert, den man an den gekräuselten, brüchigen sowie hell- und dunkelgrün gesprenkelten Flecken (daher »Mosaik«) erkennt, die er auf Tabakblättern verursacht. Für Rosalind war der TMV ebenso aufregend wie die DNA.

Viren sind biologische Einheiten aus reaktionsträgen Makromolekülen, die sich wiederum aus Proteinen und entweder RNS oder DNA zusammensetzen. Sie werden lebendig, sobald sie in eine lebende Zelle eintreten, den reproduktiven Mechanismus der Zelle parasitär übernehmen und sich rasch selbst duplizieren – mit all den Folgen, die bekannt sind als »sich einen Virus einfangen«[18].

Die Forschung über den TMV war nicht durch den Wunsch motiviert, die damals noch hoch geachtete Tabakindustrie zu unterstützen, sondern eher durch das Bedürfnis verstehen zu wollen, wie er infiziert – nämlich, indem er sich wie eine Spritze in die Gastgeberzelle injiziert. Mit dem TMV hatte die Virenforschung 1886 praktisch ihren Anfang genommen; er war einfach, stabil, leicht verfügbar und hochgradig infektiös – ein geeignetes Modell für die Virenforschung. Vor dem Krieg hatte Bernal in Cambridge mit seiner Kollegin Fankuchen den TMV der Röntgenanalyse unterzogen. Gemeinsam – bekannt als »Sage« und »Fan« – hatten sie 1941 einen inzwischen klassischen Aufsatz hervorgebracht, in dem sie zeigten, dass sich der Virus aus identischen Untereinheiten von Proteinen zusammensetzt; wie diese allerdings zusammengesetzt waren, blieb weiter zu erforschen. Watson fand 1952 die Antwort, indem er eine Probe aus einem Neigungswinkel mit der Röntgenkamera fotografierte. Diese Unternehmung hatte mit seinem Fachgebiet nichts zu tun, dennoch gelang es ihm, die Erkenntnis durchzusetzen, dass die zueinander passenden Untereinheiten wie eine Helix spiralförmig angeordnet waren. Danach gab Watson die Arbeit auf und schlussfolgerte, »der Weg zur DNA führte nicht über das TMV«.[19] Für Rosalind war das TMV der Weg fort von der DNA. Rosalind baute auf Watsons Arbeit auf, korrigierte sie unter zu Hilfenahme ihrer Röntgenaufnahmen, die – wie auch bei der DNA – besser waren als alle anderen, die jemals aufgenommen wurden.

In ihrem Büro unter dem Dach machte sie sich daran, die interne Struktur der spiralförmigen Anordnung zu bestimmen, indem sie die Techniken verwandte, in denen sie auf einzigartige Weise versiert war. Ihre nordamerikanische Phillips-Kamera stand fünf Stockwerke tiefer im undichten Keller. Die zu beantwortenden Fragen waren: Stand die Nukleinsäure, die RNS, im Zentrum wie der Docht in einer Kerze? Oder steckte sie in den Ecken zwischen den Untereinheiten?

Das folgenschwere Jahr 1953 endete mit einem heilsamen Besuch bei Nannie in Church Stretton und bei den Luzzatis in Straßburg. Denise und Vittorio waren nach einem Jahr am Polytechnischen Institut in Brooklyn nach Frankreich zurückkehrt und hatten beide eine Stelle am Centre des Recherches sur les Macromolécules in Straßburg angenommen. Rosalind hatte ein aufregendes Jahr hinter sich, in dem sie unter anderem nach Israel gereist war und geholfen hatte, die Doppelhelix der DNA zu entdecken. Die Zukunft schien noch besser zu werden. Gerade war ihre erste Einladung in die Vereinigten Staaten ins Haus geflattert.

KAPITEL FÜNFZEHN

O My America

(1954)

Der Kohlenstoff brachte Rosalind in die Vereinigten Staaten. Ohne eine Spur von Interesse für ihre Arbeit an der DNA zu zeigen, wurde sie 1954 zu den Gordon Research Conferences eingeladen – einer Vortragsreihe, die einmal jährlich in den grünen Hügeln von New Hampshire von der American Association for the Advancement of Science im Sommer veranstaltet wurde. Sie sollte an der Augustveranstaltung über »Kohlen und verwandte Substanzen« teilnehmen.

Die Reisekosten musste sie selbst aufbringen, die Veranstalter konnten für nichts aufkommen, »abgesehen von den Kosten für die Fahrt vom Ankunftshafen nach New Hampshire und zurück«. Auch gestattete die Bank von England nicht ohne weiteres die Ausfuhr von Sterling. Die Herausforderung für einen künftigen Besucher aus Großbritannien bestand darin, Sponsoren zu finden, die die Kosten übernahmen, und Rosalind wollte sehr viel mehr als nur New Hampshire sehen. Das neue Virus Laboratory an der University of California in Berkeley, dem der Nobelpreisträger Wendell Stanley vorstand, sollte eine ganz wichtige Station sein. Die Gordon-Veranstalter versuchten Rosalind zu helfen, das Geld aufzutreiben. Sie erklärten ihr, sie könnten ungefähr 700 Dollar garantieren, wenn sie zusätzlich zur ihrer Teilnahme an der Kohlekonferenz bereit wäre, an der Pennsylvania State Universität und an Laboratorien in Pittsburgh und Cleveland Vorträge zu halten. Das britische National Coal Board entrang seinerseits der Bank von England die Erlaubnis, Rosalind 250 Pfund zur Verfügung stellen zu dürfen unter der Bedingung, dass ein eventuell nicht ausgegebener Restbetrag bei ihrer Rückkehr zurückbezahlt würde. Auf der Suche nach weiteren Finanzierungsmöglichkeiten für die Fahrt an die Westküste, bekam sie auch Unterstützung durch Watson und Crick. Im April schickte ihr Crick, der für ein Jahr am Polytechnischen Institut in Brooklyn arbeitete, ermutigende

Neuigkeiten (inzwischen war sie »Liebe Rosalind«): »Jim und ich haben mit (Wendell) Stanley gesprochen. Er schien sehr interessiert (am TMV) und schlug vor, einen Teil deiner Kosten zu übernehmen.«

Rosalind schrieb, wie es sich gehört, Bettelbriefe an Stanley und auch an Pauling. Pauling antwortete auf ihre Anfrage, ob sie Vorträge halten dürfe, dass die Zeit zwei Wochen vor Beginn des neuen Semesters keine gute Zeit für Vorträge sei. Doch er wolle eine Ausnahme für sie machen. Er bot ihr ein Honorar von 50 Dollar, sowie die Übernahme der Kosten ihrer Unterbringung im Athenaeum – dem Club des Lehrkörpers am Cailfornia Institute of Technology.

Das amerikanische Abenteuer nahm einen schlechten Anfang: Man verweigerte Rosalind das Visum. Im Februar lehnte der Konsul der amerikanischen Botschaft in London ihren Antrag in dem Glauben ab, sie wolle dort Geld verdienen: »Es gibt erhebliche Einwände gegen die Bewilligung eines Visums für all jene, die in die Vereinigten Staaten kommen, um dort Gewinn bringend in Konkurrenz zu amerikanischen Arbeitskräften Anstellung zu suchen.«[1] Ein viermonatiger Briefwechsel mit dem US Bureau of Mines und den National Carbon Research Laboratories in Cleveland waren nötig, bis Rosalind das Visum unter der Bedingung bewilligt bekam, dass sie alle Finanzmittel, die ihre Ausgaben überstiegen, zurückerstattete. Der Wissenschaftler, der in Cleveland für die Absprachen zuständig war, entschuldigte sich wegen der »ungünstigen Atmosphäre, die nach wie vor in Washington vorherrscht«.

Natürlich begrüßte Bernal ihre Reise. Die Vereinigten Staaten, das Zentrum der wissenschaftlichen Forschung weltweit, waren ihm als unerwünschter Person verschlossen, was nicht zuletzt daran lag, dass ihn seine eigenen Reisen in jenem Jahr zu einem Gespräch mit Chruschtschow und Mao Tse-Tung führten. Der Verdacht, Rosalind könne selbst ernsthaft links gerichtet sein, wird durch das Fehlen einer FBI-Akte entkräftet. Über Bernal existierte eine Akte enzyklopädischen Ausmaßes.

Rosalind hatte auch zu Hause Geldschwierigkeiten. Ihr Turner-und-Newall Stipendium würde im Dezember auslaufen und was dann? Mitte 1954 bat die Leitung des Birkbeck Colleges den Landwirtschaftlichen Forschungsrat (ARC) ihr einen Dreijahresvertrag für die Pflanzenvirusforschung und für das Zusammenstellen eines Assistententeams zu bewilligen. Das angemessene Gehalt, so die Antragsteller, betrage 1 100 Pfund im Jahr, aber der ARC drückte ihr Gehalt ohne Erklärung auf

1 080 Pfund. Die Kürzung war geringfügig, aber schmerzlich. Es war der Beginn einer schwierigen Beziehung.

Rosalind befand sich in einer verwaltungstechnisch aussichtslosen Lage. Akademische Angestellte bekleideten ein Amt und hatten Berufsbezeichnungen. Forscher wie Rosalind wurden größtenteils fremdfinanziert, sie gehörten zur »externen Belegschaft« und besaßen einen niedrigeren Status. Rosalind hatte formal keine Unterrichtspflichten, obwohl sie als Leiterin einer Forschungsgruppe in unauffälliger Form sehr viel lehrte. Wie unauffällig das sein konnte – und ein Beispiel ihrer außerordentlichen Geschicklichkeit –, erlebte ein Student am Birkbeck College, der im Frühsommer 1954 seine praktische Prüfung in Kristallographie ablegte. »Von Zeit zu Zeit sah man eine ernsthafte, dunkelhaarige Dame, aber man wusste nicht, ob sie Studentin, Technikerin oder ein Mitglied der Belegschaft war, da sie keinerlei Verbindung zu dem Kurs zu haben schien.« Am Abend von Martyn Pease' praktischer Prüfung führte sie die Aufsicht und wirkte dabei, wie er fand, gelangweilt und angesichts der studentischen Bemühungen spöttisch. Jeder Student hatte eine Stunde Zeit für eine Oszillationsröntgenaufnahme, wozu man ein nadelförmiges Kristall auf einem Strang Fiberglas positionieren, mit Glyzerin befestigen und es dann aufrecht genau ins Zentrum der Kamera stellen musste. Pease war der Vorletze. »Es gab zahlreiche Fallgruben«, erinnert er sich »und ich fiel in eine davon.«

»So sehr ich auch an der Einstellung herumfummelte, es wollte einfach nicht hinhauen. Rosalind lehnte in der Nähe an der Wand. Ich drehte mich um und sagte leise, »Ist das gerade?« Sie sah durch das Okular und drehte die Knöpfe wortlos in die richtige Stellung. Es war eine Sache von Sekunden. Erst als sie wieder zurücktrat, wurde ihr klar, dass das ein Regelverstoß war, und sie schlich wütend davon.«[2]

Zum Aufwärmen unternahm Rosalind im Mai Reisen nach Zagreb, wo sie einen Vortrag über »Some aspects of the ultra-fine structure of coals and cokes« hielt, der vom Verein für Chemie und Physik in Kroatien organisiert wurde; sie reiste außerdem in die Julianischen Alpen, wo sie den Gipfel des Triglav (2 896 Meter) erkletterte. Im Juni fuhr sie zum Dritten Internationalen Kongress für Kristallographie, wo sie drei Vorträge hielt, einen davon mit Mering. Es machte ihr außerdem Spaß, einige ihrer neuen wissenschaftlichen Freunde aus Jugoslawien französischen und britischen Kollegen vorzustellen, sie in Cafés am linken Ufer zu führen und ein Picknick in

Fontainebleau zu organisieren. Danach war Rosalind bereit für Amerika. Mit Ausnahme ihres Israelbesuchs hatten alle ihre Reisen bislang innerhalb Europas stattgefunden, und sie hatte nie ein Interesse formuliert, in die Vereinigten Staaten zu fahren. Wie viele britische Sozialisten misstraute sie dem amerikanischen Wohlstand, dem Materialismus und der Politik des Kalten Kriegs; und was sie von lauten Amerikanern, von den GIs während des Kriegs und den Touristen in London und Paris mitbekommen hatte, gefiel ihr nicht. Für eine unerschrockene Reisende jedoch war die Aussicht, 5 000 Kilometer weit zu fahren, absolut erfreulich.

1954 schienen die Vereinigten Staaten sehr weit von Europa entfernt. Transatlantische Flüge machten von London aus Zwischenstopps in Prestwick, Reykjavik, Gander und Nova Scotia. Als sie mit elfstündiger Verspätung in Boston eintraf, hatte Rosalind einen Tag mit geplanten Besichtigungen bereits verpasst. Ihr blieb nur Zeit für einen kurzen ersten Eindruck: »Die Architektur ist ebenso hässlich wie die Londons, aber die Straßen sind sehr viel breiter, sodass es insgesamt fast ›kontinental‹ wirkt. Und es ist auf jeden Fall wärmer.« In New Hampton, New Hampshire, machte sich die neue Welt bemerkbar. Die Vorträge der Konferenz wurden morgens und abends gehalten, der Nachmittag blieb für Unternehmungen frei. Rosalind hatte sich nie vorstellen können, wie sie an Colin und Charlotte schrieb, dass es in »Amerika Bäume, Hügel, Wolken und Himmel beinahe wie in Europa«[3] gab. Sie lachte ihre Mutter aus wegen ihrer Sorge, dass sie »ganz allein in Amerika« sei. Weit gefehlt, sagte sie, sie »wohne mit ungefähr 100 Leuten in einer Schule in einem abgelegenen und grünen Teil des Landes.«[4] Ihre Vorurteile gegenüber dem amerikanischen Akzent aber hielt sie aufrecht.

Die Gordon-Konferenz widmete sich ihrem alten Thema, der Kohle, und die Versammlung war eher industriell als intellektuell. Erst als sie wieder zurück nach Boston fuhr, traf sie auf den wissenschaftlichen Mainstream. Ihren ersten Laborbesuch stattete sie dem MIT ab, was, wie sie ihen Eltern erklärte, Massachusetts Institute of Technology bedeutet und »eigentlich eine Universität mit ungefähr 10 000 Studenten ist«. Dort traf sie Alexander Rich, einen Spezialisten für Nukleinsäuren, der ebenfalls an Aufnahmen des TMV gearbeitet hatte und gerade vom Caltech an das Nationalinstitut für Gesundheitswesen in Washington wechselte. Er bot ihr an, sie im Auto zu ihrer nächsten Station, dem Marine Biological Laboratory in Woods Hole mitzunehmen. In Woods Hole wurde sie auch von Watson begrüßt, der bereits mit Ruhm und Ehre bedacht wurde. In der Augustausgabe der Zeitschrift *Vogue* erschien sein Gesicht auf derselben Seite wie das von Richard Burton, und ihm wurde »der gedankenverlorene Blick eines englischen Dichters«[5] zugeschrieben. Watson fühlte sich durch den Ruhm (beinahe) dafür entschädigt, dass Crick und nicht er gebeten worden war, die Doppelhelix in der nächsten Ausgabe des *Scientific American* zu erklären.

Zu Watsons Erleichterung war Rosalind sehr freundlich und versessen darauf, mit ihm über das TMV zu reden. Ihm wurde klar, dass ihre jüngsten Röntgenaufnahmen seine Vorschläge von 1952, dass die Protein-Untereinheiten des TMV als Helix angeordnet seien, bestätigten und erweiterten. Er musste auch seinem Freund Leslie Orgel zustimmen (jedenfalls schrieb er das ein halbes Jahrhundert später), »dass man sehr unfair über sie geurteilt hat, als sie an der DNA arbeitete«.[6] Offensichtlich ohne Furcht, dass sie ihn in ihrer Wut schlagen könne, bot er Rosalind an, sie im Auto mit nach Kalifornien zu nehmen. Er und Sydney Brenner, ein südafrikanischer Mikrobiologiestudent aus Oxford, wollten gerade die Reise quer über den Kontinent antreten. Aber Rosalind musste ablehnen. Sie hatte feste Reisepläne mit vielen Stationen, vor allem in den industriellen Gebieten des Mittleren Westens. Vorher konnte sie nicht daran denken, an die Westküste zu fahren.

Von Woods Hole aus fuhr sie nach New York, das sie unzivilisiert und ungehobelt fand,[7] mit wichtigen Ausnahmen: die Museen und die Skyline, die sie von der Wohnung David Harkers, der am Polytechnischen Institut in Brooklyn tätig war, aus gesehen hatte. Bei ihm übernachtete sie auch. Sie verbrachten, wie Rosalind erzählte, viel Zeit auf der Dachterrasse der auf einem Brooklyner Hügel gelegenen Wohnung mit Blick über Lower Manhattan: »Die Wolkenkratzergruppe ist überraschend schön, und sie verändert sich im wechselnden Licht wie eine Berglandschaft. Ich muss mir immer wieder selbst sagen, dass sie echt ist.«

In Philadelphia traf Rosalind Anne und David Sayre, erneuerte eine alte Freundschaft und besuchte ein weiteres großartiges Kunstmuseum. Sie missbilligte den amerikanischen Überfluss noch immer, aber ihr Widerstand begann zu schmelzen. Sie schrieb an Colin und Charlotte:

»Auch bin ich erstaunt angesichts der Mengen, die von allem übrig bleiben – besonders gutes ungenutztes Land, selbst direkt um Boston herum, weil es woanders besseres Land,

oder wie in New York, mehr Geld gibt. Der Großteil von New England liegt einfach brach. Das lässt das ganze Gerede über Weltplanung und die Kultivierung der Wüste und des Dschungels als Nonsense erscheinen – man müsste nur Amerika kultivieren und die Produkte verteilen, und die Probleme der Lebensmittelproduktion wären weltweit gelöst.

Bislang bin ich zwei sehr unterschiedlichen Menschen begegnet. Die meisten davon sind Leute aus Industrie und Forschung in New Hampton, recht angenehm, aber nicht sehr interessant; es stehen ihnen riesige Summen an Geld zur Verfügung, aber sie kommen nicht weiter als die Europäer, deren Mittel eher beschränkt sind. Aber auf dem anderen Gebiet, der Fundamentalbiologie, ist Amerika wirklich führend. Sie haben eine bemerkenswerte Anzahl von erstklassigen Leuten bei den unter Dreißigjährigen. Trotz der riesigen Entfernungen kennen sich alle gut und besuchen sich ständig.«[8]

In einem Brief an ihre Mutter war sie wieder voll des Lobes für die amerikanischen Wissenschaftler: Sie habe »eine erstaunliche Zahl von wirklich erstklassigen Leuten kennen gelernt, die eine Elite bilden, die allem, was mir je in England begegnet ist, weit überlegen ist.« Ihre Bekehrung hatte begonnen. Rosalind durchquerte Amerika, war begehrt und verdiente sich ihre Mahlzeiten durch Auftritte. Ihren Kohle-Vortrag hielt sie mindestens sechsmal. Während des ersten Teils ihrer Reise hatte sie vor allem mit »den Kohlenstoffleuten«, angesehenen Industriellen, zu tun:

»Meine Laborbesuche lassen sich in zwei merkwürdig interessante Gruppen einteilen. In der Kohlenstoffwelt scheint die Arbeit, die ich in Paris gemacht habe, den Hintergrund für einen Großteil der hier betriebenen industriellen Forschung zu bilden, und ich werde als »Autorität« auf dem Gebiet willkommen geheißen. So sehr, dass ich einen Alptraum hatte, in dem ich umzingelt war von feierlich wirkenden Amerikanern mittleren Alters, die alle sagten »und außerdem, Miss Franklin, interessieren uns Ihre Ansichten zu ...«, und dann wachte ich auf. In den Biologielaboratorien musste ich andererseits noch viel lernen und habe kaum etwas anzubieten. Dort hängt alles davon ab, Leute zu finden, denen es Spaß macht, ihre Zeit damit zu verschwenden, sich mit mir zu unterhalten.

Der Gegensatz zwischen beiden Gruppen von Leuten, die ich treffe, ist ebenfalls sehr auffällig. Die Kohlenstoffleute sind ganz und gar ohne eigenes Feuer, aber in den Biologielaboratorien gibt es eine beeindruckende Anzahl von wirklich erstklassigen Menschen.«[9]

Da war wieder das »erstklassig«: das Siegel der Anerkennung in Oxbridge. Nach weniger als zwei Wochen in Amerika schrieb Rosalind an Bernal, dass sie bereits von drei ernsthaften Röntgenuntersuchungen zum TMV gehört habe und sich frage, ob sie schnell einige Aufsätze schreiben könne, noch bevor er aus China zurückkehrte. Während sie den Kontinent überquerte, lernte sie viele berühmte Wissenschaftler kennen – Erwin Chargaff, George Gamow, Vladimir Vand, Isidore Fankuchen –, von denen sie einige bereits in Europa getroffen hatte.

Rosalinds »Briefe aus Amerika« sind ein gelungener Beitrag zu einer Tradition, die von de Tocqueville und Fanny Trollope bis Alistair Cooke reicht. Die Eindrücke drängten sich schneller auf, als sie aufgeschrieben werden konnten. Rosalind verfasste ihre Briefe mit der Begeisterung einer viktorianischen Reisenden und der Präzision einer Experimentatorin. (Sie nahm an, dass die Briefe die Runde machen würden, sogar bis zu Nannie drangen, und dann für ihre Rückkehr aufbewahrt würden – was auch geschah.) In Chicago beschrieb sie, wie die Ellises (die früheren Eisenstädters, denen die Franklins 1939 bei der Flucht aus Österreich geholfen hatten) ihr die Stadt zeigten. Sie führten sie in ein Kunstmuseum und ins Theater, »eine Komödie – plump wie es die amerikanische Art ist«.[10] Aber auf halbem Wege durch Amerika mäßigten sich ihre Vorteile. Sie hatte entdeckt, dass die Amerikaner gastfreundlich, pragmatisch, wohltätig und kunstliebend waren, auch wenn ihr kulturelles Urteilsvermögen zu wünschen übrig ließ: »In ihren Museen ... haben sie ganze erbeutete europäische Kirchen und Klöster, und wenn mir jemand vorher davon erzählt hätte, wäre ich wütend gewesen.«[11]

Von Chicago fuhr sie nach St. Louis in das botanische Labor von Dr. Barry Commoner von der Washington University of St. Louis. Commoner arbeitete an einem abnormalen Protein, dem B8; es war kein Virenbestandteil, aber es ähnelte dem Protein im TMV. Für Rosalind war dies der bislang interessanteste Besuch und der Beginn einer fruchtbaren Zusammenarbeit, deren Ergebnis ein gemeinsamer Aufsatz in der Zeitschrift *Nature* im folgenden Juni sein sollte.

Als sie weiter westlich fuhr, war sie verzaubert (wer ist das nicht?) von der Erhabenheit der Wüste, den Bergen, der klaren Luft, der roten Vegetation und den exotischen Vögeln. Rosalind ließ nichts aus. Sie reiste auf einem Maulesel an den Fuß des Grand Canyon und missbilligte den Einsatz »der Indianer als Touristenattraktion«.[12] Sie hatte nichts dagegen, dass sich die anderen Einwohner kleideten wie in einem Cowboyfilm und machte Scherze über eine isoliert gelegene Ranch, wo »ich vergeblich nach einem Helden Ausschau hielt, der auf einem weißen Pferd hereingeritten käme«. Auch mochte sie die amerikanischen Züge; die dritte Klasse sei bequemer als die europäische erste. Niemals um eine Verallgemeinerung verlegen, teilte sie die Amerikaner für ihre Eltern in Klassen ein. Sie waren bestenfalls:

»... nett und wohlmeinend, aber unglaublich unwissend und selbstzufrieden. Auf der anderen Seite sind die Wissenschaftler an den Universitäten ebenso prima wie alle anderen, die ich sonstwo getroffen habe. Sie werfen sich voll und ganz in ihre Arbeit und das mit einer Entschlossenheit, die man in England kaum findet, und sie haben echtes Vergnügen daran ... Sie scheinen zudem sehr gut darin zu sein, fröhlich und uneigennützig zusammen in Gruppen zu arbeiten, auf eine Weise, die in England sehr selten ist. Heute komme ich an das Ende meiner transkontinentalen Reise – das Wetter ist himmlisch, eine wunderbar reine Atmosphäre.«

In Kalifornien besuchte Rosalind zuerst die Universität von Kalifornien in Los Angeles (UCLA) und sah mit Freude, dass »der älteste Einfluss in Süd-Kalifornien – der ungefähr 150 Jahre zurückgeht – spanisch ist und dass das angenehme Auswirkungen auf die Architektur in den besseren Vierteln hat, wie zum Beispiel stuckverzierte Bögen und rote Ziegeldächer.« Sie führte gute wissenschaftliche Gespräche mit unter anderem Adam Wildman, Professor der Botanik, und Albert Siegel, ein Genetiker, der damals an Linus Paulings Institution, das Caltech in Pasadena, »ungefähr 25 Meilen entfernt (aber noch immer in Los Angeles)«, gewechselt war. Sie hielt zwei Vorträge, und Pauling besuchte den ersten von beiden über das Röntgen der Kristalle des Tabakmosaikvirus.

Am Caltech traf sie Watson wieder. Es gab viel zu bereden, wie die Nachricht über einen jungen Kristallographen in Yale, Don Caspar, der behauptete, dass der TMV einen hohlen mit Wasser gefüllten Kern besitze. Wenn das stimmte, wo befand sich dann die RNS, die Nukleinsäure, von der man annahm, dass sie dort sei? Rosalind fuhr mit Watson zum Dinner bei Pauling in dessen wunderschönes Haus auf den Hügeln über Pasadena. Ein weniger erfolgreicher Ausflug mit Watson und Sydney Brenner führte sie in die Spelunkenviertel von Los Angeles und Hollywood. Die beiden bemerkten, dass Rosalind wegen der Mädchenphotos, die überall zu sehen waren, zutiefst schockiert war. Das schrieb sie auch ihren Eltern:

»Das Zentrum von Hollywood ist vulgär und charakterlos und nur ein kleines bisschen weniger schmutzig als das von Los Angeles. Hier zeigte man mir das schlimmste Viertel, das wirklich unglaublich schrecklich ist. Schlimme Flecken lassen sich in jeder großen Stadt finden, nicht im selben Ausmaß wie hier, wenn auch von derselben Verdorbenheit.«

Die Universität von Kalifornien in Berkeley, außerhalb San Franciscos gelegen, war im Gegensatz dazu enttäuschend. Wissenschaftlich war der fünftägige Besuch lohnenswert und von größter Bedeutung für ihre TMV-Forschung, aber merkwürdig förmlich; das berühmte Virus Laboratorium, oben auf dem Campus, mit Blick auf die Golden Gate Bridge, war »das erste unfreundliche Labor, das ich besucht habe.«[13]

Statt sie privat nach Hause einzuladen und ihr die kulturellen Sehenswürdigkeiten zu zeigen, wie das überall sonst geschehen war, brachte man sie, abgesehen von einer Fahrt entlang der Bucht, beinahe jeden Nachmittag um 5.30 Uhr in ihr Hotel, wo sie sich bis zum nächsten Tag alleine durchschlagen musste. Trotz des »perfekten Klimas« und eines flüchtigen Eindrucks, dass San Francisco beinahe eben so zivilisiert war wie Boston, war sie froh, nach Washington weiterfliegen zu können, wo sie bei Alex und Jane Rich in Bethesda wohnte.

Aus New York kehrte Rosalind mit dem französischen Linienschiff *Liberté* als veränderte Frau zurück. Innerhalb von zwei Monaten hatte sich ihr Ruf beträchtlich vergrößert. Die Oktober-Ausgabe des *Scientific American* mit Cricks Artikel war erschienen und enthielt die direkteste Anerkennung, die sie zu Lebzeiten für ihren Beitrag zu der großen Entdeckung erhalten sollte. »Watson und ich«, schrieb Crick, »waren davon überzeugt, dass wir uns der DNA-Struktur nähern könnten, indem wir ein maßstabgetreues Modell bauen, das auf Röntgenmustern beruht, die von Wilkins, Franklin und ihren Mitarbeitern erarbeitet wurden.« Die Zeitschrift druckte ihre Fotografie 51 als Illustration ab und gab ihren Namen als Quelle an. Noch besser war, dass sie mit Kontakten zu amerikanischen Virenlaboratorien nach Hause zurückkehrte, die die Grundlage eines Großteils ihrer Arbeit der folgenden drei Jahre bilden würden.

Ebenfalls in ihrem Gepäck waren Virenproben und zahlreiche Versprechen führender amerikanischer Wissenschaftler (darunter auch Wendell Stanley) für künftige Kooperationen. An Bord des Schiffes schrieb Rosalind einen Dankesbrief an Pauling, in dem sie sagte, sie nähme »die angenehmsten Erinnerungen an das CALTECH, seine Umgebung und die kalifornische Sonne«[14] mit nach Hause. Für Rosalind gehörten Amerikaner nun zu der Kategorie der Ausländer, bei denen sie sich wohl fühlte. Man hatte sich so großzügig um sie gekümmert, dass sie dem National Coal Board 200 der 250 Pfund, die sie vorgeschossen bekommen hatte, zurückerstatten konnte.

KAPITEL SECHZEHN

Neue Freunde, neue Feinde

(Winter 1954 – Sommer 1956)

»Sie brauchte einen Mitarbeiter und sie hatte keinen. Einen, der ihr Denkschema durchbrochen hätte, der ihr zeigte, was direkt vor ihrer Nase lag, der ihr den nötigen Schwung gegeben hätte.«[1]

Diese Einschätzung stammt von dem besten Mitarbeiter, den sie je haben sollte. Gemeinsam mit Aaron Klug, einem theoretischen Physiker, Chemiker und Kristallographen, leistete Rosalind die hervorragendste Arbeit ihres Lebens. Sie lernten sich 1954 auf der Treppe zu ihrem Dachbodenzimmer in dem Gebäude am Torrington Square 21 kennen. Klug hatte das vordere Zimmer im obersten Stockwerk. Rosalinds Büro und Labor lagen hinten. Obwohl Klug bereits Ende 1953 ans Birkbeck College gekommen war, lernten sie sich zunächst nicht näher kennen. Rosalind aß lieber im Gemeinschaftsraum der Professoren zu Mittag, als mit der restlichen Belegschaft in der allgemeinen Kantine. Zudem arbeitete Klug an einem anderen Projekt.

Eines Tages jedoch zeigte sie ihm die Fotografien, die sie vom Tabakmosaikvirus aufgenommen hatte. »Von da an«, sagte Klug in der Autobiografie, die er anlässlich seines Nobelpreises 1982 schrieb, »war mein Schicksal besiegelt.« Die Fotografien waren wunderschön und faszinierend; er bot ihr eine Erklärung für einige der Anomalien an. Bald bekam er die Erlaubnis von Bernal und Harry Carlisle, Professor für Kristallographie, zur Virenforschung zu wechseln. Zusammen ergaben er und Rosalind ein ideales Team. Sie hatte nun einen Partner, der dieselben Ideen hatte, ihren Blick schärfte, mit ihr argumentierte und die alltägliche Aufregung über neue Entdeckungen teilte.

Aaron Klug, ein kleiner, adretter und flinker Mann mit einem ironischen Lächeln, war damals 26 Jahre alt. Er war Südafrikaner und Sohn jüdischer Emigranten aus Litauen, ein Graduierter der Universität von Witwatersrand. Klug besaß einen Magister der Universität von Kapstadt, hatte 1952 in Cambridge promoviert und war im darauf folgenden Jahr im Rahmen eines Nuffield-Stipendiums nach Birkbeck gekommen, wo er sich mit der Röntgenanalyse biologischer Moleküle beschäftigte. Seine Frau Liebe war Ausdruckstänzerin und Choreografin, und sie hatten einen kleinen Sohn. Rosalind und das Paar freundeten sich bald an.

Rosalind brauchte einen neuen Freund, denn sie hatte einen neuen Feind. Sie kam aus Amerika zurück und war bereit zu schreiben. Nach einer einjährigen Veröffentlichungspause 1954 hatte sie durch eine Vielzahl von ausgezeichneten Röntgenaufnahmen genügend neue Informationen zusammengetragen, um eine Reihe von Aufsätzen über den TMV zu schreiben. Der Erste handelte von der Struktur des Virus und erschien in der Zeitschrift *Nature*. Rosalind schickte eine Kopie des Manuskripts vorab an den britischen Virologen Norman Pirie.

Pirie betrachtete Pflanzenviren als sein persönliches Eigentum. Er kultivierte sie selbst und hatte Rosalind Proben für ihre Forschung überlassen. Er und sein Kollege Frederick Bawden, waren so etwas wie Gilbert and Sullivan der britischen Pflanzenvirologie, ihre Namen waren seit einem wegweisenden Aufsatz von 1936 miteinander verbunden. Sie hatten entdeckt, dass der Virus lang und dünn war, wie ein Bleistift oder eine Zimtstange. Als der junge französische Genetiker Francois Jacob die beiden Wissenschaftler einmal in Aktion erlebte, sah er »zwei alte Freunde, die gerne herumkasperten, Witze und metaphysische Aphorismen austauschten, alles in einem sehr schnellen, abgehackten Englisch, das mir kalte Schweißausbrüche bescherte.«[2]

Jim Watson wurde, als er am TMV arbeitete, Zeuge, wie sie eine Tagung im Doppelpack dominierten: »Keiner der Anwesenden war der geschmeidigen Gelehrtheit Bawdens gewachsen oder dem krassen Nihilismus Piries, der eine ausgesprochene Abneigung gegen die Vorstellung entwickelte, dass Phagen Schwänze besäßen oder dass das TMV eine bestimmte Länge habe«.[3]

Aber Rosalind hatte anhand von Röntgenaufnahmen, die eine nie da gewesene Qualität besaßen, festgestellt, dass die TMV-Stäbe alle dieselbe Länge hatten (3 000 Å). Das schrieb sie in der Eröffnungszeile ihres Aufsatzes. Sie sagte außerdem, dass die Proteinuntereinheiten im Innern der Stäbe identisch seien.

Pirie wollte nichts davon hören. Er war gegenüber dem Forschungsnachwuchs besonders ablehnend und schroff und unternahm keinen Versuch, dies zu verbergen; am allerwenigsten gegenüber einer jungen Forscherin ohne akademischem Rang, deren finanzielle Förderung durch den Landwirtschaftlichen Forschungsrat er und Bawden befürwortet hatten. Er schrieb einen gereizten Brief an »Liebe Miss Franklin«, als wäre sie eine faule Studentin:

»Wie Sie wahrscheinlich vermutet haben, erhebe ich die gewohnten Einwände gegen diesen Aufsatz. Aber für den Fall, dass die Fehler durch Unachtsamkeit hineingerutscht sein sollten, kann ich ebenso gut einige davon benennen.

Sie beginnen mit einer knappen, irrigen Annahme. Es ist richtig, dass unter bestimmten Testbedingungen die Anzahl der Läsionen bei einem konstanten Materialgewicht größer ist, je größer der Anteil der 300 μm-Partikel in dem Präparat ist. Es ist auch richtig, dass Präparate, die beinahe frei sind von 300 (μm) in einem Maß infektiös sind, dass es unvernünftig erscheint, die ganze Infektiösität einem einzigen Abschnitt des Partikels zuzuschreiben. Im biologischen Sinne können Sie daher nicht sagen, dass der TMV 3 000 μm lang ist. Niemand hat bisher über irgendein Präparat Werte veröffentlicht, in dem 300 μm-Partikel mehr als die Hälfte des Gesamtgewichts ausmachen; also ist die Aussage auch physikalisch unrichtig. Das ist alles ohne Zweifel ein Nachteil Ihrer knappen Ausdrucksweise, aber so ist es nun mal. (Rosalinds Artikel vom 26. Februar 1955 in der Zeitschrift *Nature* begann: »Der Tabakmosaikvirus ist ein stabförmiger Virus von (meistens) 3 000 Å Länge, einem Durchmesser von 150 Å und einem Molekulargewicht von 50 Millionen.« Die Erklärungen könnten in der Antwort auf Piries Kritik beigefügt worden sein.)

Die Schlussfolgerung von der Zusammensetzung der Aminosäuren auf das Gewicht der Protein-Untereinheiten hängt von der Kenntnis ab, wie viele Typen von Untereinheiten es gibt. Sie gehen grundlos von nur einer aus. Ich wäre vorsichtiger. Wenn Sie ein Argument für diese Vorsicht möchten, würde ich Sie an die Aufregung anlässlich der Haltlosigkeit des alten, unbegründeten Tetranucleotidbildes der RNS etc. erinnern. Nur wer nicht verstanden hat, dass man niemals davon ausgehen sollte, dass die Natur einfach sei, hat diese Hypothese jemals geschluckt. Ich schlage hier vor, dass die Vorstellung von einem einzigen Typus von Untereinheiten, die am wenigsten wahrscheinliche aller Möglichkeiten ist …«[4]

Und so ging es weiter. Rosalind merkte, dass es gefährlich war, Pirie zum Feind zu haben. Mit dem größten Respekt und Dank für seine fortdauernde Hilfe verteidigte sie ihre eigenen Befunde. Was auch ganz richtig war. Sie hatte Recht und er hatte Unrecht. Die TMV-Stäbe sind gleich lang und die Protein-Untereinheiten sind – wie ihre Forschung bewies – identisch. Am 7. Dezember 1954 antwortete sie:

»Sehr geehrter Dr. Pirie,

vielen Dank für Ihren Brief und Ihre Kritik, die, wie Sie vermutet haben, nicht ganz unerwartet kam. Ich füchtete insbesondere, dass Sie mit dem ersten Satz nicht einverstanden sein könnten. Aber die E. M.-Fotografien (Williams et al.) der aufbrechenden ›kristallinen Einlagerungen‹ scheinen doch einige überzeugende Übereinstimmungen in der Länge aufzuweisen und auf eine zugrunde liegende Längeneinheit von 3 000 Å hinzuweisen. Die Tatsache, dass sich solche Einheiten oft jeweils an den Enden binden, widerlegt das Argument nicht.

Die kristallographischen Werte zeigen, dass die Einheiten ähnlich genug sind, sodass sie strukturell gleichwertige Positionen einnehmen können … einer der Verdienste der DNA-Struktur von Watson und Crick ist, dass sie erklärt, wie verschiedene Basen strukturell gleichwertige Plätze einnehmen können, und es scheint, als müsse etwas Ähnliches im Virenprotein passieren. Aber das Röntgendiagramm zeigt, dass es einen hohen Grad an Wiederholungen in der Struktur gibt.

In meinem Aufsatz nenne ich die Einheiten jetzt ›strukturell gleichwertig‹.«[5]

Man sollte seine Feinde niemals wissen lassen, wovor man sich am meisten fürchtet, was Rosalind tat, als sie mit den Worten schloss: »Ich hoffe, Sie missbilligen mein Schreiben nicht so sehr, dass Sie mir die Materialien, mit denen ich arbeite, nicht mehr zur Verfügung stellen.« Eine vergebliche Hoffnung. Pirie ärgerte sich so sehr über den Aufsatz, dass er ihr keine Viren mehr schickte. Von da an mussten sie und Klug ihre eigenen kultivieren. Was sie nicht selbst kultivieren konnten, war Piries Einfluss auf den Landwirtschaftlichen Forschungsrat (ARC) und seinen mächtigen Geschäftsführer, Sir William Slater.

Watson dagegen betrachtete das *Nature*-Manuskript mit sehr viel freundlicheren Augen. Er hatte eine Grundform für das TMV in einem Aufsatz in der Zeitschrift *Biochimica et Biophysica Acta* vorgeschlagen. Rosalind baute auf seiner Idee auf und korrigierte sie mithilfe ihrer einzigartigen Röntgenaufnahmen. Watson schrieb Rosalind vom Caltech aus im Dezember, dass er und seine Kollegen, Leslie Orgel und Don Caspar, alle ihren Entwurf gelesen hätten und er ihnen gefiel: »Daher ist die folgende Kritik nur von zweitrangiger Bedeutung.« Es folgte eine lange Liste mit technischen Details. Watson schloss: »Trotz dieser Kritik, eine sehr schöne Zusammenfassung des TMV-Status … wir sind natürlich neugierig auf das, was Sie tun.« Welchen Eindruck Watsons flatternde Hemden und schnürsenkellosen Leinenschuhe in Cambridge auch hinterlassen haben mögen, seine Wissenschaft hatte nichts Schludriges. Seine Mitteilungen an Rosalind waren in winziger Handschrift und so präzise wie mit einer Schreibmaschine geschrieben und enthielten klare Diagramme und Formeln: das Kennzeichen eines Mannes, der sich Sauberkeit und Ordnung für Dinge aufspart, bei denen es darauf ankommt.

Rosalinds zweiter TMV-Auftritt in der Zeitschrift *Nature* folgte einige Monate später in Form eines Gemeinschaftsaufsatzes mit Barry Commoner von der Washington Universität in St. Louis, der ihr nach ihrem dortigen Treffen eine Probe seines abnormalen Proteins B 8, das mit dem Tabakmosaikvirus in Zusammenhang steht, geschickt hatte. Commoner (der später als Ökologe bekannt wurde) besaß Ausrüstungsgegenstände, die ihr fehlten. »Da es in diesem College nirgends eine Ultrazentrifuge gibt,« schrieb sie ihm, »habe ich die Lösung, die Sie mir schickten, einfach dadurch konzentriert, dass ich sie langsam durch einen Dialysebeutel verdampfen ließ.«[6]

Rosalind fuhr regelmäßig nach Cambridge, um sich mit Francis Crick zu unterhalten, der aus Brooklyn zurückgekehrt war. Wie Watson steckte er tief in der RNS und der Virenstruktur. Für Rosalind war Crick ein brillanter, verehrungswürdiger Kopf geworden, der die Würde, das Auftreten und die kluge Argumentationsweise besaß, die sie von einem großen Wissenschaftler erwartete. »Sie tat nichts, ohne es mit Francis zu klären,« bemerkte Klug. Doch Rosalind kritisierte selbst Crick und wurde belauscht, als sie ihn belehrte, »Fakten sind Fakten, Francis«.[7]

(Rosalind war entsetzt, als ein weiterer ihrer Helden, Linus Pauling, Ende 1954 den Nobelpreis für Chemie erhielt und sich die Berichterstattung der BBC mehr auf Paulings politische Einstellung konzentrierte als auf seine Errungenschaften als größter Chemiker seiner Zeit. Sie brachte ihren Kollegen Wolfie Traub am Birkbeck College dazu, einen Bekannten bei der BBC anzurufen und ihn zu bitten, die Nachricht umzuschreiben.)

Rosalind und Klug arbeiteten hart an zwei gemeinsamen TMV-Aufsätzen. Unter sich vereinbarten sie, dass Rosalind sich auf die stabförmigen Viren wie TMV konzentrierte und Klug auf die kugelförmigen, die andere Pflanzen betreffen. Sie brauchten Unterstützung und landeten mit einer Anzeige in der Zeitschrift *Nature* einen Volltreffer. Zwei künftige Mitglieder der Königlichen Akademie der Wissenschaften stießen als Forschungsassistenten zu ihnen. Sie meldeten sich zur Dissertation an und stürzten sich in die Arbeit. Im Januar 1955 kam John Finch vom

King's College dazu, im Juli folgte Kenneth Holmes vom St. John's College, Cambridge. Rosalind entschied sich für Arbeitsteilung: Holmes würde mit ihr arbeiten und die stabförmigen Viren zum Thema seiner Doktorarbeit machen. Finch sollte sich mit Klug um die kugelförmigen Viren kümmern, wobei Rosalind die Verantwortung insgesamt übernahm.

Holmes und Finch sahen sofort, dass Klug und Franklin von ihrem Können und ihren Temperamenten her harmonierten. Beide konnten aggressiv werden, wenn es um die Wissenschaft ging – Klug sogar in einem Maße, dass ihn Rosalind zügeln musste: »Schüchter ihn nicht ein, Aaron,« schimpfte sie. Klug seinerseits betrachtete Rosalind, obwohl er selbst Theoretiker war, keinesfalls nur als Experimentatorin oder ungleiche Partnerin. »Man braucht Fantasie und Intellekt, um genau zu wissen, welche Experimente durchzuführen sind, sie zu entwerfen, die Proben vorzubereiten und dann die Ergebnisse abzulesen,« sagte er rückblickend. »Sie arbeitete sehr sorgfältig. Ihre Zielstrebigkeit machte sie zu einer erstklassigen Experimentatorin. Sie besaß eine Art von Geschicklichkeit, bei der sich Intelligenz mit Entschlossenheit verbindet.« Es war, betonte er, keinesfalls »nur gute Handarbeit«.[8]

Holmes lernte Rosalind ebenfalls sehr gut kennen und wäre »für sie durch Feuer und Wasser gegangen. Sie war kompliziert und schwierig, besonders am Anfang, andere Menschen fühlten sich bei ihr nicht wohl. Ihre Art hatte etwas Energisches ... eine Barriere, die man übewinden musste, wenn man sie kennen lernen wollte«.[9] John Finch blieb Rosalind gegenüber eher zurückhaltend, bewunderte aber ihre sorgfältige und ausgezeichnete Arbeit.

Rosalind bestand stets darauf, dass die Arbeit nach ihren Vorstellungen gemacht wurde. Eines Tages hatte Holmes ein Problem mit der Beaudouin-Röntgenkamera, die sie aus Frankreich mitgebracht hatte, behoben und war sehr stolz auf sich. Die Reinigung der Röhren zur Herstellung eines Vakuums war sehr aufwändig. Nachdem er sich abgemüht hatte, entwarf er einen Druckmesser, der auf die Röntgenröhre aufgesetzt werden konnte. Zu Klugs und Finchs Belustigung zeigte sich Rosalind nicht beeindruckt. »Wir wollen Röntgenaufnahmen machen, kein Vakuum messen«, schimpfte sie mit Holmes.

Holmes fand sie schön. Rückblickend glaubt er, dass ihr Bernal Avancen gemacht hätte – »einer so attraktiven Frau« –, wenn er sich getraut

Rosalinds Team war ihr ganzer Stolz und ihre Ersatzfamilie; von links: James Watt, John Finch und Kenneth C. Holmes.

hätte. Es war ein Bürosport zu beobachten, wie Bernal immer neue Ausreden erfand, um in das Büro einer neuen Sekretärin zu kommen. Aber Rosalinds Furcht einflössende Fassade hielt selbst den kühnsten aller Frauenhelden auf Abstand. Sie kannte jedoch seine Schwäche. Alle, die in den Torringtongebäuden arbeiteten, bemerkten das Knarzen der Dielen in Bernals Wohnung, wenn die fremden Frauen morgens das Haus verließen. Es gab einen peinlichen Vorfall, als Bernals Wagen in einer Straße in Soho gestohlen wurde. Vittorio Luzzati war zu der Zeit zu Besuch (Bernal hatte großen Respekt vor Luzzatis Fähigkeiten bei der Röntgenanalyse), und Rosalind versuchte ihm zu erklären, weshalb Bernals Wagen im Londoner Rotlichtviertel geparkt war. »C'est un endroit oú sont les femmes!« sagte sie. »Sie kannte das französische Wort *putain* (Prostituierte) nicht«, erinnert sich Luzzati. »Sie war sehr puritanisch.«[10]

Mit Klug, Finch, Holmes und einem weiteren Forschungsassistenten, James Watt, der vom National Coal Board finanziert wurde und mit ihr an der Kohle arbeitete, hatte Rosalind eine Ersatzfamilie gefunden. Sie fügte ihrem Lebenslauf stolz »Leiterin der ARC-Grupppe am Birkbeck College« hinzu. Zu den inoffiziellen Aufgaben ihrer Mitarbeiter gehörte es, als Puffer in Rosalinds Beziehungen zum Rest der Birkbeck-Belegschaft zu fungieren.

Puffer waren nötig. Als Rosalinds Techniker, Bryon Wilson, ihr mitteilte, dass er beabsichtige, ein Programm des Birkbeck College in Anspruch zu nehmen, das Belegschaftsangehörigen die Möglichkeit gab, eine Woche zur Weiterbildung frei zu nehmen – er wollte sich auf die O-Level-Prüfung vorbereiten –, stellte sie seine intellektuellen Fähigkeiten mit verletzlichen Worten infrage. Als er weiter darauf beharrte, versetzte sie ihn zu ihrem Kohleforschungsassistenten und ignorierte ihn anschließend. (Wilson machte schließlich seinen Doktor und wurde Dozent für Mikrobiologie.)

Dieselben Eigenschaften, die den Mitarbeitern am King's College an Rosalind aufgestoßen waren, wurden auch am Birbeck College bemerkt: Schroffheit, Reserviertheit und Misstrauen. Bernals Leute betrachteten sich als eine Familie, in die Rosalind nicht passte. Wilson erinnert sich: »Alle nannten sie hinter ihrem Rücken ›Rosy‹. Sie konnte es nicht leiden!«[11] Sie grüßte nicht auf dem Flur und kam nicht zum gemeinschaftlichen Tee ins Labor. Holmes, einer ihrer großen Bewunderer, räumte ein, »sie war nicht sehr mitteilsam«. Er schrieb dies ihrer Schüchternheit zu. Der Schriftführer am College, A. J. Caraffi, gab ihrem fehlenden akademischen Status die Schuld. Deshalb hatte sie, wie Caraffi dachte (obwohl er sie persönlich als eine Frau mit Witz und sprühendem Geist kennen lernte), das Gefühl, zur Belegschaft »nicht ganz dazuzugehören«.

Rosalinds Schweigsamkeit war berüchtigt. Beim Mittagessen im Speisesaal des Lehrkörpers (wo sie zunächst Schwierigkeiten hatte zugelassen zu werden, weil man sie nicht als Teil des Lehrkörpers, sondern als »externe Mitarbeiterin« betrachtete), fasste sie sich eines Tages ein Herz und bemerkte: »Es ist ein gutes Jahr für Pilze«. Dann verfiel sie wieder in Schweigen.

Mit Stan Lenton, dem allseits bewunderten technischen Verwalter, hatte sie einen regelrechten Zusammenstoß. Lenton war zunehmend ungehalten wegen der kurz angebundenen Art, in der Rosalind um neue Ausrüstung bat. Es kam zum Krach, als sie einen riesigen Umwandler aus Paris bestellte. Das Monstergerät tauchte bei einer Zollbehörde in Südlondon auf. Aus langer Erfahrung kannte Lenton die nötigen Formalitäten und Prozeduren, um solche Apparaturen kostenlos durch den Zoll zu bekommen. Doch Rosalind erklärte, sie sei »durchaus in der Lage«, es selbst in die Hand zu nehmen. Eine Woche später klopfte sie an seine Tür und räumte ihre Niederlage ein. Er löste das Problem für sie, und »danach sprachen wir nicht mehr darüber«.[12]

Ein Grund für Rosalinds Zurückhaltung war die Zugehörigkeit etlicher Mitarbeiter Bernals zu linken Parteien. Rosalind hingegen hatte Geld hinter sich. Die sozialen Unterschiede waren deutlich sichtbar. Wie es jemand einmal ausdrückte: »Sie wohnte in Kensington und sie reiste.« Obwohl Rosalind am Birkbeck College einen ähnlichen Eindruck hinterließ wie am King's College, machte es doch einen großen Unterschied, dass sie nun Leiterin eines Teams war, das ausgezeichnete Arbeit leistete; sie war weder isoliert noch versagte man ihr Anerkennung noch war sie ungeschützt. Bernal hielt große Stücke auf sie und erkannte, dass sie ihre drei Mitarbeiter zu ähnlichen Leistungen anfeuern konnte.

Mitte 1955 kam ein viertes Teammitglied dazu. Der amerikanische Biophysiker Don Caspar, den Watson aus dem Caltech kannte, hatte an der Univerität Yale mit einer Arbeit über das TMV promoviert. Er war nun für ein Jahr als Postdoktorant in Cambridge in der Molekularbiologie tätig und fragte Rosalind (mit vielen freundlichen Verweisen auf »Jim«), ob er eine Zeit lang mit ihr arbeiten dürfe. Rosalind erwiderte, dass sie interessiert sei, aber über keine finanziellen Mittel verfügte und sich außerdem um zwei neue Leute zu kümmern hätte. Aber »wenn Sie das nicht abstößt, freuen wir uns, Sie aufzunehmen«.[13]

Caspar war ein lebenslustiger 27-Jähriger. Da er Rosalind nur über Briefverkehr kannte, war er überrascht, als er sie schließlich im Sommer 1955 kennen lernte. Er hatte einen halsstarrigen, englischen Blaustrumpf erwartet, »und es stellte sich heraus, dass sie eine attraktive, lebhafte, junge Frau war«.[14] Alle Voraussetzungen dafür, dass sie sich verstehen würden, waren vorhanden: Caspar war Ausländer, sehr gescheit, kam aus einer jüdischen Familie und beschäftigte sich intensiv mit ihrem Fachgebiet. Er war unverheiratet und von entwaffnender Freundlichkeit. Als er eines Tages zu Besuch kam, stand Rosalind mit Ken Holmes und James Watt draußen auf den Stufen. Als die kleine schnurrbärtige Gestalt ihr lächelnd »Hey Ros!« zurief, warteten ihre Begleiter auf die Explosion. Es gab keine. Irgendwie kam der junge Amerikaner damit durch. »Ich hatte überhaupt keine Schwierigkeiten mit ihr,« sagte Caspar und war erstaunt, dass die anderen welche hatten.

Caspars und Rosalinds Arbeiten fügten sich perfekt ineinander. In Yale hatte Caspar entdeckt, dass das Tabakmosaikvirus direkt in der Mitte ein Loch hat. Das Loch war eine Überraschung, weil man bislang annahm, das Zentrum des Virus sei mit Nukleinsäure, RNS, gefüllt. Rosalind war dabei, die Antwort auf eine verwandte Frage zu finden: Wo befindet sich die RNS, wenn nicht in der zentralen Aushöhlung? Anhand ihrer Röntgenaufnahmen, die ihr bessere Werte verschafften, als sie Caspar und Watson zur Verfügung gestanden hatten, entdeckte sie, dass die RNS tief zwischen zwei Protein-Untereinheiten eingebettet ist, die sich wie ein verdrehter Faden um deren innere Hohlkehle windet. Sie fand außerdem heraus, dass die Proteinoberfläche des TMV einer Schraube mit Knötchen an der Außenseite ähnelte.

Caspar wendete, ebenso wie Rosalind, Klug und Holmes, die ganz neue Technik der isomorphen Verdrängung oder der Schweratomsubstitution an, die Max Perutz entwickelt hatte. Sie führten dafür einige Atome eines schweren Elements wie Quecksilber oder Blei in das Virusprotein ein. Der Unterschied zwischen den Röntgenmustern, die Kristalle der Moleküle mit und ohne die schweren Atome hinterlassen, offenbarte die Struktur. Die von Caspar und Rosalind erstellten Diagramme zeigten, wenn man sie übereinander legte, den genauen Abstand der RNA vom Zentrum des Virus.

Diese Information war hochgradig interessant, denn war die interne Anordnung des Virus einmal bekannt, konnte man auch verstehen, wie er funktionierte. Das Protein umschließt und isoliert die Nukleinsäure (RNS), bis der Virus eine Wirtszelle infiziert hat. Ist er erst einmal in der Zelle, wird die RNS vom Protein freigesetzt und beginnt neue Viren zu erzeugen – der gefürchtete infektiöse Prozess nimmt seinen Lauf.

Rosalinds Arbeit war faszinierend, aber für jemanden außerhalb ihres Fachgebiets kaum zu begreifen. Als sie ihren Eltern zwei einfache Bücher über Viren gab, war sie enttäuscht, als diese ihr mitteilten, sie könnten sie nicht verstehen. Einen Ausgleich zu ihrer Arbeit fand Rosalind in verschiedener Hinsicht. In London ging sie gerne ins Theater und Kino. Ihren Sommerurlaub 1955 verbrachte sie zunächst in Jugoslawien und fuhr dann mit Anne Piper auf eine Radtour in die Normandie.

Wo auch immer sie war, Rosalind hatte sehr großen Spaß an den Kindern ihrer Freunde und Verwandten. Sie war Patin eines der Kinder ihrer Cousine Catherine (Joseph) Carr und fuhr regelmäßig zu Wochenendbesuchen zu ihnen nach Sussex Downs. Catherine hatte nicht nur »außerhalb« geheiratet, sondern auch noch weiter gegen ihre Familie rebelliert, indem sie sich für einen Mann aus der Arbeiterklasse entschied. Rosalind verstand sich sehr gut mit Catherines Mann. Sie liebte es, mit den Kindern zu spielen und ihnen Geschenke mitzubringen. Für Catherine war ihre Cousine eine alleinstehende Frau, die hätte heiraten und eigene Kinder haben sollen, leider aber für die meisten Männer, die sie kannte, zu gescheit war.

Eine andere frühere Schulfreundin, Jean Kerlogue, übernachtete oft mit ihrer Familie in Rosalinds Wohnung. Sie war, wie so viele, über Rosalinds Talent erstaunt, immer genau die richtigen Spielsachen für die Kinder auszusuchen. Für Rosalind aber war die Auswahl passender Geschenke, ebenso wie das Kochen, mehr als eine Frage des Gespürs. Sie tat es mit derselben scharfsinnigen Beobachtungsgabe, mit der sie an ihre Experimente heranging.

Freundinnen versuchten ihr Männer vorzustellen. Evi Ellis, die aus Chicago nach London zurückgekehrt war, hatte geheiratet und wohnte in Notting Hill. Sie arrangierte eine Dinerparty, um Rosalind und Ralph Miliband von der London School of Economics zusammenzubringen. Miliband war von Rosalind beeindruckt, aber es wurde nichts daraus. Rosalind erzählte Evi, dass sie eines Abends mit einem Mann, der eine Wohnung in demselben Stockwerk in Donovan Court hatte wie sie, gemeinsam im Lift nach oben gefahren sei. Er habe sie gefagt, ob sie nicht auf einen Drink zu ihm kommen wolle. »Sie schien nicht zu verstehen, weshalb er sie gefragt hatte,« meinte Evi.[15]

Verschiedene verheiratete Freundinnen berichteten, Rosalind habe behauptet, Frauen sollten nicht Karriere machen und auch Kinder haben, weil das den Kindern gegenüber unfair sei. Im Verlauf der fünfziger Jahre sah Rosalind jedoch, dass einige ihrer engen Freundinnen beides sehr gut miteinander vereinbarten. Anne Piper hatte vier Kinder und war leitende Angestellte bei der John Lewis Partnership; Mair Livingstone und Denise Luzzati hatten beide Doktortitel und jeweils zwei Kinder. Abgesehen vom Hörensagen gibt es jedoch keinerlei Beleg dafür, dass Rosalind jemals eine bewusste Entscheidung getroffen hat, lieber Wissenschaftlerin als Ehefrau zu sein. Wahrscheinlicher ist, dass sie sich vor Intimität gefürchtet hat und diese nur in professionellen Beziehungen oder bei verheirateten Paaren finden konnte. Colin Franklin staunte darüber, dass Liebe Klug die enge Beziehung zwischen Rosalind und Aaron tolerierte.

Aber für die Klugs, die sich noch lange an den mechanischen Fisch erinnerten, den ihnen Rosalind für ihren kleinen Sohn aus Amerika mitbrachte, war dies kein Mysterium. »Sie war eine gute Tante,« sagte Klug.

Als sie die Struktur des Tabakmosaikvirus entschlüsselt hatten, erstellten Rosalind und ihr Team ein Modell. Als Bestandteile benötigten sie nicht die glänzenden Metallplättchen, die bei dem Watson-Crick-Modell der DNA für die Atome standen, sondern gestrecktere Formen für die hervorstehenden Untereinheiten des TMV. Bryon Wilson (zu dem Zeitpunkt noch Teammitglied) fand, dass ein Fahrradlenkergriff vielleicht die richtige Form haben könnte. Er ging zu Woolworth und fragte nach solchen Griffen. Wie viele er denn haben wolle? Als Wilson »zwei Gros (288)« verlangte, rief der Verkäufer den Geschäftsführer. Es konnte sich nur um einen Irren handeln, der den gesamten Bestand des Ladens wollte. Schließlich bekam Wilson die Griffe. Das Modell und viele weitere Versionen wurden gebaut und waren auf Ausstellungen sehr gefragt.

Wissenschaft beeinhaltete in der Zeit vor dem Computer und dem Fotokopierapparat sehr viele ermüdende Aufgaben. Eine Aufgabe, die Wilson übernahm, war, in der Mathematikbücherei am Bedford Square alle Besselfunktionstabellen mit der Hand abzuschreiben. Das einzige Handbuch des Colleges, das die Tabellen enthielt, war nicht ausleihbar, und von Rosalind konnte man kaum eine solche Schinderei erwarten. Der ARC stimmte Bernals Antrag auf einen gemieteten »Computer« für Rosalind zu – womit eine Person gemeint war, die Berechnungen ausführte. Man wolle nicht, dass »Miss Franklins Zeit durch Berechnungen beansprucht wird, die wie Sie sagen, von einem Mädchen von 18 Jahren ausgeführt werden können.«[16]

Es dauerte nicht lange und Rosalinds Gruppe arbeitete mit einem regelrechten Gemüseeintopf aus Pflanzenviren: Viren, die Kartoffeln, Rüben, Tomaten und Erbsen befallen. Als sie den Kühlschrank im Birkbeck College untersuchten, fanden Caspar und Klug Kristalle, die noch aus den dreißiger Jahren von Bernal und Carlisle übrig geblieben waren. Caspar übernahm das Tomaten-Bronzeflecken-Virus und Klug das Rübenvergilbungsvirus. Rosalind ging derweil weltweit auf die Suche nach Virusproben. Sie bat einen Virologen an der Universität von Wisconsin um zehn Milligramm Erbsen-Streifenvirus. Am einfachsten ließe er sich »in einer sehr konzentrierten Lösung oder in Form eines ultrazentrifugierten Kügelchens« schicken. Und sie fügte hinzu, dass »Jim Watson (vom

DNA-Modell) wieder in Cambridge ist und sich ebenfalls für diese Dinge interessiert, und wir wollen insgesamt so viel Viren wie möglich ansehen.«[17]

Watson war wieder zurück am Cavendish Laboratorium, um dort die zweite Hälfte des Jahres 1955 zu verbringen. Er hatte ein Jahr Urlaub, bevor er seine neue Stelle als Assistenzprofessor für Biologie in Harvard antrat, sodass er mit Crick an den Prinzipien der Virenstruktur arbeiten konnte. Da Watson Interesse für das Kartoffel-Mosaikvirus bekundet hatte, schlug Crick vor, dass Rosalind ihn wissen lassen solle, ob sie beabsichtige, selbst daran zu arbeiten. Wenn es so sei, sagte er (in einem kooperativen Geist, der sich zwei Jahre zuvor nicht bemerkbar gemacht hatte), würde ihr Jim das Virus überlassen, um unnötige Dopplungen zu vermeiden.

Ihr Team war vollständig, die Arbeit verlief ausgezeichnet, es gab reichlich Ergebnisse. Aber wie lange würden sie zusammenbleiben können? Die Probleme setzten beinahe in dem Moment ein, in dem Rosalind sich diese Frage stellte. Kurz nachdem der ARC das Turner-und-Newall-Fellowship als Rosalinds Sponsor ersetzt hatte, traf Bernal auf Pirie, der immer noch wütend über Rosalinds Aufsatz war. Piries schlechte Laune amüsierte Bernal, obwohl er dessen und Bawdens Einfluss beim ARC kannte.

Die Unterstützung durch den ARC war auf höchstens drei Jahre begrenzt – also bis Ende 1957, und um jede neue Anschaffung musste gefeilscht werden. Bevor sie in den Urlaub fuhr, erstellte Rosalind eine Liste mit allem, was gebraucht wurde: eine Zentrifuge, eine Röntgenröhre, ein Geigerzählerspektrometer, ein Biochemiker, zwei Forschungsassistenten und mehr Platz zum Arbeiten. Sie verlangte außerdem, dass sie vom Senior zum Principal Scientific Investigator befördert und dass für Dr. Klugs Zukunft gesorgt werde. Klugs Nuffield-Stipendium würde in jenem Jahr auslaufen, und er musste in wenigen Monaten seine Wohnung verlassen. Er konnte nicht umziehen, ohne zu wissen, ob der ARC Rosalind gestatten würde, ihn weiter zu beschäftigen.

Zunächst sah es nicht gut aus. Watson versuchte zu helfen, indem er mit Lord Rothschild sprach, dem Vorsitzenden des ARC, der in Cambridge wohnte. »Ich hatte ein langes Gespräch mit Victor Rothschild über Ihr ARC-Stipendium«, schrieb Watson an Rosalind. »Er reagierte sehr verständnisvoll und deutete an, dass er Slater sofort schreiben wolle.« Dann fügte Watson hinzu: »Vielleicht sollten wir uns unterhalten, bevor irgendetwas Definitives unternommen wird, damit wir nicht den Fehler machen, zu wenig zu beantragen.«[18] Rosalind war darüber verbittert, dass Vollzeitforscher wie sie niedrigere akademische Ränge hatten als Forscher, die zusätzlich lehrten. Ihr Gehalt symbolisierte ihre Unzufriedenheit. Sie wurde vom ARC, der ihr Gehalt auf 1 080 Pfund gekürzt hatte, auf Sparflamme gehalten.

Mitte 1955, nachdem im Zuge der Gleichstellung von Frauen und Männern die Gehaltstarife an den Universitäten über einen Zeitraum von sieben Jahren überholt worden waren, hatte Rosalind ein Anrecht auf eine Gehaltserhöhung von 150 Pfund. Das College forderte, dass ihr Gehalt auf insgesamt 1 250 Pfund angehoben werde. Der ARC lehnte dies aufgrund ihres Alters ab.

Sie tobte vor Wut und legte Bernal, von dem sie wusste, dass er sie verstehen würde, ihren Fall dar:

»Ich bin 35 Jahre alt, habe unausgesetzt während der letzten 14 Jahre geforscht und vor 10 Jahren meinen Doktor gemacht. Ich kann nicht glauben, dass es ein Gesetz gibt, das den ARC daran hindert, einer Person meines Alters und mit meiner Erfahrung ein höheres Gehalt als 1 080 p.a. zu zahlen. Mein gegenwärtiges Gehalt ist niedriger als das, das ich beziehen würde, hätte ich eine Laufbahn in der Universitätslehre oder im wissenschaftlichen öffentlichen Dienst eingeschlagen; und niedriger als das Durchschnittsgehalt eines gleichaltrigen Physikers. In Anbetracht der Tatsache, dass ich keinerlei gesicherte Anstellung habe, nichtsdestotrotz aber eine Position mit beträchtlicher Verantwortung bekleide, erscheint mir dies absolut ungerecht.«[19]

Unbestreitbar hatte sich Rosalind ihre ungewöhnliche Situation zu einem gewissen Grad selbst ausgesucht. Sie wollte weder lehren noch an eine Forschungseinrichtung wechseln. Aber ihre geschwächte Position innerhalb der Birkbeck-Hierarchie spiegelte Bernals eigene Schwäche wieder. Er lag sich ständig mit seinem Rektor in den Haaren. Um die Forschungsarbeit an seinem Fachbereich auf einem erstklassigen Niveau zu halten, blieb ihm (wie auch John Randall) nichts anderes übrig, als Fördergelder aus einer Vielzahl anderer Quellen zusammenzukratzen, darunter selbst die Flour Millers' Association. Der ARC war darüber hinaus, was nicht unüblich für eine Finanzierungsinstitution war, missgünstig gestimmt und nicht gewohnt, Geld an Frauen zu verteilen. Die Kürzung von Rosalinds wohlverdientem Jahresgehalt um armselige

20 Pfund war genauso beleidigend gemeint, wie Rosalind sie verstand. Ende 1955 erhöhte ihr der ARC ihr Jahresgehalt auf 1 200 Pfund – aber es lag immer noch unter dem, was ihr zustand.

Rosalind bot der Welt oft den Anschein einer kampfbereiten Frau, aber dafür hatte sie auch gute Gründe. Als sie Ende September mit Bernals wärmsten Empfehlungen Slater vom ARC aufsuchte, bereitete man ihr einen eiskalten Empfang. Slater lehnte jede ihrer Bitten ab. Sie brauchte eine Röntgenröhre? Es gab doch eine in Sheffield. Die einzige Möglichkeit, wie sie ihre Arbeit weiter finanzieren konnte, war, sie nach Cambridge zu verlegen – und dort konnte nur eine Person hingehen. Und auch dort verlangte er, dass die Verwendung von Virenproben – aus Berkeley, Tübingen oder sonst wo im Ausland – eingestellt werde. Er missbilligte die Verwendung von, wie er es nannte, »Material aus zweiter Hand«. (Dieses lächerliche und provinzielle Diktat war in gewisser Weise ebenso unethisch wie Randalls »Denk-Verbot« über die DNA, das er 1953 gegenüber Rosalind aussprach. Die Naturwissenschaft kennt keine geografischen Grenzen.)

Was ihre eigene Stellung anging, so würde Slater nicht in Erwägung ziehen, sie zum Principal Scientific Investigator zu befördern. Als sie entgegnete, sie hätte diesen Titel bereits vor vier Jahren erhalten sollen, war er anderer Ansicht; solches im Alter von 31 Jahren zu erreichen, sagte er, würde nur »ganz außergewöhnlich herausragenden Personen«[20] gelingen. Er nannte sie »Meine Liebe« und behandelte sie wie ein kleines Mädchen. Er riet ihr, unter der ständigen Anleitung eines Biochemikers zu arbeiten, sonst könne sie nicht hoffen, die biologische Seite ihrer Arbeit je zu verstehen. Rosalind führte Argumente dagegen an, Punkt für Punkt. Von einer Frau widersprochen zu bekommen, gefiel Slater ganz und gar nicht. Er weigerte sich, über Klugs Zukunft zu sprechen, und war äußerst verärgert über ihren Vorschlag, der ARC solle anderswo an der Universität von London Laborräume zur Verfügung stellen. Das sei Sache der Universität, konterte Slater. Rosalind ging unter Tränen fort und rief Klug voller Kummer von der U-Bahnstation Picadilly aus an.

Als sie sich sorgfältig Notizen über dieses bittere Treffen machte, um ihre Forderungen später im Jahr schriftlich niederlegen zu können, bemerkte sie: »Vermutlich hat jemand beim Commoner Einwände gegen meine Arbeit erhoben.«[21] Sie hätte nicht weit suchen müssen, um einen Verdächtigen zu finden. Norman Pirie hatte viele Gründe, Einwände gegen ihre Arbeit zu erheben, ganz abgesehen davon, dass er ihren Messungen am TMV nicht zustimmte. Aufgrund seiner links gerichteten Ansichten konnte er nicht in die Vereinigten Staaten reisen und war von der freundschaftlichen Zusammenarbeit mit amerikanischen Virologen abgeschnitten. Seine Beziehung zu einem Bekannten Rosalinds, Wendell Stadley vom Virus-Laboratorium in Berkeley, war besonders unterkühlt. Stanley hatte im Gegensatz zu Pirie einen Nobelpreis für die Virenforschung bekommen und Rosalind Virenproben gegeben, wofür sie ihm in einem ihrer veröffentlichten Aufsätze dankte.

Angesichts Slaters offenkundiger Beschränktheit erwähnte Rosalind in ihrem Forschrittsbericht für das Jahr 1955 trotzig, dass ihre Gruppe in engem Kontakt zu »den Laboratorien von Berkeley (USA) und Tübingen (Deutschland)« stehe, die »uns regelmäßig neueste Präparate zur Untersuchung schicken. Unsere Ergebnisse sind mit den ihren eng verknüpft«. Bis ihre Gruppe eigene Prägaprate herstellen könne, sagte sie, »bleiben wir von der Großzügigkeit der Forscher in Übersee abhängig.«[22] Sie betonte, dass ebenso wichtig wie die Zentrifuge, die *dringend* gebraucht werde, eine Übereinkunft sei, Dr. Klug auf die Gehaltsliste des ARC zu setzen: »Er befindet sich in einer Position, in der er sehr bald Entscheidungen über andere künftige Möglichkeiten treffen muss. Es ist daher wichtig, dass eine Entscheidung fällt.«

Rosalind hatte ihre Zukunft an die von Aaron Klug geknüpft. Sein Freund, der Schriftsteller Dan Jacobson, beobachtete die Beziehung. »Rosalind zu treffen war für Aaron *ganz entscheidend*,« sagte Jacobson, der wie Klug Anfang der fünfziger Jahre von Südafrika (über Israel) nach London gekommen war. »Es war der Wendepunkt in Aarons Karriere. Er war unzufrieden in Cambridge, wusste nicht, wie es weitergehen sollte und bewunderte Bernal trotz seiner politischen Einstellung. Und Rosalind war *fasziniert* von Aaron. Auch ihr Judentum verband sie in gewisser Weise. Sie dachten unterschiedlich, aber sie verstanden die Gedanken des anderen.«[23]

Jacobson erläutert weiter: »Es ist keine Übertreibung, wenn man sagt, dass Rosalind Aaron *liebte*. Nicht auf sexuelle Weise. Es war eine Begegnung von Gleichgesinnten – und zwar von zwei sehr unterschiedlichen Gleichgesinnten. Aaron war fantasievoll, spielerisch und künstlerisch, aber auch ein ausgezeichneter Wissenschaftler. Er war ein Experte für Filmwestern und schrieb zusammen mit mir eine Parodie. Sie schimpfte mit Aaron und sagte, Stückeschreiben sei für einen Wissenschaftler Zeitverschwendung.« Rosalinds Faszination galt zum Teil Klugs bohemen Lebenstil. Klug hatte das Gefühl, sie sei schockiert von der Art, wie er und seine Frau wohnten – im fünften Stock eines schäbigen viktorianischen Hauses nördlich vom Regent's Park, wo sie in der Küche vor den Gästen abwuschen und die Freunde aus Südafrika auf dem Dachboden wohnten. Wenn Rosalind dort war, saß sie immer auf einem Stuhl, nie wie die anderen auf dem Boden.

Abgesehen von den Geldsorgen, befand sich Rosalind auf dem Höhepunkt ihres beruflichen Erfolgs und genoss das. Einladungen strömten herein, ihre Kontakte waren breit gestreut. Anlässlich einer Konferenz über semi- und nicht-kristalline Materialien, die vom Institut für Physik am 18. November 1955 veranstaltet wurde, lud sie spontan zu einer Tee-Party in ihrer Wohnung ein. Jacques Mering war aus Paris gekommen, Drago Grdenic von der Universität Zagreb (dem sie bei der Gelegenheit riet, einen mit ihr befreundeten Mathematiker, Simon Altmann, in Oxford aufzusuchen) und Alan Mackay, ein blitzgescheiter Überflieger aus der Birkbeck-Kristallographie.

1956 fuhr sie zu einer weiteren Reihe von Konferenzen, von denen keine den beständigen Fluss an neuen Aufsätzen mit den verschiedensten Autorenkombinationen aus ihrem Labor bremste – Franklin und Klug, Klug und Holmes, Klug und Finch, Franklin und Holmes, Franklin. Auch wenn sie in London war, versuchte sie sich stets so umfassend wie möglich zu informieren. Fred Dainton, ihr ehemaliger Doktorvater in Cambridge, war gerührt, als sie bei einer seiner Vorlesungen über ein Thema erschien, das in keiner Verbindung zu ihrer eigenen Forschungsarbeit stand. »Sie wirkte sehr viel fraulicher, weniger spröde«, meinte er, und vertrug sogar »kleine, sanfte Neckereien«.[24]

Es versteht sich von selbst, dass sie bei vielen wissenschaftlichen Konferenzen die einzige Frau im Programm war. Die meisten der anwesenden Damen waren Ehefrauen, von denen erwartet wurde, dass sie während der offiziellen Sitzungen einkaufen gingen oder die Stadt besichtigten und erst beim gesellschaftlichen Beisammensein wieder zu den Männern stießen. Bei einer wichtigen Konferenz, die nur für Eingeladene zugänglich war und im März 1956 von der CIBA Foundation in London zum Thema »Die Biophysik und Biochemie von Viren« veranstaltet wurde, wurde im gedruckten Programm erläutert: »Die Ehefrauen der Mitglieder aus

Rosalind Franklin war die einzige Teilnehmerin einer Konferenz der CIBA-Foundation in Madrid im März 1956; von links nach rechts: Francis Crick, Don Caspar, Aaron Klug, Rosalind, Odile Crick und John Kendrew.

Übersee (jedoch nicht die der britischen Mitglieder) sind eingeladen, mit der Gruppe zu Mittag zu essen«.[25]

Rosalind fiel auf unter den ansonsten nur männlichen Teilnehmern, zu denen auch Watson, Crick, Wilkins, Bawden, Pirie, Caspar, Klug und Robley Williams (vom Virus Laboratorium in Berkeley) gehörten. Sie hielt einen Vortrag im Namen ihrer Mitautoren Klug und Holmes über die »Röntgenbeugungsuntersuchungen der Struktur und Morphologie des Tabakmosaikvirus«. Williams, der ein universitäres Urlaubsjahr in Cambridge verbrachte, eröffnete die Diskussion mit der Frage, die Rosalinds Aufsatz aufgeworfen hatte: Gab es nur ein RNS-Molekül im TMV oder viele? Watson und Crick stellten sich auf Rosalinds Seite, und Pirie warf mit spitzen Pfeilen.

Wenige Wochen später versammelte sich die mehr oder weniger gleiche Besetzung in Madrid. Rosalind hatte bis dahin Spanien aus Feindseligkeit gegenüber Franco gemieden, aber die Wissenschaft setzte sich gegen die Politik durch. Es handelte sich um ein Symposium der Internationalen

Gesellschaft für Kristallographie über »Strukturen in einem Maßstab zwischen atomaren und mikroskopischen Dimensionen«, mit geselligen Empfängen auf der Plaza de la Villa und im Hotel Wellington. Die Aussicht auf eine Ausflugswoche im Anschluss erhöhte Rosalinds Vorfreude. Rosalind schrieb an Adrienne Weill: »Da ich noch nie da war, würde ich gerne überall hinfahren – in die Städte, ans Meer, zu den Höhlen von Altamira, etc., etc.«[26]

Das Symposium war eine vergnügtes Zusammentreffen guter Bekannter. Eine Fotografie zeigt eine selbstsichere Rosalind flankiert von ihren drei Lieblingswissenschaftlern – Crick, Caspar und Klug –, außerdem Odile Crick und John Kendrew. Nach der Konferenz beschloss Rosalind, mit Francis und Odile Crick eine Reise durch Südspanien zu machen. Sie versuchte Klug zu überreden mitzukommen, aber erfolglos. Nachdem er Hemingway gelesen hatte, war Klug entschlossen – trotz Rosalinds entschiedener Missbilligung – in Madrid zu bleiben und einen Stierkampf zu besuchen. Also fuhr sie mal wieder als Teil eines Dreiergespanns nach Toledo, Sevilla und Cordoba. Sie verstand sich sehr gut mit Odile Crick, ließ sich aber zu keinen Vertraulichkeiten unter Frauen hinreißen und unterhielt sich nie auf Französisch. Das Ehepaar hatte viel Spaß mit ihr. Über ihr Privatleben wussten sie nichts. »Aber«, sagte Crick, »tat das überhaupt irgendjemand?«[27]

Zwei Aufsätze von Rosalind und Caspar standen zur Veröffentlichung in der Zeitschrift *Nature* an: nicht gemeinsam verfasst, sondern als einander begleitende Publikationen. Tatsächlich hatte sie jedes Wort seines Aufsatzes geschrieben, damit ihr eigener erscheinen konnte. Caspar empfand wie viele Wissenschaftler das Aufschreiben von Ergebnissen im Vergleich zu dem Spaß am Experimentieren als ermüdende Plackerei. Zusammen verkündeten ihre Aufsätze die Neuigkeit: Das Tabakmosaikvirus ist hohl (sein Aufsatz), und die RNS windet sich entlang der Hohlkehle zwischen den Protein-Untereinheiten wie ein Innenfutter (ihr Aufsatz). Ihre jeweiligen Diagramme zeigten, wenn man sie nebeneinander legte, auf sehr schöne Weise die genaue Position der RNA.

Rosalind kämpfte noch immer um die Zukunft ihrer Gruppe. Noch kurz vor ihrer Abreise nach Madrid schrieb sie einen, zumindest für den wissenschaftlichen Schriftverkehr, leidenschaftlichen Brief an Slater, in dem sie ihm mitteilte, dass die Arbeit ihrer Gruppe »sich mit der wahrscheinlich grundlegendsten aller Fragen in Bezug auf die Mechanismen lebender Prozesse beschäftigt, nämlich mit dem Verhältnis zwischen Protein und Nukleinsäure in der lebenden Zelle ... Die Pflanzenviren bestehen aus Ribonukleinsäure und Proteinen und stellen wahrscheinlich ein ideales System für die Untersuchung der in-vivo-Struktur sowohl der Ribonukleinsäure und des Proteins wie auch der strukturellen Beziehung zwischen beiden dar.«[28] Ganz zweifellos, sagte sie, würden die gewonnenen Ergebnisse auch ein Licht auf das Problem der Tierviren (wie Polio) werfen. »Darüber hinaus wird in keinem anderen Laboratorium, weder in diesem Land noch sonst irgendwo, eine vergleichbare Arbeit an der Virenstruktur geleistet.«

Der Ertrag von Rosalinds Bemühungen war eine Reihe von Aufsätzen. Bis Mitte Juli 1956 hatte sie einen Aufsatz an die Zeitschrift *Biochimica et Biophysica Acta* geschickt, in dem sie drei Stränge des TMV mit einem Gurkenvirus verglich. Für dieselbe Zeitschrift schrieben sie und Holmes einen weiteren Bericht, in dem sie die exakten Maße dessen innerer Gestalt angaben. Und die Aufsätze von ihr und Caspar, die im Mai in der Zeitschrift *Nature* erschienen waren, wurden als technisch bemerkenswert anerkannt, da sie darin die Anwendung der neuen Technik der isomorphen Subsitution auf nicht-kristalline Proben erläuterten.

Noch aufmunternder wirkte die Nachricht, dass eine weitere Einladung zu einer Gordon-Konferenz nach New Hampshire winkte. Diesmal war das Thema Nukleinsäure; auch Don Caspar fuhr hin. Am besten aber war, dass es einen Hoffnungsschimmer auf künftige Finanzierung gab. Unter anderem Robley Williams hatte ihr nahe gelegt, dass der ARC nicht ihre einzige Zuflucht wäre. Weshalb überlegte sie nicht, beim Nationalinstitut für Gesundheitswesen in Washington einen Antrag auf Finanzierung zu stellen? Sie musste nicht lange überredet werden. Die Verbindung nach Amerika sah aus, als könnte sie sich als Rettungsanker entpuppen.

KAPITEL SIEBZEHN

Verschobene Abreise

(Mai – Oktober 1956)

Für die weit verzweigte Familie lief 1956 alles gut. Ellis Franklin und seine Söhne David und Roland waren Direktoren von Keyser Ullmann, einer neuen Firma, die durch den Zusammenschluss von Keyser's mit dem Bankenverbund Ullmann & Co entstanden war. Colin war Lektor bei Routledge und Kegan Paul. Es gab viele Enkel. Jenifer leitete das Goldbrough Orchester und arbeitete außerdem bei der Architects Co-Partnership. Tante Mamie – Mrs. Helen Bentwich – war Vorsitzende des Londoner Grafschaftsrates. Onkel Herbert – Lord Samuel von Toxteth – war Sprecher der englischen Juden. Er erwiderte das Grußwort des Herzogs von Edinburgh bei einem Bankett in der Guildhall zur Dreihundertjahrfeier der Ansiedelung von Juden in England unter Cromwell. Rosalind, Direktorin des Virenprojektes am Birkbeck College, war unterwegs zu einer weiteren Reise durch die Vereinigten Staaten, zu der man sie eingeladen hatte.

Bei ihrer zweiten Reise musste sie kein Reisegeld zusammenkratzen. Die Rockefeller Stiftung hatte angeboten, die Kosten für ihre Teilnahme an der Gordon-Nukleinsäure-Konferenz und eine anschließende Rundfahrt zu den amerikanischen Laboratorien zu übernehmen. Bevor sie im Juni in die Vereinigten Staaten abreiste, unterzog sie sich einer medizinischen Vorsorgeuntersuchung bei Dr. Linken von der Student Health Association des University College London. Es war eine Rountineuntersuchung, die von allen verlangt wurde, die bei ihrer Arbeit einem Strahlenrisiko ausgesetzt waren. Man fand keine Auffälligkeiten. Am meisten regte sie auf, dass der Lieferant in Newcastle es nicht schaffte, den versprochenen Vertreter zu schicken, der das Mikrofotometer ihrer Birkbeck Gruppe regulieren sollte.

Rosalind schrieb einen unnachgiebigen Brief, in dem sie sagte, sie würde in Kürze das Land für mehrere Monate verlassen, und ihre Assistenten müssten in der Lage sein, die Arbeit während ihrer Abwesenheit fortzusetzen.

Die großzügige Reisefinanzierung durch die Rockefeller Stiftung änderte jedoch nichts an ihrer Abhängigkeit vom ARC. Bernal schrieb an Slater und bat ihn um Erlaubnis, dass Rosalind das Rockefeller-Geld annehmen und für zwei Monate Virenlabore in New York, St. Louis, Madison, Wisconsin und Berkeley, Kalifornien besuchen dürfe. In einem für einen Kommunisten bemerkenswert ehrerbietigen Ton erklärte Bernal:

»Ihre Arbeit während der vergangenen zwei Jahre hat sich hauptsächlich auf Materialien konzentriert, die in diesen Laboratorien präpariert wurden. Es wäre also von großem Wert für ihre Arbeit hier, wenn sie ihre Kontakte zu diesen Laboratorien erneuern, sich mit den ausgedehnten Fortschritten, die in der Virenforschung in den vergangenen zwei Jahren gemacht wurden, vertraut machen und Vorbereitungen treffen könnte, um ihre extensiven strukturellen Studien auf neue Viren und von Viren abgeleitete Formen auszudehnen. Die Förderung unterliegt natürlich der Genehmigung von Miss Franklins Abwesenheit durch den ARC, aber da es ganz offensichtlich im Interesse der Förderung ihrer Forschung liegt, könnte ich mir vorstellen, dass keine Einwände dagegen vorliegen.

Ich schreibe Ihnen dementsprechend und bitte um die Erlaubnis, dass Miss Franklin für zwei Monate von Mitte Juni bis Mitte August abwesend sein darf.«[1]

Slater ließ durch einen Vertreter antworten, dass der ARC keine Einwände dagegen habe, dass Misss Franklin ein Reisestipendium zu den beschriebenen Zwecken wahrnehme und man ihre geplante Abwesenheit für den Zeitraum von zwei Monaten vermerkt hätte.

Zu den stillen Vergnügungen im Leben gehört die Rückkehr an einen einst ungeheuer fremden Ort. Als sie ihre zweite Amerikareise antrat, wusste Rosalind, dass sie ihren Zeitplan nicht so voll packen durfte wie 1954, sondern besser Platz für unerwartete Einladungen ließ. Sie war vorbereitet auf: gutes Wetter, gute Wissenschaft, interessante Unternehmungen und herzliche Gastfreundschaft. Sie war auch darauf vorbereitet, Unterschiede zu ihrem letzten Besuch zu entdecken.

Der nervenaufreibende transatlantische Flug war leichter als zuvor, es gab auf dem Weg nach New York nur in Shannon und Boston Zwischenlandungen. Bei ihrer Ankunft fiel Rosalind die erste Veränderung auf. In der Wartehalle für Einreisende in Boston stand »ein Tisch mit reichlich Kaffee, an dem man sich bedienen durfte. Solche Kleinigkeiten machen einen großen Unterschied auf einer Reise – ich habe heute Morgen schon fünf Tassen getrunken«.[2] Von New York aus fuhr sie sofort nach Baltimore weiter, wo sie an einer wichtigen Konferenz an der Johns Hopkins Universität über die chemischen Grundlagen der Vererbung teilnahm. Dort wurde sie von »einer ungewöhnlichen Phase mit ›kaltem‹ Wetter«[3] sowie von einem Aufgebot großer Namen empfangen. Als sie nachts nach New York zurückgefahren wurde, wo sie morgens um 2.30 Uhr eintraf, war sie überrascht, dass die Straßen voller Leben und einige Läden noch geöffnet waren.

In New York ging sie mit Anne und David Sayre auf »Lebensmittel-Expedition« und besuchte einen beeindruckenden Markt im europäischen Stil, »aber mit für amerikanische Verhältnisse wunderbaren und vielfältigen Lebensmitteln aller Art«. Ihr erster Eindruck war, erzählte sie ihren Eltern, dass der Lebensstandard sogar noch »um einiges höher war als zwei Jahre zuvor. Alle Luxusgüter scheinen ganz alltäglich zu sein, und man weiß kaum, wie man die freigiebige Gastfreundschaft, die man geschenkt bekommt, erwidern soll.«[4]

Dann fuhr Rosalind wieder in die bereits vertrauten Gefilde der New Hampton School in New Hampshire. Sie schrieb alle paar Tage an Aaron Klug; endlich hatte sie jemanden, mit dem sie die wissenschaftlichen Informationen und den Klatsch, den sie aufschnappte, teilen konnte. Sorgen bereitete ihr die finanzielle Zukunft ihrer Virengruppe und ganz besonders die Klugs. Don Caspar bot an, Klug nach Yale zu holen, wenn Klug gerne ein Jahr in den Vereinigten Staaten verbringen würde. Außerdem würde Crick versuchen, einen Platz für ihn in Cambridge zu finden. Rosalind fragte sich, wie viel sie den Wissenschaftlern, die sie traf, über ihre jüngsten Ergebnisse erzählen solle. »Da es besser ist, zu viel als zu wenig zu erzählen, habe ich Jim (Watson) von den Mikrosomen (ein kleiner Komplex innerhalb der Zelle) erzählt. Er schien ein wenig überrascht, dass wir es geschafft haben, sie zu kriegen ... Jim beabsichtigt, ausschließlich an Mikrosomen zu arbeiten.«[5]

In New Hampshire hatte sie sich vorgenommen, Spaß zu haben, und den hatte sie. Die Nachmittage waren frei zum Wandern und Schwimmen. Wissenschaftlerinnen waren hier keine Seltenheit; es gab eine ganze Menge bei der Gordon-Konferenz. Eine von ihnen, Helga Boedtker (Mrs. Paul Doty), eine Biochemikerin aus Harvard, bereitete es großes Vergnügen, sich mit Rosalind zu unterhalten, und sie war von deren vollkommenen Hingabe an die Wissenschaft sehr beeindruckt.

Das Thema der Konferenz – Proteine und Nukleinsäuren – war wesentlich interessanter als das von 1954 über Kohle, und inzwischen traf man auf viele bekannte Gesichter, darunter Barry Commoner, Erwin Chargaff, Alex Rich, George Gamow, Heinz Fraenkel-Conrat und Wendell Stanley. Rosalind war jetzt ein anerkanntes Mitglied einer internationalen Zunft kluger Köpfe, die des anderen Sprache beherrschten, des anderen Arbeit kannten und kreuz und quer durch das Land und über den Atlantik reisten. Es machte Spaß, dieselben Gesichter in der einen Woche in Baltimore, in der nächsten in New Hampton oder Woods Hole und kurz danach in San Francisco oder Madrid zu sehen.

Auch Don Caspar war dort. Sie hatte ihn bereits in Baltimore gesehen, und sie verstanden sich außerordentlich gut. Rosalinds wohlbehütetes Herz begann eine Übereinstimmung zu erkennen, die über gemeinsame Aufsätze in der Zeitschrift *Nature* hinausging. Zusammen arrangierten sie, dass Caspar mit nach Berkeley kommen solle, um dort während ihres Aufenthalts mit ihr zu arbeiten, und auch dass sie ihn später im Sommer zu Hause in Colorado Springs besuchen würde. In ihren Briefen nach Hause fiel der Name Caspars der Zensur anheim: Er war »ein Freund aus dem Osten«. Klug jedoch berichtete sie, »Don injiziert jetzt Hasen!«[6]

Caspar war sowohl anfällig für Frauen wie auch unerfahren – seiner Ansicht nach »wegen meiner willensstarken Mutter«. Er wusste, dass er sich bei Frauen immer wohler fühlte als bei Männern und dass er »eine engere persönliche Beziehung zu Rosalind hatte, als zu den meisten Männern, die ich kannte«. Als sich die Gordon-Gesellschaft für das Gruppenfoto aufstellte, nahm jedoch nicht Caspar den Ehrenplatz neben Rosalind in der ersten Reihe ein, sondern Wilkins. Die beiden saßen unbewegt und ohne zu lächeln da, während die anderen in die Kamera strahlten.

Während ihres Aufenthalts in New Hampshire erhielt Rosalind eine Einladung von der Londoner Gesellschaft zur Förderung und Verbreitung naturwissenschaftlicher Kentnisse, über die sie sich sehr freute. Lawrence Bragg bat um ein Modell ihrer Arbeit über die spiral- und kugelförmigen Viren, um es in der International Science Hall der Weltausstellung in Brüssel, die für den kommenden April angesetzt war, auszustellen. Seine junge Belegschaft, sagte Bragg, sei von ihren jüngsten Modellen sehr beeindruckt gewesen, als er sie ihnen bei seinen Vorlesungen kürzlich gezeigt habe. Sie würde finanzielle Hilfe für den Bau bekommen und solle über einen eindrucksvollen Maßstab und einfache Erklärungen für die allgemeine Öffentlichkeit nachdenken.

Nach Woods Hole auf Cape Cod ohne Wirbelsturm, dafür aber zu bekannten Gesichtern zurückzukommen, war wie eine Heimkehr. Rosalind schätzte den Ort wegen seiner fröhlichen Mischung aus ernsthafter Wissenschaft und Küstenbadeort (die Kleinstadt beherbergt sowohl das Marine Biological Laboratory als auch das Woods Hole Oceanographic Institute). Sie erzählte ihrer Mutter: »Der Strand ist voll, aber ausschließlich von Wissenschaftlern und ihren Familien bevölkert. Dorf und Umland sind wirklich bemerkenswert unverdorben. Woods Hole selbst besitzt einen kleinen Fischereihafen, der sich überall in Europa befinden könnte, abgesehen davon, dass er irgendwie effizienter ist und riesige Kühllaster den Fisch direkt von den Booten aus nach New York (ungefähr 400 Kilometer) und Boston bringen.«[7]

Von Woods Hole aus fuhr sie zu ihren Verpflichtungen über den Kontinent, dann flog sie nach Los Angeles. Sie hatte sich vier Wochen für den Westen reserviert. UCLA (die Universität von Californien in Los Angeles) war das reine Vergnügen. Sam Wilman, Professor für Botanik, gab eine Party bei sich zu Hause in Santa Monica, wo er Rosalind nach einigen Martinis auf den Arm nahm, weil sie Britin war. Er ahmte einen Engländer nach, der »Äh, was?« sagte. Rosalind (die Wilman bei ihrem vorangegangen Besuch in seinem Labor für eine »streberische Frau« gehalten hatte) nahm es gut gelaunt auf und gab es ihm dann zurück. Sie erzählte die Geschichte einer Engländerin, die in Amerika eintraf, um die amerikanische Kultur kennen zu lernen. Wie lange würde das dauern, fragte die Besucherin. »Eine Woche«, lautete die Antwort, »vielleicht zwei.« Sie alle hatten viel Spaß. William Ginoza, der am TMV arbeitete, fand sie sei »eine sehr reizende Person, sehr attraktiv und sehr damenhaft, ich war wirklich begeistert von ihr«.[8]

Wilmans modernes Haus beeindruckte Rosalind zutiefst. Es stand auf einem Hügel, hatte einen Ausblick nach drei Seiten und einen hübschen Garten hinten raus. Es wirkte »wie Kew Gardens, wenn alles zu groß gewachsen ist«. Das Haus, erzählte sie ihren Eltern, war »für seinen derzeitigen Besitzer gebaut worden« (was damals in England höchst ungewöhnlich war); außerdem gab es, Wunder über Wunder, ein extra Zimmer »mit eigenem Bad«.

Rosalinds Gespräche mit ihren Kollegen und Freunden waren thematisch breit gefächert und behandelten nicht nur Wissenschaft, sondern auch die Unterschiede zwischen dem amerikanischen und britischen Schulsystem. Die Siegels, bei denen sie übernachtete, waren beeindruckt von ihrer, wie Albert Siegel es nannte, »tiefen Menschlichkeit«. War dieser reizende, lachende, menschliche Gast dieselbe Frau, die herablassend und kurz angebunden durch die Flure eilte, schweigsam am Mittagstisch saß und sich äußerst streitlustig gegenüber dem ARC zeigte? Erinnerungen an Rosalind, die sich jene bewahrten, die sie im Ausland kennen lernten, wirken wie helle und fröhliche Urlaubsschnappschüsse, während die aus England oft dunkel und mürrisch erscheinen. Die Erinnerungen ihrer amerikanischen Freunde sind vielleicht auch durch den Wunsch geschönt, die hässliche »Rosy« aus Watsons *Die Doppelhelix* auszulöschen. William Ginoza meinte: »Sie war nicht so wie Jim Watson erzählte.« Wenn es allerdings tatsächlich zwei Rosalinds gab, dann erlebte Amerika die Sonnenseite.

Nach ihrem Besuch an der UCLA wurde sie die 26 Meilen östlich nach Pasadena gefahren, wo sie ein Seminar am Caltech abhielt. Belohnt wurde sie mit einer traumhaften Bergtour. Am Caltech fragte sie »ein sehr brillianter, ehemals italienischer Virusmann«[9] (dessen Namen sie ihrer Mutter nicht nannte, der aber ausgehend von ihrem Briefverkehr Renato Dulbecco gewesen sein muss), ob sie die Berge der Küste vorzog. Sie versuchte ihre Begeisterung unter Kontrolle zu halten und antwortete »Berge«, woraufhin er sie fragte, ob sie gerne campen gehen würde. Machte es ihr etwas aus zu wandern? Und dabei Schlafsäcke zu tragen? Machte es ihr etwas aus?! Mit drei anderen Begleitern machte sie sich um 6 Uhr morgens auf. Nach einer Nacht im Schlafsack in den Bergen, wachte sie am nächsten Tag im Morgengrauen auf, öffnete die Augen und sah die Rocky Mountains direkt vor sich: »Vielleicht der denkwürdigste Moment des Ausflugs.« Als Rosalind Pasadena verließ und weiter nach San Francisco fuhr, schrieb sie von einer Bushaltestelle aus nach Hause: »Ich bin total verliebt in Südkalifornien.«

Es mag ihr letzter sorgloser Tag gewesen sein. Als sie in Kalifornien war, quälten sie stechende Schmerzen im Unterleib. Die Attacke dauerte zwei Tage. Sie tat es ab und dachte nicht mehr daran; sie war immer, abgesehen von einem Anfall von Gelbsucht im Alter von 22 Jahren, kerngesund gewesen. Als die stechenden Schmerzen wiederkamen – nicht nur einmal, sondern zweimal –, ging sie zu einem amerikanischen Arzt, der ihre einige Schmerzmittel gab und ihr riet, einen Arzt aufzusuchen, sobald sie wieder zu Hause sei. Es war genau der Ratschlag, den sie hören wollte. Sie war entschlossen, so viel wie möglich aus ihrer wertvollen Reise herauszuholen, darunter auch einen erneuten Besuch in Woods Hole und New York. Die Unannehmlichkeiten in ein amerikanisches Krankenhaus zu gehen, wollte sie nicht auf sich nehmen. Was auch immer nicht mit ihr stimmte, es konnte warten.

In Berkeley feierte sie ihren 36. Geburtstag. Vor ihrer Reise hatte sie beschlossen, sich ein Auto zu kaufen. Das in Geburtstagsbriefen und einem Telegramm vom 26. Juli angekündigte Geldgeschenk ihrer Eltern würde für diese Anschaffung verwandt werden – »oder um einen Prüfer zu bestechen, damit er mich meine Fahrprüfung bestehen lässt.«[10] Rosalinds drei Wochen am Virus-Laboratorium der Universität von Californien waren nach der erfrischenden Zeit, die sie bis dahin gehabt hatte, enttäuschend:

»Es ist wahrscheinlich die größte und wichtigste Virenforschungseinrichtung der Welt, aber sowohl die Institution wie auch die Mitarbeiter nehmen sich selbst viel zu ernst.«[11]

Der Biochemikerin und Ehefrau von Fraenkel-Conrat, Bea Singer, fiel ihre traurige Ausstrahlung auf. Singer schrieb dies dem Gefühl zu, dass ihre Arbeit nicht die angemessene Anerkennung bekommen habe. Sie lud Rosalind zu sich nach Hause ein und war wie so viele andere von Rosalinds Zugang zu ihren kleinen Kindern beeindruckt.

Einer der Gründe für Rosalinds Unbehagen war, dass Don Caspar nicht wie geplant kommen konnte. Sein Vater war plötzlich an einem Herzinfarkt gestorben, und Caspar blieb bei seiner Familie, die in Colorado Springs lebte. Dennoch widmete sie ihre Zeit nicht vollständig der Arbeit im Laboratorium. »Die Vetternschaft« erstreckte sich bis an die amerikanische Westküste und führte sie eines Tages in das Haus von Rosemary Montefiore: »Das Haus – ganz fabelhaft – eine Mischung aus Hollywood, dem England des 19. Jahrhunderts und mediterranen Palästen – und sehr ungewöhnlich für die Art, wie die Leute hier leben, aber wunderschön gelegen in den Berkeley Hills mit Blick auf die Bucht von San Francisco.«

In Berkeley gewann Rosalind auch zwei neue Bewunderer, die sie auf einer Party kennen lernte. Ethel und Irwin Tessman waren Phagengenetiker, die unter Don Caspar an der Universität Yale studiert hatten; sie lernten in Berkeley im Gunther-Stents-Laboratorium neue Techniken kennen. Das Ehepaar sprang für den abwesenden Caspar ein und nahmen Rosalind auf lange Ausflüge mit, etwa zu den riesigen Redwoods oder an die Küste.

Einmal mehr gab Rosalind ihren amerikanischen Bewunderern Anlass zu begeisterten Beschreibungen: Die Tessmans fanden sie »fröhlich, voller Optimismus, sehr schön, entzückend und großzügig«. Ethel Tessman war so hingerissen, dass sie beschloss, Rosalind und Caspar zu verkuppeln, denn sie spürte, dass sich die beiden voneinander angezogen fühlten. Ethel schloss dies aus der Art, wie »Rosalind glühte, wenn sie über Don sprach«.[12] Rosalind verbarg ihre Enttäuschung über die durchkreuzten Pläne nicht vor Don und versuchte einen Weg zu finden, ihn noch einmal zu sehen, bevor sie zurückfuhr.

Wenige Tage später konnte sie Aaron Klug schreiben, »ich werde Don doch noch treffen.« Sie erzählte ihm auch, dass sie ihre Abreise um eine Woche auf den 21. August verschoben hatte, dass Fraenkel-Conrat und Robley Williams herausgefunden hatten, dass der neu gebildete Virus infektiös war, dass sie sich freute zurückzukommen und dass sie hoffe, Wilkins würde nicht die Rückgabe der Kamera des King's College, die sie benutzt hatten, verlangen.

Die kupplerische Ethel Tessman tat ihr Bestes, um Rosalind nach Colorado zu schicken. Sie stellte einen Kontakt zu einem jungen Wissenschaftler, Seymour Lederberg, einem Bruder des Molekulargenetikers Joshua Lederberg her, der mit einem Freund das Land durchquerte und sie bis Denver mitnehmen konnte. Bevor sie Berkeley verließ, heiterten ein paar Ergebnisse, die die drei Wochen harter Arbeit in dem wichtigen Forschungszentrum lohnenswert machten, Rosalind in letzter Minute auf. Die Fahrt durch die Mondlandschaft und die Kathedralfelsen von Utah und Nevada gab ihr Gelegenheit, die Reiseerzählungen für ihre Eltern fortzusetzen. Dabei verwies sie nur versteckt auf einen »Freund aus dem Osten«, dessen Vater gestorben war und um den zu sehen sie tausend Meilen weit fuhr. (Geübt darin, ihren Eltern Dinge vorzuenthalten, erwähnte sie auch die Phasen heftiger Unterleibsschmerzen nicht.)

Sonnenuntergang über den Rockies: Dass Rosalind Caspar gut genug kannte, um ihn in einer Zeit, in der die Familie einen so schweren Verlust hinnehmen musste, zu Hause zu besuchen, sagt einiges über die Vertrautheit ihrer Beziehung aus, auch wenn sie über mikrographische Darstellungen des TMV sprachen. Die Beziehung war platonisch. Caspar hatte großen Respekt vor ihr als einer älteren Frau mit beeindruckenden Fähigkeiten. Was sie jedoch wenig später Dr. Mair Livingstone (der guten Freundin mit neugeborenem Baby, der sie ihre Wohnung überlassen hatte) erzählte, deutet darauf hin, dass die Freundschaft zu Caspar wohl, abgesehen von Mering, Rosalinds größte Verliebtheit war. Anne Sayre behauptet in ihrer Biografie über Rosalind von 1974, dass Rosalind während ihres Besuchs in den Vereinigten Staaten 1956 einen Mann kennen gelernt habe, den sie hätte lieben und heiraten können«[13]. Sayre ging in einem privaten Brief noch weiter, indem sie behauptete, Rosalind sei im Sommer 1956 für einen »entzückenden Mann, der auch eine ideale Partie sei«[14], eingenommen gewesen. Irwin Tessman, der Caspar seit Yale kannte, fand, »am verräterischsten für mich war, wie begeistert er von ihr sprach«[15] und fügte hinzu, dass er es für unwahrscheinlich hielt, dass Caspar ein so enges Arbeitsverhältnis mit einer so attraktiven Frau gehabt haben könne, ohne sich in sie zu verlieben.

Ethel Tessman behielt dies, was sie für ein glühendes Geheimnis hielt, (aus Respekt vor Caspars späterer glücklicher Ehe) 20 Jahre für sich, bis Dr. June Goodfield, die für einen geplanten Film über Rosalind recherchierte, die Angelegenheit vorbrachte. Daraufhin bekam sie zur Antwort: »Ich habe 20 Jahre darauf gewartet, dass mir jemand diese Frage stellt!«[16] Immerhin drei Frauen, die Rosalind nahe standen, glaubten, dass sie sich in diesem Sommer in Don Caspar verliebt hatte.

Rosalind beendete ihre zwei Monate in Amerika mit einem faulen Wochenende bei »perfektem Wetter« in Woods Hole. Caroline und Francis (»Spike«) Carlson nahmen sie mit auf eine Bootsfahrt, vorbei an Penzance Point, sodass sie die großen Schindeldachhäuser auf der winzigen Halbinsel vom Wasser aus sehen konnte. Die Carlsons fanden sie charmant, unterhaltsam und »*sehr* gut aussehend«[17]. Als sie Woods Hole verließ, um nach New York zu fahren, wo sie weitere Vorträge an der Rockefeller Stiftung halten und Labore besuchen wollte, wies sie ihre Mutter auf eine erneute Verzögerung ihrer Rückkehr hin. Der Aufschub mag unklug gewesen sein. Zu Beginn der letzten Woche ihrer Reise in New York, hatte sie Probleme, den Reißverschluss ihres Rocks zuzuziehen. Sie war immer schlank gewesen, fühlte sich in Hosen, Shorts oder schmalen Röcken gleichermaßen wohl. Doch jetzt begann sich plötzlich ihr Bauch zu wölben. Sie hielt ihren Terminplan trotzdem ein und stieg am Donnerstag, den 23. August, in ein Flugzeug am Idlewild Airport. Die Tessmans, die eine Konferenz nicht weit entfernt am Cold Spring Harbor Laboratorium besuchten, brachten sie an den Flughafen. Am nächsten Morgen traf sie in London ein und fuhr wie geplant direkt ins Labor.

Aber sie wusste, dass sie medizinische Hilfe benötigte. Sie suchte Mair Livingstone auf, Ärztin für allgemeine Krankheiten in Hampstead, und zählte ihre Symptome auf. »Sie sind doch nicht schwanger?«[18] fragte Livingstone. »Ich wünschte, ich wäre es«, war die Antwort. Livingstone vermutete sofort ein Problem der Eierstöcke. Sie sagte Rosalind jedoch schlicht, es klänge nach einer Zyste und sie solle unverzüglich den Arzt des University College Hospital (Dr. Linken) aufsuchen, der sie vier Monate zuvor untersucht hatte. Auch Linken dachte zunächst an das Naheliegendste. Aber nach vaginalen und rektalen Untersuchungen, schrieb er in seine Bemerkungen für den Chirurgen, der Rosalind am folgenden Tag, den 30. August untersuchen sollte: »Es gibt keinen Grund, eine Schwangerschaft anzunehmen – ektopisch oder sonstige.«[19] Professor Nixon, der sie untersuchte, ertastete den großen Knoten in der rechten Beckenseite, sagte ihr, sie solle ins Krankenhaus kommen und kennzeichnete ihre Krankenakte mit dem Vermerk »DRINGEND«.[20]

Als Rosalind vor ihrer Aufnahme ihren Schreibtisch aufräumte, schrieb sie mehrere lange Briefe. An Wendell Stanley in Berkeley fasste sie die drei Wochen in Berkeley zusammen. Zunächst hatte sie Gelproben zum Röntgen aus neu gebildetem TMV und aus TMV-Protein mit Ochoa Polymers (eine synthetische Pseudo-RNS, in der alle Basen gleich waren) präpariert, aber das Experiment war fehlgeschlagen. Schließlich stellte sie fest, dass die Behandlung mit Ribonuklease ihr gestattete, die normalen optischen und Fließeigenschaften des Virus zu erhalten. Das führte sie zu der Schlussfolgerung, dass die ursprünglichen Exemplare bei der Vorbereitung mit der überschüssigen RNS verklebten. Jetzt wusste sie einen Weg, wie sie sie präparieren könnte, ohne die Röntgenanalyse zu stören.

Sie dankte Dr. Pomerat an der Rockefeller Stiftung und schrieb ihm, dass das Tempo der amerikanischen Virenforschung so rapide sei, dass »ein Großteil der interessantesten Ergebnisse noch immer unveröffentlicht ist und es nur über persönliche Kontakte möglich ist, sich einen allgemeinen Eindruck des Geschehens zu verschaffen«.[21] Drei Tage später wurde Rosalind im Krankenhaus als Kassenpatientin zur Untersuchung eines »Klumpens im Abdomen« aufgenommen. Die Operation am 4. September lieferte, wie Professor Nixon an Dr. Linken berichtete, »höchst ungünstige Befunde«[22]: nicht ein Tumor, sondern zwei. In der herzhaften Terminologie, die die Mediziner aus der Harley Street damals bevorzugten, beschrieb Nixon den großen Knoten an der Stelle ihres rechten Eierstocks als von »der Größe eines Croquetballs« und die Zyste, die in ihrem linken Eierstock gefunden wurde, »entspricht in der Größe einem Tennisball«.[23]

Der Chirurg, der Rosalinds Eltern anrief, drückte sich weniger metaphorisch aus. Muriel Franklin nahm den Telefonhörer ab und bekam mitgeteilt: »Ihre Tochter hat Krebs.«

KAPITEL ACHTZEHN

Der »stille Killer«

(September 1956–Mai 1957)

Vor ihrer Operation hatte Rosalind ihre Zustimmung zu einer Hysterektomie gegeben, falls notwendig. Sie wusste, dass sie damit vielleicht ihre Chance, jemals Kinder zu haben, aufgab und bemerkte sarkastisch, dass man sie auf der Entbindungsstation untergebracht habe. Wenn ihr Bruder David käme, um sie abzuholen, könnte er vielleicht denken, sie habe eine Fehlgeburt oder eine Abtreibung gehabt. Als sie aus der Betäubung wieder aufwachte, war sie jedoch erleichtert zu erfahren, dass ihre Gebärmutter und ein Teil eines Eierstocks noch da waren. Allerdings nicht für lange. Beinahe genau einen Monat später war sie wieder im University College Hospital (diesmal als Privatpatientin) zu einer zweiten Operation – vorgeblich wegen einer Infektion, tatsächlich aber wegen einer Hysterektomie und der Entfernung des restlichen linken Eierstocks. Es wurde erledigt und kein weiterer Krebs wurde gefunden.

Anne Sayre, die in Rosalinds Wohnung wohnte, ging eines Tages ans Telefon und hörte Merings Stimme. Er war überrascht, dass Rosalind nicht da war und betroffen, als er erfuhr, dass sie weitere Operationen über sich hatte ergehen lassen müssen. Während Anne sich bemühte, es ihm auf Französisch zu erklären, wurde Mering immer aufgewühlter. Als Rosalind später von dem Anruf erfuhr, reagierte auch sie sehr emotional und gestand, dass sie sehr verliebt in Mering gewesen sei.[1] Sie erzählte keine Einzelheiten, aber Anne nahm an, dass Rosalind tiefe Gefühle für Mering hegte, die sie quälten, da Rosalind – jedenfalls glaubte Anne das – nicht in der Lage war, eine längere, glückliche außereheliche Beziehung zu führen. Anne, die Mering aus Paris kannte, wusste, dass er intellektuelle Stärke mit »einer wahrlich immensen persönlichen Attraktivität und einer europäischen Haltung und Psyche«[2] verband. Ihr war auch bekannt, dass Rosalind und Mering sich, seit Rosalind Paris verlassen hatte, mehrmals im Jahr trafen und sich gegenseitig schrieben. (Mering vernichtete Rosalinds Briefe später.) Falls Rosalind gewusst haben sollte, dass Eierstockkrebs der »stille Killer« genannt wird, weil er oft bereits sehr weit fortgeschritten ist, wenn er diagnostiziert wird, so verdrängte sie den Gedanken. Sie war optimistisch. Man hatte Krebs festgestellt, so hatte sie es verstanden, aber in begrenzter Form. Und er war operativ entfernt worden. Als sie sich in das Haus ihrer Eltern im Norden Londons zur Genesung zurückzog, lieh sie Donovan Court 22 einer anderen Freundin, da Anne Sayre nach Amerika zurückgekehrt war. »Nimm meine Wohnung«, schrieb Rosalind an Jean Kerlogue und sagte ihr, sie würde sich gerade von »einer kleinen Operation« erholen.[3] Aber Alice Franklin, Rosalinds Tante und Nachbarin, bei der Jean den Schlüssel abholte, deutete an, dass ihr Zustand ernster sei, als Rosalind vorgab. Rosalind schrieb Anne später um ihr zu sagen, sie solle aufhören, sich Sorgen zu machen:

»Alles läuft sehr gut und ich denke, ich werde irgendwann im nächsten Monat wieder ganz auf dem Damm sein. Ich bin jetzt seit einer Woche aus dem Krankenhaus raus, und von hier aus kann ich mit allem, was im Labor vor sich geht, mithalten und sogar ein bisschen was von den Niederschriften aufholen. Meine Mutter scheint tatsächlich verstanden zu haben, dass es mir nicht nur nichts ausmacht, wenn ich bisweilen allein bin, sondern dass es mir sogar gefällt; also ist alles sehr viel einfacher als das letzte Mal. Nächste Woche fahre ich wieder nach Cambridge und wohne bei den Cricks – es ist ziemlich hart für Verwandte und Freunde, die anbieten, sich um meine Genesung zu kümmern, mich zweimal im Monat aufnehmen zu müssen, aber ich habe ihnen versprochen, ich werde es kein drittes Mal in Anspruch nehmen. Nach Cambridge werde ich dann wahrscheinlich ein bisschen bei einem meiner Brüder bleiben, bevor ich wieder nach Donovan Court zurückkehre.«[4]

Zu Hause war sie über lange Phasen hinweg schweigsam. Ihre Eltern waren nicht überrascht; sie waren es gewohnt, dass Rosalind nicht gesprächig war. Sie saß mit ihrem Strick- oder Nähzeug da und sagte dann plötzlich, »ich glaube es ist Schlafenszeit für mich«, und zog sich zu früher Stunde zurück. Ellis und Muriel merkten, dass sie tatsächlich sehr wenig Schlaf bekam. Sobald sie konnte, zog sie aus und entschuldigte sich dafür, dass sie ihnen keine bessere Gesellschaft hatte sein können.

Die emotionale Distanz zwischen Mutter und Tochter, die so lange von Nannie ausgefüllt worden war, hatte dazu geführt, dass Muriel und Rosalind kein übereinstimmendes Verständnis entwickelt hatten, wie es viele Mütter und Töchter ein Leben lang begleitet. Muriel weinte und war schrecklich traurig, wenn Rosalind ihr Mittagessen nicht essen oder sich nicht ausruhen wollte. Rosalinds Reaktion auf diese unverhüllten mütterlichen Ängste war es, sich zu anderen zurückzuziehen, die sie nicht davon abhielten, zu tun, was sie wollte.

Die Cricks veranstalteten keinen großen Wirbel. Francis Crick fragte sie nie nach der Art ihrer Probleme; zu einer Wissenschaftlerin, die sich danach erkundigte, meinte er, es sei wohl eine »Frauensache«. Die Wissenschaftlerin war Dorothea Raacke, eine amerikanische Meeresbiologin und Freundin von Crick. Raacke lernte Rosalind in Cambridge kennen und fragte sie, wie sie sie nennen solle. »Ich fürchte, es muss Rosalind heißen«, war die Antwort; dann ergänzte sie mit funkelnden Augen, »ganz bestimmt *nicht* Rosy«.[5] »Sie hatte«, fand Raacke, die die Shakespeareschen und operettenhaften Rosalinds im Kopf hatte, »nichts Romantisches an sich, trotz ihrer Schönheit.« Raacke bemerkte, dass Rosalind schüchterner und unsicherer war, als ihr Ruf vermuten ließ, und dass sie sich sehr auf Cricks Ratschläge und Ermutigung stützte. Raacke empfand große Sympathie für Rosalind. Aus eigener Erfahrung wusste sie, dass es Frauen im akademischen Leben schwer hatten, ganz besonders in der Naturwissenschaft. Sie ging davon aus, dass eine Frau in der Wissenschaft sehr viel strenger beurteilt und kritisiert wurde als ein Mann und dass sie weniger Anerkennung für geleistete gute Arbeit erhielt.

Die beiden Frauen wurden gute Freundinnen, und Raacke übernachtete an vielen Wochenenden in Rosalinds Londoner Wohnung. Männer waren ein Thema, das Raacke lieber nicht anschnitt. Da sie selbst verlobt war, brannte sie darauf, Rosalind zu fragen, ob sie jemals mit einem Konflikt zwischen einer Ehe und ihren Ambitionen konfrontiert gewesen sei. Aber die Mauer der Reserviertheit war zu stark. Auch sprachen sie nicht über ihre Krankheit. Es dauerte fast ein Jahr, bis Rosalind ihr anvertraute, dass sie eine Hysterektomie hinter sich hatte.

Während der Suezkrise von Oktober bis November 1956 wohnte Rosalind bei den Cricks. Großbritannien, Frankreich und Israel unternahmen den fruchtlosen Versuch, die Kanalzone zurückzugewinnen, die im Sommer durch den ägyptischen Präsidenten Gamal Abdel Nasser nationalisiert worden war. Ägypten protestierte damit gegen die Entscheidung der Vereinigten Staaten und Großbritanniens, von ihrem Versprechen abzurücken, den ägyptischen Bau des Assuan-Staudamms zu finanzieren. Auf diese Weise beschäftigt, taten die wichtigsten westlichen Verbündeten wenig, um den ungarischen Rebellen zu helfen, die sich gegen die kommunistische Herrschaft auflehnten. Der Stalinismus hatte bereits acht Monate zuvor zu bröckeln begonnen, als Chruschtschow Stalin auf dem 20. Parteitag der Kommunistischen Partei verurteilte; seine Rede löste eine Welle der Unruhe in den Satellitenstaaten Osteuropas aus. Als diese abweichenden Linien zu einem Aufstand in Ungarn führten, fielen sowjetische Soldaten und Panzer ein und übernahmen gewaltsam die Kontrolle.

Als sie ans Birkbeck College zurückkehrte, beobachtete Rosalind mit schmerzlicher Belustigung die Bestürzung der zahlreichen Kommunisten am College angesichts der brutalen Aktion der Sowjetunion. »Die Reaktionen am Birkbeck auf das Geschehen in Ungarn waren recht interessant«, schrieb sie Anne Sayre; »beinahe alle Parteimitglieder waren ziemlich betroffen, obwohl ich niemanden kenne, der aus der Partei ausgetreten ist.«[6] Bernal, bemerkte sie, war recht fassungslos. Bei einer der seltenen Gelegenheiten, bei denen er sich auf das Ereignis bezog, erlebte sie, wie er »emotional und verwirrt« wirkte, bald darauf aber »wieder in die alten Parteiklischees zurückfiel«[7]. Wie sie es geplant hatte, kaufte sie sich ein Auto – einen zweitürigen, grauen Austin. Für ihre Kollegen war dies ein weiteres Anzeichen der finanziellen Kluft zwischen ihr und dem Rest. Wenn die anderen überhaupt Autos besaßen, dann waren es sehr alte Modelle. Rosalinds Wagen war neu.

1956 war Krebs kein Wort, das offen ausgesprochen wurde. In Nachrufen sprach man taktvoll davon, dass Menschen »nach langer Krankheit« verstorben waren. Auch Rosalinds Team wusste nicht genau, was ihr gefehlt hatte. Aus Harvard schrieb Watson an Klug: »Ich habe Gerüchte gehört, dass es Rosalind nicht gut geht. Ich hoffe, es geht ihr bald besser« und bat darum, seine besten Wünsche für eine baldige Genesung ausrichten zu lassen. Ihre Kollegen waren froh, dass Rosalind wieder da war. Sie arbeiteten mit freundlicher Unterstützung durch Wilkins am Vergleich von Pflanzenviren. Wilkins setzte eine Mitteilung an die Verantwortlichen »für Kälteräume & Kühlschränke« am King's College auf: »Bitte gewähren Sie Dr. Klug alle Unterstützung, damit er eine Flasche TYMV (Rüben-Mosaikvirus) suchen kann, die wir ihm überlassen möchten.«[8]

Rosalinds Hauptsorge galt der künftigen Finanzierung ihrer Forschergruppe. Sie hatte ein gut aufeinander abgestimmtes und loyales Team aufgebaut, aber die Zeit der gesicherten finanziellen Unterstützung lief aus. Slater hatte ausrichten lassen, dass der ARC die Finanzierung wahrscheinlich nicht über den April 1957 hinaus fortsetzen würde. Von keiner anderen britischen Quelle standen Forschungsmittel in Aussicht. Zurück im Labor setzte Rosalind einen Antrag an den öffentlichen Gesundheitsdienst des Nationalinstituts für Gesundheitswesen auf. Sie erklärte formal ihre Gründe, weshalb sie Hilfe im Ausland suchte, und verwies unter anderem auf die geringe Unterstüzung von britischer Seite, auf ihre fruchtbare Zusammenarbeit mit Dr. Aaron Klug und auf das hervorragende Forscherteam, dem zumindest für fünf weitere Jahre die Arbeit ermöglicht werden sollte. Ihr Projekt sei darüber hinaus ungewöhnlich international angelegt. Unter dem Punkt »Bedeutung dieser Forschung« fasste sie drei Jahre Untersuchungen in Zusammenhang mit der Ribonukleinsäure (RNA) und Proteinen zusammen:

»Neueste Ergebnisse haben gezeigt, dass es eine starke Ähnlichkeit zwischen den kleinen RNS-haltigen Viren wie Poliomyelitis und den ›kugelförmigen‹ Pflanzenviren gibt, mit denen sich unsere Arbeit in der Hauptsache befasst. Darüber hinaus haben Vorarbeiten über zytoplasmische Nukleoproteinpartikel aus verschiedenen Quellen darauf hingewiesen, dass bis zu einem gewissen Grad eine strukturelle Ähnlichkeit zwischen diesen und den kleinen Viren besteht.«[9]

Die Informationen über die interne Struktur der Viren könne nur durch Röntgenbeugungsaufnahmen gewonnen werden, so strich sie heraus. Sie forderte 28 345 Dollar pro Jahr, beginnend mit dem 1. Oktober 1957.

Ihre Krankheit hatte sie in den Hinterkopf verdrängt, und sie beendete das schwierige Jahr mit einer Reise nach Paris und nach Straßburg zu den Luzzatis, die inzwischen zwei kleine Kinder hatten. Während des Besuchs, zu dem auch eine Wanderung im Schwarzwald gehörte, sprach Rosalind kein einziges Mal von der Art ihrer Krankheit. Am 9. Januar war sie wieder zurück im Labor. Bernal, der sie stets förderte, schrieb an den Vorsitzenden des ARC, Lord Rothschild, und erläuterte die großen Fortschritte, die Rosalinds Gruppe erzielt hatte. Ihre Ergebnisse lägen im Zentrum des Interesses der biologischen Strukturanalyse. Rothschild antworte mit »Lieber Sage«, unterschrieb selbst mit »Victor« und berichtete, dass Vorkehrungen für Miss Franklin getroffen würden, von denen er hoffe, dass sie zufrieden stellend seien.

Rosalind bedauerte, dass sie nur die Energie hatte, um halbtags zu arbeiten. Trotzdem ging sie jeden Tag ins Labor, bereitete Proben vor, trocknete Gele, überführte sie für die Röntgenkamera in Kristalle, verglich die Belege verschiedener Varianten. Aufsätze flossen. 1956 hatte sie sieben veröffentlicht; sechs waren 1957 auf den Weg gebracht worden – hauptsächlich über Viren und unter Mitarbeit ihrer Kollegen Aaron Klug, Ken Holmes und John Finch. Eine Ausnahme befasste sich mit der Oxidation von Kohlenstoffen und war gemeinsam mit ihrem Doktoranden James Watt verfasst. Ein wichtiger langer Artikel über den Rüben-Mosaikvirus, der mit von Franklin, Klug und Finch unterzeichnet war, war für die Zeitschrift Nature vorgesehen, wurde aber auf Cricks Vorschlag hin stattdessen an *Biochimica et Biophysica Acta* geschickt. »Auf lange Sicht, glaube ich,« sagte Crick »schadet es den Leuten mehr, als dass es ihnen nützt, wenn sie zu viel in *Nature* veröffentlichen«[10]. (Eine Kurzfassung des Aufsatzes wurde dennoch dorthin geschickt.)

In regelmäßigen Abständen ging Rosalind ans University College Hospital, um sich untersuchen zu lassen. Am 20. Februar, so steht im Bericht einer Nachsorgeuntersuchung, fühlte sie sich insgesamt gut, obwohl Hitzewallungen sie nachts nicht schlafen ließen. Klug schrieb vertraulich an einen Biochemiker in Kansas, »Rosalind Franklin ist wieder gesund und zurück im Laboratorium«. Soweit Klug dies beurteilen konnte, »sieht sie okay aus«.[11]

Vom amerikanischen öffentlichen Gesundheitsdienst hatte man nichts gehört, bis Mitte April der ARC (wie Rothschild versprochen hatte) seine Förderung erneuerte – aber nur für ein weiteres Jahr. Dies sollte das *letzte* Jahr sein: 4 300 Pfund, die im März 1958 auslaufen würden. Danach hoffte der ARC, dass Unterstützung aus amerikanischen Quellen käme. In einem unterkühlten Schlussteil bemerkte das Regierungskomitee des Forschungsrats, dass es von einer Wissenschaftlerin in Miss Franklins Dienstalter »unangemessen« sei, von einem Jahresstipendium zu leben. Sie äußerten sich besorgt über den Mangel jeglicher Schritte, abgesehen von der Bemühung um amerikanische Gelder, die Forschung auf eine beständigere Grundlage zu stellen. Miss Franklin, fanden sie, sollte sich eine Stellung an einer Universität oder einem Forschungsinstitut beschaffen. Sie hatten den Eindruck, dass sie nicht bereit sei, dies zu tun. Oder aber nicht in der Lage. Die Illusion der Normalität zerbrach Ende April, als Rosalind für zwei Tage ins Krankenhaus eingeliefert wurde. Sie war äußerst beunruhigt, hatte starke rektale Blutungen. Zwei Wochen später war sie wieder dort und klagte über Unterleibsschmerzen. Eine endlose Prozedur von Untersuchungen, Einläufen, Abtasten, Sondenuntersuchungen und Diskussionen offenbarte einen neuen Klumpen auf der linken Beckenseite.

Rosalind bat ihren Chirurgen um eine ehrliche Prognose, und er gab sie ihr – offen und entmutigend. Er drängte sie, in der Religion Trost zu suchen und dankbar zu sein, dass ihr Zeit blieb, sich seelisch vorzubereiten. Sie war wütend – auf ihn aus Verzweiflung und auf die Wissenschaft, weil diese noch keine Möglichkeit entdeckt hatte, um das Fortschreiten ihrer Krankheit aufzuhalten, bis eine Heilungsmethode gefunden war. Sie entschied, die Hoffnung nicht aufzugeben; ihre neue Behandlung sollte eine Kobalt-Strahlentherapie sein. Sie begann Mitte Mai und Rosalind verschwand von Zeit zu Zeit aus dem Labor. Sie wahrte die Form und erzählte niemandem, wohin sie ging.

Rosalind unternahm weiterhin enorme Anstrengungen in der Suche nach Finanzierungsquellen für ihr Team. Aufmunternde Neuigkeiten kamen von dem Geschäftsführer des MRC, der Sir Lawrence Bragg von der Gesellschaft zu Förderung und Verbreitung naturwissenschaftlicher Kenntnisse dafür dankte, dass er ihm seine hohe Meinung von Miss Franklins Arbeit mitgeteilt habe. Der MRC würde in Erwägung ziehen, zwei ihrer Studenten zu unterstützen, wenn das Geld des ARC auslief.

Neues Forschungsmaterial für die kristallographische Analyse traf ein. Das Sloan-Kettering-Institut für Krebsforschung in New York überließ Rosalind Nukleoprotein aus Rattenleber, tiefgefroren und in einer Thermosflasche verwahrt, die Crick über den Atlantik mitbrachte. Rosalind packte die Substanz in Kapillarröhrchen in einen »Kälteraum«, um sie später zu röntgen. Gleichzeitig stand sie unter Druck, die Modelle ihres Tabakmosaikvirus und des Rüben-Mosaikvirus zu bauen; diejenigen, die für die Weltausstellung in Brüssel vorgesehen waren, sollten knapp 1,70 Meter hoch sein. Professor Moulder vom Fachbereich für Mikrobiologie der Universität von Chicago, der für die Abteilung für internationale Wissenschaft auf der Weltausstellung verantwortlich war, drängte sie begeistert, sie so groß wie möglich zu machen, damit sie die größtmögliche visuelle Wirkung erzielten. Die Modelle sollten ein Höhepunkt der allgemeinen Virenausstellung sein und mussten bis November einschließlich erklärenden Materials (verständlich für die breite Öffentlichkeit) fertig sein. Rosalinds Schreibtisch und Terminplan waren so voll, dass sie zum Sterben zu beschäftigt war.

KAPITEL NEUNZEHN

Klarheit und Perfektion

(Mai 1957–April 1958)

Niemand, der Rosalind im Sommer 1957 in der Öffentlichkeit sah, hätte erraten, dass sie sterbenskrank war. Sie verbarg Schmerz oder Müdigkeit, war viele Stunden in Abendkleidung auf den Beinen, demonstrierte und erklärte ihre Arbeit auf Ausstellungen. Eine Woche nach Beginn der Kobalt-Therapie stellte sie ihre Modelle bei den *conversazione* der Königlichen Gesellschaften der Wissenschaften vor als Teil eines Ausstellungsstücks zur Anwendung der Röntgenanalyse und der Elektronenmikroskopie auf stab- und kugelförmige Pflanzenviren. Ihre Eltern kamen und fanden, sie sah hübsch, fröhlich und glücklich aus. Drei Wochen später, am Abend des letzten Tages ihrer Kobalt-Behandlung, nahm sie am Abenddiskurs der Gesellschaft zur Förderung und Verbreitung naturwissenschaftlicher Kenntnisse teil – ein prä-viktorianisches Ritual, bei dem ein geladenes Publikum in schwarzen Krawatten einer Vorlesung folgte und dann zwischen Ausstellungsstücken durch die Bibliothek schlenderte. Der Vortrag – »Beobachtungen zur Architektur von Viren« – von Robley Williams vom Viren-Laboratorium in Berkeley wurde von vier Exponaten begleitet: zwei waren von ihm selbst und Kenneth Smith, eines von Crick und eines von Franklin und Klug.

Francis Crick blieb weiterhin ein Freund und schonungsloser Kritiker. »Extrem überstürzt« lautete sein Urteil über einen Aufsatz von Franklin und Holmes über die Anwendung schwerer Atomsubstitution zur Bestimmung der inneren Maße des Tabakmosaikvirus. Crick listete seine Einwände auf, riet mehr zu forschen und warnte vor der Veröffentlichung falscher Informationen: Nichts geht verloren, wenn die Veröffentlichung verschoben wird, wohingegen, wenn man es veröffentlicht und es sich als falsch herausstellt, das gesamte Forschungsprogramm in Misskredit gerät.«[1]

Es besteht natürlich nur dann keine Dringlichkeit, wenn man nicht gerade dabei ist zu sterben. Aber so betrachtete Rosalind es nicht. Sie wollte den Aufsatz, den sie mit Ken Holmes geschrieben hatte, bei der Zeitschrift *Acta Cryst* vorlegen. Sie nahm sich Cricks Kommentare zu Herzen, ebenso wie die von Max Perutz, dessen kluge Beobachtungen sich auf mehr als nur die Kristallographie bezogen:

»Man ist so schnell von der Richtigkeit einer zweifelhaften Lösung überzeugt und verbringt dann Zeit mit der fruchtlosen Suche nach Beweisen, die diese belegen. Wie Francis gesagt hat, es ist eine Berufskrankheit bei den Proteinkristallographen. Sie kann nur durch regelmäßige kalte Duschen in Schach gehalten werden.«[2]

Don Caspar trat wieder in ihr Leben. Den Sommer 1957 über war er mit seiner Mutter in Cambridge. Rosalind hatte sich mit der verwitweten Mrs. Caspar ausgezeichnet verstanden, als sie sich im vorangegangenen August in Colorado kennen gelernt hatten, und sie nahmen ihre Freundschaft wieder auf, als Rosalind Francis und Odile Crick besuchte. In den folgenden Wochen hatte Rosalind Mrs. Caspar in ihrer Londoner Wohnung zu Besuch; an einem Tag organisierte Rosalind für Mutter und Sohn ihr Lieblingsvergnügen – ein Picknick in Richmond Park.

So wie sich Rosalinds Gesundheitszustand zu verbessern schien, verbesserten sich auch die Aussichten ihrer Virengruppe. Am 9. Juli bekam sie Nachricht von einem Beamten des amerikanischen öffentlichen Gesundheitsdienstes in Behesda, Maryland, der sie inoffiziell davon in Kenntnis setzte, dass ihr Forschungsstipendium vom National Advisory Allergy and Infectious Diseases Council befürwortet worden war. J. Palmer Saunders ließ die Neuigkeiten »im Vorhinein« übermitteln, »wegen der ungünstigen Verzögerungen, denen Sie zuvor begegnet sind.«[3] Die Nachricht wurde in Birkbeck jedoch nicht mit allumfassenden Jubel aufgenommen. Man hatte das Gefühl, das amerikanische Stipendium sei mit 10 000 Pfund für jedes der drei Jahre zu hoch!

Zwei Konferenzen und ein Urlaub in Europa im Hochsommer: warum nicht? Rosalind fühlte sich besser, obwohl eine weitere Untersuchung im Juli ergeben hatte, dass der Beckenknoten auf der linken Seite noch immer da war und ihre Eltern eine zweite Meinung einholen wollten. Als das Krankenhaus riet, Rosalind solle in der Nähe Londons bleiben, für den Fall, dass es zu einer Darmverstopfung komme, folgte sie lieber dem Rat ihrer Freundin Dr. Mair Livingstone, die meinte, dass es auf dem Kontinent auch Ärzte gebe, falls sie einen brauchen sollte. Rosalind ignorierte ihren Zustand jedoch nicht; sie erzählte Livingstone, dass sie im vorangegangenen Sommer in den Vereinigten Staaten einen Mann getroffen habe, den sie hätte lieben, vielleicht sogar heiraten können, den sie sich aber wegen ihrer Krankheit aus dem Kopf geschlagen habe.

Sie und Caspar besuchten eine Konferenz über Polio in Genf, dessen Star Dr. Jonas Salk war, der Entdecker des Polioimpfstoffs von 1953. Danach fuhr sie mit ihm, seiner Mutter und Richard Franklin (kein Verwandter – eher ein Freund von Caspar aus Yale nach Zermatt. Mrs. Caspar fotografierte die drei vor dem großen Matterhorn. Rosalind erwähnte ihre Krankheit nicht. Es schien ihr gut zu gehen, auch wenn sie nicht die Kraft hatte, die sie im vorangegangen Sommer in den Rockies gezeigt hatte. Für sie war der Ausflug in die Alpen in Begleitung eines guten Freundes der Höhepunkt des Sommers: »Ein fantastisches Wochenende in Zermatt«[4], fasste sie für Anne Sayre zusammen.

Nachdem sie Genf verlassen hatte, besuchte sie eine Protein-Konferenz in Paris und fuhr dann mit ihrer Schwester Jenifer und einer Freundin durch Norditalien. Sie hätte etwas Unbequemeres vorgezogen:

»Das war mein erster Urlaub auf dem Kontinent mit dem Auto, und er hat meinen Verdacht bestätigt, dass Autos im Urlaub nicht wünschenswert sind. ... in einer kleinen Blechkiste zu reisen, isoliert einen von den Menschen und der Atmosphäre des Landes auf eine Weise, wie ich es zuvor nie erlebt habe. Ich habe mich dabei ertappt, wie ich neidisch Rucksäcke und Zelte beäugte.«[5]

Rosalind zeigte keine Schwäche auf der Reise, und ihre gute Laune hinterließ großen Eindruck bei Luzzatis Mutter, die überzeugt war, dass eine Wissenschaftlerin aussehen und sich benehmen müsse wie eine Suffragette. Die Dame war überrascht und erfreut, wie sich Luzzati erinnert, als sie sah, wie attraktiv und unkompliziert Rosalind war.

Polio wurde Rosalinds neues Interessengebiet. Mitte 1957 begann sie den Virus zu untersuchen – oder vielmehr sie versuchte es. Er war kugelförmig, morphologisch mit dem Rüben-Mosaikvirus verwandt. Als die beiden Wissenschaftler in Berkeley ihr anboten, Polio-Kristalle zur Verfügung zu stellen, bat sie Bernal schriftlich um Erlaubnis, der sich wiederum an seinen Rektor wandte: »In Hinblick auf die extrem kleinen Mengen infektiösen Materials, mit dem sie umgehen wird, und den sehr sorgfältigen Sicherheitsvorkehrungen, die sie treffen wird, sollte es keine

Abschied vom Matterhorn: Rosalinds letzter Bergurlaub im Juli 1957 mit Don Caspar und Namensvetter Richard Franklin.

Einwände gegen die Durchführung dieser Forschungen geben.«[6] Bernals Antrag wurde abgewiesen, nicht von seinem gewohnten Gegenspieler Dr. J. F. Lockwood, sondern von der Belegschaft. Einige waren der Meinung, das Birkbeck College sei so alt und schmutzig, dass es zusammenbrechen würde, wollte man dort saubermachen – und biete daher wohl kaum geeignete Räumlichkeiten für gefährliches Material. Der Physiker Werner Ehrenberg war ganz besonders beunruhigt, da er selbst an Polio litt. Irgendwann bewahrte Rosalind die Kristalle im Kühlschrank ihrer Eltern auf. Als sie sie in eine Thermoskanne tat, sagte sie zu ihrer Mutter: »Du rätst nie, was hier drin ist. Lebende Polioviren.«[7]

Nach einiger Zeit wurde das Virus dann in der nahe gelegenen Londoner Schule für Hygiene und Tropenmedizin beherbergt. Professor E. T. C. Spooner bedauerte mit Bernal, dass es ihnen nicht gelungen war, »die Ängste einiger junger Menschen [zu zerstreuen]; das magische Wort ›Poliomyelitis‹ besitzt derzeit eine solch Furcht erregende, emotionale Wirkung, dass man nicht erwarten kann, dass das normale Urteilsvermögen intakt bleibt. Ich selbst bin recht sicher und glaube Ihnen auch, dass die Risiken, die mit der von Dr. Franklin vorgeschlagenen Arbeit verbunden sind, geringfügig und wahrscheinlich minimaler sind als die, die jeder Mensch bei einer Injektion auf sich nimmt. Natürlich besteht ein Risiko; so wie auch eines besteht, dass ein Haus abbrennt oder dass man von einer Mahlzeit in einem Restaurant eine Lebensmittelvergiftung bekommt; das Risiko beim Überqueren einer Straße ist viel größer. Aber das ist nicht der Punkt; und ich bezweifle, dass irgendetwas, was ich sage, etwas an der ablehnenden Haltung ändern wird. Dennoch hoffe ich, dass Dr. Franklin diese Arbeit durchführt. Unseren amerikanischen Freunden (die uns bereits wegen unserer Zurückhaltung gegenüber dem Polioimpfstoff auslachen) erklären zu müssen, dass die Arbeit wegen des Risikos, dass das Reagenzröhrchen zerbricht, nicht durchgeführt werden kann, wäre meiner Ansicht nach außerordentlich beschämend. In meinem Fachbereich werden wir gerne alles tun, um zu helfen.«[8]

Als das Virus sicher untergebracht war, nahm es Rosalind mit zum Röntgen bei der Gesellschaft zur Förderung und Verbreitung naturwissenschaftlicher Kenntnisse. Klug und Finch, die mit ihr zusammenarbeiteten, ließen sich impfen, aber Rosalind entschied sich dagegen. Ihre Entscheidung wurde als todesmutig interpretiert; doch da sie bereits eine schreckliche Krankheit hatte, konnte sie eine zweite riskieren. Es ist jedoch möglich, dass Rosalind, statt sich gleichgültig gegenüber dem eigenen Leben zu zeigen, sich ebenso wie Professor Spooner der geringen Wahrscheinlichkeit eines Unfalls bewusst war. Sie wusste, dass sie die Reagenzgläser nicht fallen lassen oder zerbrechen würde. Stolz fügte sie ihrem Lebenslauf einen neuen Titel hinzu: »Seit Oktober 57 Projektleiterin einer vom amerikanischen öffentlichen Gesundheitsdienst geförderten wissenschaftlichen Untersuchung zur Molekularstruktur von Viren durch Röntgenbeugung.«

Ab November war es mit der Ruhe vorbei. Ihr Bauch sei wieder angeschwollen, erzählte sie Anne Piper am Telefon, und sie müsse ihn drainieren lassen. Wohl von diesem Zeitpunkt an war sie Patientin am Königlichen Marsden Krankenhaus. Ihre Einweisung in diese auf die Behandlung von Krebspatienten spezialisierte Einrichtung, lieferte ihren Mitarbeitern den ersten Hinweis darauf, an welcher Krankheit Rosalind tatsächlich litt. Rosalind erhielt als eine der ersten Patientinnen Chemotherapie. Ihre Tante Alice Franklin wunderte sich über ihren Mut, aber auch über ihre Zuversicht, dass die neueste Behandlungsmethode die Krankheit so lange aufhalten würde, bis eine Heilungsmethode gefunden war. Mit einer für sie sehr seltenen Bereitschaft, mit Mitgliedern ihrer Familie über ihre Arbeit zu sprechen, bot Rosalind ihrer Tante Alice an, ihr einige Zeichnungen und Diagramme zu zeigen.

Rosalind mochte die Ärzte vom Marsden Krankenhaus, besonders den Arzt, der ihren Fall betreute. Dr. David Galton vom Chester Beatty Institut, das dem Institut für Krebsforschung angeschlossen war, setzte sich oft zu ihr und unterhielt sich mit ihr. Zu ihm hatte sie allergrößtes Zutrauen. Auch zu ihrem Strahlentherapeuten hatte sie ein gutes Verhältnis, stellte Fragen und erhielt intelligente Antworten.

Zahlreiche Besucher fanden den Weg in Rosalinds Krankenzimmer. Gemäß den ärztlichen Anweisungen nahm sie radioaktives Flüssiggold zu sich, hatte jedoch nach einer Woche immer noch Schmerzen. Eines Tages kam ihre Studienfreundin Gertie Clark (mittlerweile verheiratete Dyche) zu ihr ins Zimmer. Gertie war als medizinische Physikerin im Marsden angestellt. Sie hatte ein Päckchen gesehen, das an Dr. Rosalind Franklin adressiert war, und sich gefragt, ob dies ihre alte Collegefreundin sei. Gertie, die Rosalind seit Paris nicht mehr gesehen hatte, fand, dass, sie einigermaßen fit und fröhlich aussah. Rosalind freute sich, reden zu können; sie klagte über die Inkompetenz der Ärzte am University College Hospital und sprach von ihrer Hoffnung, dass die Chemotherapie Erfolg haben würde. Sie beschrieb voller Stolz ihr Virenmodell, das auf der Brüsseler Weltausstellung gezeigt werden würde. An den folgenden Tagen spazierte Rosalind gelegentlich in das Krankenhauslabor, um sich mit Gertie und ihren Kollegen über Radioisotope zu unterhalten.

Ende 1957 war sie abwechselnd im Krankenhaus und zu Hause, und als es ihr Anfang 1958 nicht gut genug ging, um alleine in ihrer Wohnung zu bleiben, wohnte sie bei ihrem Bruder Roland und dessen Frau Nina in der Aylmer Road in East Finchley. Sie führte Roland als »nächsten Verwandten« auf ihrem Krankenhauseinweisungsformular auf. Ihre

Mutter beschwerte sich darüber, aber der Rest der Familie verstand sie. Rosalind machte es Spaß, bei Roland und seiner Frau zu wohnen, die mehrere kleine und lebhafte Kinder hatten. Ihr Zimmer stand für sie bereit, das Bett war für sie gewärmt, wann auch immer sie kommen wollte; sie konnte sich ausruhen, wann sie wollte, und ansonsten mit ihren Nichten und Neffen spielen. Nach Rolands Ansicht war seine Mutter überängstlich und sein Vater schien mit der Situation nicht umgehen zu können. Seine Schwester schien sich bei ihm wohler zu fühlen, obwohl Gefühle auch in seiner Familie nie thematisiert werden.

Dennoch waren ihr ihre Brüder einmal mehr emotionale Stützen. Sie hatte ihre düsteren Stimmungen: Der Gedanke zu sterben, ohne ihre Arbeit beendet zu haben, machte sie wütend und niedergeschlagen; sie rief Colin oder Roland mitten in der Nacht an, wenn sie reden musste. Als sie am 2. Dezember 1957 ihr Testament aufsetzte, nannte sie alle drei Brüder als Testamentsvollstrecker. Keiner ihrer Verwandten wurde als Begünstigter ihres bescheidenen Vermögens genannt – was in einer wohlhabenden Familie, deren finanzielle Angelegenheiten gut geordnet waren, nicht überraschend war. Stattdessen wählte sie Aaron Klug als ihren Haupterben, der 3 000 Pfund und ihren Austin bekommen sollte. Als Nächstes standen zwei enge Freundinnen, die Kinder zu versorgen hatten, auf ihrer Liste: 2 000 Pfund für Dr. Mair Livingstone, 1 000 Pfund für Anne Piper. Zuletzt sollte »meine alte Kinderfrau Miss Griffiths« 250 Pfund bekommen. Der Reinnachlass sollte von den Testamentsvollstreckern auf Wohltätigkeitsorganisationen, »von denen sie glauben, dass ich sie gebilligt hätte«, verteilt werden.[9] Die Summen, um die es ging, waren für damalige Verhältnisse recht ansehnlich. Das Erbe, das sie Aaron Klug hinterließ, war, wie einer seiner Freunde, Dan Jacobson, feststellte, ein bemerkenswerter Akt der Nächstenliebe. Sie wusste, dass die Klugs mit ihrem kleinen Sohn Geld brauchten und dass Aaron daran dachte, nach Südafrika zurückzugehen. Ihr Geschenk entsprach der Franklinschen Familientradition.

Als Rosalind über Weihnachten noch immer im Krankenhaus war, lachte sie, als ein paar ehrwürdige Damen den Patienten gestrickte Geschenke brachten und sich ihres als ein Pullover ohne Schlupfloch für den Kopf entpuppte. *So* krank sei sie nun auch wieder nicht, scherzte sie. Anfang Januar fühlte sie sich gut genug, um mit ihrer Cousine Ursula einen Ausflug zu machen. Sie fuhren in ein gutes, französisches Restaurant in

Richmond und genossen einen Spaziergang im Park. Später beschrieb sie ihren Ausflug in einem Brief an Adrienne Weill in ihrer gewohnten Lebendigkeit. Tatsächlich fühlte sie sich nach ihrer Exkursion so gut, sagte sie, dass es ihr lächerlich erschien, ins Krankenhaus zurückzukehren und die Bettlägerige zu mimen. Sie beschloss, ihre Entlassung zu erwirken, ihre Behandlung ambulant fortzusetzen und wieder im Labor zu erscheinen. Von da an, sagte sie, würde sie Stück für Stück wieder zum normalen Leben zurückkehren.

Ein paar Tage später entsprach man diesem Wunsch. Sie verließ das Krankenhaus Mitte Januar und unterzeichnete einen weiteren dreijährigen Mietvertrag für ihre Wohnung. Dann schrieb sie auf Französisch an Luzzati (bei dem sie noch immer gewissenhaft die »vous«-Form der Anrede verwandte), dass sie bei ihrem Bruder ein Leben des Müßiggangs geführt habe (sie nannte sich selbst einen «Faulpelz«), aber jetzt wieder im Labor und mit Verwaltung und Veröffentlichungen beschäftigt sei. Sie freue sich darauf, mit der neuen Arbeit zu beginnen, sobald sie die richtigen Kristalle habe. Am 25. Februar setzte man sie über eine Gehaltserhöhung (die dem versprochenen amerikanischen Geld zu verdanken war) und einer Anstellung am College in Kenntnis. Ihr Rang war jetzt »Research Associate in Biophysics«. Ihr Gehalt würde ab Oktober auf 1 700 Pfund pro Jahr ansteigen, plus 80 Pfund Zuschuss aus London. Es waren gute Neuigkeiten, und sie wären noch besser gewesen, wenn sie und Klug nicht noch immer auf die Gehaltserhöhung vom vorangegangenen Oktober gewartet hätten, die versprochen, aber nie gezahlt worden war. Sie setzte sich weiter für ihn ein und unterzeichnete einen gemeinsamen Brief, in dem sie um eine Erhöhung seines Gehalts entsprechend der allgemeinen Erhöhungen an der Londoner Universität baten.

So willkommen die längst fällige Anerkennung war, so machte sie einen noch nicht zu einem möglichen Kandidaten für die Wahl in die Königliche Akademie der Naturwissenschaften. Cricks und Wilkins' Ruhm und Ruf waren seit den Tagen der Doppelhelix 1953 beträchtlich gewachsen. Im Auftrag der Gesellschaft zur Förderung und Verbreitung naturwissenschaftlicher Kenntnisse schrieb Sir Lawrence Bragg in jenem Frühjahr einen »vertraulichen« Brief an Max Perutz am Cavendish Laboratorium in Cambridge, um die neuen Kandidaten für eine Mitgliedschaft in der Akademie zu besprechen. Crick, waren sie sich einig, hatte Vorrang vor Wilkins. Bragg sagte, »wenn Sie ganz bestimmt wissen, dass

Sie Crick als Ihr Pferd laufen lassen wollen, dann könnten vielleicht Himsworth (Sir Harold Himsworth, Secretary of the Medical Research Council) und ich Kendrew aufstellen – ich werde bei ihm vorfühlen.«

»Ich werde Cricks Nominierung natürlich gerne unterzeichnen. Ich kann mir vorstellen, dass Rothschild froh sein wird, dass es voran geht. Ich bin mit ihm einer Meinung, dass Crick vor Wilkins aufgenommen werden sollte, ich glaube R. war sehr besorgt, weil W. so sehr darauf drängte. Ich würde gerne gleichzeitig auch Kendrew weiter vorne sehen. Ich werde in Kürze mit Himsworth sprechen und wieder schreiben, wenn ich dies getan habe.« So funktionierte das Netzwerk: Gentlemen, die ihre Angelegenheiten unter sich regeln. Rosalinds Name fiel in diesem Zusammenhang nie. Crick und Wilkins wurden im März 1959 Mitglieder der Königlichen Akademie, Kendrew im darauf folgenden Jahr.

Rosalinds Arbeit wurde im Frühjahr nicht nur durch weitere Krankenhausaufenthalte, sondern auch durch Verzögerungen bei der Beschaffung ihres Arbeitsmaterials unterbrochen. Die Polio-Forschung kam wegen einer Unverträglichkeit des Virus mit den Kapillaren, in denen die Kristalle aufbewahrt wurden, zum Stillstand. Rosalind und Klug warteten auf neutrales Glas für die Herstellung von Reagenzgläsern, die die Kristalle nicht zerstören würden. Die Arbeit am Tabakmosaikvirus andererseits wurde durch den Mangel an Schweratomderivaten aufgehalten. Nichtsdestotrotz reichten Rosalind und Klug einen detaillierten Überblick über die ungeordneten Kristalle in langkettigen Molekülen (wie TMV und DNA) bei der Zeitschrift *Transactions of the Faraday Society* ein.

In ihrer Freizeit versah Rosalind die Kissen in ihrer Wohnung mit neuen Bezügen in leuchtenden Farben und dachte an ihren bevorstehenden Besuch in Brüssel und an ihre Sommerreisen. Als sie Mitte März an Don Caspar in Yale schrieb und sich für die Tatsache entschuldigte, dass »der Großteil des Winters für mich mehr oder weniger gar nicht existiert hat«, sprach sie von ihrer Dankbarkeit gegenüber Klug, dafür dass er es schaffte, einen Großteil ihrer Arbeit zusätzlich zu seiner eigenen zu übernehmen, und beschrieb ihre Probleme mit den Polio-Kristallen. In Gedanken bei ihrem Urlaub, schlug sie vor, dass Caspar sie im August auf eine Reise in den Westen begleite.

Ihre Finanzverhandlungen verliefen zunehmend erfolgreich. Sie erhielt die Erlaubnis, jedem Mitglied ihres Teams 9 Pfund für die Teilnahme an der Konferenz der Faraday Gesellschaft in Leeds Mitte April auszuzahlen. Die Ausgabe war gerechtfertigt, erklärte sie Bernal, da alle vier Autoren von Aufsätzen waren, die auf der Konferenz vorgetragen werden sollten. Sie arrangierte auch, dass sie und Klug die amerikanischen Gelder anbrechen konnten, um für die Kosten der Reise nach Wien im August aufzukommen. (Obwohl der amerikanische öffentliche Gesundheitsdienst das Geld zur Verfügung stellte, wurde es vom College Research Grants Committee wie üblich pfennigfuchserisch verwaltet.) Dies waren kleine Siege im Vergleich zu der großartigen Nachricht, die ihre lang gehegten Ängste wegen der möglichen Auflösung ihrer Gruppe beendete. Max Perutz kam persönlich ans Birkbeck College und lud sie und Klug ein, ihre Arbeit nach Cambridge in ein neues Laboratorium zu verlegen, das für den erweiterten Fachbereich für Molekularbiologie am Cavendish Laboratorium gebaut wurde. Diese Verlagerung sollte ungefähr zu der Zeit stattfinden, wenn die amerikanische Förderung auslaufen würde. Endlich war die Zukunft ihres Teams gesichert.

Gegen Ende März legte Rosalind einen vollen Arbeitstag ein. Trotzdem befand sie sich in einem geschwächten Zustand. Sie kroch die enge Treppe von unten, wo der Röntgenapparat stand, bis in ihr Büro im obersten Stockwerk hoch und lehnte alle Angebote ihrer hingebungsvollen jungen Mitarbeiter, sie zu tragen, ab. Ihre Tapferkeit trieb Ken Holmes beinahe Tränen in die Augen. Aber sie war fest entschlossen, ihre Werte für einen Aufsatz über Viren, den Klug und Caspar in Bloomington bei der Indiana-Konferenz im August halten sollten, zu bekommen. Sie hatten neue Arbeiten am Kartoffelvirus begonnen, einige sehr winzige Kristalle aufgehäuft und es geschafft, ein Bild davon zu machen. Lange Zahlenkolonnen in ihren sorgfältig datierten Notizbüchern zeigen, wie viel Rosalind in einen Tag packen konnte. Am 28. März produzierte sie fünf Seiten an Berechnungen.

In dieser Woche ging sie zu Ken und Mary Holmes zum Dinner, und sie hatten einen vergnügten Abend. Rosalind war in Hochform, erzählte ihnen Geschichten über Paris und genoss den frisch gemahlenen Kaffee aus der Mühle, die sie ihnen zur Hochzeit geschenkt hatte. Am Freitag, dem 28. März, feierte Ellis Franklin seinen 64. Geburtstag. Beim Familiendinner zur Feier des Tages fand ihre Mutter, dass Rosalind gut aß, aber krank aussah. Am Sonntag war Muriel im Garten, als Ellis herauskam und ihr sagte, »Rosalind hat wieder Probleme.« Seine Schwester Alice hatte Rosalind wieder ins Marsden gebracht. Als ihre Eltern sie besuchten, bat sie sie am folgenden Tag nicht zu kommen – vielleicht, um sich den Anblick ihrer weinenden Mutter zu ersparen.

Rosalind ging noch immer davon aus, dass sie genesen würde. Auf dem Tisch neben ihrem Krankenhausbett stand eine Einladung zu einem sechsmonatigen Stipendium in Caracas. Gertie, die regelmäßig nach ihr sah, wusste jedoch, dass ihr Zustand hoffnungslos war. Eine Operation hatte gezeigt, dass sich der Krebs so weit ausgebreitet hatte, dass nichts mehr zu machen war. Nichtsdestotrotz tat Gertie weiterhin so, als würde es Rosalind bald besser gehen, »obwohl sowohl sie als auch ich das Schlimmste wussten. Ich werde mir niemals verzeihen, dass ich die Fassade nicht durchbrochen habe.«[10]

Das »Durchbrechen der Fassade« hätte einiges an Mut verlangt, denn sie kannte Rosalind sehr gut: »Zweifellos konnte sie eine sehr schwierige Person sein – ungeduldig, rechthaberisch, unnachgiebig. Sie kam immer direkt auf den Punkt und war selten diplomatisch. Das lag aber daran, dass sie sich selbst solch hohe Maßstäbe gesetzt hatte und auch von allen anderen erwartete, ihren idealen Anforderungen zu entsprechen.« Gertie hatte Verständnis dafür; sie stellte dieselben Charakterzüge an sich selbst fest.

Ein anderer Besucher an ihrem Krankenbett war Mering. Er war von Rosalinds Aussehen schockiert und hatte Schwierigkeiten, die Fassung zu bewahren. Ihr Haar war glanzlos und matt, ihr Köper bis aufs Skelett abgemagert. Aber sie war fröhlich und erzählte ihm immer wieder (»trotzig«[11] laut seiner Erinnerung), dass sie wieder gesund werden würde. Still für sich dachte er, dass sie selbst dem Tod die Stirn bot. Als er ging, blieb er an einer Straßenecke stehen und weinte.

Merings Tränen entsprangen nicht nur der Trauer, sondern auch der Reue. Er vermutete (wie er später Anne Sayre erzählte), dass Rosalinds Zuneigung zu ihm es ihr vielleicht unmöglich gemacht haben könnte, andere Beziehungen aufzubauen, ja auch nur auf die Aufmerksamkeit jener Männer, die sie umwarben, einzugehen. Auch war sich Mering bewusst, dass er, als der Ältere und Erfahrenere von beiden, besser mit ihren Gefühlen für ihn hätte umgehen sollen.

Eines Tages, als Gertie hereinschaute, sagte ihr Rosalind, dass sie ihren Arm nicht mehr bewegen könne; er fühlte sich an wie gelähmt. Sie war sich sicher, dass sie Polio hatte. Draußen vor dem Zimmer bemerkte Gertie gegenüber Kollegen: »Da liegt sie, stirbt an Krebs und denkt jetzt auch noch, sie hat Polio.«[12] Niemand von ihnen wusste aber, dass sie mit dem Poliovirus gearbeitet hatte. An einem anderen Tag, als es Rosalind auffallend besser zu gehen schien, als ihre Augen leuchteten und sie lächelte, erfuhr Gertie, dass man ihr Heroin gegeben habe.

Es gab keine Heilung. Eine neue Behandlungsmethode – vielleicht eine neue Form der Chemotherapie – wurde ausprobiert, und das Krankenhaus verzeichnete »eine kurz aufflackernde Reaktion«, aber nicht mehr. Nach zwei Wochen, in denen sie nicht in der Lage war zu essen und zu schwach war, um den Kopf zu heben, wurde sie mit Morphium sediert und fiel ins Delirium. Sie stellte sich vor, sie radelte während eines Luftangriffs über Putney Common. Als Gertie ins Zimmer kam, sagte sie »Ich bin froh, dass du da bist, Aaron. Jetzt kannst du mir mit den Diagrammen helfen.«[13] Am Mittwoch, dem 16. April, brachte die *Times*, einen Bericht über die Brüsseler Weltausstellung, der die wissenschaftlichen Errungenschaften der Ausstellung hervorhob. Rosalind bekam ihn nie zu Gesicht. Sie starb an diesem Nachmittag.

Als Todesursache wurde Bronchopneumonie, sekundäre Carcinomatosis und Carcinoma der Eierstöcke angegeben. Der kurze Eintrag in ihrer Todesurkunde sagte in wenigen Worten sehr viel über sie aus: »Eine Wissenschaftlerin in der Forschung, ledig, Tochter von Ellis Arthur Franklin, einem Bankier.«[14] Als Ken Holmes und James Watt, ihr Doktorand, die Nachricht erhielten, weinten sie. Finch verkroch sich in eine nahe gelegene Kirche. Er konnte es nicht glauben; er hatte an ihrem letzten Tag im Labor gesehen, wie sie an seiner Tür vorbeiging – würdevoll und wie immer mit hoch erhobenem Kopf. Sie alle schätzten sich sehr glücklich, mit ihr gearbeitet zu haben, und stellten selbst jetzt noch Aufsätze in ihrem Namen fertig. Vier davon wurden posthum veröffentlicht.

Die Beerdigung fand am nächsten Tag auf dem Judenfriedhof in Willesden statt. Vittorio Luzzati, der in London war, kam, ebenso das Team aus dem Labor. Die Trauernden bildeten zwei voneinander deutlich unterscheidbare Gruppen – Familie und Wissenschaftler. Es gab wenige Unterhaltungen und kein Beisammensein danach. Rosalind wurde im Familiengrab der Franklins begraben, in der Nähe ihrer Urgroßeltern und Großeltern. Beide Grabsteine von Arthur Ellis Franklin und seiner Frau Caroline verkündeten: »Dieser Stein stammt aus dem heiligen Land«. Auf Rosalinds steht: »Wissenschaftlerin: ihre Arbeit an Viren ist von bleibendem Nutzen für die Menschheit.«

Rosalind sank ins Grab, wie Yeats über Keats sagt, »unbefriedigten

Sinnes und Herzens«.[15] Ihre Arbeit aber übertraf ihre größten Erwartungen. Sie hatte allein und mit anderen insgesamt 37 wissenschaftliche Aufsätze veröffentlicht. Ihr Tod wurde in der *Times,* in der *New York Times* (die von »allgemeiner Anerkennung für ihre Forschung über Virenstrukturen« sprachen oder sie »eine Vertreterin einer erlesenen Reihe von Pionieren, die die Struktur der Nukleoproteine in Bezug auf Virenkrankheiten und die Genetik beleuchteten«, nannten) und in der Zeitschrift *Nature* zur Kenntnis genommen.

Bernals lang gehegte Bewunderung für Rosalind kam in einem meisterhaften Nachruf zum Ausdruck, der in der *Times* vom 19. April erschien. Der Artikel begann mit der Feststellung »Rosalind Franklins früher und tragischer Tod ist ein großer Verlust für die Wissenschaft« und der Aussage, dass sie sich einen herausragenden Namen auf zwei sehr unterschiedlichen Forschungsgebieten gemacht habe, der Untersuchung von Kohle und Koks, dann bei den Nukleoproteinen und der Virenstruktur. Bernal schenkte zunächst ihrer früheren Arbeit verdiente Aufmerksamkeit und widmete sich dann ihrer Tätigkeit an der Desoxyribonukleinsäure (DNA) am King's College London:

> *»... durch äußerst findige experimentelle und mathematische Techniken der Röntgenanalyse war es ihr möglich, die erhellende Hypothese von Crick und Watson zur Doppelspiralstruktur dieser Substanz zu belegen und zu präzisieren. Sie hat den definitiven Nachweis erbracht, dass die wichtigste Zuckerphosphatkette der Nukleinsäure an einer Außenspirale und nicht im Inneren liegt, wie von Autoritäten behauptet wurde.«*[16]

Als sie ans Birkbeck College ging, schrieb Bernal, widmete sie sich dem Tabakmosaikvirus, »wandte fast unmittelbar sofort die Techniken darauf an, die sie bereits entwickelt hatte, und machte beachtliche Fortschritte ... Ihr bedeutendster Beitrag gelang ihr, als sie das infektiöse Element des Viruspartikels lokalisierte – seine charakteristische Ribonukleinsäure.« Er beschrieb ihren internationalen Ruf, besonders die amerikanische Förderung, und ihre neue Richtung, den Poliovirus. Bernal lobte nicht nur das »scheinbar mühelose Geschick«, mit der sie ihre brillante, individuelle Forschung betrieb, sondern auch ihr Organisationstalent, »wovon das kleine und engagierte Team, das sie um sich versammelte, zeugt«. »Ihr Leben«, schloss er, »ist ein Beispiel aufrichtiger Hingabe an die wissenschaftliche Forschung.« In seinem Nachruf für das Fachblatt *Nature* übertraf Bernal sich selbst: »Als Wissenschaftlerin zeichnete sich Miss

Franklin durch extreme Klarheit und Perfektion in allem aus, was sie unternahm. Ihre Aufnahmen gehören zu den schönsten Röntgenaufnahmen, die jemals von irgendeiner Substanz gemacht wurden.«

Im Rahmen einer langen und wohlüberlegten Zusammenfassung ihrer Arbeit, ihrer internationalen Kooperation und einer Würdigung ihrer Tapferkeit ganz bis zum Schluss gearbeitet zu haben, kam Bernal behutsam auf ihren Anteil am Verdienst der Entdeckung der Doppelhelix der DNA zu sprechen:

»Bei der engen Zusammenarbeit zwischen den Schulen in Cambridge und London ist es schwierig, die Beiträge aller Einzelnen auseinander zu halten, aber Miss Franklins Beitrag bestand in der Präparierung und den Röntgenaufnahmen der beiden hydrierten Formen der Desoxyribonukleinsäure und in der Anwendung der Methode der Pattersonfunktionsanalyse, um zu zeigen, dass die Struktur sich am besten durch eine Doppelspirale von Nukleotiden erklärt, bei denen die Phosphoratome an der Außenseite liegen.«[17]

Bernals Nachruf in der *Times* löste Erstaunen bei ihrer Familie aus. Da er mit der Ausstellung von Rosalinds Modell bei der Brüsseler Weltausstellung zusammenfiel, wurde ihnen klar, was für eine gute Wissenschaftlerin sie gewesen war. Ihre Tante Alice schrieb an Anne Sayre eine Woche nach Rosalinds Tod: »Sie war sehr bescheiden und wusste auch, dass es für uns Chinesisch ist – sie verschwendete keine Zeit, mit jenen über ihre Arbeit zu reden, deren alberne Fragen sie nur ärgern würden.«[18] Die geringwertige Selbsteinschätzung einer hoch begabten Frau veranschaulicht (wie auch in vielerlei Hinsicht Rosalinds gesamte Karriere) die Isolation des Wissenschaftlers, für den es selbst bei seinen Lieben keinen gewöhnlichen Diskurs über das gibt, was für ihn in seinem alltäglichen Leben von größtem Interesse ist.

Nach Rosalinds Tod lud Klug Muriel Franklin zu einem Besuch an den Torrington Place 21 ein und zeigte ihr, wo und wie ihre Tochter gearbeitet hatte. Er führte sie in den kleinen Raum im obersten Stockwerk mit seinen sauber gekennzeichneten Reagenzgläsern und dem weißen Laborkittel, der noch immer an der Innenseite der Tür hing. Er lobte die Originalität und das Feingefühl, die Rosalind in ihre Experimente gesteckt hatte. Seine Worte ließen die trauernde Mutter an frühere Zeiten denken – vielleicht an das heimwehkranke kleine Mädchen im Internat, das einen Schal für Nannie strickte. »Rosalind war immer gut im Handarbeiten«, sagte sie.

EPILOG

Leben nach dem Tod

»Was Rosalind betrifft,« schrieb Wilkins an Watson 1966, »wird in deinem Buch erwähnt, dass sie gestorben ist?« »Dein Buch« war *Der ehrenwerte Jim*, ein früher Entwurf von *Die Doppelhelix*, Watsons umstrittenem Bericht über die Entdeckung der Struktur der DNA. Darin ist Rosalind Franklin »Rosy«, das Drachenweib, das Daten hortet, die es nicht versteht, Männer wie ungezogene kleine Jungs behandelt und sich noch schäbiger kleidet als die Durchschnittsengländerin.

Watson hätte der Welt seine »Rosy« nicht präsentieren können, wäre Rosalind noch am Leben gewesen. Er begann das Buch als Harvard-Professor zu schreiben, drei Jahre nachdem er, Francis Crick und Maurice Wilkins den Nobelpreis für Medizin und Physiologie gewonnen hatten. Watson sandte das Buch an die Harvard University Press, denen es gefiel, die aber das schriftliche Einverständnis jener verlangten, die darin an prominenter Stelle offen erwähnt wurden. Crick und Wilkins erhoben entschieden Einwände dagegen – in Cricks Fall, sogar wütende. Auch Linus Pauling legte sein Veto ein. In einem gereizten Brief an Crick, von dem er neun Kopien verschickte, darunter auch an Nathan Pusey, den Präsidenten von Harvard, verurteilte Pauling die persönliche Darstellung seiner selbst, seiner Frau, seines Sohnes sowie von Francis Crick, Sir Lawrence Bragg und Rosalind Franklin.

Rosalinds Bruder Colin bekam als einer von Rosalinds Treuhändern und als Verleger auch einen Entwurf des Buchs geschickt. Er war außer sich vor Wut. Er jagte ein Telegramm los, dessen Inhalt Watson für eine »ziemlich hysterische Reaktion« über »die Defamierung von Toten« hielt. Als Charlotte Franklin, Colins Frau, einen »vernünftigen« (Watsons Formulierung) Brief folgen ließ, zog Watson in Erwägung, vielleicht einen Epilog anzufügen.

Auch Max Perutz beschwerte sich über die Behandlung von Rosalind.

Wie er später im Londoner *Daily Telegraph* schrieb: »Ich war wütend über die Verleumdung eines begabten Mädchens, das sich selbst nicht verteidigen konnte, weil sie 1958 an Krebs gestorben war; aber ich konnte ihn nicht dazu bewegen, es zu ändern ...«[1]

Als Reaktion darauf komponierte Watson einen lammfrommen Epilog, in dem er erklärte, welch ausgezeichnete Wissenschaftlerin Rosalind Franklin gewesen sei und wie er als junger Mann die Schwierigkeiten einer Frau, die in der Männerwelt der Wissenschaft ihren Weg macht, nicht habe verstehen können. Watson überarbeitete seine frühen Entwürfe viele Male, die Veränderungen konnten seine Kritiker aber nicht beschwichtigen. Wilkins schrieb an den Direktor der Harvard University Press und erklärte, dass obwohl einige der gröberen Sachfehler behoben seien, er es nichtsdestotrotz für schändlich halte, dass ein Universitätsverlag mit dafür verantwortlich sei, dass ein herausragendes Mitglied der Belegschaft in dieser Weise seine Unreife und seinen schlechten Geschmack zur Schau stelle. Watsons Buch, erklärte Wilkins, sei »unfair gegenüber mir, Dr. Crick und beinahe allen Erwähnten, abgesehen von Professor Watson selbst.«[2]

Angesichts solch heftigen Widerstands veranlasste der Aufsichtsrat von Harvard den Verlag, das Buch fallen zu lassen. Der Verlag gab nach und verlor einen Bestseller. Stattdessen wurde *Die Doppelhelix* von der Athenaeum Press im Februar 1968 in New York und von Weidenfeld und Nicolson in London im Mai veröffentlicht; die ursprüngliche Darstellung der »Rosy« blieb unverändert. Das geschraubte Nachwort, das an das Ende der Geschichte gehängt wurde, änderte nichts an dem Eindruck eines Mannweibs, das stets kurz davor war zu explodieren.

Rosalinds Eltern waren zutiefst getroffen: schlimm genug, dass sie ihre Tochter verloren hatten, nun auch noch diese unberechtigten und schmerzhaften Beleidigungen. Aaron Klug, der sie besuchte, meinte das Buch sorge zumindest dafür, dass man sich immer an sie erinnere. Muriel Franklin erwiderte: »Mir wäre lieber, dass man sie vergisst, als dass man sich so an sie erinnert.«[3]

Das Werk *Die Doppelhelix* wurde sofort zum Bestseller. Es wurde besonders freudig aufgenommen, weil es den Mythos zerstört, dass Wissenschaft von leidenschaftslosen Köpfen betrieben wird, die sich bedächtig auf klar definierte Ziele zubewegen. Die Zeitschrift *Nature* nannte das Buch »fesselnd« und »einen beträchtlichen Dienst an der Öffentlichkeit«.

Jacob Bronowski sagte in *The Nation,* das Buch vermittele »den Geist der Wissenschaft, wie es kein förmlicher Bericht je vermocht hat.«[4] In den Vereinigten Staaten wurde es für den National Book Award nominiert.

Bernal, der *Die Doppelhelix* für den *Labour Monthly* rezensierte, korrigierte die Darstellung Rosalinds und ließ Watson und Crick gleichzeitig auf Normalgröße schrumpfen. Er schrieb Rosalind das Verdienst zu, diese Spur zu einem bedeutenden Teil ausgelegt zu haben:

»... was ›Rosy‹ in dem Buch betrifft – ich habe sie als sehr intelligente und tapfere Frau kennen, respektieren und auch bewundern gelernt. Sie hat als Erste die Phosphoratome in der Helix erkannt und ausgemessen, die, wie sich herausstellte, außen liegen, womit Pauling widerlegt und bewiesen wurde, dass es sich bei der Helix um eine Doppelhelix handelt, obwohl diese Schlussfolgerung nicht gezogen wird.«[5]

Das Buch stieß nicht auf einhelliges Lob. Die sechziger Jahre waren nicht die fünfziger; die Frauenbewegung hatte begonnen. Ab 1968 waren Zeilen wie »Rosy musste gehen oder an ihren richtigen Platz verwiesen werden ...«, »... es ist nicht gerade angenehm, sich in eine trübe, neblige Novembernacht hinauszubegeben, noch dazu, wenn man sich vorher von einer Frau hat sagen lassen müssen, man solle damit aufhören, seine Meinung zu einem Thema zu äußern, für das man nicht genügend Voraussetzungen mitbringe« und »dass eine Feministin am besten im Labor irgendeines anderen aufgehoben wäre«[6] ebenso wenig akzeptabel wie Witze über Frauen am Steuer oder über dumme Blondinen.

Mary Ellman, deren Buch *Thinking about Women* im selben Jahr erschien und die feministische Literaturkritik in Gang setzte, erkannte die Frauenfeindlichkeit, die *Die Doppelhelix* unterschwellig durchzog. In *The Yale Review* mokierte sie sich darüber, dass das Buch den Anschein zu erwecken suche, es handele sich um »den Wissenschaftler als Menschen, der sich morgens mit Genen, abends mit Mädchen« beschäftige und kommentierte sarkastisch, »das einzig Widersprüchliche in diesem empfindlichen Gleichgewicht ist Rosalind Franklin, die Frau, die die DNA wie ein Mann *untersucht* ... Warum konnte sie sich nicht damit begnügen, Wilkins' Assistentin zu spielen (und über dessen Schulter auch die von Crick und Watson)?«[7] Elizabeth Janeway griff in einem weiteren feministischen Text, *Man's World, Women's Place*, sogar Watsons Darstellung von Odile Crick als einfältiger hübscher Ehefrau an, die glaube, dass die Schwerkraft zwei Meilen über dem Boden aufhört.

In den folgenden Jahrzehnten ist der Mythos der Heldin, der Unrecht widerfuhr, genährt durch Rosalinds frühen Tod. Rosalind Franklin ist zum Symbol des Schattendaseins von Frauen im Pantheon der Wissenschaft geworden. Als 1997 eine amerikanische Neurowissenschaftlerin, Candace Pert, beim Lasker Award (der manchmal auch der amerikanische »Nobelpreis« genannt wird) übergangen wurde, obwohl sie ihn, wie sie fand, verdient hatte, machte sie frauenfeindliche Vorurteile dafür verantwortlich. Dasselbe sei Rosalind Franklin passiert, behauptete sie. In ihrem Werk *Molecules of Emotion* ging Pert sogar so weit zu vermuten, dass sich Franklins Krebs »wegen der Demütigungen verschlimmerte, die sie durch diese und wahrscheinlich viele andere alte Burschen erlitt«.[8]

Die Doppelhelix hat sich inzwischen als Klassiker des 20. Jahrhunderts durchgesetzt und ist in 18 Sprachen erschienen: die freimütigen Ansichten eines jungen Mannes über eine der größten Entdeckungen der Wissenschaft. Watson schrieb, was er als 23-Jähriger fühlte und beobachtete. Dennoch schwebt von der ersten Seite an eine Wolke des Schuldbewusstseins über der Geschichte. Das Buch beginnt im Jahr 1955, als Watson einen Hang in den Schweizer Alpen erklettert. Plötzlich erkennt er jemanden in der Gruppe von Kletterern, die der seinen entgegenkommt. Es ist Willy Seeds vom King's College London. Statt für eine kurze Unterhaltung mit einem alten Freund an einem ungewohnten Ort stehen zu bleiben, sagt Seeds nur »Wie geht's dem ehrenwerten Jim?« und geht weiter.

Der Leser kann nicht wissen, dass der stets hämische Seeds das genaue Gegenteil von »ehrenwert« gemeint hatte. 1955, nur zwei Jahre nach der Entdeckung der Doppelhelix, hatten die Wissenschaftler am King's College Watson noch nicht verziehen, dass er sich von ihnen Werte beschafft hatte, um selbst zu Ruhm zu gelangen. Seeds höhnische Bemerkung muss gesessen haben, denn Watson machte »der ehrenwerte Jim« zum Arbeitstitel seines Buches.

Watson war absichtlich ironisch. Ihm gefiel der Klang von »der ehrenwerte Jim« wegen seiner Anklänge an *Lucky Jim* – das lustige Meisterwerk von Kingsley Amis von 1954 über einen ungeschickten jungen Lehrer, der die Blasiertheit des britischen akademischen Establishments bloßstellt. Es mag nicht allzu weit hergeholt sein, zu glauben, dass sich in Watsons Unterbewusstsein während der Niederschrift nicht nur der tölpelhafte Jim Dixon festgesetzt hatte, sondern auch die neurotische Dozentin Margaret Peel (»schrecklich gut gemacht«, meinte der *New States-*

man[9]) mit ihrer geschmacklosen Kleidung und ihrer ausgesprochenen Ahnungslosigkeit, wie man einem Mann gefallen könnte.

15 Jahre später und 46 Jahre nachdem er in Rosalinds Zimmer am King's College spaziert war und sie über einen Lichtkasten gebeugt sah, rechtfertigte sich Watson noch immer. Als er als Präsident des Cold Spring Harbor Laboratoriums nach Harvard zurückkehrte, um dort das Zentrum für Genom-Forschung feierlich einzuweihen, begann er seine Rede mit einem Rückblick auf jenen kritischen Tag im Januar 1953:

»Lassen Sie mich mit der Pauling-Sache beginnen. Es gibt ein Gerücht, das besagt, wissen Sie, dass Francis und ich im Grunde die Struktur von den Leuten am King's gestohlen haben. Ich bekam Rosalind Franklins Röntgenaufnahme gezeigt und, Aaahhh!, das war eine Helix. Einen Monat später hatten wir die Struktur. Wilkins hätte mir das Ding niemals zeigen dürfen.

Ich bin nicht an die Schublade gegangen und habe sie gestohlen, sie wurde mir gezeigt, und man nannte mir die Dimensionen, eine Repetiereinheit von 34 Å, also, wissen Sie, ich wusste ungefähr was es bedeutete und … äh, aber es war so, dass die Aufnahme von Franklin das Schlüsselereignis war. Zumindest psychologisch war es das, es hat uns mobilisiert …«[10]

Ein neues Element kam zu der ständig wiederholten Geschichte hinzu – das Eingeständnis, dass Rosalinds Fotografie 51 der Schlüsselmoment bei der Entdeckung der Doppelhelix war. Etwas war getan worden, was nicht hätte getan werden dürfen, aber was? Es war nicht das Vorzeigen der Fotografie 51. Das betraf Raymond Gosling. Er nahm an der Arbeit teil und hatte, wie bereits gesagt, gute Gründe, Wilkins den kleinen quadratischen Röntgenabzug zu geben. Wenn Wilkins unklug handelte, indem er Watson einen Blick darauf werfen ließ, dann war es dennoch kein beabsichtigtes Hintergehen: Er fertigte in jenen Tagen vor dem Zeitalter des Fotokopiergeräts keine Kopie für Watson an.

Watsons anhaltendes Gefühl des Unbehagens mag eher von der Verwendung von Rosalinds experimentellen Werten hinter ihrem Rücken und der Tatsache herrühren, dass *er es ihr nie offen gesagt hat* – auch nicht in den darauf folgenden Jahren der freundschaftlichen Zusammenarbeit.[11] Crick tat dies ebenso wenig. Die Anerkennung, die sie ihr gewährten, bewegte sich in einem kleinen Rahmen und war immer an den Namen Wilkins geknüpft. Zum Beispiel wurde ihrem Aufsatz für *The Proceedings of the Royal Society* von 1954 eine ausführliche Fußnote angehängt, die unter anderem besagt,

»die in diesem Abschnitt dargelegten Informationen (über die beiden unterschiedlichen Formen A und B der DNA) wurden uns freundlicherweise vor ihrer Veröffentlichung von den Drs. Wilkins und Franklin weitergegeben. Wir sind in dieser Hinsicht der Gruppe am King's College zu tiefstem Dank verpflichtet und möchten erklären, dass es höchst unwahrscheinlich, wenn nicht unmöglich gewesen wäre, ohne diese Werte zu unserer Formulierung des Bildes gelangen zu können.«

Tastächlich aber hat Rosalind ihnen diese Werte nicht selbst gegeben und zu diesem Zeitpunkt nicht einmal mehr mit Wilkins gesprochen. Bis zu ihrem Todestag hätte es sich Rosalind nicht träumen lassen, dass Watson und Crick ein halbes Jahrhundert später von öffentlichen Podien aus erklären würden, dass sie die Doppelhelix im März 1953 ohne Rosalinds experimentelle Arbeit nicht hätten entdecken können.[12]

Weshalb schuf Watson die Hexe »Rosy«? Eine plausible Hypothese ist, dass die Figur eine Rationalisierung von Watsons Schuldgefühl war – eine Kreatur, die so feindselig und unkooperativ ist, dass es keine Alternative gibt, als ihr das, was man braucht, heimlich zu nehmen. Gunther Stent, Biochemiker und Herausgeber der Norton Critical Edition von *Die Doppelhelix* vergleicht das moralische Dilemma des Buchs mit Lawrence Kohlbergs Märchen vom »Mittellosen Heinz und dem bösen Apotheker«: Ein guter Ehemann stiehlt einem bösen Apotheker die Medizin, die nötig ist, um das Leben seiner Frau zu retten.[13]

Aus weiblicher Sicht ist die »böse Rosy« eine Spielart eines älteren Mythos – »sie hat's nicht anders gewollt« –, der sich bis zu Eva zurückverfolgen lässt: Die Frau ist schuldiger als der Mann. Es lässt sich nicht leugnen, dass »Rosy« als Bösewicht entscheidend für die Handlung von, wie Wilkins ihn manchmal nennt, »Jims Roman« war. Weitere wichtige Einzelheiten wie die spätere Freundschaft oder der frühe Tod hätten die Erzählung verdorben.

Unglücklicherweise endete Rosalinds Verunglimpfung nicht mit *Die Doppelhelix*. Als offener Hohn diplomatisch unklug schien, wurde sie durch mattes Lob verdammt; sie wurde »vernünftig« genannt und als »gute Experimentatorin« bezeichnet, ihre Fähigkeiten und ihre Intelligenz wurden abgewertet. Es wurde behauptet, sie wäre schwerfällig gewesen, hätte ihre eigenen Werte nicht verstanden und hätte nicht im Team arbeiten, Kritik annehmen oder Fantasie einbringen können.

Dass sich keine dieser mutmaßlichen Unzulänglichkeiten in ihrer Arbeit über Viren oder Kohle manifestierten, wird von ihren Kritikern ignoriert.

Stattdessen wird die Tatsache, dass es ihr nicht gelungen war, die DNA-Struktur in den 27 unglücklichen Monaten am King's College aufzudecken, einer beinahe böswilligen Blindheit zugeschrieben. Der Wissenschaftshistoriker Horace Freeland Judson sagte, Rosalind habe 1952, als sie nicht auf Cricks Warnung hörte, es könne alternative Erklärungen für ihre DNA-Werte geben, nicht intuitiv schnell genug reagiert. Dennoch wurden die Lösungen, zu denen sie in ihren inzwischen klassischen Aufsätzen über Kohle gelangte, als »recht gewitzt«[14] bezeichnet, und ihre Arbeit am TMV als herausragend anerkannt. Marjorie M'Ewen, die mit Rosalind am King's College gearbeitet hatte, meinte, »Rosalinds letzte, brilliante Arbeit am TMV hat solch universalen Beifall erhalten, dass es tragisch ist, dass man ihren wissenschaftlichen Ruf nicht darauf beruhen lässt.«[15]

Das tat man nicht. Auch der erfahrenere Crick ist nicht schuldlos. In »How to Live with a Golden Helix«, einem Artikel in *The Sciences* im September 1979, schrieb er:

»Rosalinds Schwierigkeiten und Niederlagen hatte sie sich in der Hauptsache selbst zuzuschreiben. Unter der Oberfläche ihrer energischen Art war sie übermäßig sensibel und ironischerweise zu fest entschlossen, um wisssenschaftlich vernünftig zu sein. Sie war eher zu sehr darauf aus, allein Erfolg zu haben, und zu stur, um den Rat anderer ohne Weiteres anzunehmen, zumal wenn er ihren eigenen Vorstellungen zuwiderlief.«[16]

Aber sie war nicht »zu sehr darauf aus, allein Erfolg zu haben«. Ihre enge Zusammenarbeit mit Mering und später mit Klug, Holmes und Finch zeigt, dass sie sich als Teammitglied sehr gut einbringen konnte. Ihre Briefe an Crick selbst belegen, dass sie ihn nicht nur aufforderte, Kritik zu üben, sondern auch seine harte Kritik an ihren TMV-Aufsätzen begrüßte, auch als diese ihren eigenen Vorstellungen widersprach. Wie Watson hatte Crick das Gefühl, die Ursachen für ihre Hartnäckigkeit bei ihrer Familie suchen zu müssen. In »How to Live with a Golden Helix« schreibt er:

»Der größte Widerstand, mit dem Rosalind Franklin zurechtkommen musste, kam nicht von ihren wissenschaftlichen Kollegen, nicht einmal vom King's College, London (das bemerkenswerterweise von Anglikanern gegründet und daher Frauen gegenüber grundsätzlich voreingenommen war), sondern von ihrer wohlhabenden, gebildeten und mitfühlenden Familie, die fand, dass die wissenschaftliche Forschung für ein normales Mädchen nicht das Richtige sei.«[17]

Crick kannte Rosalinds Familie nicht. Er wusste nicht, dass sie jüdisch war – gewiss einer der Hauptgründe für ihren Eindruck, dass man am

King's College »grundsätzlich voreingenommen« gegen sie war. In Wirklichkeit hat sich Ellis Franklin niemals der Karriere seiner Tochter widersetzt. Es hätte keinen Sinn gehabt. Er und seine Frau hielten sie auch nicht davon ab, gefährliche Gipfel zu erklimmen, nach Frankreich zu ziehen oder alleine durch Israel zu trampen: Rosalind tat, was sie tun wollte. Sie selbst sah jedoch, dass sie in einer Familie der untereinander heiratenden Kusinen und Vettern und der Ehefrauen ohne eigenes Einkommen aus dem Rahmen fiel.

Crick traf besser ins Schwarze, als er Anne Sayre 1970 in einem aufgezeichneten Gespräch erzählte, dass Rosalind, als er sie durch ihre TMV-Forschung kennen lernte, »einen guten, scharfen, analytischen, wirklich erstklassigen Verstand« besessen habe, aber dass ihr Intuition fehlte – »oder sie ihr misstraute. Vielleicht ihr misstraute.«[18] Rosalind misstraute ihrer Intuition tatsächlich, und zwar mit einer Vorsicht, für die ihr Jüdischsein ebenso relevant war wie ihr Geschlecht. In *The Cousinhood: The Anglo-Jewish Gentry* (1971), das nicht lange nach *Die Doppelhelix* erschien, schreibt der Autor Chaim Bermant:

»Ein Jude sieht sich oft gezwungen, sich sehr viel mehr anzustrengen als seine Kollegen; eine Frau in einer Männerwelt verspürt einen ähnlichen Zwang. Rosalind bemühte sich vielleicht aus beiden Gründen zu sehr und ging mit einer argwöhnischen Entschlossenheit an ihre Arbeit heran, die einige ihrer Kollegen beunruhigend fanden. Sie verbreitete den Anschein, ständig kampfbereit zu sein, und hatte den Eindruck, ihre erstklassigen Fähigkeiten und Leistungen würden nicht ausreichend anerkannt.«

Man gibt dem Opfer die Schuld. Die Überzeugung, Rosalind habe sich ihr Schicksal selbst zuzuschreiben, erstreckt sich sogar auf ihre Krebserkrankung. Oft wird behauptet, dass sie sich sorglos der Strahlung ausgesetzt habe und dies die Ursache ihrer Krankheit gewesen sei. Solcherart anekdotische Belege dafür, dass sie außergewöhnlich hohe Risiken einging, werden jedoch durch das Lob ihrer extremen Umsicht als Wissenschaftlerin entkräftet, auch durch die allgemein wiederholte Feststellung, dass in den fünfziger Jahren alle Labormitarbeiter Dinge taten, die, wie es Ken Holmes ausdrückte, »heute den Zorn der Sicherheitsbehörde hervorrufen würden«.[19]

Trotz aller Versuche der Wiedergutmachung wird Rosalind in den Berichten über die Entdeckung der Doppelhelix weiterhin übersehen. In Bryan Sykes' *Seven Daughters of Eve* über die genetischen Kennzeichen europäischer Vererbung, das 2001 veröffentlicht wurde, beschreibt der Autor, wie Watson und Crick die Molekularstruktur der DNA entschlüsselten:

»Dazu gehörte die Herstellung langer kristalliner Fasern von DNA, die dann Röntgenstrahlen ausgesetzt wurden ... die gebeugten Röntgenstrahlen hinterließen ein regelmäßiges Fleckenmuster auf dem Film ... nach vielen Wochen, die mit dem Bau verschiedener Modelle verbracht wurden ... fanden Watson und Crick plötzlich eines, das genau auf die Röntgenmuster passte.«[20]

Wessen Röntgenmuster? Lange kristalline Fasern von wem hergestellt? Durch wen der Röntgenbestrahlung ausgesetzt? Ein Film, der wem gehörte? Rosalind scheint dazu verurteilt, in vielen Köpfen die unsichtbare Frau zu bleiben, die Krankenschwester ohne Gesicht, die dem Chirurg das Skalpell reicht. Der Hauch der Ungerechtigkeit, der den Namen Rosalind Franklin umgibt, hat einige verspätete Reuebekundungen hervorgerufen. Direkt nach ihrem Tod unternahmen Caspar, Klug und Bernal einige Anstrengungen, um einen Gedenkfonds in ihrem Namen einzurichten. Er kam nie über die Phase der Planung hinaus. Stattdessen wurde eine eingetragene Stiftung, der Rosalind Franklin Bequest, aus ihrem restlichen Vermögen, von ungefähr 5 000 Pfund geschaffen, aus dem kleine Stipendien an verdienstvolle Bewerber ausgezahlt wurden. (2001 übergaben Colin Franklin und Jenifer Franklin Glynn das Kapital, bis dahin ungefähr 150 000 Pfund, an den Stipendienfonds des Newnham College.)

Abgesehen davon folgten viele Jahre des Schweigens, bis Anne Sayres streitbare Biografie über Franklin von 1974 Watsons Karikatur ins Visier nahm. Es wurde ein Bewusstsein geschaffen, wenn auch langsam. 1984 wurde Rosalind von der St. Paul's Mädchenschule als eine der verdienstvollsten Schülerinnen anerkannt. Der Rosalind Franklin Design, Technology and Engineering Workshop wurde mit einer Zeremonie eröffnet, an der ihre Familie und ihre früheren Kollegen teilnahmen. (Bei der Veranstaltung stieß Holmes, der zu diesem Anlass aus Heidelberg angereist war, auf Gosling, damals Professor für medizinische Physik am Guy's and St. Thomas' Krankenhaus, und sagte: »Dann warst du also auch in sie verliebt?«[21] – eine unbeschwerte Bemerkung, die Holmes ungebrochene Trauer nicht verbarg. Wie er 1971 an Anne Sayre schrieb, sah er sich nicht in der Lage, ihr bei ihrem Buch zu helfen: »Die Umstände ihres Todes und ihre Tapferkeit während ihrer Krankheit waren solcherart, dass ich noch immer sehr starke Gefühle für Rosalind habe.«[22])

Während ihr Ruhm posthum wuchs, wurde 1987 ein sehr mitfühlendes Porträt über sie im Rahmen der BBC-Reihe *Horizon* gedreht – »Life Story« mit Juliet Stevenson und Alan Howard als das ungleiche Paar Franklin und Wilkins, Jeff Goldblum als Watson und Tim Piggott-Smith als Crick. Für die Verfilmung wurde gut recherchiert, die wissenschaftlichen Details sind einwandfrei, und J. T. Randall trägt genau die Sorte Fliege, die er zu Beginn der fünfziger Jahre trug. Der Film lässt Rosalind aber, wie Aaron Klug fand, dennoch »nonnenartig«[23] wirken, wohingegen die Rosalind, die er kannte, lebhaft, eigenwillig und vergnügt gewesen sei. Auch Anne Sayre, die Rosalind als sprühende und unterhaltsame Freundin kannte, mochte das »stumpfe Arbeitstier ..., das die halbe Nacht über ihren Beevers-Lipson-Streifen wacht«,[24] aus dem Film nicht. Anne erinnert sich sehr wohl daran, dass Rosalind hunderte von Stunden mit Berechnungen per Hand verbrachte, aber »mit Konzentration und einer glühenden Begeisterung ... sie hatte echten Einblick, sie wusste, wohin sie wollte, sie besaß die außergewöhnliche Gabe, kleine Hinweise deuten zu können«. Der Film, der dringend notwendig war, schrieb der *New Statesman*, »handelt von einer brillianten Frau, die in einer Männerwelt ihren Weg zu gehen versucht, deren Arbeit hinter ihrem Rücken verwandt wird und die schließlich in einem Buch falsch dargestellt wird, das veröffentlicht wurde, als sie längst nicht mehr am Leben war und nicht mehr darauf reagieren konnte.«[25]

Es sammeln sich weitere Ehrungen an. 1998 hängte die National Portrait Gallery Rosalinds Photo neben das von Wilkins und unter jene von Watson und Crick. 1992 brachte English Heritage eine blaue Tafel an dem dunkelroten Wohnblock Donovan Court, Drayton Gardens, South Kensington an. Ein Sprecher der Heritage sagte, »Franklin hat nie die Anerkennung erhalten, die ihr zusteht. Wir sind ganz besonders darauf bedacht, Frauen zu gedenken, da 90 Prozent der 600 Tafeln, die wir in den letzten 125 Jahren angebracht haben, an Männer erinnern.«[26] 1995, 37 Jahre nachdem ihr ein Nachruf in der Newnham Roll verweigert wurde, benannte das Newnham College ein Studentenwohnheim nach ihr und stellte eine Büste von Rosalind Franklin in dessen Garten auf. Das Wissenschaftsmuseum in South Kensington erwarb das TMV-Modell, das im Wissenschaftspavillon auf der Brüsseler Weltausstellung gezeigt wurde, und stellte es dort aus, bis es Max Perutz 1964 mit nach Cambridge nahm.

Als wollte man die anderen übertreffen, ehrte sie das King's College zu Beginn des neuen Jahrtausends mit der Einweihung des neuen Franklin-Wilkins-Gebäudes. Während der Zeremonie trat Francis Crick über Video auf, und Watson kam persönlich, um zu verkünden, dass ihr Beitrag entscheidend für die Entdeckung gewesen sei. Das Gebäude verbindet den Namen eines Professors, der dort 53 Jahre gearbeitet und gelehrt hat, mit dem einer außerordentlichen Mitarbeiterin, die nach wenig mehr als zwei Jahren das College verließ (oder herausgedrängt wurde) und über die innerhalb der Collegemauern selten mit Wärme gesprochen wurde, bevor man sich entschied, das umgebaute Lagerhaus an der South Bank nach ihr zu benennen.

»Waarom kreeg ›Rosy‹ geen Nobelprijs?«[27] – die Frage, die die holländische Tageszeitung *Vrij Nederland* am 15. August 1998 stellte, bleibt bestehen, auch wenn die Antwort einfach ist. »Rosy« hat nie den Nobelpreis bekommen, weil sie, als Watson, Crick und Wilkins 1962 ihren bekamen, tot war. Der Preis wird niemals posthum verliehen. Die unvermeidliche Neuformulierung – »Wäre Rosalind am Leben geblieben, hätte sie dann den Nobelpreis erhalten?« – ist sinnlos und gehört mitsamt der Frage, »Was wäre, wenn Kennedy nicht nach Dallas gefahren wäre?«, in die Akten der alternativen Zukunftsforschung.

Formuliert man die Frage in eine Behauptung um: »Hätte sie gelebt, hätten sie eher ihr und nicht Wilkins den Nobelpreis geben müssen«, so ist die Erwiderung einfach. Nein, keineswegs. »Sie« müssen gar nichts, außer sich an die Nobel-Vorgaben halten, die es nicht gestatten, dass sich mehr als drei Personen einen Preis in ein und derselben Kategorie teilen. Das Nobel-Komitee in Stockholm wählt die Sieger aus Empfehlungen aus, die von jedem Land, unter anderem von den nationalen Preisträgern, vorgeschlagen werden – ein System das Brüderschaften zuträglich ist.

Als Wilkins Name gemeinsam mit Watson und Crick 1962 als Mitgewinner verkündet wurde, schrieb Sir Lawrence Bragg an Max Perutz (der im selben Jahr den Nobelpreis für Chemie erhielt) von seiner »großen Freude«[28], dass Wilkins mit den beiden anderen in Verbindung gebracht worden war. »Es wird die Bitterkeit vertreiben, die er (Wilkins) verspürte, als Crick und Watson ihre Struktur vorstellten«, schrieb Bragg. »Ich habe in meiner Empfehlung stark darauf gedrängt.«[29] Bragg war

Nobelpreisverleihung in Stockholm im Dezember 1962, vier Jahre nach Rosalinds Tod; von links nach rechts: Maurice Wilkins, Max Perutz, Francis Crick, John Steinbeck, James Watson und John Kendrew.

sehr einflussreich bei der Festsetzung der britischen Nominierungen. Es ist schwer zu glauben, dass Bragg, vielleicht auf Anregung von Randall hin, nicht Wilkins' sondern Rosalinds Namen vorgeschlagen hätte. Wilkins war Rosalind vorgesetzt, ein Mitglied der Königlichen Akademie der Naturwissenschaften und hatte am King's College wichtige Vorarbeiten zur DNA geleistet.

Man muss nicht spekulieren, um sich vorzustellen, welchen Weg Rosalinds Leben genommen hätte, hätte sie weniger Pech gehabt. Ihr langer Kampf, ihr Virenforschungsprojekt auf eine beständigere Grundlage zu stellen, war 1960 erfolgreich, als der Medical Research Council den amerikanischen öffentlichen Gesundheitsdienst als Geldgeber ablöste und Klug als Leiter der Gruppe mit Holmes und Finch in das neue MRC-Laboratorium für Molekularbiologie in Cambridge umzog. Finch und Klug blieben bis ans Ende ihrer Laufbahn dort. Holmes, der am direktesten Rosalinds Arbeit über die Struktur des TMV weiterführte, ging 1968 an das Max-Planck-Institut für medizinische Forschung in Heidelberg und setzte dort seine Arbeit fort.

Nobelpreisstatistiken fallen nicht zugunsten von Frauen aus. Als Dorothy Hodgkin, 1956 die Struktur des Vitamin B12 aufklärte, wurde der Preis für Chemie in jenem Jahr zwischen dem Leiter ihres Fachbereichs und einem russischen Chemiker aufgeteilt. Danach wartete Hodgkin Jahr für Jahr, wissend dass sie mehrmals nominiert worden war, darauf, dass das Telefon klingelte. 1962, als Max Perutz seinen Preis bekam, hatte es bei ihr noch immer nicht geklingelt. Perutz setzte seine Nobel-Referenzen ein, um eine Lobby für sie zu schaffen. 1964 endlich erhielt Hodgkin als fünfte Wissenschaftlerin in sechs Jahrzehnten, mit der besonderen Ehre, einzige Gewinnerin zu sein, den Preis für Chemie. In den das Ereignis begleitenden Veröffentlichungen wurde sie als »freundlich aussehende Hausfrau« und »dreifache Mutter« bezeichnet. Beim 75. Jubiläum des Nobelpreises 1975 war sie die einzige Vertreterin von 14 Preisträgerinnen aus allen Gebieten, darunter auch Frieden und Literatur. Sie war es gewohnt, bei Versammlungen die einzige Frau zu sein, sagte sie. »Schließlich sind Frauen recht spät zur Wissenschaft gekommen.«

Bei der Hundertjahrfeier des Nobelpreises 2001 war Hodgkin noch immer die einzige britische Wissenschaftlerin, die jemals den Preis gewonnen hatte. Ebensowenig aufgenommen in das Pantheon der Wissenschaft des Nobelpreises wurde Jocelyn Bell, die Astronomin aus Cambridge, die die Pulsare entdeckte – Energieemissionen, die eine neue Klasse von Sternen bilden. Sie war graduierte Assistentin in Cambridge als sie ihre Entdeckung machte. Der Nobelpreis für Physik 1974 jedoch wurde ihrem Professor, Antony Hewish, verliehen, da er »die Bedeutung erkannte« (*Encyclopaedia Britannica*), die die Beobachtungen seiner Assistentin besaßen.

Rosalinds Name wurde von der Nobel-Bühne in Stockholm lobend erwähnt, aber nicht von Watson, Crick oder Wilkins. Als sie 1962 ihre Nobelansprachen hielten, nannte nur Wilkins überhaupt ihren Namen und erwähnte sie und Alec Stokes als zwei Leute am King's College London, die »sehr wertvolle Beiträge zur Röntgenanalyse geleistet« hätten. Etwas später schrieb Randall (inzwischen Sir John) an Gosling: »Ich hatte immer das Gefühl, dass der Nobelvortrag von Maurice der Ausgangssituation (Randalls Biophysik-Labor am King's) nicht gerecht wurde, ganz besonders nicht deinen und Rosalinds Beiträgen.«[30]

Als Aaron Klug jedoch 1982 seinen Nobelpreis für Chemie erhielt, sprach er auf bewegende Weise von seiner verstorbenen Kollegin. Rosalind Franklin sagte er, habe ihn in die Untersuchung der Viren eingeführt und sei ihm ein Vorbild im Umgang mit großen und schwierigen Problemen gewesen: »Hätte ihr Leben nicht auf so tragische Weise frühzeitig geendet, hätte sie wohl bei einer früheren Gelegenheit an dieser Stelle gestanden.«[31]

Klug war immer Rosalinds treuester Fürsprecher. Mehrere Monate nach der Veröffentlichung von *Die Doppelhelix* schrieb er einen langen Artikel für die Zeitschrift *Nature.* Als »ihr letzter und vielleicht engster wissenschaftlicher Kollege«, so sagte er, sei er ihre Labornotizen sorgfältig durchgegangen und habe festgestellt, dass sie weit davon entfernt gewesen sei, etwas anderes als eine Helix anzunehmen (wie Watson, Crick und Wilkins weiterhin behaupteten), sondern vielmehr Beweise für eine spiralförmige Struktur der DNA bereits in ihrem Turner-und-Newall-Bericht im Februar 1952 dargelegt habe. Obwohl sie von dieser Position in Bezug auf die A-Form aufgrund einiger darauf folgender Befunde abrückte, befand sie sich im Februar und März 1953 sehr viel näher an der Lösung der Struktur, als bislang erkannt worden sei:

»Sie hätte sie gelöst, aber sie wäre in einzelnen Schritten darauf gekommen. Für die Feministinnen ist sie jedoch zu einer dem Unglück geweihten Heldin geworden, und sie haben sie als Ikone für sich reklamiert, was natürlich nicht ihre Schuld ist. Rosalind war keine Feministin im gewöhnlichen Sinne, aber sie war entschlossen, wie alle anderen auch, gleichbehandelt zu werden.«[32]

Klugs Verteidigung war stark und wurde 1974 durch die verblüffende Entdeckung eines verlorenen Manuskripts erhärtet, datiert auf den 17. März 1953. Es bewies, dass Rosalind der Wahrheit der Doppelhelix noch näher gekommen war, als selbst er erkannt hatte. Taktvoll jedoch und vielleicht aus Respekt vor den anderen Mitgliedern der Königlichen Akademie der Wissenschaften erwähnte Klug nicht, auf welch ungewöhnlichem Wege ihre Werte weitergeleitet worden waren und wie wenig angemessen die offizielle Anerkennung war, die ihr 1953, 1954 und 1962 bei den Nobelpreisreden des DNA-Trios zuteil wurde.

Auch erklärte Klug nicht sein persönliches Interesse an ihrer Verteidigung. Klug stand in Rosalinds Ehrenschuld. Indem sie ihn als Haupterben einsetzte, veränderte sie sein Leben, ermöglichte ihm und seiner Frau ein Haus zu kaufen und in Großbritannien zu bleiben, wo sie zu hohem Ansehen gelangten. Er wurde in Folge Sir Aaron, Nobelpreisträger, Inhaber des Meritordens (eine Anerkennung der Geistesgröße, als persönliche Auszeichnung durch die Königin) und von 1995-2000 Präsident der Königlichen Akademie.

Kritik gebührt auch dem Nobelpreis selbst. Gegründet 1901, ist er die meistbegehrte intellektuelle Auszeichnung der Welt, aber er ist auch willkürlich, an sich schon ungerecht und möglicherweise schädigend. Viele, die ihn verdient hätten, haben ihn nicht bekommen; viele die ihn nicht verdienten, haben ihn bekommen. Der Preis für Literatur ist ein eklatantes Beipiel: Thomas Mann, Leo Tolstoi und James Joyce wurden übergangen, Somerset Maugham und Pearl Buck wurden geehrt. In der Wissenschaft sind die Auswirkungen besonders unheilvoll, da diese an akademische Einrichtungen gebunden ist. Während die Forschung zunehmend teurer wird und darüber hinaus wissenschaftliche Entdeckungen immer schwerer einzelnen Personen zugeschrieben werden können, verbirgt der Nobelpreis, indem er Individuen kanonisiert, dass alle mit Newtons berühmten Worten, »auf den Schultern von Riesen stehen« und diese wiederum auf denen von anderen.

Die Liste der verdienstvollen Wissenschaftler, die den Ruf nach Stockholm nie erhalten haben, ist lang, schillernd und bitter, und sie enthält eine Reihe von Frauen: die Physikerin Lise Meitner und die Cambridger Astronomin Jocelyn Bell. Oswald Avery, der entdeckte, dass die DNA das genetische Material ist, wurde durch die hartnäckige und unfaire Kritik seines Kollegen Alfred Mirsky am Rockefeller Institut um den Preis gebracht. Nach Ansicht von Erwin Chargaff, dessen Auffinden der Basenpaare der DNA ohne Auszeichnung blieb, hätte »Avery (...) zwei Nobelpreise für seine Entdeckung bekommen müssen. Wenn ich an Avery denke, kann ich mich nicht beklagen.«[33] Solche Versäumnisse und Ausschlüsse wären nicht von Bedeutung, würde der Nobelpreis nicht Leben verändern und Kollegen von anderen Kollegen scheiden, indem er die Gewinner mit einem Zauber umgibt, der zum Teil auf das großzügige Preisgeld zurückzuführen ist.

Rosalind Franklin schielte nicht auf den Preis. Auch machte sie sich keine Gedanken darum, bei einem Wettrennen überholt zu werden, von dem nur Watson und Crick wussten, dass es ein Wettrennen war. Sie starb voller Stolz auf ihren weltweiten Ruf, sowohl in den Kohlestudien wie auch in der Virenforschung, und auf die Liste ihrer veröffentlichten Aufsätze, die jeder wissenschaftlichen Karriere würdig gewesen wäre, ganz zu schweigen von einer, die bereits im Alter von 37 Jahren endete. Wäre sie nicht in die Wissenschaft gegangen, hätte man zu Beginn der fünfziger Jahre kaum einen Einblick gehabt, welche Kohle sich in Graphit verwandelte, hätte erst später die A- und B-Formen der DNA unterschieden und die Eigenschaften des TMV kennen gelernt. Die Erschließung der DNA-Struktur und die Revolution, die darauf folgte, hätten sich verzögert. Die Karrieren ihrer Mitarbeiter und des Nobelpreistrios, die von ihren Werten profitiert hatten, wären möglicherweise sehr viel bescheidener verlaufen, als es tatsächlich der Fall war.

Rosalind kannte ihren Wert. Sie hatte beste Aussichten, weiterhin Bedeutendes zu leisten und möglicherweise auch persönliches Glück zu finden, doch sie wurde um das einzige, was ihr wirklich wichtig war, betrogen: die Chance, ihre Arbeit zu vollenden. Der Preis, den sie verlor, war ihr Leben.

Anmerkungen

Prolog

1 J. D. Watson und F. H. C. Crick, »A Structure for Desoxyribonucleic Acid«, in: *Nature: a weekly journal of Science*, London, 1953, S. 737.
2 MW an FHCC, »Saturday«, 7. März 1953, in: Olby, *The Path to the Double Helix*, London 1974, S. 414.

1. In König Davids Stadt

1 C. Bermant *The Cousinhood*, London, 1971, S. 1 und S. Brook, *The Club: The Jews of Modern Britain*, London, 1989, S. 33.
2 EF an CC, 24. Dezember 1944, M. Franklin, »Portrait of Ellis«, London (gedruckt f. private Zwecke), o. J., S. 267.
3 Aktennotiz vom 30. Juni 1920 in: H.F. Bentwich, *If I forget Thee*, London, 1973, S. 170. Das Ereignis wird in: T. Segev, *One Palestine, Complete*, New York, 2000, S. 155 f. beschrieben.
4 Segev, a. a. O., S. 34–35. Die eigentliche Notiz »The Future of Palestine«, 21. Januar 1915, befindet sich in den *Cabinet Office Papers*, PRO, CAB 37/123/43.
5 ibd., S. 35.
6 Aus einem Buch mit parlamentarischen Skizzen veröffentlicht 1871, in: »Simon Hoggart's Diary«, *Guardian*, Rezension, 30. September 2000.
7 H. H. Asquith an Venetia Stanley, 28. Januar, 1915, in: B. Wasserstein, *Herbert Samuel*, Oxford, 1992, S. 210.
8 H. Cooper und P. Morrison, *A Sense of Belonging*, London, 1991, S. 71 ff.
9 S. Gilmer, *Jewish Self-Hatred: Anti-Semitism and the Hidden Language of the Jews*, Baltimore und London, 1986, S. 214.
10 J. Buchan: *Die neununddreißig Stufen*, Zürich, 1967, S. 16 f.

11 Rebecca West an Letitia Fairfield, 3. April 1927, B. Kime Scott (ed.) *Selected Letters of Rebecca West,* New Haven, 2000, S. 91.
12 Harold Nicolson, »Jews are far more«, 1971.
13 Es wurde von dem Journalisten William N. Ewer (1885–1976) geschrieben.
14 H. Belloc in: A. Julius, »England's Gifts to Jew Hatred«, in: *Spectator,* 11. November 2000, S. 11–14.
15 ibd.
16 ibd.
17 RF an ihre Eltern, 29. Okt., 1950.

2. »Erschreckend schlau«

1 L. H. L. Cohen an die Autorin, 8. Dezember 1999.
2 Helen Bentwich an Norman Bentwich, 22. August 1926.
3 Mischle Sprüche 31:28, zitiert nach: *Die heilige Schrift.* Ins Deutsche übertragen von Naftali Herz Tur Sinai, 2. Aufl., Neuhausen-Stuttgart, 1995.
4 RF an Caroline Franklin, 5. März 1927.
5 Gespräch der Autorin mit UR, 20. Januar 1999.
6 J. Glynn, private Erinnerungen.
7 C. Franklin, *Vignettes of Rosalind,* (unveröff.), o. J., S. 1.
8 M. Franklin, *Rosalind,* (private Veröff.), o. J., S. 3 f.
9 ibd., S. 4.
10 RF an Caroline Franklin aus dem Hotel Splendide, Marseille. Das beschriebene Spiel war »Kim's Game« aus »Boy Scouts«, ein Entwicklungsspiel aus dem Burenkrieg.
11 RF an Caroline Franklin, 10. März 1927.
12 M. Franklin, *Portrait of Ellis,* a. a. O., S. 162.
13 Working Men's College Journal, 323, 1923, S. 161–6.
14 MF an Arthur Franklin, Bexhill-on-Sea, »Sunday«.
15 RF an ihre Eltern, 30. November 1930.
16 RF an ihre Eltern, 5. Oktober 1930.
17 ibd.
18 RF an ihre Eltern, »Dienstag«.
19 ibd.
20 J. Glynn, »Rosalind Franklin 1920–58«, in: C. Blacker, E. Shils, *Cambridge Women: Twelve Portraits,* Cambridge, 1996, S. 269.

3. Einst eine Paulina

1 Zitiert in »Graphic«, 18. Februar 1922, in H. Bailes, *Once a Paulina*, London, 2000, S. 87, der Titel wurde für dieses Kapitel übernommen.
2 H. Bailes, a. a. O.
3 Interview der Autorin mit UR, 19. Januar 1999.
4 H. Bentwich, *If I Forget Thee*, London, 1973, S. 7.
5 D. Overbye, *Einstein in Love*, London, 2001, S. 337.
6 Ibid, S. 336.
7 Gespräch der Autorin mit UR, 21. Januar 1999.
8 M. Franklin, *Portrait of Ellis*, a. a. O., S. 180.
9 RF an A. E. Franklin, 12. Mai 1937.
10 C. Franklin, *Vignettes of Rosalind*, (unveröff.), o. J.
11 Interview mit Evi Eisenstädter Wohlegemuth am 11. Januar 1999.
12 RF an ihre Eltern, 16. März 1938.
13 RF an A. E. Franklin, 22. Oktober 1938.
14 ibd.
15 Gespräch der Autorin mit UR, 20. Januar 1999.
16 RF an ihre Eltern, 4. Juli 1938, ASA.
17 RF an ihre Eltern, 25. Juli 1938.
18 RF an ihre Eltern, 4. Juli 1938.
19 Ethel Strudwick an Ellis und Muriel Franklin, 15. Juli 1938.
20 Minutes of the Governor's Meeting, 15. Juli 1938, St. Paul's Girls' School Archive.
21 Andrew Roberts bei einem Gespräch auf Channel 4, 19. Juli 2000.
22 RF an ihre Eltern, 29. Juli 1938.

4. Wir werden uns niemals ergeben

1 EF an Colin, 20. Oktober, 1938 in: M. Franklin, *Portrait of Ellis*, a. a. O., S. 259.
2 RF an ihre Eltern, 11. Oktober 1938, in: ibd.
3 RF an ihre Eltern, 1. Februar, 1939 in: ibd.
4 RF an ihre Eltern, 20. Oktober 1938 in: ibd.
5 RF an ihre Eltern, 16. März 1939 in: ibd.
6 RF an ihre Eltern, 5. Februar 1939. Der fragliche Verwandte und Freund der Familie war Dr. Redcliff N. Salaman, FRS (1874–1955), eine Autoriät auf dem Gebiet der Kartoffel, vom genetischen, soziologischen und wirtschaftlichen Standpunkt. RF an ihre Eltern, 20. Oktober 1938.

7 RF an ihre Eltern, 15. November 1938.
8 RF an ihre Eltern, 2. November 1938.
9 RFs studentisches Notizbuch mit dem Titel »Mineralogie«, 7/8, CAC.
10 JC im Gespräch mit Stephen Bragg, 11. Januar 1985.
11 RF an ihre Eltern, 20. Januar 1939.
12 RF an ihre Eltern, »Mittwoch«.
13 GCD (die frühere Gertie Clark) an AS, 9. Juni 1976, ASA.
14 RF an ihre Eltern, 15. November 1938.
15 RF an ihre Eltern, 20. November 1938.
16 A. M. Schlesinger Jr., *A Life in the 20th Century*, Boston, 2000, S. 208.
17 *The Times*, 22. November 1938. »Jewish Refugees, Settlement Plans in the Colonies«, »Admissions to Britain Limited«.
18 RF an ihre Eltern, 24. November, 1938, in: Schlesinger, a. a. O., S. 207.
19 Klausel 34, Testament von A. E. Franklin, unterzeichnet am 16. Juli 1935.
20 RF an ihre Eltern, 18. April 1939.
21 RF an ihre Eltern, 20. Mai 1939.
22 RF an ihre Eltern, Dienstag, Mai?, 1940.
23 RF an ihre Eltern, »Newnham Dienstag«.
24 Rosalind Franklins Notizbuch, überschrieben mit »Röntgen Kristallographie II«, 7/3.39. CAC.
25 RF an ihre Eltern, 13. März, ?1940.
26 Gillian Sutherland, »Nasty Forward Minxes«, in S.J. Ormrod (ed.) *Cambridge Contributions*, Cambridge, 1998, S. 98.
27 RF an ihre Eltern, 26. Februar 1940.
28 RF an EF, 16. Mai 1940.
29 RF an ihre Eltern, »Dienstag«, Mai 1940.
30 RF an EF, 16. Mai 1940.
31 RF an ihre Eltern, »Dienstag«, Mai 1940.
32 RF an ihre Eltern, ibd.
33 W. S. Churchill: *Reden.* Bd. 1, *1938–1940.* Gesammelt von Randolph S. Churchill, aus dem Englischen übertragen, Zürich, 1946.
34 RF an ihre Eltern, »Dienstag«, Mai 1940.
35 RF an EF, kein Datum; J. Glynn, S. 272, datiert es auf »möglicherweise Sommer 1940«.
36 J. Glynn, ibd., S. 272.
37 Fred Dainton an AS, 8. November 1976; die folgenden Einzelheiten stammen ebenfalls aus diesem langen Brief und dem darauffolgenden an AS, 24. November 1976, ASA.
38 RF an ihre Eltern, 18. Februar 1940.

39 RF an ihre Eltern, 19. November 1940.
40 RF an ihre Eltern, 25. November 1940.
41 »Women's Place in Industry, War-time Needs and After, Engineer Trainees«, *The Times*, 16. Januar 1941.
42 F. Dainton, a. a. O.
43 RF an ihre Eltern, Newnham, 24. Mai 1941.
44 RF an ihre Eltern, 24. Mai 1941.
45 ibd.

5. Löcher in der Kohle

1 Diese und andere Einzelheiten über Norrishs Charakter stammen aus Fred Dainton an AS, 24. November 1976, ASA.
2 RF and ihre Eltern, 3. Oktober 1941.
3 RF an ihre Eltern, 7 Mill Road, »Sonntag«.
4 RF an ihre Eltern, 30. Juli 1941.
5 R. Neilands, *The Bomber War*, London, 2001, S. 58.
6 RF an ihre Eltern, 7 Mill Road, »Dienstag«.
7 RF an ihre Eltern, Das Labor, »Mittwoch«.
8 Dieses und die folgenden Zitate über das Abendessen aus K.C. Paice an AS, 14. April 1976, ASA.
9 RF an EF, 1. Juni 1942.
10 ibd.
11 ibd.
12 Gespräch der Autorin mit Marianne Weill Baruch, 11. Oktober 1999.
13 RF an MF, 7. Juni 1942.
14 ibd.
15 Irene Neuner an AS, 22. Februar 1971, ASA.
16 A. Piper, »Light on a dark lady«, in: *Trends in Biochemical Science,* 23. April 1998, S. 152.
17 J. Kerslake, *Memories of Rosalind* (gedruckt für private Zwecke), o. J.
18 ibd.
19 EF an CF, 10. Oktober 1943, in: *Portrait of Ellis*, S. 261.
20 ibd.
21 RF an CF, 24. Dezember 1944, *Portrait*, S. 267.
22 RF an ihre Eltern, 27. Juli 1945.
23 RF an Adrienne Weill, 3. Februar 1946, in Glynn, op. cit., S. 276.
24 Gaetan Foquet an RF, 18. Juli 1946.

25 RF an MF.
26 Kerslake, a. a. O.
27 ibd.
28 C.H. Carlisle, »Serving My Time in Crystallography at Birkbeck«, (unveröff., teilweise überliefert als *Valedictory (Lecture)*, 1978.

6. Frau vom linken Ufer

1 Interview der Autorin mit Marianne Weill Baruch, 11. Oktober 1999.
2 RF an ihre Eltern, ibd.
3 RF an EF, 4. Mai 1947.
4 ibd.
5 ibd.
6 Dr. M. Oberlin an Prof. Michio Inagaki, »Rosalind E. Franklin – Who was She?«, veröffentlicht in: *Energeia*, Bd. 6, Nr. 6, 1995, S. 4.
7 ibd.
8 RF an ihre Eltern, 12. Mai 1948.
9 RF an ihre Eltern, 11. Oktober 1947.
10 RF an ihre Eltern, 27. Januar 1948.
11 RF an EF, 4. Mai 1947.
12 Gespräch der Autorin mit VL, 26. Oktober 1998.
13 AS im Gespräch mit Rachel Glaeser, 28. Mai 1970, ASA; Glaeser verwandte das Wort »protestantisch«.
14 AS Gespräch mit AW, 11. Juni 1970, ASA.
15 Gespräch der Autorin mit UR, 20. Januar 1999.
16 Gespräch der Autorin mit Anne Piper, 13. Januar 1999.
17 Rosalinds Schwester, Jenifer Franklin Glynn und ihre Brüder, Colin und Roland Franklin widersprechen Anne Sayres Deutung der Beziehung Rosalinds zu Mering entschieden. Sie glauben nicht, dass Rosalind die romantischen Gefühle hegte, die ihr Sayre unterstellt.
18 RF an Colin Franklin, 16. August 1947, in J. Glynn, S. 276.
19 RF an ihre Eltern, 3. April 1948.
20 *Economist*, 27. März, 1948.
21 RF an EF, 26. März 1948.
22 RF an ihre Eltern, 9. September 1947.
23 RF an ihre Eltern, »Mittwoch«, 1948.
24 Dr. M. Oberlin, Memo zu Rosalinds Erfahrungen im Laboratoire Central des Services Chimiques de L'Etat.
25 RF an ihre Eltern, »Hotel di Fango, Mittwoch.«.

26 Rachel Glaeser an AS, 28. Mai 1970, ASA.
27 RF an ihre Eltern, 2. September 1948.
28 AS im Gespräch mit Dr. June Goodfield, April 1981.
29 RF an ihre Eltern, »Donnerstag«.
30 RF an ihre Eltern »Dienstag«.
31 R. Olby: »Francis Crick, DNA and the Central Dogma« in: *Deadalus*, XCIX, 4 (1970), S. 244.
32 Charles Coulson an RF, 11. Juni 1949, CAC.

7. Seine versus Strand

1 Coulson an RF, 11. Juni 1949 in Olby, *The Path to the Double Helix*, London, 1974, S. 345.
2 RF an Coulson, 23. März 1950 in: ibd., S. 345–6.
3 RF an ihre Eltern, 3. März 1950.
4 RF an ihre Eltern, 15. Mai 1950.
5 I. C. M. Maxwell an den Direktor, King's College, 7. Juli 1950, CAC.
6 RF an ihre Eltern, 15. Mai 1950.
7 JTR an den Direktor, King's College, 19. Juni 1950, CAC.
8 Noel Richley im Gespräch mit der Autorin, 20. Januar 1999.
9 RF and CF, 26. Mai 1950.
10 RF an ihre Eltern, 1. August 1950.
11 RF an ihre Eltern, 21. August, 1950.
12 JC im Gespräch mit VL, 14. Juni 1985.
13 RF an ihre Eltern, 29. Oktober 1950.
14 ibd.
15 RF an Evi Ellis, 1. Oktober 1950.
16 RF an JTR, 24. November 1950, CAC.
17 JTR an RF, 4. Dezember 1950, CAC. Die Existenz dieses wichtigen Briefs war nicht bekannt, bis er 1974 in Olby, a. a. O., S. 346, erschien. Zitiert nach Judson, London, 1979, S. 72.
18 RF an ihre Eltern 29. Oktober 1950.

8. Was ist Leben?

1 Oswald Avery an Roy Avery, 26. Mai 1943 in J. Cairns, G. Stent und J. D. Watson, *Phage and the Origins of Molecular Biology*, Plainview, 1992, S. 185–7.

2 O. Avery, C. Macleod und M. McCarty, »Studies on the Chemical Transformation of Pneumococcal Types«, in: *Journal of Experimental Medicine,* Nr. 79, S. 137–59.
3 E. Schrödinger, *Was ist Leben*, München, 1993, S. 70.

9. Willkommen im Zirkus

1 H.F. Judson, *Der 8. Tag der Schöpfung*, Wien/München, 1980, S. 71.
2 S. Benstock, *Women of the Left Bank*, Austin, 1986, S. 447–8.
3 M. Franklin, Rosalind (private Veröff.), o. J., S. 20.
4 Jay Lerner und Frederick Loewe, *My fair Lady*. Übers. von Robert Gilbert, München, 1963, S. 21.
5 AS Gespräch mit Jean Hanson, ASA.
6 Dr. Walter Gratzer, Gespräch mit der Autorin.
7 Postkarte von der Faculté des Sciences de L'Université de Paris, Laboratoire de Minéralogie (Unterschrift unleserlich), 2. Feburar 1951.
8 A. S. Sayre, *Rosalind Franklin & DNA,* New York, 1975, S. 101.
9 JC im Gespräch mit RG, 19. April 1985.
10 Gespräch der Autorin mit Louise Heller, 9. Januar 2000.
11 M. Wilkins, »John Turton Randall«, in: *Biographical Memoirs of Fellows of the Royal Society*, Nr. 33, 1987, S. 510–11.
12 ibd., S. 505.
13 JC im Gespräch mit MW, 17. Juni 1985.
14 Gespräch der Autorin mit Heller, 9. Januar 2000.
15 Wilkins, *Memoirs*, unveröffentlichtes Manuskript, o. J.
16 S. Chomet, *Genesis of Discovery, London,* 1995, S. 13.
17 JC im Gespräch mit Freda Ticehurst, 31. Mai 1985.
18 JC im Gespräch mit Dr. Simon Altmann, 26. Juni 1985; Gespräch der Autorin mit Altmann, 2. Dezember 1999.
19 AS an GCD, 28. Juni 1978, ASA.
20 Gespräch der Autorin mit UR.

10. So ein lustiges Labor

1 G. Chaucer, *Canterbury Erzählungen*, Prolog, Leipzig, 1981.
2 J. D. Watson, *Die Doppelhelix,* Reinbek, 1969, S. 52.
3 C. H. Carlisle, a. a. O., S. 29.

4 S. Furberg, »My Work on Nucleic Acid Structure 1947–49«.
5 Gespräch der Autorin mit RG, 19. Oktober 1999.
6 JC Gespräch mit Geoffrey Brown, 2. Mai 1985.
7 Gespräch der Autorin mit Louise Heller.
8 R. F. Tuckett an AS, 8. April, 1976, ASA.
9 VL an die Autorin, 26. Oktober 1998.
10 F. Jacob, *The Statue Within: An Autobiography,* New York, 1988, S. 262–3.
11 F.H.C. Crick, *What Mad Pursuit?*, New York, 1988, S. 58.
12 ibd., S. 60.
13 ibd.
14 Richard Morrison, »What did the Festival of Britain Organisers Get so Right?«, *The Times,* 26. April 2001.
15 Norma Sutherland Clarke in einer E-Mail an die Autorin, 12. Juli 2000.
16 RF an AW, 21. Oktober, 1951, ASA.
17 S. Chomet, *Genesis of a discovery,* London, 1995, S. 42.
18 MW an RF, in Olby, a. a. O., S. 342.
19 J. D. Bernal, »Obituary notice of Rosalind Franklin«, in: *Nature,* 19. Juli 1958, S. 154 und M. Franklin, a. a. O., S. 27. Rückblickend konnte, laut Aaron Klug, auf früheren am King's aufgenommenen Fotografien, die verschwommene Muster zeigten, die B-Form erkannt werden.
20 Olby, a. a. O., S. 344.
21 C. Franklin: *Vignettes of Rosalind,* (unveröff.), o. J., S. 6.
22 RF an AW, 21. Oktober 1951, ASA.
23 RG an JTR, 15. August 1972, CAC.
24 Gespräch der Autorin mit Freda Ticehurst Collier, 14. Dezember 1999.
25 RG an JTR, 15. August 1972, CAC.
26 F. Crick, a. a. O., S. 20.
27 Gespräch der Autoin mit RG, 19. Oktober 1999.
28 Diese Verniedlichung ist an sich nicht so beleidigend, wie viele Kritiker dem »Rosy« aus *Die Doppelhelix* unterstellten. Als ich von Massachusetts nach England zog, teilte ich mir eine Wohnung mit einer anglo-irischen Journalistin namens Rosanna Groarke und sprach sie regelmäßig mit »Rosie« an. Offenbar ist es ein Ausdruck amerikanischer Freundlichkeit.
29 Interview der Autorin mit RG, 19. Oktober 1999.
30 J. Watson, a. a. O., S. 79.
31 ibd.
32 R. Olby, a. a. O., S. 357.
33 J. Watson, a. a. O., S. 99. Watson schreibt diese Reaktion auch Gosling zu.
34 R. Olby, a. a. O., S. 360.

11. Das inoffizielle Wettrennen

1 Gespräch der Autorin mit VL, 26. Oktober 1998.
2 Gespräch der Autorin mit L.H.L. Cohen, 2. Oktober 1999.
3 G. Ferry, *Dorothy Hodgkin: A Life,* London, 1998, S. 244.
4 R. Gosling in S. Chomet, *Genesis of a Discovery,* London, 1995, S. 48.
5 ibd., S. 4.
6 W. Cochran, F. H. C. Crick und V. Vand, »The Structure of Synthetic Polypeptides« in: *Acta Crystallographica,* Nr. 5, 1952, S. 582.
7 RF an AS, 1. März 1952, ASA.
8 ibd.
9 J. Glynn, »Rosalind Franklin 1920–1958« in: C. Blacher und E. Shils (Hg.), *Cambridge Woman: Twelve Portraits,* Cambridge, 1996, S. 276.
10 Sir Walter Scott, *Ivanhoe,* Edinburgh, 1842, Kapitel 11.
11 AS an RF, 8. März 1952, ASA.
12 RF an AS, 1. März 1952, ASA.
13 Gespräch der Autorin mit Geoffrey Brown, 10. Februar 2000.
14 Gespräch der Autorin mit Sir John Cadogan.
15 AS Gespräch mit RG, ASA.
16 MW an FHCC, 1952, in R. Olby, a. a. O., S. 366.
17 ibd., S. 275–6.
18 Watson verwandte diese Geschichte oft gegen Rosalind, zum Beispiel in einem Harvard-Vortrag am 30. September 1999, wo er behauptete, Hodgkins' Bemerkung habe Rosalind einen Stich versetzt, da sie sie als Kritik an ihrer Kenntnis der Kristallographie verstanden habe. Aber der ebenfalls anwesende Jack Dunitz hält Watsons Version für übertrieben und ist der Ansicht, sie habe die Berichtigung durch eine so angesehene und erfahrene Wissenschaftlerin gutgelaunt angenommen.
19 MRC 52/200 PRO 72037, Ref. FD1–7102.
20 Gespräch der Autorin mit Margaret Nance Pierce, 26. Juli 2000.
21 JDW an Max Delbrück, 20. Mai 1952, in: R. Olby a. a. O., S. 367–8.
22 Dorothy Hodgkin an David Sayre, 7. Januar 1975, ASA.
23 FHCC, in: Judson, S. 98.
24 RF an AS und David Sayre, 2. Juni 1952, ASA.
25 Katarina Kranjc an AS 24. März 1970, ASA.
26 RF an AS und David Sayre, 2. Juni 1952, ASA.
27 ibd.
28 »The New Physics and Engineering Laboratories«, King's College London FRS, 27. Juni 1952.

29 J. D. Watson, *A Passion for DNA*, New York, 2000, S. 21.
30 E. Chargaff, in: H. Judson, London, 1979, S. 99.
31 I. C. Maxwell an JTR, 1. Juli 1952, CAC.
32 RF, Notizbücher.
33 Gespräch der Autorin mit RG, 19. Oktober 1999.
34 Memo, Sir Harold Himsworth, 20. Dezember 1952 PRO FD1/7102 66670; nicht als »vertraulich« gekennzeichnet, Sir H.P. Himsworth an MP, 12. Juli 1968, JNC.

12. Heureka und Auf Wiedersehen!

1 J. D. Watson, *Die Doppelhelix*, Reinbek, 1969, S. 164.
2 R. Corey an RF, 13. April 1953, in: Olby, S. 396.
3 A. Klug, »Rosalind Franklin and the Discovery ...«, S. 808–10, 843–4, zitiert in: Watson, a. a. O., S. 156.
4 PP an LP, 13. Januar 1953, PA.
5 PP an LP, Anfang 1953, PA.
6 »Why Pauling didn't solve the structure of DNA«, Kim Lake, Brief an *Nature*, 1. Februar 2001, Vol. 409.
7 J. D. Watson, a. a. O., S. 150 f.
8 C. H. Carlisle, *Serving my time in Crystallography of Birkbeck,* (unveröff.), o. J., teilweise überliefert als Valedictory Lecture, 30. Mai 1978, S. 40.
9 J. D. Watson, a. a. O., S. 151 f.
10 R. Franklin und R. Gosling, »Molecular Configuration in Sodium Thymonucleate«, in: *Nature,* 25. April 1953, S. 740–1; J. D. Watson, a. a. O., S. 254.
11 Gespräch der Autorin mit MW.
12 Gespräch der Autorin mit RG; auch F. H. C. Cricks Brief an die Autorin, 12. April 2000: »Es scheint mir, dass Maurice nichts falsch gemacht hat, indem er Jim das Foto zeigte.«.
13 J. D. Watson, a. a. O., S. 154.
14 ibd., S. 156.
15 Gespräch der Autorin mit H. R. Wilson, 17. August 2000.
16 F. H. C. Crick, *What Mad Pursuit?*, New York, 1988, S. 70.
17 R. Olby, a. a. O., S. 401, beruhend auf MW an FHCC 1953.
18 M. Perutz, Brief an *Science*, 27. Juni 1969, S. 1537–58, zitiert in J. D. Watson, a. a. O., S. 209. Perutz' umfangreiches Archiv an Belegen, dass der Bericht nicht vertraulich war, liegt im JNC. Es zeigt, wie sehr sich der verantwortungsbewusste Peratz durch den Vorwurf getroffen sah.

19 L. Pauling und R. Corey, »A Proposed Structure for the Nucleic Acids«, in: *Proc. Nat. Acad. Sciences,* 39, 2, S. 84–97.
20 LP an PP, 18. oder 19. Februar 1953, PA.
21 Jerry Donohue an H. Judson, 5. März 1976, HFJA.
22 A. Klug in H. Judson, London, 1979, S. 172–3.
23 A. Klug, »Rosalind Franklin and the Discovery of the Structure of DNA«, S. 808–10, 843–4, zitiert in J. D. Watson, a. a. O., S. 157.
24 H. Judson, a. a. O., S. 123.
25 J. D. Watson, a. a. O., S. 177.
26 J. Donohue an H. Judson, 5. März 1976, HFJA.
27 MW an FHCC, »Samstag«, 7. März 1953, in: R. Olby, a. a. O., S. 414.
28 Gespräch der Autorin mit MW.
29 JC Gespräch mit Freda Ticehurst Collier, 31. Mai 1985.

13. Der Aufmerksamkeit entgangen

1 R. Olby, a. a. O., S. 368.
2 MW an FHCC, 18. März 1953, in: R. Olby, a. a. O., S. 417–18.
3 ibd.
4 ibd.
5 JC Gespräch mit Anthony und Margaret North, 11. April 1985.
6 Jerry Donohue an AS, 19. Dezember 1975, ASA.
7 J. D. Watson und F. H. C. Crick, »A Structure for Deoxyribonucleic Acid«, in: *Nature,* 25. April 1953, S. 737–8; J. D. Watson, *Die Doppelhelix,* Reinbek, 1969, S. 237–41, Crick hielt Frasers Modell für »schwach«, FHCC an die Autorin, 9. Januar 2002.
8 J. D. Watson und F. H. Crick, ibd.
9 MW an FHCC, 18. März 1953, in: R. Olby, a. a. O., S. 418.
10 R. Franklin und R. Gosling, »Molecular Configuration in Sodium Thymonucleate«, in: *Nature,* 25 April 1953, S. 740–1; J. D. Watson, a. a. O., S. 256.
11 Gespräch der Autorin mit Freda Ticehurst Collier, 14. Dezember 1999.
12 JTR an RF, 17. April 1953, CAC. Zitiert in Judson, S. 136.
13 W. Gratzer, *Eurekas and Euphorias: The Oxford Book of Scientific Anecdote,* Oxford, 2002.

14. Die benachbarte Säure

1 JDB an A. Tattersall, 1953, FRNK 2/31, CAC.
2 R. Furth, »The Physics Department of Birkbeck College«, in: *Bulletin,* 55, 1954, S. 150.
3 C. P. Snow, *The Search*, London, 1958, Part III, Chapter II, S. 180–1.
4 B. Swann und F. Aprahamian, *J.D. Bernal,* London, 1999, S. 151.
5 J.F. Lockwood an JDB, 7. September 1954.
6 R. Gosling, »Abstract of Thesis submitted by R. G. Gosling for the PhD Examination«, o. J.
7 J. D. Watson, *Die Doppelhelix,* Reinbek, 1969, S. 110.
8 F. Jacob, *The Statue within,* New York, 1988, S. 265.
9 G. Stent an die Autorin, 27. Januar 2000.
10 JC Gespräch mit RG, 24. Juni 1985.
11 J. D. Bernal, »The Material Theory of Life«, in: *Labour Monthly,* Juli 1968, S. 325.
12 RF an MF, 8. August 1953.
13 RF an MF, 21. August 1953.
14 Irene Neuner an Anne Sayre, 22. Januar 1974, ASA.
15 Gespräch der Autorin mit UR, 20. Januar 1999.
16 JDB an JTR, 18. Oktober 1953, CAC.
17 JTR an RF, 4. November 1953.
18 Information aus P. Butler und A. Klug, »The Assembly of a Virus«, *Scientific American,* 239, Nov. 1978.
19 J. D. Watson, a. a. O., S. 121.

15. O My Amerika

1 A.C. Fieldner an J. W. Garland, 24. Februar 1954, CAC.
2 Martyn Pease an die Autorin, 6. März 2000.
3 RF an CF und Charlotte Franklin, 1954.
4 RF an CF und Charlotte Franklin, 1954.
5 J. D. Watson, *Genes, Girls and Gamow*, Oxford, 2001, S. 88.
6 ibd., S. 94–95.
7 RF an MF, 14. September 1954.
8 RF an CF und Charlotte Franklin, 31. August 1954.
9 RF an MF, 15. September 1954.
10 RF an MF, 24.September 1954.

11 RF an MF, 14. September 1954.
12 RF an ihre Eltern, September 1954.
13 RF an ihre Eltern.
14 RF an LP, 19. Oktober 1954, PA.

16. Neue Freunde, neue Feinde

1 H. Judson, *The Eigth Day of Creation: Makers of the Revolution in Biology*, London, 1979, S. 124.
2 F. Jacob, *The Statue Within. An Autobiography*, New York, 1998, S. 262.
3 J. D. Watson, *Die Doppelhelix*, Reinbek, 1969, S. 118.
4 N.W. Pirie an RF, 6. Dezember 1954, FRNK 2/33, CAC.
5 RF an N.W. Pirie, 7. Dezember 1954, FRNK 2/33, CAC.
6 RF an Barry Commoner, 4. März 1955, FRNK 2/33, CAC.
7 Unterhaltung der Autorin mit DC, 6. Dezember 1999.
8 AS Gespräch mit AK und Rede in St. Paul's: »Sie arbeitete sehr sorgfältig«; Heather Brigstocke, »Report by the High Mistress at Prizegiving«, 27. September 1983, *Paulina*, 1983.
9 JC Gespräch mit KCH, 23. Juni 1985.
10 VL Gespräch mit der Autorin, 26. Oktober 1998.
11 Gespräch der Autorin mit Bryon Wilson, 8. Februar 1999.
12 Gespräch der Autorin mit Stan Lenton, 13. Juli 1999.
13 RF an DC, 19. Mai 1953, CAC.
14 DC an die Autorin, 6. Dezember 1999.
15 Evi Wolgemuth an die Autorin, 11. Januar 1999.
16 W. G. Alexander an JDB, 2. Mai 1956, ARC Archive/Cox.
17 RF an Dr. P. Kaesberg, 18. Juli 1955, FRNK 2/33, CAC.
18 JDW an RF, 22. Juli 1955, FRNK 2/33, CAC.
19 RF an JDB, 25. Juli 1955, Birkbeck College.
20 J. Glynn, »Rosalind Franklin 1920–1958«, in: C. Blacker und E. Shils: *Cambridge Women*, Cambridge, 1996, S. 267.
21 RFs Notizen zum Treffen mit Sir William Slater, 29. September 1955, CAC.
22 RF, »Progress Report of the Agricultural Research Council Group in Birkbeck Crystallography Laboratory for the year 1955«, FRNK 2/36, CAC.
23 Gespräch der Autorin mit Dan Jacobson, 16. August 2000.
24 Fred Dainton an AS, 8. November 1976, ASA.
25 The CIBA Foundation Programme for Symposium on »The Biophysics

and Biochemistry of Viruses«, 26.–28. März 1956, Novartis Foundation.
26 RF an AW, 25. Februar 1956, ASA.
27 Gespräch der Autorin mit FHCC und Odile Crick, 22. April 1999.
28 RF, »Note on the Future of the ARC Research Group in Birkbeck College Crystallography Laboratory«, 9. März 1956, CAC.

17. Verschobene Abreise

1 JDB an Sir William Slater, 18. April 1956, FRNK 2/31, CAC.
2 RF an MF, 16. Juni 1956.
3 RF an MF, 24. Juni 1956.
4 ibd.
5 RF an AK, 25. Juni 1956, JNC.
6 RF an AK, 25. Juni 1956, JNC.
7 RF an MF, 15. Juli 1956.
8 Gespräch der Autorin mit William Ginoza, 5. März 2001.
9 RF an ihre Eltern, 15. Juli 1956. Diese und die folgenden Einzelheiten stammen aus demselben Brief.
10 RF an ihre Eltern, 26. Juli 1956.
11 ibd.
12 Ethel Tessman an AS, 1. Januar 1976, ASA.
13 A. Sayre, *Rosalind Franklin & DNA,* New York, 1975, S. 184.
14 AS, zweiseitiger Brief an John Simmons, Archivar des All Souls College, Oxford; post-publication correspondence, ASA.
15 Irwin Tessman an die Autorin, 19. Dezember 1999.
16 Gespräch der Autorin mit Dr. June Goodfield, 27. Februar 2001.
17 Caroline Carlson an die Autorin, 4. Mai 2000.
18 Gespräch der Autorin mit Dr. Mair Livingstone, 15. Februar 1999.
19 Dr. Linken an Mr. Norman Morris, 30. August 1956, UCH.
20 W. C. W. Nixon, UCH Case No. AD 1651.
21 RF an Dr. Pomerat von der Rockefeller Stiftung, 31. August 1956, JNC.
22 Prof. W.C.W. Nixon an Dr. Linken, 5. September 1956, UCH Case No. AD 1651.
23 Prof. Nixon, UCH notes for Miss Rosalind Franklyn (sic), »Right oophorectomy and left ovarian cystectomy«, Case No. AD 1651, 4. September 1956.

18. Der »stille« Killer

1 Die Familie Franklin widerspricht auch hier Anne Sayres Bericht.
2 AS an Einar Flint, Mai/Juni 1970, ASA.
3 J. Kerslake, *Memories of Rosalind 1933–1938,* (gedruckt für private Zwecke), o. J.
4 RF an AS, Poststempel vom 25. Oktober 1956, ASA.
5 Prof. I. Dorothy Raacke, Boston University, Biological Science Center, an AS, 22. Januar 1976, ASA.
6 RF an Anne Sayre, 18. März 1957, ASA.
7 RF an Anne Sayre, 8. Oktober 1957, ASA.
8 MW an Biophysics Research Unit, 22. November 1956, JNC.
9 R. Franklin, »Application for Research Grant E-1772, Department of Health, Education and Welfare«, S. 3, JNC.
10 FHCC an AK, 14. Dezember 1956, JNC.
11 Aaron Klug an Dr. P. Newmark, University of Kansas, 27. Feburar 1957, JNC.

19. Klarheit und Perfektion

1 FHCC an RF, 23. Mai 1957, ASA.
2 Max Perutz an RF, Nachsatz zu einem vorangegangenen Brief.
3 J. Palmer Saunders an RF, 9. Juli 1957, JNC.
4 RF an Anne Sayre, 8. Oktober 1957, ASA.
5 ibd.
6 JDB an J. F. Lockwood, 4. Juli 1957.
7 M. Franklin, *Rosalind,* (private Veröff.), o. J., S. 17; J. Glynn, a. a. O., S. 281.
8 Prof. E. T. C. Spooner an JDB, 10. Oktober 1957, ARC.
9 Testament von Rosalind E. Franklin, Central Probate Registry.
10 GCD an AS, 31. Mai und 9. Juni 1977, ASA.
11 AS Gespräch mit Jacques Mering, 28. Mai 1970, ASA.
12 GCD an AS, 9. Juni 1976.
13 M. Franklin, a. a. O., S. 15.
14 Rosalind E. Franklin, Todesurkunde.
15 W. B. Yeats, »Ego Dominus Tuus«, *Collected Poems*, London, 1933, S. 367.
16 J. D. Bernal, »Obituary: Dr. Rosalind Franklin«, *The Times*, 19. April 1958.
17 J. D. Bernal, »Obituary: Rosalind Franklin, in: *Nature,* 19. Juli 1958.
18 Alice Franklin an AS, 24. April 1958, ASA.

Epilog

1 MW an T. J. Wilson, 4. Mai 1967, JNC. Wilkins handschriftliche Notizen auf einer frühen Version von Watsons *Die Doppelhelix* zeigen, dass er versuchte, Watsons Geringschätzung ihrer Attraktivität in ein anderes Licht zu stellen, indem er an den Rand schrieb, »fand oftmals, dass sie ein sehr hübsches Mädchen war«, King's College London Archive. Im Rückblick gesteht Wilkins zu, dass Watsons Buch mehr Tiefgang hatte, als er damals erkannte, und dass die persönlichen Interaktionen von Wissenschaftlern wert sind, aufgezeichnet zu werden.

2 Dr. June Goodfield, Filmvorschlag »Rosalind« zitiert AK, dies von MF gehört zu haben.

3 G. Stent, »A review of the reviews«, in J. D. Watson, *The Double Helix*, Norton Critical Edition, New York, 1980, S. 167.

4 J. D. Bernal, »The Material Theory of Life«, in: *Labour Monthly*, Juli 1968, S. 325.

5 J. D. Watson, *Die Doppelhelix*, Reinbek, 1969, S. 39, 41, 80.

6 Mary Ellman, in: *The Double Helix*, aus: *Yale Review*, 57 (Sommer 1968), 1997, S. 631–5.

7 C. Pert, *Molecules of Emotion*, New York, 1997, S. 111.

8 »Lucky Jim«, *New Statesman*, 29. November 1999.

9 JDW, Rede in Harvard, 30. September 1999.

10 Crick sagt, er erinnert sich nicht, Rosalind jemals gesagt zu haben, wie entscheidend ihre Arbeit für ihre Entdeckung war, weil er dies für offensichtlich hielt (FHCC an Autorin, 17. Dezember 2001). JDW im Gespräch mit der Autorin räumte ein, dass es im Rückblick falsch war, es ihr nicht zu sagen, aber als sie erstmal die Entdeckung gemacht hatten, erklärte das Modell selbst seine Bedeutung, und es war klar, dass sie ihre Werte nicht gebraucht hatten. Die Funktion der Basenpaare zu begreifen, sei der entscheidende Schritt gewesen.

11 Siehe unten, Watson persönlich und Crick auf Video. Bei der Widmung des Franklin-Wilkins Gebäudes, King's College London, 22. März 2000 sagte Crick, »wir hätten niemals das Modell vorstellen können, ohne das, was sie (Wilkins und Franklin) uns über ihre Ergebnisse mitteilten.«.

12 David Harker, in: R. Hubbard, »The Story of DNA«, in: M. Senechal (ed.), *Structures of Matter and Patterns in Science,* Cambridge, 1980. Auch Gespräch der Autorin mit David Sayre, 1. Oktober 1999. Auch Robert Sinsheimer, »The Double Helix«, Rezension in *Science and Engineering*, September 1968, S. 6.

13 G. Stent, a. a. O., S. 161. Siehe auch A. Sayre, a. a. O., S. 194: »Wurde deshalb ›Rosy‹ erfunden? Um das, was getan wurde, aber eigentlich nicht hätte getan werden dürfen, zu rationalisieren, rechtfertigen, entschuldigen und sogar zu ›verkaufen‹?«.
14 Gespräch der Autorin mit RG.
15 M. M'Ewen an HFJ, 15. September 1976.
16 F. H. C. Crick, »How to Live with a Golden Helix«, in: *The Sciences*, September 1979, S. 7.
17 ibd.
18 AS Gespräch mit FHCC, 16. Juni 1970, ASA.
19 Gespräch der Autorin mit KCH, 24. Januar 2000.
20 Bryan Sykes, *The Seven Daughters of Eve,* London, 2001, S. 26.
21 RG an die Autorin, 19. Oktober 1999.
22 KCH an AS, 22. April 1971, ASA. Die gleichen Gefühle brachte er in Gesprächen mit der Autorin zum Ausdruck, 24. Januar 2000 und 26. November 2001.
23 AK Vortrag über RF an RS, 18. März 1999.
24 AS an Christopher Salazar, 16. Februar 1993, ASA.
25 J. Bate and H. Gaskin, »Unsung Pionieer«, in: *New Statesman*, 8. Juli 1983.
26 »Fame at last«, in: *The Times*, 10. Februar 1992.
27 *Vrij Nederland*, 15. August 1998.
28 WLB an MP, 22. November 1962, JNC.
29 WLB an Erik Hulthen, Vorsitzender, Nobelpreiskomitee für Physik, 9. Januar 1960, JNC.
30 JTR an RG, 29. August 1972, CAC.
31 A. Klug, in J. D. Watson, *Les Prix Nobel en 1962*, Stockholm, S. 94–5.
32 A. Klug, »Rosalind Franklin and the Discovery of the Structure of DNA«; reprinted in J. D. Watson, a. a. O., S. 154.
33 Gespräch der Autorin mit E. Chargaff, 18. April 1999.

Abkürzungsverzeichnis

Archive und Privatsammlungen

ARC: Agricultural Research Council (Landwirtschaftlicher Forschungsrat)
ASA: Anne Sayre Archives, American Society for Microbiology Archives, University of Maryland, Baltimore County
CAB: Cabinet Office Papers
CAC: Churchill Archives Centre, Churchill College, Cambridge University
JNC: Jeremy Norman Collection of Molecular Biology, Novato, California
MRC: Medical Research Council (Beirat für Medizinische Forschung)
PA: Linus and Ava Helen Pauling Collection, Oregon State University
PRO: Her Majesty's Public Record Office, Kew
RS: The Royal Society, London (Königliche Akademie der Wissenschaften)

Namen

AK: Aaron Klug
AS: Anne Sayre
AW: Adrienne Weill
CC: Caroly Cohen
CF: Colin Franklin
DC: Don Caspar
EF: Ellis Franklin
FHCC: Francis Crick
GCD: Gertrude Clark Dyche
HFJ: Horace Feeland Judson
JC: Jane Callander
JDB: John Desmond Bernal
JDW: James D. Watson
JG: Jenifer (Franklin) Glynn
JTR: John T. Randall
KCH: Kenneth C. Holmes
LP: Linus Pauling
MF: Muriel Franklin
MP: Max Perutz
MW: Maurice Wilkins
PP: Peter Pauling
RF: Rosalind Franklin
RG: Raymond Gosling
UR: Ursula Franklin Richle
VL: Vittorio Luzzati
WLB: Sir William Lawrence Bragg

Bildnachweise

Privatbesitz Familie Franklin 16
Aus: M. Franklin, *Portrait of Ellis,* London 18, 26, 29, 52
Bettman/Corbis 20, 284
Privatbesitz Dr. D.L.D. Caspar 238, 262
Privatbesitz S. Chomet 115, 139
Privatbesitz Xavier Duval 82
Privatbesitz Dr. John Finch 200, 227
Privatbesitz Dr. Bruce Fraser 130
Privatbesitz Rachel Glaeser 91, 98, 104
Privatbesitz Jenifer Glynn 32, 67
Privatbesitz Philip Hemily 72
Privatbesitz Vittorio Luzzati 99, 112
Privatbesitz Margaret Nance Pierce 87, 147
Privatbesitz Jeremy Norman 182
Privatbesitz Alice Oberlin 103
Privatbesitz Valerie Sutton-Mattocs 41
National Portrait Gallery/ Elliot & Fry 14
National Portrait Gallery/ Vittorio Luzzati 142
National Portrait Gallery/ Wolfgang Suschitzky 202
Reproduktion aus Alden, C.J. und Kim, S.H.: *Journal of Molecular Biology* 312, Seite 411–434, 1979, mit Genehmigung des Verlags Academic Press/Elsevier Science 150
Science Photo Library/ A. Barrington Brown 194
Mit Genehmigung der Bodleian Library, Oxford, Ms.Eng.c.5715, Folder J.7 203
Mit Genehmigung der Cold Spring Harbor Laboratory Archives 208